Romance Mediúmnico

¡USTEDES SON DIOSES!

Dictado por el Espíritu
CONDE J. W. ROCHESTER

Psicografía de
ARANDI GOMES TEXEIRA

Traducción al Español:
J.Thomas Saldias, MSc.
Trujillo, Perú, Diciembre 2021

Título original en Portugués:

Vós Sóis Deuses

© 2011 Arandi Gomes Teixeira

Traducido de la 1ra edición portuguesa 2011

World Spiritist Institute

Houston, Texas, USA

E-mail: contact@worldspiritistinstitute.org

ÍNDICE

1.- LOS DOCTORES DE LA LEY 10
2.- BEN MORDEKAI Y PAULUS 18
3.- EN PRIMERA INSTANCIA 34
4.- LOS TALENTOS 64
5.- PROVIDENCIA DIVINA 66
6.- LA ENFERMEDAD DE GALBA 77
7.- LA VISITA 102
8.- MÁSCARAS 117
9.- LOS HIJOS DE PAULUS 163
10.- EN LA QUINTA DE DEMETRIO 176
11.- LOS DOS LADOS DE LA MONEDA 212
12.- LA VERDAD 224
13.- OPORTUNIDAD 234
14.- EN ROMA 240
15.- LA SENTENCIA 249
16.- HERENCIA 259
17.- LA DESPEDIDA DE NASSIF 283
18.- ACUERDOS 289
19.- COMPROMISOS 308
20.- VOLVIENDO AL FRENTE 316
21.- ENCRUCIJADA 324
22.- ENTENDIMIENTO 350
23.- SACRIFICIOS 393

24.- LA MUERTE DEL GUERRERO	458
25.- EN LA ARENA…	547
26.- ADORACIÓN PÓSTUMA	572
EPÍLOGO	593

Del Autor Espiritual

John Wilmot Rochester nació en 1ro. o el 10 de abril de 1647 (no hay registro de la fecha exacta). Hijo de Henry Wilmot y Anne (viuda de Sir Francis Henry Lee), Rochester se parecía a su padre, en físico y temperamento, dominante y orgulloso. Henry Wilmot había recibido el título de Conde debido a sus esfuerzos por recaudar dinero en Alemania para ayudar al rey Carlos I a recuperar el trono después que se vio obligado a abandonar Inglaterra.

Cuando murió su padre, Rochester tenía 11 años y heredó el título de Conde, poca herencia y honores.

El joven J.W. Rochester creció en Ditchley entre borracheras, intrigas teatrales, amistades artificiales con poetas profesionales, lujuria, burdeles en Whetstone Park y la amistad del rey, a quien despreciaba.

Tenía una vasta cultura, para la época: dominaba el latín y el griego, conocía los clásicos, el francés y el italiano, fue autor de poesía satírica, muy apreciada en su época.

En 1661, a la edad de 14 años, abandonó Wadham College, Oxford, con el título de Master of Arts. Luego partió hacia el continente (Francia e Italia) y se convirtió en una figura interesante: alto, delgado, atractivo, inteligente, encantador, brillante, sutil, educado y modesto, características ideales para conquistar la sociedad frívola de su tiempo.

Cuando aún no tenía 20 años, en enero de 1667, se casó con Elizabeth Mallet. Diez meses después, la bebida comienza a afectar su carácter. Tuvo cuatro hijos con Elizabeth y una hija, en 1677, con la actriz Elizabeth Barry.

Viviendo las experiencias más diferentes, desde luchar contra la marina holandesa en alta mar hasta verse envuelto en crímenes de muerte, la vida de Rochester siguió caminos de locura, abusos sexuales, alcohólicos y charlatanería, en un período en el que actuó como "médico".

Cuando Rochester tenía 30 años, le escribe a un antiguo compañero de aventuras que estaba casi ciego, cojo y con pocas posibilidades de volver a ver Londres.

En rápida recuperación, Rochester regresa a Londres. Poco después, en agonía, emprendió su última aventura: llamó al cura Gilbert Burnet y le dictó sus recuerdos. En sus últimas reflexiones, Rochester reconoció haber vivido una vida malvada, cuyo final le llegó lenta y dolorosamente a causa de las enfermedades venéreas que lo dominaban.

Conde de Rochester murió el 26 de julio de 1680. En el estado de espíritu, Rochester recibió la misión de trabajar por la propagación del Espiritismo. Después de 200 años, a través de la médium Vera Kryzhanovskaia, El automatismo que la caracterizaba hacía que su mano trazara palabras con vertiginosa velocidad y total inconsciencia de ideas. Las narraciones que le fueron dictadas denotan un amplio conocimiento de la vida y costumbres ancestrales y aportan en sus detalles un sello tan local y una verdad histórica que al lector le cuesta no reconocer su autenticidad. Rochester demuestra dictar su producción histórico–literaria, testificando que la vida se despliega hasta el infinito en sus marcas indelebles de memoria espiritual, hacia la luz y el camino de Dios. Nos parece imposible que un historiador, por erudito que sea, pueda estudiar, simultáneamente y en profundidad, tiempos y medios tan diferentes como las civilizaciones asiria, egipcia, griega y romana; así como costumbres tan disímiles como las de la Francia de Luis XI a las del Renacimiento.

El tema de la obra de Rochester comienza en el Egipto faraónico, pasa por la antigüedad grecorromana y la Edad Media y continúa hasta el siglo XIX. En sus novelas, la realidad navega en una corriente fantástica, en la que lo imaginario sobrepasa los límites de la verosimilitud, haciendo de los fenómenos naturales que la tradición oral se ha cuidado de perpetuar como sobrenaturales.

El referencial de Rochester está lleno de contenido sobre costumbres, leyes, misterios ancestrales y hechos insondables de la Historia, bajo una capa novelística, donde los aspectos sociales y psicológicos pasan por el filtro sensible de su gran imaginación. La clasificación del género en Rochester se ve obstaculizada por su expansión en varias categorías: terror gótico con romance, sagas familiares, aventuras e incursiones en lo fantástico.

El número de ediciones de las obras de Rochester, repartidas por innumerables países, es tan grande que no es posible tener una idea de su magnitud, sobre todo teniendo en cuenta que, según los investigadores, muchas de estas obras son desconocidas para el gran público.

Varios amantes de las novelas de Rochester llevaron a cabo (y quizás lo hacen) búsquedas en bibliotecas de varios países, especialmente en Rusia, para localizar obras aún desconocidas. Esto se puede ver en los prefacios transcritos en varias obras. Muchas de estas obras están finalmente disponibles en Español gracias al **World Spiritist Institute**.

Del Traductor

Jesus Thomas Saldias, MSc., nació en Trujillo, Perú.

Desde los años 80's conoció la doctrina espírita gracias a su estadía en Brasil donde tuvo oportunidad de interactuar a través de médiums con el Dr. Napoleón Rodriguez Laureano, quien se convirtió en su mentor y guía espiritual.

Posteriormente se mudó al Estado de Texas, en los Estados Unidos y se graduó en la carrera de Zootecnia en la Universidad de Texas A&M. Obtuvo también su Maestría en Ciencias de Fauna Silvestre siguiendo sus estudios de Doctorado en la misma universidad.

Terminada su carrera académica, estableció la empresa *Global Specialized Consultants LLC* a través de la cual promovió el Uso Sostenible de Recursos Naturales a través de Latino América y luego fue partícipe de la formación del **World Spiritist Institute**, registrada en el Estado de Texas como una ONG sin fines de lucro con la finalidad de promover la divulgación de la doctrina espírita.

Actualmente se encuentra trabajando desde Peru en la traducción de libros de varios médiums y espíritus del portugués al español, así como conduciendo el programa "La Hora de los Espíritus."

CADA SER TRAE consigo la chispa sagrada del Creador y erige, dentro de ti, el santuario de su presencia o el muro oscuro de la negación; pero solo la luz y el bien son eternos, y un día, todas las fortalezas del mal caerán, para que Dios resplandezca en el espíritu de sus hijos. ¡No es para enseñar otra cosa que está escrito en la ley - ¡Y ustedes son dioses! ¿No saben que la herencia de un padre se reparte entre los hijos a partes iguales? Las criaturas descarriadas son aquellas que no supieron entrar en posesión de su parte divina, cambiándola por la satisfacción de sus caprichos en desorden o abuso, en egoísmo o crimen, pagando un alto precio por sus decisiones voluntarias. Examinada la situación a través de este prisma, tenemos que reconocer en el mundo una vasta escuela de regeneración, donde todas las criaturas son rehabilitadas de la traición de sus propios deberes. La Tierra, por tanto, puede considerarse como un gran hospital, donde el pecado es la enfermedad de todos; el Evangelio; sin embargo, trae al hombre enfermo el remedio eficaz para que todas las sendas se transformen en suave camino de redención.

JESUS, en el capítulo "Pecado y castigo" del libro Boa Nova, de Francisco Cândido Xavier, por el espíritu de Humberto de Campos.

1.-
LOS DOCTORES DE LA LEY

Y ELLOS ESTUVIERAN REUNIDOS interminables horas en un intento por resolver numerosos problemas que llegan directamente a todos y a todas partes. Rebeldes e instigados por el odio de castas, se levantaron y se fueron, luego de varios acuerdos entre ellos.

Los doctores de la ley que son y en consonancia con las mismas ideas decidieron tomar medidas urgentes.

Un Am-Haretz, a cambio de unos denarios, había venido a informarles de hechos muy graves en el valle del Jordán, cerca de sus propiedades.

Así es como se desarrolló la mencionada reunión:

Ben Mordekai, el líder, enojado, ruge:

- Hasta allí llega la banda maldita! ¡Fruto de los tiempos que corren! ¿Y por qué estamos asombrados? ¡Ya no se hacen como antes ejemplificaciones "tan" convincentes! ¡Nosotros tenemos que tomar actitudes que correspondan a la necesidad que hacer que ellos entiendan lo mucho que se arriesgan desafiándonos!

¡Malditos! ¡Actuaremos de tal manera que nos aseguremos de dejar sentada la inutilidad de sus equivocadas acciones! ¡Lo que haremos, y será muy bien hecho, ha de servir de escarmiento a otros que, quizás, se atrevan a pensar en seguir los ejemplos de chacales como estos! Estamos; sin embargo, atados de pies y manos, ¡porque aun nos inclinamos ante el poder en el exterior!

Entre dientes, lleno de odio, él sisea:

- ¡Incluso organizando una gran revuelta...!

Se calla, respira hondo, y vuelve a hablar:

- ¡Cosas como estas suceden todos los días, desafiando los dones de tolerancia que nos caracterizan como nobles representantes de nuestro pueblo! ¡Imaginen! Los jóvenes, apenas salidos de sus rituales de aceptación y consagración, erigiéndose en defensores de las minorías, traperos, ancianos, enfermos; que la sociedad, muy sabiamente, ¡desprecia y condena al olvido y a la muerte!

Caminando nervioso y bajando el tono de voz, dice riendo con desprecio, casi en soliloquio:

- ¡La muerte...! ¡Misericordia divina para los desgraciados que nada esperan del mundo!

Volviendo a su postura anterior, ante la asamblea, continúa:

- ¡Los hechos recientes exigen una energía redoblada, junto con una política cada vez más seria, en la preservación de las leyes y tradiciones judías, recopiladas en la Torah!

La personalidad, exaltado y hablador, recoge el libro sagrado que es al alcance de la mano y, mientras golpeando en ella con los dedos, exclama, enfático:

- ¡Somos el baluarte de los principios aquí formalizados y hay que vigilar, defender y preservar todos ellos, en sus mínimos contornos y profundidades! ¡¿Oh, el que sería el pueblo judío y de sus tradiciones, si no lo hiciésemos nosotros...?! ¿Pueden ustedes decirme?

Ojos relucientes, observando a todos, se paseaba por la sala. Mientras camina, respira fuerte y ruidoso, levanta la cabeza y mira hacia lo alto, indignado. Ante el silencio que se hizo a su alrededor, responde a su propia pregunta con alto y buen sonido:

- ¡No, no pueden, porque la indignación les encadena las lenguas y agita sus corazones! Muchos de nosotros, canosos por la edad, sacrificándose en el día a día, una dedicación sin límites por las leyes, ¡nos avergonzamos por lo que nos es lanzado en la cara sin respeto y sin piedad...!

Teatral, abriendo los brazos, concluye devastado:

- De todos modos, ¿no es así? ¡Es la parte ingrata que nos toca...!

Manos a la espalda, que camina al azar, mientras que reflexiona sobre todo lo que en ese momento le molesta en gran medida.

Parado frente a todos y frontalmente pregunta imponente:

- En fin, les pregunto, sabiendo de antemano la respuesta: ¿Debemos o que no poner un tope a todos estos desastres?

La reacción no se hace esperar: levantándose agitados, uno tras otro, como una gran ola, todos dictan las palabras de orden, en el medio de un gran alboroto, las manos que amenazan a los puños cerrados, da voz ronca de odio, atropellándose, en afrentas mezclados con pedidos de ayuda a los cielos, en un comportamiento demente, contradictorio; sin embargo, habitual.

Admirando el buen resultado de su prédica, el líder estudia las reacciones de cada uno, mientras sonríe ligeramente.

Después de las imprecaciones más absurdas, a una mirada más significativa del líder, vuelven a sus asientos y están dispuestos a escucharlo:

- ¡Podemos, sin duda, imaginar las consecuencias de todo...!

- ¡Sí, podemos...! - Repiten ellos al unísono.

El líder agita sus manos, en amplios gestos por encima de su cabeza, y concluye:

- ¡Vamos a actuar de la manera más efectiva y a pesar de cuantos se atrevan a detenernos...! Vamos a hacer exactamente lo que se debe hacer en el nombre de Dios, requiriendo, al principio, la ayuda legal, pero... después...

Entendidos, se levantan y conversan en la aprobación de las ideas expuestas allí. Sus caras congestionadas y sus gestos radicales exponen la violencia de sus sentimientos.

El líder, anciano, vestido y ataviado con todos los gestos de su cargo jerárquico, pasa la mano por los bastos cabellos blancos, los baja por una larga y tan blanca barba como el cabello, tirando de ellos con desesperación como para querer sufrir por sentirse vivo o consciente de eso, de hecho, está despierto y no sueña... Caminando de aquí para allá, resoplando, con el rostro enrojecido, hace gestos cada vez más fuertes y extensos, balbuceando blasfemias.

Los de sus compañeros, poseídos, reinician las andanzas tumultuosas por la sala.

Un niño entra corriendo, jadeando, les llama la atención. Saca un papel amarillo arrugado del interior de su túnica y se lo extiende, informando:

- El señor alcalde les envió, ¡aquí está!

Mientras, apresurados, los hombres toman conocimiento del mensaje, el niño sale y llega a un pozo frente a la oficina de impuestos. Con un balde toma un poco de valioso líquido y lo bebe, con entusiasmo. Se limpia la boca con la parte posterior de las manos y se sienta para recuperarse.

Al ver a otros chicos jugando con bolas de vidrio, se pone de pie dispuesto a participar en el juego, pero ve la imposibilidad de hacerlo, porque un hombre salió corriendo de la oficina de impuestos con la respuesta a la carta.

Haciendo un puchero, el pequeño mensajero demuestra deseos de quedarse allí, entre los otros niños, pero diciéndole palabras ofensivas, el otro trata de golpearlo en la cabeza con una bofetada. Él; sin embargo, muy ágil, se escapa, le retira de la mano el mensaje y se dispara rumbo a su destino. Sus prendas son amplias, voluminosas y sucias. Sus pies desnudos lo llevan en pocos minutos a desaparecer en las calles.

Unos cuartos de hora más, los hombres abandonan la oficina de impuestos, juntos y con prisa.

* * *

VAMOS, AHORA, MIS queridos lectores a conocer a otras personas que están envueltas en estos mensajes y estas agitaciones:

Venciendo la distancia y subiendo los pasos que dan acceso a una pobre residencia, nos encontramos con algunos hombres taciturnos y envueltos en profundas reflexiones.

El sudor les baña la frente y brilla sobre las gotitas que caen sobre la ropa colorida. Zapatos de las sandalias rústicas, sus pies denuncian largas caminatas en la arena bajo el sol abrasador.

Una señora, muy simpática y educada, entra al salón trayendo refrescos; lo que es ampliamente aprobado.

Después de haber ingerido las sabrosas bebidas, algunos se quitan el turbante, refrescándose.

En silencio, así como llegó, ella se fue. Los deja a voluntad, sin interferir.

Como los personajes anteriores, estos hombres comienzan a discutir:

- Galba, a pesar de su posición, ¿qué ha hecho a nuestro favor? ¿De qué le sirve, después de todo, haces parte de los soldados?

- Caramba, Omar, ¿qué hago, sino defendernos todo el tiempo? ¡Ay de ustedes si yo no hiciese parte de los "soldados", como dices! ¡Dobla tu lengua inmunda, para hablar lo que no entiendes!

- ¡Lo siento, Galba! - el otro pide, algo arrepentido - ¡Pero has de consentir que estamos en las brasas! ¡Cada uno de nosotros, en cualquier momento, puede ser arrestado, expatriado, apedreado, encarcelado, sabe Dios qué más! ¡Nada de bueno se anuncia, a pesar del poder que representas!

- ¡Poder que, ni pensándolo, toca a nuestros adversarios! - exclama un anciano desdentado, sentado en un rincón de la sala.

- ¡Él tiene razón, lo sabemos! ¡Si no fuese así, no estaríamos tan asustados! - comentaron todos, agitados.

- ¡¿Y qué es lo que somos, después de todo, hombres o una camada de ratas...?!

Explota, impaciente, un hermoso muchacho, casi adolescente, de ojos negros y el brillo intenso, vestido lujosamente.

De pie, en una posición desafiante, continúa:

- Después de todo, ¿dónde está el valor tan pregonado por todos? ¿Dónde está el ideal que nos caracteriza? ¿Y nuestros propósitos de revolución? ¿La determinación de amparar al pueblo sufrido y masacrado por los poderosos? ¿El compromiso de luchar contra los malos, estén donde estén...? Antes que nos atrapen, ¿ya fuimos derrotados por nuestros miedos? ¿Dónde está la fe que guía nuestros caminos y nuestras decisiones? Ahora, a mí, ¡me parecen un grupo de doncellas...! - Él escupió a un lado en señal de desprecio.

Ante esta actitud imprudente, los compañeros se llevan las manos a las armas que llevan en el cinturón y dentro de la ropa, disparándole con miradas airadas.

- ¡Ben Azir, te ordeno que pares con esas acusaciones e insultos! ¡No permitiremos tal falta de respeto! Somos mayores que tú y hemos vivido lo suficiente para saber que la imprudencia que te caracteriza, en este momento, puede terminar en un rincón mal iluminado, en la cárcel, bajo piedras contundentes o incluso aquí mismo, frente a todos nosotros, ¡joven imprudente!

Esto dice el que aparenta ser el dueño de casa. Hombre fornido, de brazos peludos, barba hirsuta, ojos oscuros y perspicaces, imponiéndose, providencial y enérgico.

- ¡Cuidado, Ben Azir! ¡Estás pisando un terreno muy, muy peligroso! ¡Tal vez, pronto te quedes sin esa lengua tan afilada! ¡Si yo te narrase mis "proezas", verías ver que las doncellas no son capaces de hacer lo que yo hago! ¡Eres un tonto, cuando piensas que eres más valiente que cualquiera de nosotros! ¡Mira aquí, donde pueden ir a parar tus pocos años!

Amenaza un otro, muy bronceado, piel reseca, ojos crueles, exhibiendo y haciendo pasar ágilmente los dedos en su daga, haciéndola brillar a la vista de todos como una forma de intimidación.

Ignorándolo la presunción, Ben Azir se vuelve hacia el jefe de la casa y para los demás, indicando:

- Está bien, ¡disculpen la exageración y las ofensas! ¡Sé que soy muy joven, pero la sangre hierve en mis venas! Todos saben de los actos de valentía de los que soy capaz, ¡porque ya di pruebas irrefutables! ¡Lucho por nuestra causa y nunca me negué a acciones más arriesgadas! ¡Al verlos reacios, ofendiéndose mutuamente, debilitándonos, me irrito! Esta es la razón de mi arrebato, ¡nada más!

Entonces, respirando profundo y visiblemente contrariado se sienta abruptamente.

- ¡Mejor esta manera, amigo! ¡Sé más cauteloso y vivirás para ver tus ideales realizados! - Dice el mismo anciano de antes, en tono conciliador.

- De hecho, estamos muy nerviosos, ¡pero no es con peleas entre nosotros que saldremos de esta situación! ¡Muy por el contrario, esto favorecerá al enemigo! - completa Galba.

- ¡Es verdad!

Todos estuvieron de acuerdo, a excepción de aquel que mostró la daga. En sus ojos, amenazas contra Ben Azir...

Jadhu tiene mal carácter, no disculpa las ofensas. Su vida es turbulenta y misteriosa. El grupo lo acepta por causa de las bestias que alquila a precio asequible, cuando la necesidad de viajar, que el grupo hace para los intercambios con otros simpatizantes de la causa.

En los desiertos de oasis lejanos o exuberantes, establecen sus conexiones, ya sea con nómadas, los principales religiosos, las personalidades prominentes o de influencia política. Necesitan de alianzas.

2.-
BEN MORDEKAI Y PAULUS

EN SU RICA y cómoda casa, Ben Mordekai se deleita con los platos que le son ofrecidos por criada; mujer regañona y enojada, siempre dispuesta a refunfuñar y a distribuir insultos.

Cuando su madre dejó el mundo para entrar en el reino de Dios, ella se encargó de criarlo. Ben Mordekai era, entonces, muy pequeño. Hoy, él estoicamente la protege y tolera. Quizás no lo hiciese con ninguna otra, aunque debiera, como debe, una enorme gratitud por la maternidad prestada y bien asumida, pero también la admira y la quiere bien, a pesar de su genio irascible.

En el amplio comedor, un frondoso jardín con hermosas plantas. Algunas fueron traídas de regiones lejanas. Flores exóticas y fragantes lo adornan, convirtiéndolo en un curioso adorno de esta casa que, por sí sola, es muy interesante en su decoración *sui generis*.

La esposa de Ben Mordekai ama el mundo, lo que este ofrece de bueno, bello, cómodo y lujoso.

Un viñedo maravilloso, en la continuidad de la extensa propiedad, abundante y generosa, hace la alegría de sus propietarios.

Allí, Ben Mordekai suele meditar inclinándose sobre la Torah, extrayendo de ella lecciones preciosas que casi nunca encuentran oponentes, tal es su perfección.

El viñedo mencionado anteriormente es muy bueno para el alma y el corazón.

La arrendó hace algunos años de su desafortunado dueño que cayera en la imprudencia - ¡oh, cuánta locura...! - ¡de deber impuestos!

Algún tiempo después se anexó, legalmente, a sus tierras, coronándole así los redoblados esfuerzos que hizo para la realización de su intenso deseo de poseerla. Para Ben Mordekai, el éxito de tal emprendimiento pasó a ser una cuestión de honor.

El antiguo propietario se desesperó de la gran pérdida, por supuesto... ¡Ben Mordekai lo entendió y lo lamentó, de hecho! La imprudencia y la irresponsabilidad, sumadas a una demostrada deshonestidad, llevaron a la desafortunada gran debacle.

Unos pocos días después del hecho cumplido, muy generoso, como es su carácter, Ben Mordekai colocó en las manos de aquellos que llevaron a cabo los procedimientos de ley, una suma considerable. Después de todo, ¡ellos se lo merecieron!

Paulus, el infeliz que perdió la riquísima propiedad, inconforme, se había llevado algunos bastonazos para dejar las cosas como estaban. Después de todo, ¡¿qué es lo que podría hacer?! La ley es dura, ¡pero hay que obedecerla! ¿Él ignoraba eso? Al final, ¿en qué mundo vivía este hombre?!

¡En ese momento, infeliz y enojado, Paulus se emborrachó, como loco, y salió por las calles gritando toda su ira, molestando a los ciudadanos que a esas horas descansaban en sus casas...! Bueno, ¡qué atrevimiento! ¡Necesitaba ser castigado y lo fue...!

* * *

VEAMOS, NOSOTROS MISMOS, queridos lectores, cómo han sido las cosas:

Al amanecer, angustiado, disfrutando de su embriaguez, Paulus fue sorprendido por soldados romanos que se divirtieron a sus expensas, volteándolo de aquí para allá, como una "cabra ciega", dejándolo más mareado de lo que ya estaba por los vapores del alcohol. En medio de burlas y risas, le raparon su venerable barba, así como su cabello, dejándolo en ridículo frente a sus más caras tradiciones, como un representante viril de su raza.

Le arrebataron la túnica, por cierto, muy rica obra de artesanía, y sus sandalias de cuero fuerte y brillante, dejándolo en taparrabos, solo, avergonzado e indefenso.

Finalmente, cansados de sus "travesuras", los soldados se fueron, mientras Paulus, cayó al suelo, lloraba convulsivamente toda para su desgracia. ¡Sus dientes chocaban unos contra otros, no solamente de frío, sino de odio, mucho odio!

Cuando llegó a la casa de los familiares de su esposa, donde estaban acogidos, como un favor, fue duramente execrado. Lo llamaron un tonto, trapo viejo, vergüenza de la familia, y muchas otras cosas, nada bonitas para ser escuchadas.

Profundamente humillado, se quedó dormido al aire libre, en la parte trasera de la casa y con los animales; temblando y profundamente decepcionado con la vida y con los hombres... Su apariencia era la de un espantapájaros; ridículo, abatido en su dignidad y en sus bríos... ¡¿Por qué sufría tanto...?! ¡Su comportamiento siempre fuera indiscutible!

Haciendo un retroceso, a través de las lágrimas, él recuerda la cosecha de ese año: ¡abundante, muy abundante! Cansado... Después de su venta, guardó el dinero en lugar de siempre, bloqueándolo muy bien. Pero, inexplicablemente, ¡desapareció!

Llevando a cabo una cuidadosa investigación, descubrió al ladrón. Este, bajo su techo, asistía durante algún tiempo, como un amigo. Lo denunció. Lo arrestaron. Prometió devolver su pequeña fortuna.

Angustiado, esperó, pero pasaron los meses y nada...

Recientemente descubrió - ¡que asqueroso es el mundo...! - que el ladrón, amigo de uno de sus hijos, ¡es sobrino del poderoso Ben Mordekai...!

¿Cómo enfrentar tal personalidad? Sería una temeridad, pero lo que estaba en juego era por su propia supervivencia y la de su familia. Así, decidió luchar por sus derechos.

En el enfrentamiento, el ladrón dijo que Paulus le pagó una vieja deuda de juego y luego, deshonesto, lo acusó de hurto para recuperar el dinero. ¿Cómo Paulus podría tener deudas de juego, si nunca jugó en su vida?

Gran parte de ese dinero se destinaría al pago de impuestos; agobiantes, dígase de paso; pero ¿qué hacer? Debería pagarlos, bajo pena de perder todo lo que tenía. No son pocas las personas que pasan por tal desgracia. Paulus ya había visto pasar estas cosas a personas muy ricas, que alcanzaron, en pocos meses, la pobreza más extrema...

Fue a la Oficina de impuestos y explicó su situación allí. Pagaría, en su momento, la cantidad de ese mes. Afortunadamente, sus cuentas siempre se pagaban al día le servían de crédito, una justa suspensión. Sin embargo, ¿cómo entender lo que vino después...?!

Allí mismo, frente al cobrador de impuestos, Paulus escuchó, casi perdiendo el juicio, ¡¡¡que sus impuestos estaban retrasaron hacía años...!!!

Frente a tus ojos, excesivamente abiertos, le fueron expuestas en hojas, oficialmente firmadas y reconocidas, cuentas y más cuentas, ¡más el interés por el interés...!

Confundido, enfrentado con esas absurdas acusaciones, se imaginó a sí mismo en una extraña pesadilla. Se estremeció en sus piernas y vaciló ante la inusual situación. En sus intentos de defenderse, con la verdad desnuda y cruda, fue rechazado violentamente y aconsejado a los esbirros que allí montaban guardia a retirarse por su propio bien.

Desesperado, caminó de aquí para allá, días y días, sin resultado alguno, en un intento de solucionar las dolorosas, oscuras e inexplicables pendencias. Finalmente, fue aconsejado con bonhomía, a alquilar su propiedad, tan cara, en el exuberante valle del Jordán, a Ben Mordekai. En el futuro, dijeron, lo rescataría todo.

Se le prometió que revisarían su situación con mucho cuidado.

Paulus aclaró, muy racionalmente, que aquel que había creado tales problemas era pariente con la mencionada personalidad. En respuesta, le expusieron las raras cualidades de Ben Mordekai que, de ninguna manera, le aseguraron, se parecía a su sobrino. Protegería su heredad y así, con el tiempo, volvería a sus manos.

¡Paulus lamentó no haberse encontrado antes con tal amable empleado! ¡Las cosas hubieran sido más fáciles! Quién sabe, ¿ya lo habría solucionado todo de la mejor forma posible?

Gracias, regresó a casa, a la espera de futuras acciones legales.

Pero pasó el tiempo y durante el arrendamiento, inexplicablemente impedido, bajo amenazas, de acercarse a su amada viña, se sumaron deudas y más deudas...

Su familia, además de no ayudarlo, lo despreciaba, dejándolo al margen de sus vidas.

Incansable, cada vez que intentaba defenderse volvía a casa más confundido que antes. Ese buen empleado, buscado reiteradamente por él, estaría viajando por tiempo indefinido; en servicio, decían... Lo más extraño de todo: los papeles presentados de las deudas que se acumulan, inquietantemente, eran legales; ciertamente, legales (?!).

Después de un tiempo, comenzó a escuchar amenazas, algunas veladas, otras más contundentes... Le dijeron que les estaba robando un tiempo precioso a las autoridades que estaban allí para defender al pueblo (!).

Considerado demente, en sus patentes defensas y denuncias, se estaba quedando de lado. Ya no fue más recibidos: pasaba horas y horas en las salas de la Oficina de impuestos, de aquí a allí, dirigiéndose a este o aquel, en la esperanza de ser escuchado. Humildemente pidió que lo atendiesen, pero le decían que "las autoridades competentes" que estaba prohibido a cualquier otro ocuparse de su causa.

Un día, exasperado, ofendió a dichas autoridades y tomó dolorosos porrazos en la espalda, ya doblada por años de mucho esfuerzo en el trabajo duro de las plantaciones.

Ese día Paulus lloró como un niño, en un dolor solitario. ¡No lloraba solo el dolor físico, sino también la vergüenza de la humillación...! Ahora, vejámenes y opresiones lo han acompañado a donde quiera que vaya...

Pasó algún tiempo más y meses después, convocado, lleno de esperanza, apareció, listo.

Expectante se posicionó, humilde. La esperanza tocando a las puertas de su sufrido corazón. Les esperó la declaración, y esta no se hizo esperar:

Se le informó de lo que el actual inquilino, Ben Mordekai, pagara su abultada deuda, haciéndolo así ante la justicia, el propietario, actual y legal, de su riquísima propiedad. En estado de shock, a punto de sufrir una enfermedad repentina, por el dolor de su revuelta, Paulus utilizó todos los argumentos, posibles e imaginables, en vano.

Un hombre amarillento, de ojos apagados y manos marchitas, advirtió:

- Si quieres, al menos, salvar tu miserable carcaza, olvídate de todo esto y no te aparezcas nunca aquí, ¿entiendes...? ¡En tierra ajena, no tienes derechos...!

Un otro, con una sonrisa de burla en los labios descarnados aclaró, mientras se ocupaba de muchos papeles, separándolos por especificidad:

- Sabes cómo están las cosas, ¿no? A veces, un rincón cualquiera, un infeliz nos quita la vida y además de perder todo lo que tenemos, entregamos nuestra alma al diablo. ¡Hirra!

Guiñando un ojo, sugiriendo una complicidad lejos de existir, le señaló con un gesto, sutil, a su compañero de trabajo que aconsejara a Paulus a preservar la vida, mientras añadía:

- ¡Escuche la voz de la razón! Mejor dejar todo como está, ¡créame! Con calma y con el tiempo, usted conseguirá todo de nuevo, pero nunca olvide la gran lección que la vida le concedió: trabaje mucho, como lo hacemos todos nosotros, y de aquí para adelante, ¡no evada impuestos! ¡Es ponerse la soga alrededor del cuello! ¡Hoy lo sabe! ¡Váyase lejos y no más vuelva por aquí, es lo mejor que puede hacer por sí mismo! - enseguida, se volteó a otros intereses, olvidándolo allí, como en éxtasis, a un muerto-vivo...

Embotado, Paulus lo había oído todo. ¡Su suerte estaba sacramentada, legalmente! ¡De allí en adelante, no poseía nada! ¡¿Qué a hacer...?! ¡Dios! ¡¿Cómo olvidar ese día...?! ¡Imposible...! ¡Mientras viviera, Paulus lo sentiría, como hierro en brasa, en su propia alma! ¡En solo unos meses, se convirtió en un miserable sin medios de supervivencia! ¡Había trabajado toda su vida y no tenía nada propio!

Atropellándose en los propios pasos, regresó a casa; lágrimas fluyendo, la cabeza palpitante, corazón latiendo violentamente.

Su esposa, frenética, culpándolo, lo llamó inútil e incompetente. Rayando con lo inverosímil, le echó en la cara que casi se había casado con otro partido, más inteligente y más rico.

¿Alguien puede sufrir más...? Paulus dudaba.

Desde que llegó a Jerusalén, procedente de Turquía, trabajó de sol a sol, sin descanso y sin queja, para alcanzar el nivel que su esposa deseaba y por qué no decir, él también. A través de su trabajo, adquirió mercancías y dinero para la comodidad de todos y de la seguridad en su vejez...

Sin embargo, allí siempre fue visto como un enemigo, como un invasor. La envidia constantemente lo acompañó, paso a paso, miradas furiosas lo seguían por donde iban... deberían haber vuelto a su tierra. Sí, debería...

¡Hoy, pobre y desamparado, sufre las penurias del infierno!

Los suyos lo desprecian, culpándolo por la miseria; sin embargo, ¡si ellos supieran que no había tenido defensas! ¡Que había caído en una guarida de serpientes venenosas! ¡Y todavía hizo mucho, salvándose a sí mismo - ¡aunque para ellos esto no era importante!

En el transcurso de los días, su copa de amarguras nunca pareció agotarse: una gota amarga, más una, y otra más, que por sí sola, anuncia la siguiente... "¡Oh Dios de misericordia! ¿Cuándo tendré paz? ¿Cuándo entenderé el por qué de tantas desventuras...?"

Paulus, como Job, lloró las lágrimas de los derrotados.

Una patente soledad, se sentía como el último de los hombres sobre la faz de la tierra.

Mientras tanto, Ben Mordekai ¡vivía a lo grande, feliz, realizado!

Éste hombre, rico y poderoso, anexó a sus posesiones, que ya eran innumerables, la rica y productiva finca de Paulus.

En ella, Ben Mordekai se beneficia del clima templado y la paz que lo reconforta. Después de todo, su actuación religiosa, social, y política es muy importante para su pueblo.

Sus pares, en un desafío constante, le exigen un conocimiento cada vez mayor de las leyes. Sus enemigos, declarados o no, lo fuerzan a protegerse, día y noche, a sí mismo y a los suyos, y este míster invierte grandes sumas de dinero.

Por encima de todo, ¡hay que preservar la religión! Sí, por esta, Ben Mordekai dará la propia vida, ¡sin dudarlo! ¡Él cómo ha sufrido, por los principios registrados en la ley...! Y así lo hará, hasta su último aliento de vida.

A su alrededor, seguidores dispuestos y obedientes. La mayor parte de su tiempo vive entre las escrituras, sumándolas a los muchos problemas que lo agotan, enormemente. De su autoridad y buena disposición, ¡cuántas cosas dependen!

Ahora mismo, mientras analiza en detalle algunos textos de las leyes mosaicas, piensa en los levantamientos que son necesarios sofocar casi todos los días, un tiempo precioso que podría estar lleno de exégesis. Afortunadamente, siempre logran resolver todo a su satisfacción. Con el apoyo de Roma, dominan cualquier rebelión y castigan a los culpables.

"¡Ah, banda maldita, su fin está cerca! ¡Atrapemos a todos y a cada uno de esta canasta de víboras! ¡Es muy difícil, si no imposible, luchar contra nosotros! Si no comprenden, todavía, porque las cosas son como son, más temprano o más tarde, ¡lo harán...! ¡Somos los guardianes del bien y de la verdad!"

Entre estos y otros pensamientos semejantes, Ben Mordekai prepara sus tesis para debatirlas junto a sus compañeros, que a su vez llevarán las suyas. ¡Pero mejores que las de Ben Mordekai no existen! Él se enorgullece de eso y su familia también. El éxito de su vida depende de las letras.

Haciéndose doctor de la ley, subió los escalones, intensa y valientemente, dejando atrás a muchos otros.

Su infancia había sido desvalida, a él ni siquiera le gustaba recordar: los pies en el suelo, la ropa sucia, el estómago vacío, nariz congestionada... ¡Diablos...! ¡Tiempos difíciles! Pocos le conocen el pasado de la miseria. Su tierra natal es un poco lejana y los familiares que no le interesan en absoluto, porque tienen la misma condición social, han sido olvidados.

"¡Cada uno haga por sí mismo, como yo lo hice! Luché y llegué a donde quería. ¿Qué me importan los holgazanes y los acomodados? ¡Bueno, los caminos existen y son muchos! Es necesario descubrir cuál de ellos o cuántos de ellos están a nuestra disposición; luego, haciendo uso de la inteligencia y el coraje, llegar a donde deseamos."

¿Hasta dónde irá Ben Mordekai? ¿A las estrellas del cielo? ¡Sin duda no aceptará menos! ¡El Dios de Abraham, de Isaac y de Jacob, le permitirá... todo!

Se acomoda mejor en su lujoso asiento, bajo la única parra vigorosa, cargadita, y ¡allí examina la ley con cuidado y dedicación, notable...! Seguramente brillará en la exposición de las conclusiones alcanzadas, incluso que estas sean cuestionadas y discutidas, acaloradamente, por tantos otros que, en el mismo estado de ánimo y con la misma dedicación, llegaron a deducciones completamente opuestas.

¡Esto, después de todo, no es lo más importante! Lo que pesa es el esfuerzo individual, el trabajo que dice al respecto, la oportunidad de exhibir sus conocimientos por medio de palabras rebuscadas, en la patente divulgación de sus culturas, justificando de este modo el tiempo y los costos que surgen de sus sagrados deberes.

¡Indispensable el coraje para enfrentarse a los otros y de imponerles sus puntos de vista, determinando cuáles son los principios de la ley que serán llevados al pueblo! Sí, habrá valido la pena: el esfuerzo, el tiempo invertido y cualquier otra carga que estas reuniones y sus estancias en ellos requieren.

Cumplido el deber, al regresar a sus casas, son aclamados y venerados por donde pasan. Entonces se sienten plenamente recompensados por los sacrificios que realizan en nombre del pueblo y la religión.

Pisadas firmes y largas, cabezas encumbradas, el lujo de las vestimentas, la postura orgullosa... Todo los identifica:

- ¡Vean! ¡Ellos son los grandes defensores de las leyes del Eterno! - Comentan los transeúntes, mostrando admiración y respeto, algo intimidados.

Los oídos de Ben Mordekai siempre están atentos a comentarios y cumplidos como estos. ¿Hay mayor gloria? ¡No, Ben Mordekai no lo sabe ni la anhela...!

Con todos los recursos posibles e imaginables agotados, Paulus se encontró desesperadamente derrotado y arruinado.

Nunca más sería lo mismo. En el corazón, una gran herida. En la mente, una desilusión sin medida. Y junto a eso, un deseo obsesivo de venganza.

Actualmente, camina por la vida tal que una hoja seca que el viento fuerte carga... Rumia, solo y abandonado, sus tormentos... Ninguna palabra de apoyo, de aliento, de consuelo, de bálsamo, para su gran dolor...

Ideó diversas formas de venganza para retribuir a la altura lo que le hicieran. Dormía a través de sus lágrimas, ojos hinchados, dolor de cuerpo... Caminaba sin destino, como borracho del alma...

Sus pasos, en muchas ocasiones, los llevaron a la oficina de impuestos. En otros, llegaba automáticamente al ayuntamiento... En las inmediaciones de ambos, volvía a ver a aquellos que lo entendieron y encaminaran "satisfactoriamente" su caso, cómo debían hacerlo con tantos otros...

Anheló, numerosas veces, por una oportunidad para lanzarles en el rostro el gran mal que le habían hecho, pero si lo hacía, podría complicar aun más su vida. Esto, lo entendió muy bien. Ahora ya sabe, sin errores, cómo funciona esta máquina.

Pero el tiempo fue pasando y sus sentimientos, antes exacerbados, se fueron desvaneciendo como un cuadro cuyas tintas destacan solo los colores más vibrantes, dejando solamente una semblanza de la vieja pintura...

Poco a poco, Paulus fue recuperando la ansiada paz. A pesar de los sufrimientos y las enormes necesidades, el odio finalmente abandonó su corazón. Suspiró de alivio cuando se sintió capaz de perdonar a los que lo habían perjudicado. Su buena naturaleza le había impedido actos extremos.

Ahora, no sabiendo qué hacer o qué rumbo darle a su vida, él confía en la Providencia Divina.

A menudo humillado por la familia y despreciado por no proporcionarles más aquello a lo que estaban acostumbrados, decide dejar la casa. Pero... ¿A dónde...?

La respuesta no se hizo esperar, cuando en sus pensamientos surge inopinadamente, la figura amorosa de su hija Milcah, la viuda de su hijo Enoch. Decide visitarla. Hacía mucho alejada de la familia, Milcah ignora hasta el colapso financiero y los tormentos.

Unos días más tarde, al atender la puerta de su humilde residencia, que se encuentra con el suegro. Emocionada, ella le da la bienvenida, efusiva, sin apenas creer en la bendición de ese momento. Ambos se sientan, tras los emotivos saludos y hablan un poco de todo.

Milcah le pregunta por todos y le explica, por último, la situación en la que se debate y el comportamiento deplorable de la familia.

Al escuchar su dolorosa narrativa, ella lo lamenta sinceramente.

Su querido suegro le hace recordar a Job, en las desgracias que lo alcanzaron...

Recuerda que se apartara de la familia, porque su marido se desentendiera con el padre, para nunca más buscarlo, impidiéndole a ella hacerlo.

- Mi querido padre, tras la muerte de su hijo, permanecí sola y distante, porque temía los malos comentarios de mi suegra, discúlpeme. Ella siempre me culpó por los desacuerdos de la familia.

- Ambos sabemos, querida hija, ¿cuánto trataste de armonizarnos, pero Enoch y yo nunca nos entendimos. De todos mis hijos, él siempre fue el más difícil y el más ingrato. En ese día de triste memoria, cuando trató de agredirme con su joven fuerza, ignorándome la paternidad, faltándome el respeto a la barba, inconsciente de sus deberes filiales, decidí enfrentarlo, definitivamente. Entonces, se alejó, con una ira injustificada, culpándome por todas sus frustraciones. En esa ocasión, profundamente herida, lo regañaste, pero fue en vano, ¿recuerdas?

- ¿Cómo olvidar si todavía llevo en la retina las dolorosas imágenes de todo?

- ¡Él y yo vivimos siempre en desacuerdo! Cuanto lo lamento, Milcah... Este dolor me acompañó siempre y todavía hoy me duele mucho.

- Lo sé, lo sé... Usted siempre fue un padre amoroso... Se esforzó toda la vida para darles todo lo que querían. ¡Cuánto se ha sacrificado por la familia!

- ¡Ahora, hija, imagínate, ingratos, ellos me dan la espalda! ¿Puede haber mayor dolor? - Paulus no se contiene y llora en silencio, desviando el rostro, avergonzado.

Milcah lo abraza por los hombros y asiente:

- No, querido y amoroso padre, no. Sin embargo, olvídalo, ¿no? Todo esto va a pasar, en una forma o la otra...

- Sí, un día esta herida cicatrizará como todas las demás que la vida me hizo.

Tomando una respiración profunda y sonriendo para animar a Paulus, Milcah concluye:

- ¡A pesar de toda esta dolorosa circunstancia nos reaproximó!

- Es verdad... Recuerdo, siempre, tu belleza peregrina y tu bondad, innatas, cuando el compromiso con mi hijo. Este, rebelde e ingrato, no te merecía. Aquello que temía sucedió, él te hizo muy infeliz. No valoró la bendición de recibirte como su esposa.

- Mientras Enoch vivió, tuvimos muchos problemas debido a su genio irascible. Abusó de mí constantemente. Hoy; sin embargo, ¡siento lástima por él porque, en realidad, él era más infeliz de todos nosotros!

Pero vamos a olvidarse de las tristes cosas, ¿de acuerdo? ¡Quédese todo el tiempo que quiera! ¡Haré todo lo posible para que se sienta bien! ¡Esta casa es tanto suya como mía! ¡Quédese en casa y que Dios bendiga el momento en que el usted, mi padre entró por los portales de esta casa!

- ¡Que así sea! Ya me estoy sintiendo en casa, ¡muchas gracias! Esta es una nueva situación, frente a todo lo que he vivido. ¡Que la paz del Señor habite en esta casa y la cobertura de bendiciones, hija mía!

Abrazándolo, Milcah se dirige a las otras habitaciones de la humilde residencia, con la intención de instalarlo bien.

Ofreciéndole el techo y el alimento, frutos de su trabajo artesanal de alfombras, añadido a un gran cariño y respeto, Milcah vio, en corto tiempo, al querido suegro renovarse y ver la vida con valor, una vez más confiando en un futuro mejor, a pesar de la pobreza extrema.

Pasaron tantos meses, en una convivencia fraterna y laboriosa.

Los suyos parecen haberlo olvidado, como si él no hubiera existido y hecho parte de sus vidas.

Paulus, renovado y bien dispuesto, fue a ayudar a la nuera a tejer alfombras; trabajo que conocía muy bien.

Entonces, de sus manos laboriosas y su mente creativa, surgieron hermosas obras de arte, haciendo correr, hacia ellos, a los comerciantes más poderosos del lugar. Acostumbrado a trabajar, desde los años mozos, con perspicacia y forma de comerciar en pocos años, Paulus se sorprendió de nuevamente rico.

Junto a él, la vida de su querida nuera cambió radicalmente para mejor. Él, un día arrojado a la calle del dolor, volvió a ser feliz. No es raro escucharlo cantar mientras trabaja. Paulus tiene una voz privilegiada.

Su familia, degenerada e ingrata, que se quedara a la distancia, sabiendo por algunos familiares cercanos que Paulus volviera a tener una vida cómoda, probaron algunas embestidas interesadas, pero él, aun dolido y temeroso de perder la paz restaurada con mucho esfuerzo, decidió permanecer distante. Los perdonó a todos, pero temía su acercamiento. Los conocía muy bien. Ellos eran interesados, acomodados, irrespetuosos, insensibles e ingratos.

A su esposa, ni siquiera la echaba de menos. Realmente le gustaba estar bien lejos de ella.

"Así lo decidieron..." - Concluyó.

Su vida continuó prometiendo mucho. Gracias a la ayuda de Milcah, a sus propios esfuerzos y al talento para ganar dinero honesto, él camina hacia una posición financiera cada vez mejor.

Da gracias a Dios y prosigue en su nueva ruta, en otra ciudad y en una nueva vida.

3.-
EN PRIMERA INSTANCIA

ARMONIZADOS EN LOS MISMOS pensamientos e intenciones, Ben Mordekai y sus compañeros van a buscar apoyo en el poder legal, bajo el que viven, irremediablemente, sometidos. En algunos cuartos de hora, se enfrentan con los que deciden la vida de todos, en nombre de Roma. Ahí, por razones obvias, la arrogancia que los caracteriza es dejada de lado. Después de los trámites burocráticos normales y de horas interminables, son recibidos por el Cuestor.

Molesto, al reconocerlos, se dirige a ellos con ironía:

- Bueno, bueno, ¡ustedes nuevamente! Esta vez, ¿qué es lo que quieren? - En su pregunta, la exposición obvia de su impaciencia.

Con una voz meliflua y una postura aparentemente servil, Ben Mordekai da un paso al frente:

- Lo siento, señor Cuestor, pero nos enfrentamos a una situación extremadamente difícil, y eso nos dice respeto a todos.

Desinteresado, el Cuestor espera. En su mirada la censura y el descrédito.

A pesar de la desconsideración nada sutil, Ben Mordekai disfraza el odio que siente por este representante del César, por cualquier otra persona del mismo origen o con las mismas atribuciones.

Se frota las manos, muy nervioso, y aclara:

- Señor, vivir dentro de la ley es parte de nuestros hábitos más minúsculos. Por eso estamos aquí una vez más. ¡Necesitamos apoyo legal para resolver una disputa de vital importancia!

- ¡Pues hable y sea breve! Como se puede ver, tenemos muchos otros temas a ser analizados y resueltos; todos ellos "de vital importancia" - haciendo uso de sus palabras.

- ¡Sí, sí, haremos eso! ¡Conocemos sus atribuciones, que son tan importantes para todos! Nosotros los admiramos mucho, ¡créalo!

Mientras que Ben Mordekai sobresale en sus elogios, el Cuestor respira ruidosamente y mira hacia un lado, mostrando mucha impaciencia. Toma nota, rápido, en otro caso que hay órdenes cercanas a su atención y autoridad, y vuelve a mirarlo, de manera muy significativa.

Desconcertado, Ben Mordekai reinicia:

- Pues el caso es el siguiente: Dentro de nuestras atribuciones, religiosos y políticos...

- ¡Estas últimas son las prerrogativas de Roma, representadas en sus más ilustres autoridades! - Interrumpe el Cuestor, en voz alta, rostro cerrado, con aire amenazador.

- Por cierto, por cierto, ¡imagine! ¡Somos conscientes de eso y nos sometemos de buen grado a las leyes romanas! ¡Es exactamente por eso que estamos aquí, frente a su autoridad incuestionable!

Revolviéndose a su alrededor, los demás se apresuran a confirmar sus declaraciones:

- ¡Sí, sí, por supuesto! ¡Autoridad, indiscutible! ¡Sin una pizca de duda! ¡Por eso estamos aquí!

Profundamente molesto por el espectáculo, las sutilezas y la hipocresía, el Cuestor ordena:

- ¡Así apúrense, que ya me molestan con su presencia y sus intenciones, hasta ahora, ignoradas! No tengo tiempo que perder y como pueden ver, el día que se queda corto para tantas causas, ¡unas más graves que otras!

- ¡Sí señor! Como he dicho - Ben Mordekai vuelve a hablar - en nuestras asignaciones de "gran envergadura", cada uno de nosotros hace su parte. Así, colaboramos con el buen funcionamiento de nuestra tierra sagrada y venerable, junto con los señores que aquí viven.

- ¡Que aquí gobiernan, deberías decir!

- ¡Ciertamente, ciertamente! ¡El señor Cuestor nos ayuda incluso con las palabras!

Ben Mordekai se traga su orgullo y se inclina la cabeza en un movimiento servil de cabeza, mientras recorre con la mirada a sus compañeros, midiendo el efecto de sus "prudentes" palabras. Aprobación recibida, respira hondo.

Mientras tanto, luciendo furioso, el Cuestor refuerza enfáticamente:

- ¡Nunca olvides quién, de hecho, gobierna aquí, por el propio bien de su tierra "santa y venerable"! ¡Sometida al César, lo seguirá siendo, el pesar de ustedes o de quien quiera que sea!

Removiéndose incómodo dentro de la propia ropa, responde Ben Mordekai, cada vez más servil:

- ¡Pues estoy, precisamente, declarando que colaboramos, día y noche, y esforzadamente, con la ley que nos rige! ¡Hoy, aquí estamos tratando de defendernos no solo a nosotros mismos, sino también a esa ley y a ese poder!

- ¡Contra quien o contra qué me falta saber aun! ¡Sea más conciso y ahórrenos el tiempo! - Casi grita el cuestor, exasperado.

Ben Mordekai se muerde los labios delgados y continúa, controlándose admirablemente:

- ¡Seré, seré! Abrumados en nuestras labores, como nobles representantes de nuestra raza; responsables directos de nuestra cultura más sagrada, muchas veces, somos incapaces de observar, o, mejor dicho, cuidarnos de todo al mismo tiempo. Por esta razón, nuestras casas, sean ellas las religiosas o las privadas, terminan siendo el objetivo de los ataques, ¡como tiende a ser en estos días de actualidad!

- ¿Y cuál es el origen de estos ataques? ¿Quién es el presunto agresor?

- Quién más, sino los grupos revolucionarios que no aprueban los impuestos recaudados por Roma, y siendo orientados por nosotros a pagarlos como un deber sagrado, ¡se vengan atacándonos por todos los lados...!

- ¿Ustedes tienen pruebas o denuncias que lo corroboren?

- ¡En cierto modo sí! ¡Vivimos muy bien informados! Estos grupos referidos se reúnen con regularidad y elaborar planes para perdernos, con el objetivo de nuestros sagrados deberes y nuestro patrimonio, ¡adquirido comprado con el sudor de nuestra frente!

Irreverente, el Cuestor ni siquiera oculta la risa que se apodera de él.

"¡Cuadro triste! Hombres profundamente arrogantes y deshonestos, ¡casi siempre vistiendo la piel de cordero! ¡Actuando como niños, frente a un padre autoritario y exigente, como doncellas asustadas! ¡Desconcertados y desconcertante...!" - Piensa el Cuestor, mientras se divierte, abiertamente, a sus expensas. Acto continuo, una mirada significativa que los fulminatos, ordena:

- ¡Diga nombres, proporcione pruebas o paren con estas querellas! ¡No tenemos tiempo que perder con los temas privados de su raza!

Intercambiando miradas con sus compañeros, Ben Mordekai da un paso al frente, y declara casi susurrando:

- Noble Cuestor, tenemos algo concreto a ofrecer, pero requerimos una audiencia especial... El asunto es grave, confidencial, incluso...

Debido a las dudas, el Cuestor decide atenderlo. Haciéndole una señal, lo invita a seguirlo. Juntos, salen de la sala y entran al edificio.

Después de unos minutos, regresan en silencio e intercambian miradas de complicidad.

Reanudando su lugar, el Cuestor ordena:

- ¡Esperen nuestras investigaciones! Si la información es correcta, resolveremos este problema en poco tiempo. Si lo que dices es cierto, ¡esta cuestión ofende más directamente a Roma que a ustedes!

Frotándose las manos, sonriendo, Ben Mordekai da un paso adelante:

- ¡Sí, esperaremos! Es de nuestro interés que estos hechos se averigüen y se resuelvan bien. ¡Descanse, no haremos nada sin consultarlo!

- ¡Sabia decisión! ¡Que estén bien! - Con un movimiento de su mano, nada amistoso, él los dispensa.

Una vez en la calle, el grupo continúa hablando en voz baja, cada uno haciendo suposiciones sobre lo que hará el

Cuestor y cómo lo hará. Algunas veces se detienen, aquí y allá, intercambiando ideas; a veces exaltados.

- ¡Estos estúpidos verán con quién están lidiando!

- ¡Sí, sí! ¡Ellos verán! ¡Qué tontos, imagínense, desafiarnos! ¡Ignoran, por casualidad, que lado está la ley...! ¡Pagarán muy caro su osadía...!

Todos concordaran, en medio de gestos agresivos. Entre altercados y acuerdos, por fin, que llegan al templo. Aquí, a la espera, otros hombres con las mismas intenciones, están impacientes.

Más opiniones, sugiriendo esto o aquello; aprobaciones y desaprobaciones; gestos expresivos y en ocasiones exagerados; se adentran en la noche, en la defensa exacerbada de lo que consideran justo, a la luz de sus derechos, como representantes jurados del pueblo.

Unos días después, una noticia llega al grupo de alborotadores, de tal manera que una puñalada en el pecho de cada uno: ¡el líder, Galba, fue denunciado, arrestado y encarcelado! Asombrados, se pierden la acción...

Sin Galba, es difícil seguir adelante con iniciativas revolucionarias. El peligro aumenta y todo el mundo está inscrito en la misma situación de riesgo.

Ben Azir, apasionado por la causa, necesitó de muchos consejos para no llegar a ser más una víctima más del poder romano. Conteniéndose, sufre la imposibilidad de ayudar a Galba como le hubiera gustado. Le cuesta mucho actuar de forma pasiva.

El primero en desaparecer de las reuniones fue el que los desafía y persigue sistemáticamente - el siniestro Jadhu.

Otros, amedrentados e inseguros, dejaron de asistir a ellas, que cambian constantemente de lugar, por medida de seguridad.

En prisión, Galba sufre la incertidumbre del futuro y el anhelo de los suyos. En medio de la tortura física y moral, niega la existencia de la revuelta y no revela los nombres de sus compañeros.

Habría perecido en la cárcel, si el senador de Roma, Olimpius Rufus, no hubiera venido a esa ciudad, para ciertos procedimientos que dicen respeto a sus tareas:

- ¡Salve, senador! ¡Buenos ojos lo vean!

- ¡Salve, Taurus! ¿Cómo estás?

- Yo, muy bien, pero no puedo decir lo mismo de su viejo y querido amigo, ¡Alicius Galba! Se metió en un grueso lío, que Roma no perdona, senador, ¡traición!

- ¡¿Qué...?! ¿Cómo fue eso?

Taurus te lo cuenta todo, con los detalles que conoce.

Al escucharlo, el senador se entristece. Da algunos pasos, yendo y viniendo, reflexivo, cabeza gacha, expresión muy triste. Después de unos momentos, pregunta dónde está encarcelado Galba.

Taurus responde rápidamente:

- Afortunadamente, sé dónde se encuentra y se lo voy a decir. ¡Sé el afecto que une a sus familias y cuanto lo considera!

Informado de la dirección, el senador agradece y quiere saber:

- ¡Gracias, Taurus! Dime, ¿lo crees culpable?

- Sinceramente, no sé qué pensar... Nosotros dos sabemos cómo él es impetuoso, a pesar de la edad madura. Conocemos sus actos de valentía y su amor a la verdad. Nuestro amigo siempre luchará en nombre de sus verdades; ¡aunque el mundo entero lo desafíe o tenga que morir!

- Admiro su carácter inmaculado y su indudable coraje. ¡Roma le debe tanto! Somos viejos amigos. Casi me casé con una de sus hermanas, ¿recuerdas Taurus?

- ¡Naturalmente! La bellísima Cibele que, por imposición de sus padres, se casó con Lucius Graco, ¡al cual le debían hasta el cuello!

- ¡Así que me vi mi amor perdido por la ambición y la venalidad de los padres que parecían los verdugos de su propia hija! ¡En ese tiempo, mi situación económica era todavía no estable y ni siquiera podía pagar las referidas deudas...! ¡Oh, dioses! ¡Traté por todos los medios salvar a Cibele de tan triste destino, y preservar nuestro amor! Todo inútil... ¡Esa realidad brutal fue inexorable...!

¡Ya sabes, amigo mío, nunca más amé de nuevo y con tanta intensidad! ¡Amores he tenido, pero nunca me olvidé de mi hermosa y adorada Cibele! Cuando muera, la llevaré en mi alma... Bueno, dejemos el pasado de lado y cuidemos del presente. Cada minuto que pasa puede ser decisivo en la vida de Galba.

- En asuntos de amor, Yo también llevo grandes frustraciones, querido senador.

- Me quedo pensando, Taurus: ¿Quién no las tiene? ¿Existirán tales privilegiados? No debíamos amar tanto, ¿no crees amigo?

- ¡Ciertamente! ¡Y un día, como defensa, nos hacemos cínicos!

- ¡Siempre me escapé de eso, Taurus! ¡La dignidad, por encima de todo! Sobre todo, con respecto a nuestros sentimientos y emociones.

- Para las almas nobles como la suya, ¡digno senador!

- Elige entre cualquiera, Taurus, ¡privilegio de ninguno! Bueno, deja ver qué puedo hacer por mi amigo. Ambos conocemos los horrores de esta prisión. ¡Pobre Galba...! ¡Me imagino cómo debe estar sufriendo la noble Berenice...!

Agradeciendo y abrazando a Taurus, Olimpius Rufus sube a su lujosa litera y se va, *incontinenti*. Llegando a la cárcel, se hizo anunciar y expide algunas órdenes que no admiten las réplicas de quien quiera que sea, a no ser el propio César, y éste, nunca, cuestionará a su más admirable senador.

En pocas horas, Galba vuelve a la luz del sol, emocionado y muy agradecido con su querido amigo.

Acompañándolo hasta a su casa, Rufus ve nuevamente y abraza a Berenice, esposa de Galba.

Al despedirse, aconseja:

- Noble amigo, no sé hasta qué medida puedes estar involucrado en los hechos que me fueron narrados. No cuestionaré tus razones, por conocerte bien. Somos más que amigos, somos hermanos. Sin embargo, ¡cuidado! ¡Roma es poderosa y aplasta a sus enemigos sin piedad! Tú sabes eso. En un campo sembrado de cadáveres, un día nos encontramos y uno al lado del otro nos defendimos del enemigo común. Algunas veces, el enemigo es ostentoso; en otros, se puede ser camuflado o disfrazado como un amigo, un compañero de ideales... Cuidado con tu seguridad y la de los tuyos.

Conozco el gran amor que te une a ti y a Berenice. No, no lo pierdas, mi amigo. ¡El corazón bueno y amoroso de esta mujer no sobrevivirá sin ti! Cuídate de abrazar causas que no sean tuyas y que no formen parte de tu realidad. Tal vez ellos estén simplemente "utilizándote."

- ¡Gracias por sacarme de la cárcel! Los dioses te trajeron, sin duda. Agradecido por el consejo, pero sé lo que estoy haciendo. No me juzgues inconsecuente, por favor. El juicio que puedas hacer de mí me es muy importante.

Haya lo que haya, créeme: yo soy fiel a los dioses y a mis ideales de vida. En este o en cualquier otro contexto que, quizás, pueda parecer alejado de "mi realidad", yo me posiciono y me posicionaré dignamente de aquello que me concierne en su conjunto. La vida, muchas veces, nos involucra en situaciones de las cuales no podemos escapar sin tiznar nuestro carácter y de nuestro honor.

- Estoy de acuerdo y te admiro cada vez más. Sobre todo, Galba, nuestra amistad se mantendrá. Buena suerte.

- ¡Te deseo lo mismo, de todo corazón, queridísimo amigo!

- Dentro de algún tiempo, regresaré a Roma. Mientras esté aquí vendré a verlos, muchas otras veces, para disfrutar de su buena compañía.

- ¡Estaremos muy felices! ¡Berenice te desea lo mejor!

- Y yo a ella. Bueno, incluso la vista, querido amigo. ¡Te deseo salud, la protección de los dioses y la tan ansiada paz!

- ¡Los mismos buenos augurios para ti, digno senador de Roma!

Los dos hombres se despidieron, sosteniendo firmemente sus antebrazos en un saludo fuerte y sincero. Luego se abrazaron amablemente.

Pasaron algunos días. Galba todavía estaba muy abatido, física y moralmente. Necesitará de tiempo para recomponerse y recuperar la salud deteriorada por los días de encarcelamiento y tortura.

Afortunadamente, Rufus apareció, cambiando las tristes predicciones que pesaban sobre su cabeza. Sin embargo, sabía que no siempre podría contar con este gran amigo. Él vivía muy lejos, sus funciones eran ejercidas en el senado, cerca de César y al frente de los hechos más urgentes y determinantes de las vidas de todos los que estaban sometidos a la poderosa Águila Romana.

Galba sufrió mucho en la cárcel. Su cuerpo cansado ya revela las consecuencias de una existencia de gran esfuerzo y muchas luchas.

Entiende que, en el grupo, muchos dependen de su actuación y coraje, pero de momento se siente incapaz de seguir en el mismo campo, física y moralmente. Necesita reflexionar sobre muchas cosas... La presente situación que requiere una gran cantidad de precaución... Debilitado, su corazón habla más alto.

Sumergiéndose en viejos recuerdos, ojos cerrados, repasar su memoria, vistiendo uniformes romanos... Orgulloso, altivo, sandalias de cuero, fuertes y robustas que se suben por las piernas protegiéndolas; su espada, compañera y defensora; el casco, brillante y adornado con plumas rojas; los detalles dorados la ropa guerrera... ¡Todos lo glorificaba! Mirando al infinito, marchaba a la lucha. En la acústica de su alma nostálgica, todavía escucha el toque de trompetas, la cadencia de la marcha... Parece ver las banderas, los estandartes... Entre los símbolos de la patria, glorioso, ¡el Águila Romana revoloteando en el viento, y arriba de todas las cabezas...!

Las legiones, divididas por especificidad y en formación disciplinada, fueron impresionantes por su belleza. ¡Los guerreros romanos partieron en busca de victorias...! ¡Los augurios siempre le fueron favorables! La idea de la derrota nunca pasó por sus cabezas.

Galba luchó en numerosas ocasiones, codo con codo, con muchos otros tipos de la misma suerte. Recuerda cuántos cayeron, dando sus vidas a Roma...

¡Pero cuánta infelicidad...! ¡Algunos de esos antiguos compañeros son los mismos que estos días dieron la espalda, escupían a un lado y lo execraban, sin respeto y sin piedad...! ¡Ni siquiera le escucharon las explicaciones...! ¡Ante ellos, se sintió el último de los hombres!

¿Y qué podía esperar? Exactamente lo que recibió. Estos eran los procedimientos normales. Las medidas de las leyes y la ejemplificación de Roma son para todos, especialmente para sus guerreros. Las órdenes provienen de arriba y se cumplen estrictamente. ¡Ay de aquel que rompe las reglas! Había tenido mucha suerte en la providencial y poderosa actuación de Rufus. Sin él, nunca estaría en casa, junto a su amada Berenice. Ahora, más que nunca, sería vigilado. Aquellos que los liberaron a regañadientes se lo llevarían de vuelta a la primera oportunidad. Esto es lo que su amigo, el distinguido senador, le quiso decir.

Piensa en Berenice, lo que ella debe haber sufrido, ignorando su paradero y su suerte...

Cuando lo conoció, estaba en la cima de su carrera militar. Lleno de amor, se casó, antes de partir para una de las campañas en las Galias. Esta vez, temía perder la vida y dejarla. Desafortunadamente, fue herido de gravedad. De regreso, pasó largos meses en cama, hasta que se recuperó y volvió a sus funciones. De aquella experiencia, ahora tiene una gran cicatriz en la cara, cerca de la oreja izquierda. Si Roma considera cicatrices como medallas, Galba lamenta, deprimido, tener la cara marcada.

Berenice, cariñosa y apasionada, le dice que eso no implica fealdad; que incluso si él quería, que podría no ser menos hermoso. ¡Bondad de su parte, por supuesto!

En fin, frente a tantos acontecimientos y tantos desafíos, Galba duda que a partir de allí tenga los mismos recursos y la misma libertad de acción... ¿Cómo confesar esto a los compañeros de ideal...! Entendía que algunos se desbandaron, asustados. No era sorprendente; Roma castiga cruelmente a sus enemigos y los exhibe como una forma de intimidación.

Entre estos y otros pensamientos, Galba se duerme.

Berenice llega y lo acaricia con cariño. Se siente realizada como mujer y como ser humano. Su vida matrimonial se compone de mucho amor, admiración, consideración y respeto.

Nunca olvidará la primera vez que vio a Galba en un desfile militar conmemorativo. ¡Incluso diría que se veía hermoso con su uniforme; imponente! Ella se enamoró de él, repentina y definitivamente.

Decidió hacerse notar... Siguió la línea de su formación, se agitó y le sonrió, ojos brillantes, llenos de promesas...

Sorprendido, le devolvió la sonrisa y casi perdió el ritmo de la marcha. Ella encontró gracia y se rio fuerte y él se sonrojó, avergonzado.

¡Momento inolvidable...!

Al final de las fiestas, la buscó con los ojos, ansioso. ¿Era solo una bella aparición...? ¡No! Allí estaba ella, muy cerca, en carne y hueso. Para esperar que él hiciera exactamente lo que hizo, Berenice sonrió alentadoramente. En poco tiempo se casaron.

Para alegrar su existencia, un niño hermoso y sano; hoy un hombre hecho, en Roma, al servicio de su país.

Con ternura, ella le hace mimos, mientras lo admira en la fragilidad actual que surge de la reciente prisión.

Angustiada, encendiera las llamas votivas e hiciera pedidos a los Manes, ante el altar doméstico. Su amado, esta vez, corría un peligro mayor. Finalmente, la respuesta de los dioses, con la llegada de un gran amigo, el senador Olimpius Rufus.

No sabría vivir sin Galba. Están inextricablemente vinculados. Incluso a distancia, uno siente la presencia del otro.

Lo cubre amorosa, como lo haría una madre con su pequeño hijo. Lo besa suavemente en la boca y sale, en la punta de los pies, respetándole el sueño. Antes de irse, piensa, sonriendo:

"¡Descansa, mi guerrero! ¡Vendrán otras batallas y él saldrá victorioso! ¡Los dioses siempre te protegerán... "

Este amor es la mayor gloria en la vida de Galba.

✳ ✳ ✳

Y MIENTRAS TANTO, el grupo disidente se reúne para evaluar la situación.

Ben Azir es el primero en llegar. Obstinado e inquieto, espera por los demás. Junto al dueño de casa, confiesa a sus temores:

- Compañero Hamad, realmente me siento muy preocupado por el futuro de nuestro amigo Galba. ¡Sabemos que Roma no perdona las traiciones! Cuando suelta a su presa o retrocede, es solo para invertir más tarde de manera certera y fatal.

- Estoy de acuerdo, Ben Azir, pero esperemos. Galba nos contará algo en breve.

- Yo no, no creo en esa premisa, amigo. Maltratado, en período de convalecencia, él evalúa, ahora, los pros y los contras de todo lo que ha hecho, en la concesión del respaldo que nos ha concedido. A partir del momento del descubrimiento de la sedición, se transforma en enemigo de Roma, un insignificante traidor. Día y noche, Galba será vigilado y presionado hasta que sea nuevamente arrestado para debilitarse en medio de torturas. Estamos corriendo un peligro mayor que antes. Incluso sin intención, él nos comprometió.

- Lo felicito por la claridad de su razonamiento y la corrección de sus pensamientos, Ben Azir. Usted tiene una inteligencia brillante y es un experto articulador. En cuanto a Galba, no podemos hacer nada. Cuando defendemos nuestros ideales, desafiamos a los poderes y a los que los representan. Ninguno de nosotros ignora los riesgos que corremos.

- Así es. ¡Por eso mismo, Galba se convirtió en un señuelo peligroso!

- Estoy de acuerdo... Estamos ante una situación extremadamente delicada...

- Sobre todo para él... ¡Pobre amigo...!

- ¡Pobre Galba...!

En el ínterin, los demás comenzaron a llegar. Algo temerosos, cada uno presenta expresiones de abatimiento, por los largos días de miedo.

Ben Azir, desde el margen, los mira con desprecio. Aborrece la cobardía.

Saludándose entre sí, unos a otros, ellos se disponen a unir fuerzas en la búsqueda de soluciones al impase que están viviendo.

Haciendo funestas predicciones, Jadhu cansa y atormenta a cuantos puedan oírlo, imponiéndose arbitrariamente en la exposición de sus ideas exageradas.

El miedo que despierta en su agresión natural le concede algunos seguidores. Por eso se considera a sí mismo más de lo que es.

Ben Azir, espontáneo y verdadero, no le teme. En repetidas ocasiones lo confronta con conclusiones sensatas aprobadas por la mayoría.

Enojado, Jadhu lo amenaza una y otra vez - ¡Y Ben Azir, mis queridos lectores, tan joven, apenas ha comenzado a vivir...!

El orden de los asuntos transcurre. Hablan de los recientes acontecimientos de Galba y de su imposibilidad de continuar en las mismas propuestas de antes.

MIENTRAS TANTO, EN la hermosa residencia Galba y Berenice, esta regresa tranquilamente a la habitación. Espía hacia dentro y sorprende al marido sentado en la cama, con la cabeza gacha, interiorizado.

Sintiendo su presencia, levanta el rostro y dice:

- ¡Entra, cariño!

Berenice entra, lo abraza y le pregunta:

- ¿Por qué la tristeza, mi Galba?

Tomando sus manos entre las suyas, respira hondo y aclara:

- Analice la angustiosa experiencia que casi me quitó la vida... Después de eso, ¡como acertar el camino...! Contándome en sus filas, Roma me exige fidelidad. Yo; sin embargo, ¡defiendo a sus enemigos! ¡Los ojos del Águila Poderosa están sobre mí! ¡¿Qué es lo que me espera...?! ¡Es tan obvio! Después de todo, Berenice, ¿de qué lado estoy? Si persisto en los mismos ideales y en los mismos comportamientos, seré eliminado en poco tiempo. Si renunciamos a estos ideales, con el grupo rebelde, ¡seré doblemente traidor...! ¡Conflicto insuperable...! Y tú, ¿cómo te siente frente a todo? Acaso me, ¿incluso en pensamiento?

A los ojos de Galba, el miedo a lo que oiría.

Mirándolo con un amor inmenso, sin condiciones, ella responde, besando sus manos fuertes:

- ¡Nunca, querido, jamás...!

Una dulce sonrisa en los labios, ojos llenos de lágrimas; en el alma un azote haciéndola sangrar. Tiene la noción exacta del peligro que corre el marido. En una forma u otra, haga lo que haga, él será castigado por éstos o por aquellos. ¡¿Cuando...?!

Tiernamente, agrega:

- ¡Nunca serás un traidor, incluso si el mundo entero piensa así! ¡Tu carácter se forjó en el bien y en la justicia, amor mío! ¡Frente a las decisiones, siempre asume el mayor deber ante los dioses! ¡Y que ellos te protejan, amado mío! ¡La vida me dio a ti, para mi felicidad!

Profundamente conmovido, él la atrae hacia sí. Sin contenerse, Galba llora, como un niño, ventilando, en un llanto a veces convulsivo, a veces suave y doloroso...

Berenice lo acaricia, la besa las lágrimas calientes y abundantes, y espera su reequilibrio. Acurrucándolo contra su pecho, susurra palabras dulces y alentadoras.

Después de largos minutos de patente desesperación, él levanta la cabeza y suavemente se desprende de sus brazos.

Se levanta, recorre el cuarto para admirar todos los ángulos mientras toca este o aquel mueble, este o aquel objeto. Delante de la gran ventana, mira hacia afuera, tomando un profundo aliento... Se sentía perdido, como un niño que se ha escapado de casa y desesperadamente quiere volver...

Berenice entiende sus conflictos. Son almas gemelas: lo que toca a una, toca a la otra, con la misma emoción e intensidad.

Lentamente, Galba vuelve al punto de partida, se sienta frente a ella y suspira:

- Amor mío, no sé qué hacer... En estos momentos de dolor y de inseguridad, ¡cuántas cosas me vienen a la memoria! ¡Como en un torbellino, las experiencias de mi vida regresan, con una claridad asombrosa...!

Mirando a través de la ventana el cielo cuajado de nubes, él se levanta y en gestos largos, desafiante, inicia un monólogo:

- ¡Oh, Roma! ¡Gloriosa Roma de los Césares, los valientes soldados de las victorias, de la belleza y de la riqueza, inconmensurable...! ¡Siempre fui un admirador fiel e incondicional de su poder que no conoce límites...! ¡A su lado, participé de todo, me sentí un vencedor! ¡Oh, Roma, cuántas batallas ganadas! ¡Eras mi vida!

Pero un día, superado el éxtasis de la juventud y la embriaguez de los sentidos, comencé a verla tal como es: ¡tirana, arbitraria y cruel!

¡Reflejando, sin el velo de la vanidad y el orgullo, o de su poder, Roma, pasó a aplastar el mi corazón! ¡Finalmente vi, oh dioses del Empíreo, a este pueblo que nos recibió por imposición y nos tolera, siendo despojado, execrado y humillado, en sus más sagradas aspiraciones...!

A partir de este nuevo ángulo de visión, me desprecié a mí mismo, sorprendiéndome en casa ajena, ¡dando órdenes injustas y completamente absurdas...! ¡Eso que antes me deslumbraba, pasó a causarme asco, frente a un poder estructurado en el miedo e impuesto por el salvajismo de tantos que le obedecen ciegamente como yo lo hice! Las acciones de mis compañeros se volvían insoportables para mí, en sus constantes excesos, ¡hasta que finalmente llegué a mis límites...!

Galba muestra una expresión de horror en su ira. En silencio, se pasea la habitación, absorto.

Se acerca de Berenice. Apoya suavemente su mano en su hombro y pregunta:

- Un día peor que los demás, ¡oh dioses...! ¿Recuerdas, Berenice...? ¿Sabes a qué me refiero...?

Acariciando la mano de su marido, ella responde cortésmente:

- Sí, lo sé exactamente referido a: la peligrosa disputa que generó situaciones trágicas, que involucran las tierras de nuestro más querido amigo... ¡ni me gusta recordar...!

- Sí... Ahí, en cambio... Fue mi despertar...

Galba vuelve a caminar, inquieto. Los recuerdos se precipitan, en cascadas. Con su pecho agitado, sus sienes palpitantes y mucha tristeza, él continúa:

- En ese día, mi compañero de Lucrecio y yo fuimos encargados de actuar en una causa a favor de Roma, contra un rico judío. Antes de eso, yo no sabía de quien se trataba.

- ¡Lo recuerdo muy bien! ¡Pues él era, por desgracia, nuestro mejor amigo! ¡El mismo que una vez le salvó la vida a nuestro hijo, cuando los ladrones lo asaltaron, robaron, le quitaron la ropa y empezaron a golpearlo, despiadadamente...!

- ¡Fue exactamente así! Adriano, todavía un adolescente, había venido a pasar unos días con nosotros, ¿recuerdas?

- ¡Sí!

- Elegante y ricamente vestido, había salido en compañía de algunos amigos, demorándose sobremanera en las calles.

- ¡Le recomendamos que volviese pronto! Pero ¿acaso alguna vez nuestro hijo escuchó nuestro consejo? ¡Ah, hijo imprudente! - Comenta Berenice.

- Como también, en su terquedad, a cambio, solo, fue sorprendido por aquellos que, voraces, le cayeron encima, violentos.

Nuestro amigo, Hannah, pasando por allí, valiente y decidido, arremetió contra los criminales y les arrebató a nuestro Adriano, dejándolos perplejos con su audacia. Solo e incapaz de enfrentarse a tres hombres robustos y jóvenes, temía perecer junto a nuestro hijo que cayó al suelo, sangrando profusamente, cuando otros tres judíos, sus conocidos, afortunadamente aparecieron defendiéndolos.

Los referidos ladrones corrieron con toda la fuerza de sus piernas, olvidando incluso sus armas que quedaron esparcidas por el suelo.

- Llego a imaginar, Galba, si estos buenos hombres no estaban en la vecindad, ¿qué hubiese sido de nuestro querido hijo y de Hannah...?

- ¡Sabemos lo que sería, Berenice! Pero, pasando en mis recuerdos; el "enemigo" de Roma ese día era exactamente este querido amigo, ¡a quien tanto le debíamos!

Al llegar a la propiedad en cuestión, me sorprendí con su presencia. ¡Esa dirección suya no la conocíamos!

Imagínate la escena: sorprendidos, nos abrazamos, frente a Lucrecio, quien me dirigió una mirada de reproche. Profundamente avergonzado, ordenó a Hannah los documentos legales en su propiedad porque Roma había decidido hacer algunas obras en esos sitios.

Confundido y visiblemente asustado, Hannah me informó que las recogería de inmediato.

Momentos después, tropezando con sus propias piernas, tal era su estado de desorden, nos traía los documentos, mostrándolos, honesto, leal...

Sintiendo su inseguridad, le prometí representarlo, defendiendo su causa. Más tranquilos, él sonrió, agradecido y lleno de esperanza.

Lucrecio, al vernos hablar y frente a nuestro patente entendimiento, me miró y preguntó, molesto:

- ¿Ustedes... son... amigos...?! Bueno, bueno, ¡qué sorpresa! ¡Te mezclas, entonces, con esta gentuza, con esta raza abyecta, Galba...! ¿Y cómo te atreves a prometer que lo no es tu competencia? ¿Te has vuelto loco por casualidad? ¿El calor derritió tu miserable cerebro?

Aunque ofendido, me di cuenta de la inutilidad de defenderme y traté de comprometerme:

- ¡Por favor, Lucrecio, recuerda que somos compañeros de luchas! Este hombre que se encuentra frente a nosotros y que espera justicia, es un acreedor de mi gratitud, ¡porque le debo la vida de mi hijo!

Dándose la vuelta y rechazando abiertamente mi proximidad, Lucrecio me preguntó, apenas conteniendo su ira:

- ¿Y desde cuándo estamos tratando con asuntos privados? ¡Ubícate, hombre, despierta! ¡Debes estar con fiebres o ser víctima de un hechizo! ¡Recuerda! ¡Roma no se compromete con los enemigos y mucho menos con los que están sometidos a su poder!

Señalando irrespetuosamente a Hannah, exclamó, escupiendo en el suelo:

- Despreciamos a este pueblo, traicionero y venal, ¿te acuerdas...? Al final ¡¿de qué lado estás...?! ¡A esta altura, difícil de saber!

Profundamente avergonzado, ante la palidez de la indignación de Hannah, insistí amablemente:

- Por favor, Lucrecio, en nombre de nuestra amistad, escucha...

Enfurecido como un toro salvaje, Lucrecio gritó a todo pulmón:

- ¡¿Escuchar qué...?! ¡Cállate! ¡Tomaré las riendas de esta encomienda y cumpliré con mi deber! ¡Has perdido la cabeza!

¡Oh, Berenice, Hannah, pálido de muerte, y prediciendo que todo le sería quitado, fruto de muchos años de lucha, en adquirir lo que más amaba, avanzó contra Lucrecio y lo agredió...!

¡Oh dioses! Mi compañero, ciego de odio, se abalanzó sobre él y lo golpeó, lanzándolo lejos. Hannah se derrumbó, los labios sangrando. En la caída, se lesionó aun más, al golpearse con las piedras del pavimento... Gimiendo, trató de levantarse, sin conseguirlo. ¡Mirando ese rostro, venerable, siendo atacado...! ¡Ese noble amigo solo había defendido lo que le pertenecía, de hecho y de derecho!

Perdí toda la condición de discernimiento y avancé, por mi parte, contra Lucrecio, dándote un poderoso puñetazo en la cara.

Sorprendido, tropezando, perdiendo el equilibrio, estuvo a punto de hacerle compañía a nuestro querido amigo, pero enderezándose, rápidamente, desenvainó su espada y la apretó violentamente contra mi garganta. Sentí el frío acero de la hoja casi cortándome el cuello.

Lucrecio resopló. Éramos como dos enemigos en un campo de batalla, y no dos compañeros...

Sus ojos, inyectados en sangre, mostraban su voluntad de matarme allí mismo. Sin embargo, se controló a sí mismo. ¡Llamó a los guardias que estaban a cierta distancia custodiando y me entregó como un preso común...! ¡Qué vergüenza...!

Al recordar esos trágicos momentos, Galba se siente debilitado. Su vida antes como segura y prometedora, había cambiado a partir de entonces...

Berenice toca su espalda ancha y fuerte, las acaricia y le pide:

- Querido, ¿por qué te atormentas así? ¡Detén estos recuerdos!

Dándose la vuelta y abrazándola, él declara:

- No, querida, quiero seguir, lo necesito... Esos hechos vinieron a consolidar mis nuevos conceptos de vida... Yo ya tomaba conciencia, poco a poco, de este contexto torpe, cruel y profundamente arbitrario...

El valiente soldado se sienta en el borde de la cómoda cama, se recuesta levemente sobre las almohadas y continúa, casi en un soliloquio:

- En ese tiempo, fundamental y vergonzosa, indefenso, en la fuerza que conozco ampliamente, marché entre los soldados en dirección hacia nuestro cuartel para, allí, ser duramente investigado y amonestado, incluso hasta con castigos corporales infligidos por mi archienemigo, Próncoro... ¡Estar bajo su yugo ya es sufrir las penas de Amenti!

- ¡Próncoro es un verdugo, no un soldado! ¡Está celoso de ti, Galba, abiertamente! ¡No perdería la oportunidad de humillarte y menospreciarte frente a tus superiores!

- Me sentí el último de los mortales... ¡denostado entre mis pares e incapaz de ayudar a nuestro querido Hannah...! Apartado de él, me quedé sin noticias.

Al salir de la prisión, volví a ese lugar para informarme. Allí, como era de esperar, ya estaba consagrada la posesión de Roma, sobre todo lo que una vez perteneció a Hannah... De él, ni siquiera conocían el nombre.

Buscándolo, supe que estaba en la casa de su hija.

- ¡La bella y adorable Martha...!

- Sí. Ambos fuimos allí, ¿recuerdas, Berenice?

- Por supuesto, mi querido! ¡Siempre fuimos tan amigos!

- ¡Esta sagrada amistad despertó en mí la solidaridad con las causas justas de este pueblo sufrido, agredido y duramente sometido!

Llegando allí, oh, dioses, encontramos a Hannah casi moribundo...

El pobre aun narró, entre espasmos de dolor, todo lo que había sufrido en manos de Lucrecio... A causa de los golpes que había recibido en varias partes del cuerpo, especialmente en su noble cabeza, vino a fallecer en mis brazos, unos días después...

Y yo, mientras curaba las propias heridas, en especial las del alma, le pedí perdón, mojando con mis lágrimas sus manos laboriosas y dignas de gran respeto... Yo declaré mi satisfacción de haberlo defendido a el riesgo de mi propia vida.

Hannah, con una leve sonrisa en los labios, muy lúcido, eligiendo las palabras para no herirme, declaró:

"¡Tú, amigo mío, también representas este poder que aplasta, duele y roba a los judíos sus más sagradas adquisiciones, como hace con todos los pueblos, a los cuales vence y somete, con mano de hierro! ¡En este momento, en el que vislumbro el otro mundo, donde somos todos iguales ante Dios, te ruego que me perdones, si te ofendo con estas acusaciones, pero lo que me exime de culpa es el hecho, innegable, de la que te digo, tan solamente, la verdad!

Un día, querido y digno amigo, ¡todo esto cambiará! Otras pueblos, más poderosos y crueles, dominarán a los vencedores que, a su vez, ¡serán los vencidos! ¡Siempre ha sido así! ¡Así es el mundo! ¡Pobre de aquellos que se engañan con glorias tan ilusorias como fugaces! Pero descansa; ¡nuestro cariño ha superado todas las barreras! ¡Que mi Dios te bendiga a ti y a tu querida familia, siempre...! Quédate en paz y sé feliz, a pesar de todo..."

- ¡Ah, mi Berenice! ¡Un hombre que escuche esto de su amigo más querido! ¡Del acreedor de su corazón...! ¡Nunca olvidaré, el momento tan trágico y solemne como aquel...! ¡Su hija, inconsolable, nunca acusó verbalmente, pero sus ojos...!

Mira perdida, Galba se abstrae. Luego de unos momentos, en los que se recupera de la emoción, reinicia:

- Hoy en día, Berenice, me encuentro a mí mismo en un gran entredicho... ¿Qué a hacer? ¿Cómo proceder...?! Seré aplastado en caso me atreva a mantener el mismo comportamiento de antes. Ahora, ellos ya lo saben... ¡Haz de estar de acuerdo, soy un reincidente!

- ¡Mi Galba, vámonos a Roma, a vivir cerca de nuestro hijo, y disfrutar también de la amistad, incondicional, de Rufus!

- No lo sé, mi amor, necesito pensarlo...

- Entiendo... Pero por ahora, ya es suficiente, ¿no? ¡Cálmate e intenta descansar! Ninguna decisión debe ser tomada entre conflictos como estos, ¿verdad?

- ¡Cierto! ¡Te amo Berenice, cada vez más...! ¡Extraño mucho a nuestro hijo... pensé que moriríamos sin verlo... Que nunca más lo abrazaría...

- ¡También lo echo de menos! Ahora, descansa, vamos... Después de este desahogo, sin duda te sentirás más fuerte e inspirado. Cuando te despiertes, tus ideas de van a ser más claras, ten confianza.

Él responde al pedido de la mujer y deja caer su cuerpo sobre la cama, suspirando profundamente.

El universo de Galba y Berenice está convulsionado, en patente transformación.

Mientras que descansa y se recupera, su hijo, Adriano, en Roma, cómodamente reclinado, divaga. Mirada de brillo intenso, que revela, en el rostro joven y bien formado, un orgullo desmedido.

Con una lujosa capa sobre los hombros, sujeta por riquísimos broches, en los que se distinguen la insignia del poder de Roma, él piensa en los padres - hace mucho que no los ve, pero eso no le importa. Poco a pocos se desvincula de ellos -. Anhela elevarse al poder incuestionable de Roma. Por eso, hará cualquier cosa.

Hace mucho tiempo que conoce el exceso de las diversiones, las riñas y las intrigas. No se afina con los ejercicios militares, pero goza de una buena diversión - algunos de ellos habría ruborizar a sus padres, gente sencilla y moralizadas -. Vive bien informados en cuanto a lo que sucede en las esquinas, en las tabernas y burdeles...

Casos amorosos, los tiene en abundancia. Su porte airoso, su elegancia y su brillante inteligencia la ha ganado la admiración y la sumisión de mujeres hermosas. Sin embargo, todavía no entrega su corazón a ninguna. Divertirse es auspicioso, pero el consorcio requiere renuncias, responsabilidades. A no ser en una alianza de intereses...

Muchas veces, las noches adentro, borracho y envuelto por mujeres hermosas y fáciles, imagina cómo se sentiría su padre si pudiera verlo. ¡Seguro que le daría un bello sermón, hablando de dignidad, honor, responsabilidad...! ¡Hirra! ¡Qué bueno es estar lejos...!

Ya aprendió a soltarse, a imponerse. ¿Qué importan los medios? Roma puede todo y aquellos que gravitan a su alrededor son parte indiscutible, de ese poder. El brillo del Águila Dorada reposa sobre su cabeza, lo que le hace prever un futuro de gloria y de prosperidad. ¡Tu suerte ha sido generosa! ¡Ave, César! ¡Ave, Roma...!

Así vive el hijo de Galba y Berenice.

Su carrera siempre estuvo en primer lugar. Para ello, siguiendo los hábitos y las costumbres romanas, Adriano salió muy temprano de casa, para vivir bajo la protección de quienes representan la flor y nata del patriciado romano.

Nostálgicos, Berenice y Galba iban a visitarlo, pero no siempre conseguían verlo. Él manda a decirles que está muy ocupado en ese momento. Promete visitarlos, a su debido tiempo; sin embargo, todavía no lo hace. En el amor que le dedican, lo perdonan siempre, asumiendo obligaciones severas e ineludibles.

En la última vez que, venciendo las barreras, Galba vio al hijo, se sorprendió por su notable crecimiento físico. ¡Su hijo ya era un hombre adulto! ¡Ya no más ese muchachito que un día partió dejando tanta nostalgia...! Notó; sin embargo, para su pesar, el modo artificial, casi ceremonial, con el que él lo atendió. Era un extraño... Su corazón nostálgico quería más... Quería a abrazarlo después de tanto tiempo, pero se contuvo frente a su patente frialdad. A pesar de todo, logró justificar su comportamiento. Le entendía la entereza del hombre, temeroso de ser mal interpretado por sus compañeros.

Galba regresó, sin llegar a acercarse, en efecto, de aquel que siempre fue, y es la mayor razón de su vida. Frustrado, alberga un gran dolor en el corazón, el cual esconde naturalmente de Berenice. Simplemente le dijo que lo había visto y que estaba muy bien.

Para tranquilizarla mintió, diciendo que el hijo le enviaba muchos abrazos y que le confesó su enorme añoranza... Berenice creyó y sonrió, feliz, tocada hasta las últimas fibras de su corazón materno. No lo v hace dos largos años.

Adriano está adjunto a la casa del poderoso patricio romano, Demetrio.

Él disfruta de la interacción con personas ricas y poderosas, a los cuales se hace servil, en la intención de sus propios intereses.

El senador Olimpius Rufus, que lo conoce desde niño, ya lo amonestó varias veces, recordándole las cualidades y el honor que se deslindan del carácter de su padre; así como la gran dulzura y dignidad que caracterizan a su madre, Berenice.

Cuando estuvo con ellos, Rufus les dijo, de manera general, que el hijo estaba bien de salud y progresando en la academia de Crotona - en realidad, Rufus no logró decirles que Adriano había sido expulsado de esa academia por insubordinación -. ¿Cómo aumentarles, aun más, la carga de sufrimiento?

El senador ya había visto esto suceder muchas veces; chicos descerebrados como Adriano, desbaratando todo lo que tienen, incluidos los recursos enviados, esforzadamente, por los padres; para acabar como meros soldados, transformados en escudos de guerra, acabando precozmente con su existencia, sumidos en grandes desencantos...

Adriano va por mal camino... Su compañía es la peor posible; sus actitudes dudosas y comprometedoras...

Galba, como padre, espera que Adriano sea digno de sus más entrañables expectativas para su futuro.

Berenice, madre dedicada, a pesar de saber los defectos del hijo cree que va a cambiar, con el paso del tiempo.

Adriano siempre había sido difícil de conducir. Galba, casi siempre en campañas, tuvo poco contacto con él para valorar su carácter. Mostrando, desde temprana edad, un orgullo desmesurado, Adriano ni siquiera disimuló la satisfacción que sintió al salir de la casa paterna.

Berenice sufrió mucho con esta actitud del hijo; sin embargo, nunca lo comentó con el marido. Éste, a su vez, pensando en salvarla, ocultó también su dolor. Desafortunadamente, observa el comportamiento del hijo con el mismo prisma.

En fin, ambos se protegen, el uno al otro. Por encima de todo, aman a este hijo, verdaderamente. Y Adriano sabe, como nadie más, tomar ventaja de su generosidad.

Varias veces, en consideración a estos queridos amigos, Rufus ha sacado a Adriano de situaciones muy incómodas.

Él agradece, avergonzado, bajo la censura del noble senador, pero poco tiempo después hace las mismas locuras, actuando e interactuando, de una forma alucinada e irresponsable. Un derrochador, gasta el dinero que sus padres le envían y se involucra en estafas para obtener más. Ya tienes muchos acreedores y enemigos en este mundo de intercambios infelices.

De vez en cuando envía noticias - mentiras, por supuesto - a sus padres. Su intención verdadera; sin embargo, es camuflar una solicitud de fondos para "los sus estudios y sus necesidades básicas..."

Frecuenta lugares de dudosa reputación y allí realiza sus tristes confabulaciones.

Envuelto en la suciedad de tales ambientes, él se degrada, sin pensar que tarde o temprano, sus sueños se convertirán en crueles pesadillas. Sin embargo, Adriano no se importa con nada. ¡Solo le interesa el presente, nada más...!

¡Infeliz juventud desperdiciada!

4.-
LOS TALENTOS

BEN MORDEKAI APROVECHA, regaladamente, todo aquello que la "suerte" le otorga. Día a día, prosigue triunfalmente, junto a sus compañeros, en la exégesis de las leyes que determinan el destino de su pueblo.

En este sentido, mueve personas, recursos, estrategias, departamentos, tiempo, disposición y, mucha, buena voluntad y dedicación a su alrededor. Esta forma de vida lo llena de orgullo.

Quienes lo conocen, doran su ego, como parte de las mismas prerrogativas o para alimentar las migajas que caen de su mesa.

Cuando Ben Mordekai eligió este destino "sacrificado" - ¡sí, su destino! -, ¡sabía muy bien qué debía hacer y cómo - !

Unido a muchos otros, tan "desinteresados" como él, que preserva el sistema civil y religioso - pero, nunca, por encima del poder político-romano que los mantiene sometidos.

¿Y, en cuanto a las víctimas de las acciones de este sistema, que Ben Mordekai tan bien representa?

De uno de ellos tenemos novedades actualmente, afortunadamente buenas noticias:

Paulus se rehabilitó, íntima y económicamente, con mucho sudor, inteligencia y talento propio.

Hoy, en una bellísima y cómoda residencia, esforzado en sus ideales de vida y poseyendo un agudo sentido estético, vive mejor que ayer y concede a su nuera, Milcah, las mismas regalías.

Regresando a Turquía, se la llevó consigo y se instaló allí para vivir en paz y abundancia.

Los parientes se quedaron en Jerusalén, mordiéndose de envidia.

Así es la vida: escribe historias todos los días, y la de nuestro querido personaje aun está lejos de terminar...

5.-
PROVIDENCIA DIVINA

GALBA, FÍSICAMENTE MEJOR, con la excepción de conflictos íntimos, no regresó a las reuniones. Su presencia sería el colapso definitivo al ideal que los caracterizaba. Llegan algunas noticias, de parte en parte, informándoles.

En la fe en Dios y en el ardiente patriota de cada cual, el esfuerzo por la victoria del ideal, una guerra sorda y por veces imposible...

Continúan cambiando de dirección constantemente.

Ben Azir vive, de manera exhaustiva, con las amenazas de Jadhu, que no son jactanciosas. El perfil de este hombre ampliamente conocido no deja lugar a dudas sobre su crueldad.

De mirada perspicaz, negro como las alas de un cuervo y muy expresivo, Ben Azir lo vigila, cauteloso.

En este momento, Jadhu se limpia las uñas con la punta de un pequeño cuchillo, que brilla bajo la luz que penetra por la ventana, mientras furtiva y amenazadoramente observa a Ben Azir.

Muy atento, le escucha las palabras para usarlas más tarde en más de una querella que puede terminar en muerte, la de Ben Azir, por supuesto.

Este hombre de espíritu salvaje, no pierda la ocasión de desafiar la patente valentía del muchacho que, por momentos, es temeraria.

Sin embargo, una suerte misteriosa, o la providencia divina, se encarga de la seguridad de Ben Azir, liberándolo de muchas trampas. En una postura tranquila de quien se conoce a sí mismo, sigue intrépido, malogrando las intenciones criminales de quienes lo persiguen o calumnian.

Es muy querido y admirado por su espontánea bonhomía y justicia y por su desprendimiento de las cosas materiales. Éstas, por virtud de las circunstancias, no le faltan. Ben Azir pertenece a una familia muy rica y destacada de Capernaum. Él lucha para la causa en sí misma.

Las charlas, ideas e intenciones, en definitiva, el grupo se expone y se arregla para el enfrentamiento del enemigo común, representado en las personas arbitrarias y déspotas del poder vigente, ya sea civil, político o religioso. En el intercambio de ideas y en los diversos planes, participan todos, pero para la realización del ideal, el grupo siempre depende de los más decididos y valientes.

Gran parte asiste sin participar en acciones más agresivas, o los actos que decidirán el éxito o el fracaso de los emprendimientos, y que exigen en ocasiones el sacrificio de la propia vida.

Cada uno despliega su potencial, en esto o aquello, pero los verdaderos héroes son pocos. Estos abren el pecho y se lanzan a la lucha. En todos los tiempos ha sido así. De algunos grupos organizados surgen los héroes de todos, conquistando con su valentía la victoria por la bandera por la que luchan.

Ahora, sin la poderosa ayuda de Galba, se organizan ejerciendo otras formas de ataque y defensa; sin su presencia y actuación. De hecho, distintas estrategias se vienen armado, tímidamente, sin mucha confianza ni seguridad. El grupo se tomará un tiempo antes de caminar con sus propias piernas.

Galba, como soldado experimentado, conoce los secretos de la lucha; en adición, que tenía libre acceso a la "soldadesca", como algunos llaman a los que llevan uniforme, portan armas y obedecen ciegamente las órdenes del poder vigente.

Agitados, exponen sus propias ideas, que son aplaudidas o rechazadas con gritos y muchos gestos.

Ben Azir rechaza aquellas que considera improbables. Le gusta ser expedito y directo, alcanzando rápidamente e, inevitablemente, el objetivo deseado, asegurando la victoria.

- ¡Nos parece, queridos lectores, el retrato de un gran guerrero...! ¡Quizás, eso es exactamente...! ¡Ah, el despertar del tiempo...! ¡Cuánto habla de nosotros...! -

En su casa, donde es muy querido, Ben Azir tiene la tarea de gestionar, junto a su padre, el incalculable patrimonio familiar.

Su padre, un hombre valiente e idealista, conoce sus acciones libertarias, animándolas e invirtiendo con los recursos. Él también, un día, en el verdor de los años, luchó, saliendo victorioso en algunas causas populares. A partir de ese momento, una gran cicatriz en su cuello le recuerda que casi lo cuelgan.

En el momento decisivo llegaron sus compañeros, liberándolo y diezmando a sus enemigos. Su identidad había sido preservada, lo que le permitió continuar la lucha. Con su salud quebrada, pasó mucho tiempo en ama. Ben Azir aun no había nacido.

Jairo recuerda ese tiempo con cierta nostalgia y todavía lleva el fuego de la intrepidez en sus venas. Su hijo nació bajo el mismo signo de justicia.

En este mismo momento, después de un largo y agotador viaje, acercándose a su residencia, Ben Azir se aleja de la caravana y le imprime más velocidad a su caballo. Ya se puede ver el exuberante jardín decorado con hermosas columnatas, coronado por estatuas griegas. Unos metros más y listo. Desmonta, entrega el animal a un sirviente y se dirige a la entrada principal de la casa.

Las palmeras se mecen al impulso de las brisas que vienen del mar.

Ben Azir supera rápidamente la distancia y entra en los amplios portales. En un gran salón, se encuentra frente a su madre, muy ocupada.

Escuchándole los pasos, Deborah se da vuelta, abre los brazos y lo abraza al encuentro de su corazón. Conoce las actividades patriotas del hijo y teme perderlo, de un momento a otro. A cada regreso suyo, venga de donde venga, es como si el mismo Creador cruzara el umbral de la casa. A pesar de sus justos temores, ella jamás lo desviará de la ruta elegida. En lo que puede ser y hacer, vive los mismos ideales.

- ¡Ben Azir, hijo amado, que Dios te cubierta de bendiciones! - Ella exclama, besándolo en ambas mejillas, muy emocionada.

- ¡E ilumine siempre a la estrella más bella de esta casa! - Él responde retribuyéndole el afecto. Enseguida, toma sus manos y las besa, manteniéndolas entre las suyas, mientras pregunta:

- ¿Cómo van los preparativos? ¡Te veo caliente y sonrojada de tanta emoción, madre mía!

- ¡Tienes razón, hijo mío! Espero que tu fiesta de compromiso, esté a la altura de tus deseos.

- Mis aspiraciones son más simples, madre mía. Solo quiero hacer oficial mi compromiso con la perla más hermosa de Jerusalén. ¡Amo a la fascinante Agar y el mal puedo esperar a concretar ese amor! Sin embargo, querida madre, soy reacio a la ostentación y al ruido de las fiestas. La aglomeración de huéspedes y la necesidad de atenderlos bien nos quitan la intimidad.

- Yo sé, hijo, lo sé... Pero tenemos que demostrar a nuestra felicidad con este enlace. Y no seas escrupuloso con el dinero que se gastará, porque no nos olvidamos de aquellos que necesitan apoyo y asistencia. ¡Ya hicimos también la sagrada y periódica donación al templo!

Ante esta última afirmación, Ben Azir comenta:

- Tengo reservas, madre mía, en cuanto a estas donaciones... ¡Lejos de mí dudar del poder de Dios o serle mezquino! Pero sabemos que estas donaciones a veces toman caminos oscuros, sirviendo para enriquecer a algunos sacerdotes ambiciosos y venales... Contra esto, luchamos todos los días, ya sabes.

- ¡Cuidado, hijo! No te rebeles tan abiertamente contra ellos...

- Aquellos que están catalogados como malvados e injustos, dondequiera que estén, serán blanco de nuestros ataques, ¡en la preservación de la verdadera justicia! - Responde Ben Azir en tono más bajo.

- Hijo mío, le pido a Dios que te proteja. Que su pródiga mano te cubra siempre en cualquier lugar o circunstancia...

Cerrando el tema, Ben Azir pregunta:

- ¡Basta de preocupaciones! ¡Anímate, estamos juntos! Voy a bañarme y bajaré enseguida para nuestra comida. ¡Estoy hambriento!

- ¿Y cuándo vas a ver a tu novia?

- ¡Lo más rápido posible! ¡Muero de nostalgia!

- Mientras viajabas, algunas veces ella nos visitó con la esperanza de verte.

- En realidad, nos atrasamos porque llevamos suministros a una tribu muy lejana, que compró también un buen surtido de productos de cuero.

Mientras habla, Ben Azir lanza un beso sonoro a la madre y llega a los escalones de mármol rosa, que conducen al segundo piso.

Allí, lujosos baños y habitaciones muy ricas.

En los suyos, muebles de todas las formas, algunos incluso extraños.

Sobre una mesa grande: mapas, libros, papeles, bolígrafos y tintas.

En un reconfortante baño, él canta. Enseguida, todavía envuelto en una toalla grande y suave, se arroja a la cama y con ojos clavados en el techo, piensa:

"¡Señora de mis sueños! ¡Ardo de deseos de recordar tu hermosa figura...! ¡Pronto nos uniremos, y que Dios nos permita la ansiada felicidad...!"

Se levanta de un salto y se viste con esmero. Dentro de unas pocas horas irá a visitar a su novia, la hermosa Agar. Desciende, saltando las gradas y se topa con el padre que llega.

Este último se precipita hacia él en efusivos saludos:

- ¡Bienvenido, Ben Azir!

- ¡Que Dios te proteja y bendiga, padre! ¡Mis ojos se iluminan con tu presencia!

Ellos se abrazan y se besan. Incluso abrazados, charlan sobre los negocios hechos y la disposición de la caravana, la cual está siendo atendidos en sus necesidades, en el amplio patio de la residencia.

Dejándolo, su padre se dirige a sus aposentos para las abluciones adecuadas. En continuación, baja y busca al muchacho.

Va a encontrarlo en la perrera, alimentando, alegre y juguetón, a tres enormes perros de razas diferentes y exóticas. Lo invita a ir juntos al salón comedor, donde un suntuoso almuerzo los espera.

El padre se sienta a la cabecera de una mesa larga, decorada con arreglos de flores fragantes y coloridas. La buena apariencia de los alimentos despierta y aumenta el apetito.

Jairo hace un agradecimiento a Dios, seguido respetuosamente por todos. Acto continuo, los sirvientes empiezan a servirles.

La conversación es alegre y relajada.

En el corazón de Deborah, los miedos, no infundados, que esta alegría termine de manera trágico, en caso le suceda algo a Ben Azir...

En una emoción, incontrolable, las lágrimas brillan en sus hermosos ojos.

Ben Azir, atento, se levanta y la abraza por los hombros; la besa en la cara y le pregunta, en voz baja:

- Madre querida, no eches a perder tu comida. Disfruta estos momentos que Dios nos regala.

- Hijo, ¿qué será de nosotros si te perdemos...? ¡Oh, mi Dios, no quiero ni pensarlo...!

- Entonces no lo pienses...

- A veces no lo consigo, le temo al futuro...

Respirando a fondo, comprensivo, le toma las manos y le dice, en una inflexión de ternura inigualable:

- Mi madre, el nacer y morir pertenecen, de manera única, a Dios... Perder la vida por un ideal vale más que vivir. ¿Morir de enfermedad o de vejez, en una cama, o morir en el verdor de los años, luchando por causas justas? ¿Qué diferencia hace? Seremos favorecidos con la felicidad de los elegidos, en una forma u otra, en caso hayamos vivido bien. ¡Entrego a mi vida, nuestras vidas en manos de Dios que nos ama por encima de cualquier circunstancia! El aliento de vida está en Sus manos y no en las manos de nuestros enemigos...

¡Perdóname! ¡Si pudiese, jamás sería la causa de tus sufrimientos...! ¡No te pongas triste, ahora, cuando la vida nos preanuncia grandes alegrías! ¡Pronto me voy a casar y, quien sabe, te daré nietos? ¡Alégrate!

Alrededor de la mesa, todos guardaron silencio, respetuosos. Jairo, el padre, bromea para relajarse:

- ¿Qué susurran, haciendo caso omiso de la nuestra curiosidad?

Hijo, vuelve a tu lugar y vamos a comer, ¿verdad? ¡Para eso estamos aquí! La comida se enfría y pierde el sabor; ¡ven, ven!

- ¡Sí, padre mío! ¡Mamá está emocionada con mi próxima boda!

Abrazando a su madre, regresa a su lugar.

- Soy una tonta, Jairo, ¡perdóname! - Ella pide, aprovechando la disculpa del muchacho, pero secándose las lágrimas que caen en su hermosa túnica.

Ben Azir; sin embargo, pierde el apetito devorador que lo caracteriza. Él mismo teme perder todo lo que tiene y, sobre todo, la oportunidad de ser feliz al lado de la mujer amada. Conoce lo que está en el juego, y lo que representa para sus padres...

Sin embargo, para Ben Azir, vivir es "ser", tomar decisiones y asumirlas. Nunca se dejará conducir por quien quiera que sea; ni siquiera por amor... Muy pesadas serían esas esposas... ¡Su alma es libre! ¡Así es y así será!

Esa comida transcurrió, finalmente, sin mucha alegría.

Padre e hijo comprenden los escrúpulos de Deborah.

Especialmente ahora que el hijo se iba a casar, ella se debate entre la razón y el corazón... Cuánto le gustaría modificar ese contexto, sin perjudicar los ideales del hijo; sentirse más segura...

Ben Azir es su mayor razón para vivir; junto a Jairo. Dios les dio a este hijo como un rico regalo, que llegó a colorear, aun más, sus vidas...

Terminando, todos buscan sus quehaceres e intereses más urgentes.

Jairo se va a enterar sobre las circunstancias del viaje. A partir de ahí, la tarea es suya. Ben Azir ha hecho a su fiesta. Con entusiasmo, olvida parte de sus preocupaciones, dedicándose a esta tarea. Entre sus empleados y supervisores, las horas pasan y vislumbra los reflejos, rojizos, de estas tierras ardientes como su gente, dorando todo y anunciando que un día más está llegando a su fin...

Ben Azir pasó el resto del día al lado de Agar, momentáneamente olvidado de todo. Así es este muchacho; íntegro y presente en lo que hace, esté donde esté. Equilibrado y lúcido, se integra, dando todo de sí mismo para lograr plenos resultados, cuando esto depende de su actuación. En este momento, en brazos de su amada, nada más existe, para no ser la incomparable alegría de amar y ser amado.

Enrojecido por la pasión, él las acaricia, besa y abraza al encuentro de su cuerpo, sintiendo dificultad para separarse de ella.

Su casa está siendo construida con el consentimiento y la competente supervisión de ella, que está orientada a la riqueza y al lujo. El día, en el que Agar se enfrentó con los ojos del color de la noche de Ben Azir, ella tuvo la seguridad que había encontrado a su gran amor.

En la flor de la edad, muy ansiosa, ella espera la realización del enlace. El tiempo de espera se ha vuelto angustiante, debido a las actividades peligrosas del novio.

Antes de pedirla en matrimonio, él le contó todo, dejándola dividida entre la admiración y el temor de perderlo - y la esperanza del cómodo futuro que él representa -. Agar sabe que Ben Azir nunca renunciará a sus ideales.

Oye muchas veces en la sinagoga amenazar a aquellos que le desafían el poder. Estas causas han fabricado muchos mártires. Su prometido puede llegar a ser uno más.

Con cada despedida, piensa: "¿Será que lo volveré a ver?"

Su familia ignora las actividades del muchacho. Ella prometió mantenerlo en secreto. Por eso, cuando su madre la encuentra angustiada, no comprende.

Almara ama demasiado a esta hija que perdió al padre aun muy pequeña, sin que de él tenga ningún recuerdo. Hará cualquier cosa para verla feliz... Nunca superó el dolor de la viudez y esta hija es su única compensación de vida.

En los aposentos de Agar hay algunos cuadros del padre. Algunas veces, la madre la sorprende conversando con él.

Así los días pasaron, en anticipación de la gran fiesta de matrimonio de Ben Azir.

6.-
LA ENFERMEDAD DE GALBA

HOY, GALBA SE DESPERTÓ con fiebre, el pecho agitado, palidez mortal. Casi incapaz de hablar, llama a Berenice. En pocos minutos, ayudado por ella, con los habituales medicamentos y su amorosa actitud. Desde hace algún tiempo, Galba muestra una debilidad extrema, junto con otros síntomas muy preocupantes.

Berenice sufre, concluyendo que estos males los llevan a acabar en poco tiempo. Le presenta una enfermedad subjetiva.

El alma indignada de Galba reacciona somatizando los padecimientos físicos. Con gran esfuerzo, él pide que informen a su hijo. Tiene miedo de morir sin verlo. Cuando habla acerca de Adriano, que se pone emocional y llora.

Berenice lo abraza y en el llanto los dos se confunden.

En Roma, al recibir la carta de su madre, Adriano se entristece. Molesto con los deberes filiales que lo llaman, se hace el desentendido y se demora en atenderlos.

Por el momento está involucrado en un fraude; de esos que requieren su presencia constante, con el fin de conducirla "bien"

a defenderse de represalias. Más una vez, se metiera en

situaciones peligrosas. En este punto, él refleja sobre los últimos acontecimientos familiares:

- "Finalmente, se acerca la posibilidad que apropiarme de todo lo que me pertenece. Mi padre controla todo, con avidez... Podría encontrarlo muerto... Esto nos ahorraría constantes y habituales disensiones... ¡Por supuesto, estamos desafinados...! ¡Como único heredero, tomo las riendas de la casa! ¡Ah, esta predicción me llena de gozo! Siempre aborrecí la disciplina y mi padre es la imagen del orden y la ley. ¡Arre, estas virtudes nunca encontraron eco en mi corazón...!

Nuestra casa, cómoda, tiene una colección considerable de obras de arte, objetos de valor y muebles de buen gusto... Su hermoso edificio arquitectónico y su excelente ubicación es, para su época, un gran patrimonio... "

Melancólico, cuerpo arrojado en cómodo *triclinium*, todavía no se da cuenta de la presencia de hermosa mujer.

Sibila es un generoso regalo de los dioses y Adriano está siempre atento a los regalos; especialmente cuando están al alcance de sus ansiosas manos.

Plata de la casa - podríamos decir, oro... -, esta hermosa niña es un placer para todos, en especial para el dueño de la casa, el patricio romano Demetrio.

Hermosa y buena, ella está siempre dispuesta a trabajar o sacrificar su tiempo y de sus energías en favor de aquellos que necesitan de su actuación amablemente y solícita. A ella y a su privilegiada inteligencia, mucho le ha sido concedido; para el deleite de su corazón sediento de conocimiento, de belleza y armonía.

Adriano, inmoral e insensible, frena sus instintos con ella, porque teme perder el hospedaje y las regalías resultantes de la generosidad de sus anfitriones. Sin embargo, esta dorada sílfide mueve demasiado su sangre ya viciada en la excitación de los placeres desconcertantes.

Ella, por su parte, teme a Adriano. Le adivina el comportamiento reprobable y alcanza sus malas intenciones con respecto a su persona. Sin embargo, le concede su amistad. Sin entenderse, a pesar de todo, simpatiza con él. Ve en él un alma solitaria y sin rumbo. En realidad, tiene mucha más piedad por él. Le soporta, embestidas, a diario, defendiéndose como pueda.

Esconde eso de Demetrio para no lastimarlo. Él quedaría decepcionado con este agregado; hijo de sus queridos amigos Galba y Berenice, personajes de gran prestigio en el mundo romano y, muy especialmente, del noble senador Olimpius Rufus.

Adriano vive en constante peligro y sintiendo en la piel la persecución de quienes forman parte de su mundo vulgar y deshonesto. Los enemigos lo persiguen hasta el cansancio, llevándose hasta el último centavo e hiriéndolo algunas veces. Él sabe que cualquier esquina puede servirle de tumba... Sin embargo, lo que más teme es ser descubierto por los dueños de casa, en la que se beneficia y abusa de su generosidad.

Junto a ellos, estableció una estafa que los convence y los mantiene tranquilos.

Ya han pasado varias semanas desde el primer aviso de su madre. Lo que espera, en verdad, es la noticia del desenlace del padre. Odia el sentimentalismo. Para él, el padre se está despidiendo en buena hora.

Sin ninguna vergüenza, se acepta a sí mismo como la oveja negra de la familia. ¡Le hubiera gustado haber nacido en casa de Demetrio y ser uno de sus herederos...! Disfruta, sin problemas de conciencia, de los beneficios que la casa le ofrece.

Así, concentrado, en medio de sus inconmensurables ambiciones, de pronto se estremece: "En su pantalla mental, en un ruido ensordecedor, una horda siniestra disputa, feroz, botín de guerra... Cosa extraña, uno de los hombres, al pasar en tropel de su caballo, vuelve su cara en su dirección y... Adriano reconoce a sí mismo...!

Las escenas se suceden: El fuego devora las casas... La gente huye trastornada sin rumbo... Madre con sus hijos en brazos, tropezando con sus propios pies, ojos vidriosos, mientras gritos inaudibles de terror, los mata en la garganta...

Mujeres hermosas son violadas y asesinadas, allí mismo, en una increíble confusión. Otras son arrastradas por los cabellos y arrojadas sobre los caballos de quienes, brutales y salvajes, destruyen todo lo que pueden alcanzar... Los viejos son masacrados. Los niños y los más jóvenes están amarrados, uno al lado del otro, puestos en fila y arrastrados para el destino de esclavos..."

Aletargado, Adriano asistía a todo. Finalmente, sacude la cabeza y todo se desvanece... Al final, ¿qué pasará? En sus pesadillas, muchas veces se enfrenta a escenas similares. Pasa noches en vela y agitado, como si algo amenazador lo espiase a través de sus propios pensamientos, o por detrás de cortina invisible...

Recae en el mismo estado que antes, algo somnoliento, y él oye la enérgica voz de su padre, advirtiéndole:

- "¡Adriano! ¡El hombre vale por aquello que representa en el mundo, en el que vive y actúa! ¡Para acá vinimos, por la piedad de los dioses, para el progreso intelectual y moral! ¡Escucha la voz que grita dentro de ti, llamándote a la dignidad y al honor...!

Nuestros comportamientos antiguos todavía influyen en nuestro día a día.

De una forma o de otra, cuando no conseguimos, tomamos aquello que deseamos en la exacerbación de nuestros instintos primarios; profundamente arraigado en nuestro orgullo, ambición y vanidad.

¡A menudo nuestras almas se lavan en las brillantes aguas del dolor y la desesperación, cuando no escuchamos la voz de la razón y el sentido común!

¡Incluso hoy tenemos la gloriosa oportunidad de luchar en el buen combate de nuestra guerra íntima e intransferible...! ¡Despierta, amado muy hijo, mientras aun hay tiempo...! "

Sacudiendo de nuevo la bella cabeza, y volviendo a la realidad, Adriano piensa:

- "Bueno, Adriano, ¿será que finalmente las palabras paternas llegan a esta alma tan rebelde y ambiciosa? ¡Arre, qué tontería! ¡Nunca haré o seré aquello que no sea de mi agrado! "

Pero... Desde lo más profundo de su alma sedienta de luz, cuestiona:

- "Mis padres me dan tanto... Me aman incondicionalmente... Son tan buenos, pobrecitos... Viven con la esperanza que yo me armonice con sus ideales... Les tengo mucha pena... "

Rebelde, se defiende:

- "Después de todo, ¿qué tengo yo? ¡Debo estar en fiebres! ¡¿Por qué resuenan, dentro de mi cerebro, las palabras de mi padre y el recuerdo, adorable, de mi madre...! ¿Será que las semillas lanzadas un día, no han sido inútiles? ¡Pero cual! ¡La vida fue hecha para ser bien vivida! ¡A los tontos, las ideas de reforma y defensas, patriotismos, beneficencias! ¡Arre...! ¡Vivamos de acuerdo a nuestras tendencias y de nuestra voluntad, que no sabemos cuándo todo terminará! ¡El destino nos quita la alfombra cuando menos lo esperamos! ¡Ah, los placeres de la vida! ¡Cuánto nos deleitan!"

De repente se sobresalta y vuelve al suelo que pisa, cuando una voz dulce y melodiosa lo alcanza. Es Sibila:

- ¿Se encuentra bien? ¡Hace horas que está meditando allí! Ya pasé por aquí varias veces, en razón de mis deberes y lo veo en la misma posición y distanciamiento. ¿Qué le está pasando? ¿Quiere compartirlo conmigo? ¡Mis oídos están a su disposición!

- No es de ellos que necesito, Sibila. ¡Te quiero a ti, entera!

- ¡No me diga esas cosas, se lo ruego!

- Está bien, no diré... por ahora; después, ya veremos...

Adriano vuelve introspectiva de nuevo.

Ella insiste:

- ¿Quiere desahogarse?

Mirándola fascinado, acepta:

- Sí, siempre me calmas.

- Bueno, hable, lo escucho.

- Bueno, Sibila, mis padres me llaman a casa.

- Pues, ¿y eso no es bueno?

- No, no lo es. Especialmente ahora.

Sibila se pone pensativa y pregunta respetuosa:

- ¿Cómo puedes mantenerte alejado de ellos durante tanto tiempo? Ya tuve la oportunidad de conocerlos, ¡son maravillosos!

- Estoy de acuerdo. ¡Quién no sirve soy yo!

- ¡Ahora, no diga eso! Aprendí a quererlo bien, como a un hermano.

- Este, es tu mayor error, bella mía. ¡No quiero ser tu hermano, quiero ser tu amante!

- Nunca los tuve y ni tengo la intención de tenerlos. ¡Por esto, ríndase!

- ¡Nunca me rendiré! ¿Y si te obligase?

Sibila para lo que está haciendo, fija sus ojos azules en él y pregunta:

- ¿Soportaría mi desprecio después de haber sido amigos?

- No, no podría soportarlo. ¡Tú, niña, tienes un poder extraño! A pesar de tu frágil apariencia, eres fuerte y dominante. Si no fueras como eres, ya te habría sometido, como sucede a tantas otras.

- Me dan pena...

- ¡¿Por amarme?!

- ¿Y estamos hablando de amor?

Frunciendo el ceño, Adriano comenta:

- ¿Por qué eres tan educada y prudente, Sibila? ¡Después de todo, ella es una sierva como cualquier otra!

- ¡Se equivoca! Nadie es igual o común, a pesar de las imposiciones del mundo y los diferentes métodos para nivelar esta o aquella categoría de personas. ¡Cada ser es un mundo, especial y único!

- ¡Eres increíble! ¿Cómo consigue mantenerme atento a todo lo que dices, sin aburrirme ni hacerme perder los frenos de mi corta paciencia, cuando me molestas y, de alguna manera, le faltas el respeto a mi posición?!

Sonriendo, astuta, ella responde:

- Bueno, después de todo, ¿no somos amigos?

- ¡Yo los tengo en abundancia, y a ninguno de ellos les concedo tanto!

- ¿Realmente crees en lo que dice?

- ¿En tener amigos o concederles prerrogativas?

- ¡La primera afirmación, por supuesto!

- ¡Muy bien, niña! ¡Eres una diosa caída del Olimpo! ¿Por qué los dioses no impidieran que al llegar aquí viene, te convirtieras en una sierva sin valor?

- ¿Debo una vez más, corregirle sus afirmaciones? ¿Por qué no repensarlos antes de exponerlas de manera tan torpe?

- ¡Arre, como eres imprudente! Peor que eso, ¡eres imprudente! De todos modos, dime: ¿qué dije que te molestó tanto? ¿No escuchaste el cumplido?

Ignorando su última pregunta, Sibila, con ojos cargados, arrugas en la frente, responde con otra pregunta:

- Si no valgo nada, ¿por qué me recompensa con su atención? ¿Y quién conoce las verdaderas razones del destino? ¿Ha sido la voluntad de los dioses que yo naciera con la condición de sierva?

Adriano señala que, como siempre, se encontraba en desventaja, además de ser grosero e injusto. Trata de arreglarlo:

- Perdóname por decir "sin valor." Me estaba refiriendo al valor pecuniario.

- ¡Se equivocó de nuevo! ¡En este terrible y deplorable contexto, yo soy muy valiosa, sabe de eso!

- Sí, tienes razón, Sibila. Tu notable sabiduría y erudición me recuerdan a los grandes filósofos de tu raza, que se convirtieron en esclavos de Roma.

- Pero por encima de todo, han instruido al pueblo y a los Césares, en la demostración indudable que el poder legítimo está en la mente del hombre y no en la dominación, temporal, sustentada por armas y legiones de soldados. Hay que reflexionar respecto a la libertad o la esclavitud, impuesta por las circunstancias y reguladas en las leyes vigentes, ¡casi siempre injustas! ¡Necesitamos hacer un buen uso de la razón para una compresión más elevada, analizando, sin prejuicios de secta o de clases, la verdadera justicia!

- ¡Felicidades! ¡Tus maestros te premiarán por una educación inusual!

- Yo tomé una buena ventaja de la oportunidad, caro Adriano.

- A pesar de la osadía que merecía un correctivo, me gusta cuando me hablas así conmigo.

- ¡Agradecida por la deferencia, "mi señor"!

Sibila dice esto, inclinándose hacia adelante, aparentemente servil. Poco después, se desató una risa sonora que más parece un trino de pájaro.

Adriano debe saber que ella nunca se someterá a él, en ningún campo, a pesar de las apariencias y las circunstancias en las que vive.

- ¡Eres sorprendente y maravillosa, Sibila! ¡Superar tu resistencia será mi mayor victoria!

- ¿Y acaso ya vez tuvo alguna?

- Hasta ahora, Adriano ha logrado huir a las batallas. Aparte de su mala voluntad, hechos extraños lo libran, en el momento exacto, por esto o aquello. Él respira aliviado, después de todo, no tienen el temperamento del padre y no quiere para exponer la vida, por nada, ni por nadie -.

- ¡Mira, como eres despiadada conmigo!

- Vamos a decir que "ajustamos" las cuentas, ¿verdad?

Sin respuesta, Adriano se involucró en su pasión que alcanza medidas de difícil control, para admirarla, fascinado.

Elegante, vestida en una túnica griega, la cual le cae muy bien, ella se retira. Sus formas impecables se notan en los pliegues de la hermosa tela blanca y sedosa. En la cintura, un adorno dorado completa el traje, ciñéndola. Los cabellos, brillantes, de un rubio rojizo, están entrelazados y presos por diminutas flores blancas, frescas y fragantes; cosechadas del jardín. Los pies diminutos llevan sandalias suaves, atadas a los tobillos con hilos trenzados. De su cuerpo emanan perfumes salvajes.

Mucho tiempo después de su salida, Adriano todavía está involucrado, soñador y completamente apasionado. No se puede negar: hace mucho, esclavo de un sentimiento poderoso, pero jamás la elevará a su condición de patricio romano. Después de todo, ella es solo una criada de la casa, una sirvienta de lujo, nada más. Estas conclusiones van acompañadas de un profundo suspiro de ansiedad; la falta de un amor verdadero, y en la realización que su sangre burbuja de deseo por tan bella y sabia mujer.

Otra persona se acerca. Es tu anfitrión que, encontrándose con él, lo saluda y le pregunta:

- ¡Salve, Adriano! ¿Qué te pone tan lúgubre?

- ¡Salve, noble Demetrio! ¡Estoy pensando en la vida!

- ¿Y acaso ella no es buena?

- ¡Sí! ¡Principalmente aquí!

- ¿Prefieres estar aquí que en tu casa, Adriano?

Al darse cuenta de la extrañeza de Demetrio, se corrige:

- ¡Frente a la preocupación, con la cual me premian, me siento tan bien aquí como en mi propia casa!

- ¡Te lo agradezco a nombre de todos! Y entonces, ¿qué tienes?

- Pienso en mi padre y en mi querida madre.

- ¡Entonces, vete a verlos!

- Por el momento, compromisos urgentes me lo impiden. Sin embargo, les envío mensajes, diciéndoles de mi amor y de mi anhelo.

- ¡Así debería ser! ¡Ve a verlos tan pronto puedas, y lleva nuestros saludos!

- Haré eso. ¡Gracias!

- ¿Y sobre el resto?

- ¡Muy bien! Les estoy inmensamente agradecido por todos, y ruego a los dioses para que me permitan, un día, pagarles con intereses estas bendiciones incomparables.

- ¡No te preocupes por tan poco! ¡Es un inmenso placer tenerte con nosotros! Para nosotros, tú eres la presencia de nuestro querido Galba. Tu padre y yo somos ex soldados que luchamos codo con codo. Esta en unidos como hermanos de sangre. ¡Siempre fuimos amigos! Extendemos este sagrado afecto a ti, hijo mío. Verte bien y a tus padres felices, he aquí lo que deseamos. Utilice esta estancia para organizarte; ¡quédate a gusto y siéntete como en casa!

- ¡Gracias, una vez más y siempre!

- ¡Construye tu vida, hijo mío! Si hemos contribuido a esto, estaremos sacramentando, cada vez más, la amistad que une a nuestras familias.

- El honor es siempre nuestro, noble benefactor. ¿Puedo preguntarte algo que me mantenga curioso?

- Quédate a voluntad. Si yo puedo responder...

- Se trata de Sibila. ¿Cuál es su origen?

Demetrio se estremece levemente y se pone triste.

- En caso que el tema sea privado, ignore mi pregunta, le pido.

- ¡No, tranquilo! Yo simplemente volví en el tiempo y revisé algunas cosas... Sibila es la hija de una querida amiga, Cynara. La compré en el mercado de esclavos. Ella estaba embarazada de Sibila, pero yo no, no sé.

Adriano no puede ocultar su asombro:

- ¡Usted dijo nostálgico "amiga"!

- ¡Sí, porque fue en una querida amiga que ella se convirtió, una vez entre nosotros!

- ¡¿...?!

- Te lo explicaré, Adriano. Ella mostró tal dedicación y amabilidad que nos sorprendió a todos. En ese tiempo, mi hijo, Haterio, tenía dos años de edad y se apegó fuertemente a ella. Cynara retribuía a su afecto con verdadero amor. Se podría decir que eran dos almas separadas por circunstancias de la vida se habían encontrado para el deleite de sus corazones. Y mira, nuestro amor por Haterio nunca dejó vacíos para ser tomados precisamente por otros afectos. Finalmente, no había en él ningún tipo de carencias para justificar tal afinidad.

- Extraño...

- De hecho. ¡La vida tiene misterios a veces insondables!

Demetrio se volvió, mirando a lo lejos, permaneciendo absorto. Suspirando, vuelve a hablar:

- Por la fuerza del destino, tal vez, o confirmando que estas almas sabían, que salvó nuestro hijo de la muerte tres veces: una por ahogamiento, otra por la ingestión de un veneno letal, al que se tuvo acceso por el descuido de uno de nuestros comisarios y, por último, el violento ataque de un loco poseído.

- ¡Increíble!

- Nosotros también lo pensamos. Después de todo, Haterio estaba muy cuidado y vigilado, y ésta no era la asignación de Cynara. Sin embargo, en estos momentos, casi fatales, era ella quien estaba cerca, como si adivinase, siempre, cuando él corría peligro.

- ¿Quién intentó matar a Haterio y para qué?

- Un loco, te lo dije. Tenía la intención de vengarse de mi hijo. Se convirtió en un sirviente en nuestra casa para esto.

- ¿Cuáles fueron las razones de este loco?

- Él reveló que mi padre había perjudicado a su padre y toda su familia cuando él era un niño. Confesó haber alimentado el odio en su corazón mientras crecía y esperaba la oportunidad de vengarse.

- De todos modos, ¿no dijo como sucedió?

- Sí. Según él, mi padre los dejó en la miseria. Un hecho más doloroso; sin embargo, el hecho de decidir la urgencia de la venganza: su único hijo, aun pequeño, murió por falta de recursos. Considerando que mi padre era el culpable de su infelicidad, decidió destruir la vida de mi hijo para vengarse del abuelo. Así, yo sufriría el mismo dolor.

- ¡Oh, noble Demetrio! ¿Entonces verificaste sus tan absurdas afirmaciones?

- ¡Sí! Buscando al respecto, descubrí que, de hecho, su padre había trabajado en nuestra casa.

- Entonces ¿fue justa la denuncia y la revuelta del hijo?

- ¡No, por suerte! Siendo una persona desequilibrada, vio el despido de su trabajo la razón para todos sus males.

- ¿Cuál fue el motivo de este despido?

- ¡Robo! Compadecido, en vez de arrestarlo, mi padre lo despidió.

- ¿Cómo llegaron a tales conclusiones?

- Revisando archivos antiguos, cuentas y notas referentes a la organización y administración de nuestra casa, a la época de mi niñez. Allí se encontró el nombre de su padre, pero a aliviar nuestra desgracia y la de él, el comportamiento de su padre no era como él pensaba; todo lo contrario. Por eso lo habían echado a la calle.

- ¿Él se creía perjudicado solamente porque el padre había sido despedido?

- No. La suma que fue tomada por su padre, el mío pudo recuperar. ¡Pues bien! El infame ladrón crio al niño en la ilusión que mi padre lo había perjudicado en el pago de los servicios y, con ello, dañó a su familia. Entonces lo alentó a vengarse.

- ¿De qué manera tu sierva salvó a Haterio?

- Para nuestra felicidad, ella siempre estuvo en el lugar correcto y en el momento adecuado. Ella sospechaba de los modos del criado y le presintió la intención criminal. Cuando, enloquecido y violento, sacó una daga y avanzó hacia Haterio, ella se interpuso entre los dos y recibió de lleno el golpe en el pecho.

- ¡Mujer digna y valiente!

- ¡Esa era nuestra querida Cynara! ¡Sibila, para nosotros, es su amorosa herencia!

- ¿Ella perdió la vida en este acto de valentía?

- ¡No, gracias a los dioses! Estuvo entre la vida y la muerte, durante meses seguidos. El golpe había sido casi fatal. Tratada por los mejores médicos de Roma, se recuperó, para nuestro deleite. Desde entonces, ella ya no era solo una sierva, sino una amiga querida.

- ¡Bello gesto! ¡Digno de esta familia que admiro y de la que puedo sacar los más bellos ejemplos de bondad y justicia!

- Gracias por tus cumplidos, querido Adriano.

- Dime, ¿qué pasó con Cynara? Si Sibila fue criada por ustedes, ¿dónde está?

- Bueno, Adriano, ¿podemos dejar estos detalles a un lado? ¡Por hoy ya hemos hablado demasiado al respecto!

- ¡Naturalmente! Un poco más de una cosa, ¡permíteme! Si el cariño de Haterio por Sibila se transforma en amor, ¿qué harías?

Demetrio palideció. Adriano notó su susto y su reacción...

Controlándose a sí mismo, Demetrio se aclara la garganta, escenifica un aire de relajación que está lejos de existir, y responde:

- Sería el primero en lamentarlo...

- ¿Podrías iluminarme, noble Demetrio? Aunque ya sé la respuesta, porque viene al encuentro de lo que creo...

- ¿Qué crees, Adriano?

Para Adriano, sorprendentemente, la pregunta sonaba como una ironía, pero descartando esta posibilidad, responde categóricamente:

- ¡Creo que los niveles sociales están determinados por el nacimiento y que no se pueden transgredir ciertas leyes!

- ¡Así es, Adriano!

Demetrio confirma su declaración. Afortunadamente, el muchacho no debe haber entendido su vacilación. En este sentido, Demetrio deja su corazón en suspenso. Tus noches son inquietas y angustiadas. Sin embargo, es necesario dejar el asunto enterrado y bien enterrados como un animal muerto... -. Él concluye, dando por cerrada la conversación.

Algo cansado y profundamente emocionado, se despide, antes que Adriano lo ponga en situación aun más peligrosa.

***

MIENTRAS TANTO, GALBA languidece, lentamente, como una llama sin combustible.

Berenice, demacrada y triste, se inclinó como un arbusto bajo la furia de un vendaval.

Desistieron de llamar a su hijo.

- Mi Galba, nuestro hijo debe estar muy ocupado en Roma; de lo contrario ya nos habría atendido, ¿no crees?

- Sí, mi querida Berenice. Lamento no poderle hablar, mientras que todavía tengo las ideas claras... Por desgracia, en poco tiempo, mi camino se hará oscuro, con ausencia de la razón...

¡Pobre hijo! ¡Quizás fui demasiado severo! ¡Siempre estábamos en desacuerdo! Después de todo, ¿habré sido un buen padre para él?

- ¡De los mejores! ¡Soy testigo de esto, ante los dioses!

- Como me gustaría volver a verlo, antes de partir...

- ¡No digas eso, mi gran guerrero!

- Tu guerrero, finalmente va a descansar, Berenice. Deploro lo que estás viviendo a mi lado. Solo me gustaría darte alegrías, pero en cambio...

- Una vida no está hecha solo de alegrías, lo sabemos. Cuando lo olvidemos, el dolor se encarga de hacérnoslo recordar.

- ¡Te amo tanto a ti y a nuestro hijo que me da pánico, ante la inminencia de dejarlos entrar en un mundo completamente desconocido...! ¡Seré juzgado por los dioses...! ¿Cómo podemos Berenice, acertar siempre, si la vida nos empujar por todos lados? Los dioses nos juzgan, pero ellos mismos son tan extraños... Cuántas veces mi alma los cuestiona... ¿La divinidad cierra los ojos a nuestra pequeñez y nos exige perfección? Ay, Berenice, en esta tranquilidad que voy a... Sufro por dejarlos y sufro la incertidumbre de lo que encontraré al otro lado...

- ¡Amado mío, no te atormentes, te lo ruego! Nuestras oraciones a los Manes, sin duda te protegerán, confía. Me quedaré, si sobrevivo, para rezar por tu alma.

- ¡Berenice, tengo un último pedido en hacerte!

- ¿Sí? ¿Y cuál es?

- ¡Que busques ser feliz! ¡Espero que, en este tiempo, nuestro querido Adriano, más maduro, sea tu descanso!

- Que será sin lugar a dudas. Ahora descansa, para mi...

Galba cierra los ojos y cae en un profundo letargo, mientras Berenice vela, lágrimas cayendo. Llorar es lo que ha hecho mucho últimamente. Nunca imaginó sufrir tanto.

Alguno tiempo pasa y Galba tiembla ligeramente. Mirándolo ella escucha una voz que parece sonar dentro de su propio cerebro:

"¡Él murió en el infame madero; sin embargo, Él era el Cordero de Dios...!"

Sorpresa con la frase que conoce a pesar de no ser cristiana, ella observa que su marido llora lágrimas abundantes. Lo toca, ligeramente. Se despierta, mira a su alrededor y dice:

- ¡Qué extraño, Berenice! Tan pronto como me dormí, vi a un hombre vestido con una túnica brillante que me decía: "¡Murió en el infame madero; sin embargo, Él era el Cordero de Dios...!"

Acto continuo, vi a un hombre ensangrentado, preso a una cruz, exhalando su último aliento. Él me miró con compasión y, sin mover sus labios heridos, me habló: "¡Sé paciente y confía en Aquel que nos ama a todos...!"

¿Qué es lo que crees? ¡Los judíos hablan de un profeta que murió en la cruz en el nombre de su único Dios! Sabemos que los ladrones y delincuentes son crucificados como ejemplo...

- Por esto, las palabras: "madero infame." Éste, de seguro, ¡era un justo!

- Tienes razón. Este pueblo ha tenido muchos profetas.

- Galba, no tuve la misma visión que tú, ¡pero escuché la misma frase! Esto llena mi corazón de nuevas esperanzas. ¡Estamos protegidos! Quien quiera que sea nos apoye en estos momentos cruciales. Los dioses han finalmente encontrado una manera de ayudarnos.

- Esta experiencia me hace pensar, Berenice. Estoy aquí junto a ti, amorosa y buena, en mi cómoda cama, en mi casa, y ese hombre me parecía tan abandonado... Agradezco al cielo la comodidad en la que espero con ansias mi último aliento.

Como un buen guerrero, debo entender mi nueva y fatal condición, entregándome a aquellos que tienen la tarea de conducirme al mundo de las sombras...

- Yo prefiero pensar que todo esto va a pasar, mi querido. No puedo imaginar la vida sin ti.

Galba le da una mirada de gratitud y cierra los ojos.

Ella le arregla las sábanas y sale despacio. La debilidad física en él es visible.

Sus compañeros de armas supieron de su extraña enfermedad, que parece querer llevarlo esta vez, pero nadie que se atreve a visitarlo. Ellos rezan a Dios para él, que se sacrificó por la causa.

Mientras tanto, Ben Azir, espera el momento seguro y oportuna para visitarlo, le envía un mensaje escrito, con palabras de ánimo y amistad.

Galba, muy agradecido, respondió de la misma manera, enviándole abrazos y deseos de victoria.

Pasando por Jerusalén, el senador Olimpius Rufus va a visitar a Galba, constatando la gravedad de su situación. Una vez allí, pregunta por Adriano. Sorprendido de no verlo al lado de los padres.

Les escucha la habitual disculpa paterna y cariñosa. Se calla y finge aceptarla, para no entristecerlos. Les dispensa toda la solicitud posible. Se pone a disposición, promete volver a visitarlos y decide acudir en busca de Adriano.

Para ello, al llegar a Roma, se dirige a la casa de Demetrio:

- ¡Salve, Demetrio!

- ¡Salve, noble senador! ¿Cuánto honor para mi casa!

- ¡El honor es siempre mío, querido amigo! ¿Cómo estás?

- Estoy muy bien y también todos los nuestros! ¿Cómo está, Haterio?

- Muy bien y con cada nuevo día, más victorioso en todo lo que hace. ¡Es un hijo digno de esta noble familia romana!

- ¡Esto me engrandece, querido senador!

- Visité a nuestro compañero, Galba, y les traigo un mensaje suyo. Aquí está.

- ¡Te lo agradezco! ¿Cómo esté él?

- ¡No muy bien! Por eso vine. ¿Adriano se encuentra en casa?

- ¡Sí! ¿Quieres hablar con él?

- Te pido permiso para esto.

- ¡Tu voluntad es siempre una orden, a la cual obedecemos para el deleite de nuestros corazones!

- ¡Gracias, una vez más y siempre! ¡Tu inalterable amistad me honra!

- ¿Te quedarás un poco más con nosotros?

- ¡Sí! ¡No perdería ésta feliz oportunidad!

Con una inclinación de cabeza, respetuoso, después de indicarle un cómodo asiento al senador, Demetrio se interna en la casa y manda llamar a Adriano.

Advertido de la inesperada visita, Adriano se sobresalta. Sin embargo, responde a la llamada, con una terrible incomodidad. Para él, Olimpius es un censor y, más que eso, ¡un juez! Su palidez delata un gran nerviosismo. Hace mucho que se escapa de este hombre, como de la propia conciencia. Tome una profunda respiración y tratar de ocultarlo. En unos momentos, se encuentra frente al senador.

Erguido, con la mano cerrada sobre el pecho, se inclina, reverente y ceremonioso:

- ¡Salve, noble senador Olimpius Rufus!

- ¡Salve, Adriano! – Retribuyendo los saludos acostumbrados; arrugas en la frente, el senador no disfraza su fastidio.

- ¡Aquí estoy a su disposición! - añade Adriano, muy desconcertado.

- ¡Siéntate que quiero hablar contigo!

- ¡Sí, señor!

- Estuve en Jerusalén y una vez allí, como siempre hago, visité a tus padres.

En silencio, Adriano siente que la sangre se le congela en las venas.

Frente a su reacción, el senador continúa, enfatizando fuertemente las palabras:

- ¡Me quedé muy molesto cuando supe lo que ellos están viviendo, y mucho más, por no encontrarte a su lado!

En una fracción de segundo, Adriano piensa:

- "¿Hasta dónde estará informado?" Tu situación es muy delicada. Sin embargo, es un jugador habilidoso, irresponsable y venal. Entonces, se atreve:

- ¿Está sucediendo algo que ignoro? ¡Oh, espero que no sea así! ¡Estoy a brazos llenos con tantos problemas! ¡Por eso no fui a verlos!

Mientras habla, observa las reacciones del senador.

Éste, impasible, hace lo mismo con él. Puede penetrarle el alma, y sin esfuerzo... Conoce, de largo tiempo, sus defectos de carácter.

- Tu padre me dijo que te escribió para informarte que está muy enfermo. Asumo que dicha carta no debe haber llegado a tus manos...

- De hecho, ¡no recibí nada! ¡Estoy indignado! ¡Debemos castigar la patente incompetencia de quienes nos sirven! ¡Qué tiempos son estos! ¡Qué irresponsabilidad...!

Teatral, exaltado, Adriano se levanta y continúa:

- Si lo hubiera sabido, ¡ya habría ido a verlos!

Muy impresionado, seguro que Adriano está mintiendo, el senador se desahoga sinceramente:

- ¡Lo siento por ellos, Adriano! ¡Nunca creciste! ¡Sigues siendo un niño y, lamentablemente, sin carácter ni sentimientos!

El senador tiene cuidado que nadie más lo escuche. Así que habla bajo.

Adriano vuelve a sentarse y cambia de color, varias veces. Cambia de rojo sangre a blanco total. No hay salida; tendrá que escucharlo... Se calla y traga saliva, anclado en el asiento.

Sin descanso, el senador prosigue:

- Descubrí, *in situ*, que hace mucho que no vas a visitarlos. ¡Si lo hicieses, estarías al tanto de la enfermedad de tu padre!

Adriano vuelve a la carga:

- ¡Y aquí, desinformado! ¡Necesito verlo...!

El senador sonríe con sarcasmo, desconcertándolo.

Habiéndose levantado de forma abrupta, Adriano se sienta de nuevo, frente a la mirada de águila del senador.

Haciendo un gran esfuerzo para no perder el equilibrio, en frente de tanta desfachatez, Olimpius dice:

- ¡Ve a verlos, lo más rápido que puedas! ¡Y no digas que estuve aquí! Debe hacerles pensar que estás actuando por tu cuenta, ¿entiendes? ¡Aprecio demasiado a tus padres!

- Sí, señor, lo haré; ¡lo prometo!

- Aunque ya no creo en tus promesas y tengo innumerables razones para ello, espero que lo hagas; no solamente verlos, pero darles la cobertura filial que se debe. Si no lo haces, te las verás conmigo, ¡te lo aseguro!

- ¡Sí, señor...!

Finalizando la entrevista, y profundamente decepcionado con el hijo de Galba, Olimpius ordena:

- ¡Llama a tu anfitrión y dile que ya conversamos!

- Sí, señor...

Adriano sale muy avergonzado. Sus facciones revelan un gran desequilibrio.

Al verlo, Demetrio pregunta:

- ¿Qué está pasando, hijo mío? ¡No me parece que te ves bien!

- ¡Oh amigo mío y gran benefactor! ¡Mi padre está gravemente enfermo! - Las lágrimas brillan en tus ojos (?).

Demetrio le pone la mano en el hombro y responde:

- ¡Debes ir a visitarlo sin demora!

- ¡Sí! ¡Eso es lo que haré!

En solidaridad, Demetrio agrega:

- Yo también necesito visitar el mi amigo! ¡Así que vayamos juntos!

- ¡Gracias por todo! ¡Que los dioses te bendigan!

- ¡Ten coraje! ¡Tu padre es fuerte y pronto se recuperará!

- ¡Sí! ¡Ese pensamiento me sostendrá! - le responde, deseando que Demetrio esté equivocado. Entra en la casa y se dirige a sus habitaciones.

Allí, poseído, golpea con el puño cerrado sobre una consola y maldice. Odia a ser obligado a hacer aquello que no quiere, y mucho más, aborrece recibir órdenes de quien quiera que sea. Por ello, fue expulsado de la Academia de Crotona, por su insubordinación.

En esa ocasión, el senador, compadeciéndose de sus amigos, Galba y Berenice, logró ocultarles este triste hecho. Tenía la intención – desistió después -, de enviarlo de regreso a la academia antes mencionada.

Mientras empaca su equipaje, Adriano sonríe satisfecho, pensando que Demetrio también irá. Con él, será más cómodo viajar y más económico. Durante el viaje, se comportará de acuerdo con la imagen que creó para vivir en la casa del noble patricio.

Egoísta e insensible, concluye que nunca preocupa a sus padres; excepción hecha cuando les pides más recursos. ¡La vida fuera de casa es muy cara…! ¡Ah, que los dioses echen siempre un velo sobre los ojos compasivos de sus padres, y su vida continuará siendo un mar de rosas…! Con estos pensamientos, se prepara para el viaje. Después de todo, será una gran oportunidad para escapar, por un tiempo, de los peligros que rodean su vida en Roma…

¡Sentirá nostalgia por Sibila…! Se preocupa con la distancia, después de todo, sabe desde hace tiempo los sentimientos de Haterio hacia ella.

Haterio no ignora la verdadera vida de Adriano, pero espera que sus padres lo descubran por sí mismos, y de forma convincente. Él delega al tiempo esta tarea ingrata, así como los de sus consecuencias. Su padre siempre protege y defiende a este agregado, en nombre de su gran amistad con Galba.

Haterio pasa muy poco tiempo en casa. Su vida de tribuno le exige mucho. Pero no economiza miradas amenazantes y de censura declarada, en dirección de Adriano.

Así vive Adriano; amado por los padres, finamente educado, pero sin amor de corazón, oportunista e ingrato.

Al observar a Sibila, Adriano nunca le sorprendió ningún interés por Haterio; que no sea amistad y un gran respeto.

En eso se basa su certeza: Haterio ama a Sibila, pero no es correspondido.

Y para él, este sentimiento debe ser un tormento. A pesar de la buena educación de Sibila y de sus virtudes, que es el nivel de sociales inferiores.

La noble familia romana de Demetrio no tiene la costumbre de transgredir las leyes. Esto tranquiliza a Adriano. Si quiere a Sibila, cree que la tendrá, en el momento adecuado, de una forma u otra.

Volviendo a la realidad, ¡reflexiona que pronto estará en casa...! ¿Cómo será? ¿Qué va a encontrar? Ni siquiera se imagina...

Una certeza conlleva: se enfrentará, como siempre, a la tolerancia habitual de sus padres. ¡Ellos lo aman, desinteresadamente! ¡Esto le hace muy bien...!

7.-
LA VISITA

MIENTRAS SE PREPARA para la boda, Ben Azir sigue luchando por sus ideales.

Su familia, en la dulce expectativa de los esponsales, se despliega en una dedicación, notable. El cuidado y la delicadeza, en cada detalle, revelan almas armonizadas en el amor verdadero.

En su grupo revolucionario, Ben Azir sigue siendo el más expansivo, el más intrépido; ya sea en la exposición de sus propias ideas, ya sea en las acciones. Decidido volver a ver al viejo compañero de luchas y encapuchado, en las sombras de la noche, fue a visitar a Galba.

Previamente advertido por un sirviente de Ben Azir, Galba se recuesta contra las almohadas y espera. Tiene muchas ganas de ver al muchacho por el que alimenta mucha amistad y admiración.

Ben Azir llega y es conducido por Berenice a las habitaciones de su amigo.

Muy impresionado por su deterioro físico, disimula y le pregunta respetuosamente:

- ¿Cómo está nuestro admirable compañero de luchas?

Galba abre una sonrisa y responde:

- ¡Salve, amigo Ben Azir! ¡Buenos ojos te vean! ¡Qué alegría para este corazón sufrido mirarte el bello y noble semblante! Pero dime, ¿qué haces aquí? ¿Enloqueciste, hijo mío? ¿No ves que podrías haber sido seguido?

- ¡Cálmate! ¡Tomé todas las precauciones posibles! ¡Vine a saber de ti y de tu salud, trayendo también los saludos de todos los demás y sus abrazos, con los votos de un breve restablecimiento!

Galba dibuja una pálida sonrisa en su cara, mientras le responde sinceramente:

- Deseándoles mucha suerte en los diversos emprendimientos, y sabiendo que nunca más estaré con ustedes, en la justa y loable intención que caracteriza nuestro ideal, les agradezco, pero ni todos los buenos augurios del mundo pueden cambiar mi situación. Me voy muriendo poco a poco, Ben Azir... La muerte se acerca con grandes zancadas y, poco a poco, se convierte en mi eterna compañera...

- Mientras haya vida, hay esperanza, Galba. No hables de esa manera, sé fuerte y no te dejes abatir.

- De nada sirve luchar contra lo inevitable.

- Estoy de acuerdo. Mi pueblo también piensa así.

- ¡Oh, cómo la vida nos enseñanza, mi joven amigo...! A duras penas, aprendí a respetar y a admirar a tu raza, lo que ella tiene de mejor. ¡Tú eres un excelente ejemplo! Últimamente me acuerdo, más en el pasado, a mi querido amigo, Hannah...

- Ya nos hablaste de esta extraordinaria experiencia.

- Esos acontecimientos, tristes e inolvidables, me iluminaron el alma, abriéndome las puertas de la comprensión y de la solidaridad para con todas las razas del mundo. Hoy sé que debemos evaluar a las personas por lo que son y no por su origen racial.

- ¡De hecho! Y cuando luchamos a favor de la justicia, lo hacemos contra griegos o troyanos, el querido amigo lo sabe.

- ¡Ben Azir, eres un muchacho maravilloso! Un elegido por los dioses y protegido por ellos. ¡Tus dones de inteligencia y corazón son incuestionables!

- ¡Gracias por los cumplidos! Sé que son sinceros. Les debo mucho a mis padres.

De ellos recibí los mejores ejemplos y el estímulo para luchar por mis ideales. La educación que me caracteriza está bañada de mucho amor y respeto.

Galba piensa en Adriano y mide la distancia moral que separa a estos dos jóvenes... Se arrepiente, una vez más, de irse tan pronto, cuando su hijo necesita incluso de orientación... Su cansancio es visible. Cierra los ojos y respira con dificultad.

Respetando sus límites físicos, Ben Azir decide marcharse:

- Querido amigo y valiente soldado, ¡descansa! ¡Contradiciendo tu pesimismo, espero que tanto en breve estés de pie y reanudando tus actividades!

Sonriendo agradecido, Galba responde:

- ¡El optimismo es una de tus cualidades, Ben Azir! Consérvate de esa manera. Disculpa mi desánimo, te lo ruego... Siento que pronto voy a dar cuenta a los dioses de mis actos terrenales...

- ¡Si fuese así, que ellos te sean favorables! ¡Creo que ni siquiera te faltará la famosa y deseada para corona de laurel! Ciertamente, cuando te vean en el portal del Olimpo, exclamarán:

"¡Salve, Galba! ¡Aquellos que te admiran y protegen te saludan...!"

Pero a pesar de todo lo que dices, te deseo salud y mucho tiempo con nosotros todavía. ¡Los dioses pueden esperar!

Galba sonríe encantado con tanta bonhomía y optimismo, sincero.

- El corazón de este guerrero abatido te agradece, noble amigo.

- ¡Momentáneamente abatido, Galba!

- No, Ben Azir, mi última batalla llega a su fin; ella es solitaria e intransferible... Ella es mía, solamente mía...

- ¡Y en esta también saldrás victorioso, haya lo que haya, valiente soldado de Roma! Así como aprendiste a admirar a mi pueblo, yo también aprendí a juzgar a las personas por su carácter y no por su origen.

En consecuencia, aquí estoy, alabando con entusiasmo y sinceridad a un romano. Pueblo que nos somete y nos humilla, día y noche. En bien de la verdad, como suele ser en cualquier parte del mundo, no todos actúan de esa manera... ¡Como tú, acepto y entiendo todas las razas en aquello que ellas tienen de mejor!

- Así es, mi joven y digno amigo. ¡Dile a todos que les agradezco los saludos y los votos de salud, retribuyéndolos en la misma medida!

- ¡Se los diré, amigo mío y compañero de luchas a favor del derecho y de la justicia!

- ¡Nos vemos otro día, Ben Azir! Aquí... ¡O en el mundo de las sombras...!

Ben Azir desiste de contrariarle sus tristes perspectivas.

Galba cierra sus ojos, interiorizándose. De repente gime y aprieta el pecho, afligido. Berenice llega con la medicina. Él ingiere el medicamento y unos minutos después parece mejorar. Respira profundo y se duerme mejor en la cama.

Inclinándose, Ben Azir lo abraza con respeto. La emoción los domina... Mirándolo, largo rato, bajo la emotiva mirada de Berenice, Ben Azir se libera del abrazo y se aleja.

Al frente del amigo, junta los talones, levanta la mano derecha en forma de saludo y con el puño izquierdo, aprieta el corazón, haciendo hercúleo esfuerzo por contener las lágrimas, mientras exclama:

- ¡Salve, Galba, centurión! ¡Salve, valiente soldado! ¡Que los dioses te protejan e iluminen...!

Conmovido como estaba, e imitando sus gestos, aunque postrado en cama, Galba correspondía a su elegancia y amistad al mismo tiempo:

- ¡Salve, valiente soldado del Dios único! ¡Que el cielo te premie con muchas victorias...!

Galba cierra los ojos, profundamente conmovido. Grandes lágrimas fluyen libremente por su rostro extremadamente demacrado.

Y, en los hermosos ojos de su joven amigo, se instala la misma química...

Despidiéndose de Berenice que lo acompaña hasta la salida, Ben Azir tira de la capucha y se cubre la cabeza y parte del rostro, y se va envuelto en un gran manto negro. Sale, mirando a su alrededor, con la mano en el mango de la daga, preparado para una posible confrontación.

Unos metros más adelante, bajo una carpa en un receso de las ruinas de una casa deshabitada, toma su caballo que allí se había quedado oculto. Lo monta, ágil y le imprime una gran velocidad. Montando cada vez más rápidamente desaparece en las sombras de la noche sin luna y sin estrellas.

Unos kilómetros más, echa el capó a la espalda y más tranquilo, completa el recorrido. Ya rastrea caminos que son de su propiedad. Su familia es dueña de muchas tierras.

Respirando hondo, sintiendo el aire balsámico de la noche penetrarle los pulmones, exclama:

- ¡Vuelve a casa, siempre! Bendición de Dios... - se estremece... ¡¿Hasta cuando la suerte lo acompañará, librándolo de los peligros...?!

Él sacude su apuesta cabeza a descansar, pero se vuelve sombrío. Piensa en el viaje del querido amigo que ahora es el adiós de la vida.

Galba se encuentra desilusionado e infeliz, a pesar de todo lo que ha vivido. Solo Berenice y sus verdaderos amigos le brindan algún consuelo. Aquellos que lucharan con él, hombro a hombro, en batallas sangrientas, de vida y de muerte, ahora lo condenan – a excepción de algunos -, en nombre de la misma Roma que defendieron juntos.

Finalmente, llega Ben Azir y entra por los portones de su lujosa residencia.

Deborah, que viene a su encuentro, se da cuenta de las arrugas en la frente. Abrazándolo, le pregunta el motivo.

Consciente que no debe aumentar la carga de la inseguridad, responde sin faltar a la verdad, después de todo:

- Nuestro amigo Galba, madre, languidece ante nuestros ojos.

- Lo siento...

- ¡Berenice es el retrato del dolor...! En sus ojos, el pavor de la inminente separación. ¡Galba y yo hablamos, como en los viejos tiempos...!

- ¿Cómo en los "viejos tiempos..."? Caramba, Ben Azir, ¡aun no tienes veinte años!

- Sin embargo, me siento mucho mayor. Me parece, a veces, querida madre, que llevo el mundo a cuestas...

- ¿Como el famoso Atlas?

- Sí... Pero dejando de lado la mitología griega, vamos a lo que nos toca más de cerca y dime, ¿qué tenemos para comer? ¡Tengo mucha hambre!

- Tendremos en la mesa aquello que más apreciamos. ¡Nuestra cocinera es muy versátil!

- Así ella agrada a griegos y troyanos, ¿no?

- ¡Es verdad! ¡Y de vuelta a la mitología! ¡Ella retrata nuestras pasiones, adicciones, disturbios, tragedias y el gran potencial para crecer, material y espiritualmente!

- ¡Alabado sea Dios! ¡Mi madre es una mujer sabia!

- ¡Gracias por el cumplido, hijo! Pero volvamos al suelo que pisamos, ¿no?

- ¡Naturalmente! Ante el hambre que siento, en este momento, ¡prefiero un buen asado a cualquier alegoría!

Se oyen pasos, Ben Azir se da la vuelta y exclama, al ver llegar al padre:

- ¡Salud y paz, padre mío!

- ¡Para ti también, Ben Azir, hijo mío! - Responde Jairo, corriendo hacia él para abrazarlo y besarlo.

- ¡Que el Señor nuestro Dios nos bendiga siempre! - Remata Deborah.

- ¡Que así sea! - Contestan padre e hijo.

Abrazados, siguen al comedor, donde los platos humeantes están siendo colocados sobre la mesa. Se puede oler, desde lejos, el aroma de los alimentos, que delatan sus irresistibles sabores. La comida transcurre en un ambiente agradable y afectuoso.

Esta familia, unida y feliz, sabe que no siempre será así. La vida enseña, todos los días, que los que se aman se separan, más temprano o más tarde, por esto o por aquello.

✳ ✳ ✳

TODOS NOSOTROS, MIS queridos lectores, deberíamos pensar seriamente en ello. Así, seríamos mejor, unos para con los otros. Especialmente, en los tiempos que corren...

✳ ✳ ✳

SATISFECHOS Y FELICES, cada uno sigue hacia sus propios intereses, antes que el sueño los domine y exija horas de descanso y recuperación.

Deborah, en el momento, recibe una visita de su gran amiga, Soraya.

Aun en el comedor, mientras Deborah dirige a los sirvientes, ellas conversan.

Al escuchar las diversas evaluaciones, de esto o aquello, Soraya comenta:

- Deborah, a pesar de la alegría saludable que caracteriza a tu familia, ¡te veo muy angustiada! ¡Los cuidados con el hijo agota tu alma sensible y cariñosa!

- Así es, Soraya. ¿Y podría ser diferente? Tú nos conoces y sabes cuánto nos amamos... ¿Hasta cuándo estaremos juntos? ¡Cuando la vida nos arrebatará al hijo amado...! ¡¿Y yo sobreviviré o a eso, amiga...?!

- Me pregunto si ustedes, padres amorosos, no podrían evitar que su hijo se aventurara de esa manera. ¡Tu corazón es un caos de miedo, de inseguridad y de pérdida temprana!

- Nuestra libertad individual es sagrada, Soraya. Ben Azir, al igual que su padre, tiene una personalidad marcante. Él sabe lo que quiere.

- ¡Pero podría dejar para otros, más rudos o más solitarios, estas tareas sin gloria y sangrientas...!

- Sangrientas que son, a veces... sin gloria, nunca, ya que habrá valido la pena el esfuerzo y nobles intenciones. A pesar del sufrimiento que viene, sus objetivos son sagrados. Si no hubiera hombres que lucharan por sus derechos, todavía estaríamos en la barbarie. Hay que analizar el progreso ya logrado y, en esto, el coraje y el sacrificio de muchos mártires...

- ¿Es lo que se desea para tu hijo?

- ¡Ciertamente que no! Sufro como cualquier otra madre al ver a un hijo en constante peligro. Pero ¿cómo impedirle ser fiel a sus principios?

- ¿Y los mandamientos de Dios? ¡Algunos comportamientos, que se dicen patrióticos, los contradicen!

- ¡Estamos Soraya, el camino de la perfección y ejercitando un comportamiento cada vez mejor frente a la libertad que el Creador nos concede! En este nuestro mundo, tan difícil, muchas veces debemos hacer lo que debemos, y no lo que nos gustaría.

Analizo el comportamiento de mi hijo, de la misma manera que antes lo hice, con referencia a mi esposo, en las mismas circunstancias.

- Ya veo... Dime si puedes; ¿Cómo es posible un hijo tan cariñoso y dulce, como el tuyo se envuelva en luchas, a veces tan sangrientas?

- ¡Él no se "involucra", amiga mía! ¡Él defiende la propia vida y las vidas de sus compañeros, como un valiente hombre que es, luchando por la justicia, seguro de lo que hace, y del compromiso que asumió frente a sus ideales!

- ¡¿Y solamente así la justicia será implantada...?!

- Lamento, desde el fondo de mi corazón, decirte que, lamentablemente, todavía es así. Sabe, como una digna mujer de nuestro pueblo, sufrido y sofocado, que no estamos luchando solo contra los romanos, que nos someten orgullosos y rapaces, sino contra los poderosos de nuestra propia raza, cuando son deshonestos, ambiciosos y arrogantes. Estos, además de chupar, día y noche, nuestra sangre, son cómplices de nuestros enemigos. Los poderes civiles, políticos y religiosos que, al fin y al cabo, se resumen en un solo camino; albergan en su seno - con benditas excepciones - autoridades arbitrarias y corruptas.

- A pesar de todo, ¡debes convencer a tu hijo que cambie la dirección de su destino!

- ¿Y quién lo conseguiría...? La realidad es que yo nunca lo haría. Creo en lo que hace y admiro su intrepidez. ¡Si yo pudiera, me gustaría estar con él, hombro a hombro!

- ¡¿...?!

- ¿Estás sorprendida?

- Realmente no. Conozco bien tu coraje y determinación, pero, amiga mía, estamos hablando de vida y muerte. ¡Tu hijo puede sucumbir en cualquier momento!

- ¡No necesito que me digas esto! Ya sufro bastante con esta terrible expectativa... La incertidumbre, Soraya, es parte de la vida y, por momentos, determina rumbo inesperado por más prudentes que podamos ser...

- Dudo de esa afirmación. Buscando guiar mi vida en un contexto más ameno, más posible, más seguro...

- Dentro de su forma de pensar, procede lo que dice. Pero cuando "el destino" llega, usted será incapaz de conjurarlo.

- Aun así, creo que se construyen muchos destinos, día a día... Este parece ser el caso de tu hijo...

- Dios lo guiará y protegerá, ¡haya lo que haya!

Deborah guarda silencio, con el corazón hundido.

Soraya, incansable, persiste:

- Deborah, ¿cómo esperar la protección divina, sus para defenderse a sí mismos y a sus compañeros a veces necesita matar?

- Él es simplemente un soldado en la guerra, a defenderse. El propio instinto de supervivencia habla más fuerte. Sería una locura si él no se defendiese a sí mismo, hasta las últimas consecuencias. Soy consciente de lo que busca mi hijo, en todas sus formas, evitando actitudes extremas. Cruel, él jamás lo será.

Apenada, frente a la amiga que con valor y paciencia se defiende, Soraya sinceramente declara:

- Lamento tus tormentos, Deborah. ¡Perdóname! Mi intención es buena, créeme. Escuchándote, entiendo mejor lo que vives...

- ¡Te lo agradezco! En cierto modo, este desahogo me hizo bien. Como sabes, rara vez hablo de estos asuntos. Necesitamos protegernos.

- ¡Triste destino, Deborah!

- ¡Depende del ángulo de visión, amiga mía! Recuerdo a nuestro profeta y legislador, Moisés, que nos trajo las leyes de

Dios y nos disciplinó, dura y dolorosamente, a nuestro pueblo, cuando su misión. En una situación límite, al descender del Monte Sinaí y encontrarse con el pueblo invigilante que adoraba al becerro de oro, en un momento de rabia, traicionó las leyes, de las cuales fuera sublime intérprete, castigando cruelmente miles de idólatras... la lucha, en pocas palabras, es parte del carácter de nuestro pueblo que defiende su propia raza y sus más queridas tradiciones, dando su propia vida cuando es necesario. Ambas, en estos momentos de extrema confianza y amistad, bajo la mirada de Dios, sinceras y espontáneas, racionalmente analizamos las cosas de esta vida.

- Tiene razón... Lo que me lleva a hablar de estos temas es la confianza mutua. Temo por ti y por los tuyos...

- ¡Imagínate mi corazón de madre! Mientras mi hijo planea ser feliz con la mujer amada, lleva sobre la cabeza la espada de Damocles, sostenida por un frágil hilo...

- ¡Espero que sus sueños se realicen...! Frente a todo, llego a la conclusión que, en esta vida incierta y frágil, ¡todos enfrentamos, por voluntad propia o no, grandes riesgos! ¡En cualquier momento, podemos perecer y muchas veces de manera muy estúpida! ¡Nuestra fragilidad humana necesita más prudencia y menos orgullo!

Levantando la cabeza, Deborah concluye audazmente:

- ¡De todos modos, mi hijo sigue su camino fiel a sus ideales, y yo espero que Dios bendiga sus éxitos y perdone sus errores, así como debe haber sido con el gran Moisés, frente a su histórica inconsistencia!

Sonriendo, divertido, Soraya comenta:

- ¡Si los nuestros sacerdotes escuchasen lo que dices, amiga mía, estaría en males sábanas...! Muy exaltados, ellos gritarían:

"¡Anatema...!"

- Su poder, muchas veces dudoso, y sabemos de eso, no me quita la capacidad de razonamiento. Tengo una mente clara y un corazón sensible a la verdad. ¡En pesar de nuestras múltiples deficiencias, es Dios quien conduce a nuestro pueblo!

- Aun así, fuimos esclavos algunas veces.

- Por nuestro aprendizaje. ¡Los dolores enseñan...!

- ¡Él sabe lo que es mejor para sus hijos, pero muchas veces, hablamos de Dios sin entenderlo!

- ¡Y así, vamos penando a lo largo de generaciones! ¡Hoy en día, subyugados, bajo el poder nefasto de Roma que nos sofoca, despoja de todo, y embiste furiosa contra nuestras más sagradas tradiciones!

- ¡Realmente! ¡Nuestra sangre hierve en las venas! ¡Dios, nos prueba de todas las maneras!

- Nos defendimos, pero... En los enfrentamientos, bajo la violencia bélica de los soldados romanos, muchos judíos han perecido. Aquellos que sobreviven a tales enfrentamientos, casi siempre mutilados, son los mayores trofeos de Roma para servir de ejemplo a otros tan atrevidos como ellos. Pero, aun así, algunos, como nosotros, ¡se atreven a desafiarlos! Lo que me sustenta, amiga, es que por encima de todo y de todos, ¡está Dios! ¡Esta vida peligrosa me exige coraje y mucho desinterés!

- Te admiro el coraje y la fe, después de todo soy racional, pero no insensible. Hace parte de mi naturaleza acomodar las cosas de manera más tranquila y segura.

- Pero no siempre tiene éxito, ¿verdad?

- Sí; sin embargo, esta es la forma en que sé cómo a vivir, sin grandes acciones y en espera de días mejores.

- Hemos sido amigos durante tanto tiempo, ¿no es así, Soraya?

- ¡Es cierto, somos hermanas!

- Bueno, ¿nos vamos a dormir? Si depende de nosotras, nunca agotaremos todos los temas que nos interesan. ¡Mi marido ya debe estar impaciente con mi demora! ¡Duerme bien!

- Le deseo la misma! ¡Sueña con la justicia instalada en nuestra tierra!

- En ese sentido, Soraya, ¡no quiero sueños, quiero realidad!

Ben Azir, exhausto, lleva mucho tiempo dormido. Él también cuestiona constantemente sus propias acciones. Los ejemplos de su padre pesaron mucho en la formación de su carácter. Creció admirando su patente coraje y amor a la justicia. Se entrega, entero, a sus ideales, luchando valientemente por alcanzarlos y en defensa de aquellos que dependen de su actuación.

Pero su buen corazón y su sensibilidad sufren, no hay como negar. Tiene noción de cuánto se preocupan sus padres.

Estos premian con las alegrías de un hogar equilibrado y amoroso, y con los incentivos materiales, sin cobranzas de ninguna especie.

A través del amor a su gente, a sus padres y la hermosa Agar, él ama también a la Humanidad.

Pronto, se unirá a la mujer amada, bajo la bendición de Dios y de su familia. Si tiene hijos, espera que ellos hereden sus valores, incuestionables, de su familia, pero quiere mucho más que cuando llegan ya puedan vivir en la seguridad y en paz...

En mitad de los sueños y pesadillas - en estos aparece repetidamente Jadhu -, él reposa para el día siguiente que le cobrará, ¿quién sabe, trabajos de Hércules...? Una vez más, la mitología griega se hace presente, con la que Ben Azir tiene mucha afinidad.

En uno de sus despertares, recuerda la entrevista con Galba, un buen y valiente romano...

8.-
MÁSCARAS

ADRIANO Y DEMETRIO llegan a la casa de Galba y Berenice y... ¡sorpresa...! ¡Adriano nunca fuera tan cariñoso y solícito con sus padres!

Abrazándolos al encuentro del corazón, entre abundantes lágrimas, les pidió perdón por haberse retrasado... Les aseguró que razones imperiosas que lo retenían en Roma, cuando anhelaba, nostálgico y preocupado, volverlos a ver...

En silencio, Demetrio lo observó todo.

La pareja amiga, aparentemente sorprendida, recibió la expansión del cariño de Adriano como un regio regalo de los dioses.

Volver a ver a Demetrio regocijó mucho en el corazón abatido de Galba y lo confortó, también, al de Berenice. La presencia de este amigo siempre fue motivo de gran alegría.

En un encuentro agradable, sin cansar al paciente, se sucedieron las primeras horas.

Conformado con su propia situación, Galba se dirige a su hijo:

- Adriano, debemos pensar de un futuro sin mi presencia.

- ¡Esta idea asusta a mí, padre!

- Sin embargo, tenemos que hablar de ello y… sin mucha demora…

- De acuerdo, si lo desea de esa manera… ¡Indica tus provisiones y arreglaré todo de manera oportuna!

Galba siente una dolorosa opresión en su corazón. Adriano, en su codicia, aceptó con facilidad su muerte inminente…

Respira hondo y continúa:

- ¡Primero déjame contarte mi alegría de verte de nuevo, hijo mío! ¿Tenía que estar enfermo para que vinieras? ¡Cuántas veces viajé a Roma para visitarte, sin lograr tener éxito!

Adriano resiente la censura directa de su padre y se disculpa:

- ¡Bueno, padre mío, entiende! ¡Vivo muy ocupado! ¡Casi no dispongo de tiempo para mis problemas particulares! ¡La vida en Roma es intensa!

- ¡Nadie mejor que yo para saber eso, hijo! ¡Sin embargo, muchas veces volvimos de allí tristes, disimulando la gran frustración y el anhelo que nos atormentaban!

Adriano se pone violeta. Apenas puede contenerse ante los reproches de su padre. Galba sabe cómo mucho que aborrece las reprimendas. Por tanto, decide cambiar el contenido de la conversación:

- ¡Dioses, cómo has madurado! ¡No hay nada que recuerde a ese muchacho imberbe! ¡Ni una sombra de aquel Adriano vacilante y acomodado!! Estoy muy feliz de verte transformado, y tu madre, no es necesario decirlo, ¿no?

- ¡Padre, eso me desconcierta! Sabes que soy el resultado de los cuidados y la dedicación de ambos.

- ¡Agradezco a los dioses y les ruego que sigan protegiéndote! Como sabes, he luchado en muchas guerras, pero hoy espero la muerte en la cama... Hoy me enfrento a un enemigo diferente. Este se esconde dentro de mis pulmones, mina mi cuerpo e, implacable, me destruye poco a poco... Contra él, de nada valen la estrategia marcial o las armas que conocemos... Dependo de las medicinas que se hacen cada vez menos efectivas. Sombras siniestras me envuelven y me invitan a un viaje desconocido...

- Todo eso te exige, más que nunca, padre, el valor que te caracteriza. A pesar de tu pesimismo, creo que aun vivirás mucho.

- No te equivoques, Adriano. Cada nuevo día me siento morir, en una despedida que parece no tener fin...

- No continúes, te lo ruego... Lo que veo y escucho excede mi capacidad para soportarlo. ¡Imaginarme sin tu presencia y protección y, sobre todo, sin tu amor...! No, no puedo...

- Está bien, no diré nada más... Ahora, por favor, hijo, pide mi medicina... Me estoy asfixiando... Entonces mejorando, porque es así que funciona, quiero hablar a solas con Demetrio...

Demetrio, a un lado y en silencio, asintió con un movimiento de la cabeza.

- Mamá ya viene para acá con los medicamentos! Le escucho los pasos apresurados...

- ¡Dulce y querida Berenice! ¡Cuánto ha sufrido esta mujer! Es el nuestro ángel bueno... Quieran los dioses que soporte nuestra separación... Ella es muy sensible, apegada a nuestro amor y a nuestra convivencia...

- Ella será fuerte, padre, pero no te agites demasiado y no te anticipes a los hechos, ¿si?

Berenice aparece en la puerta. En una bandeja de plata, los medicamentos antes mencionados:

- Mi querido, aquí están tus remedios. Adriano, ve a descansar un poco. Me quedaré con tu padre.

- Gracias, madre, pero él quiere conversar, a solas con nuestro amigo Demetrio, así que esté mejor.

- De acuerdo.

Adriano se retira, aburrido de la conversación y las exigencias paternas. Hubiera preferido encontrar al padre muerto y, tal vez, enterrado. Sería más oportuno.
Sin embargo, la vida exige ajustes, paciencia...

Va al jardín para recuperarse de la morbidez que rodea a su padre.

Lo lamenta, sin emociones, como lo haría con cualquier otra persona. Nunca le tuvo amor. Le admira el ingenio y la confianza filial. Sacude su bonita cabeza, no quiere preocupaciones.

Respire a los jadeos y mira a su alrededor. Se beneficia de todo lo que lo cerca en términos de belleza y estética. Sus padres son grandes admiradores de la arquitectura griega y la belleza natural, rodeándose de todo lo que habla a los ojos y al corazón.

Sentado en una banca de mármol, mientras escucha el agradable sonido de una hermosa cascada artificial, recuerda cuántos y con qué frecuencia fuera amonestado; en algunas veces, castigado, físicamente, por el padre, que intentaba corregirle los defectos de carácter...

Apretando sus manos, los puños cerrados, recuerda las ocasiones en las que tuvo que someterse a su inquebrantable voluntad.

Pero el pesar de la propia falta de sensibilidad, no se puede negar o despreciar el inmenso amor y la perenne abnegación de sus padres. ¡Siempre lo tuve todo! Para él, ¡lo mejor!

Sin embargo, nada fue suficiente para él, nada lo satisfizo; Quería más, siempre más. La ambición, el orgullo y el egoísmo reinan en tu alma.

En estos momentos de reflexión, debería serles inmensamente agradecidos, pero el corazón de Adriano aun no conoce el agradecimiento.

Sufre por la ansiedad de la herencia. Quiere invertir en la vida de placeres, a la que ya está acostumbrado.

¿Por qué y para qué encontró al padre aun vivo…? Peor aun; ¡hablando y decidiendo su vida, como siempre lo hizo…! Cualquier acción póstuma le resultará costosa y agotadora…

La voluntad de la madre no cuenta… Berenice nunca recibió la solidaridad de su hijo; ni siquiera había sido escuchada por él.

- El nacimiento de Adriano fue un acontecimiento feliz. Berenice y Galba, personas sanas y abiertas a una descendencia numerosa, nunca entendieron el por qué Adriano se mantuvo como hijo único. De todos modos, fue la voluntad de los dioses, concluyeron -.

Adriano tiene la intención de siempre vivir en Roma. Es su vida, su mundo. También tiene la intención de conquistar a Sibila. No puede olvidarla, ni por un instante… Analiza racionalmente sus propios sentimientos e intenciones:

- "¡Ella es inteligente, pero es una mujer! ¡Sensible y soñadora; será fácil de engañar...!"

Liberando el corazón por unos momentos, se sumerge en ensoñaciones:

- "¿Habrá un amor poderoso y verdadero? ¡Después de todo, está decantado por dioses, sabios, filósofos, poetas, trovadores, musas y oráculos...!

¡¿Y si ese sentimiento existe y nos toma por sorpresa...?! ¡¿Cómo quedamos...?! ¡No, no, debe ser una quimera! No me gustaría ser atrapado y sometido... Sin embargo... Siendo honesto conmigo mismo, incluso; si alguna mujer tuviera este poder sobre mí, ¡sin duda sería la fascinante Sibila...!"

Para Adriano, entre todas, ninguna se compara con la bella criada de la casa de Demetrio. Cuando llegó allí, de adolescente, ella era pequeña.

Los años pasaron y la niña en flor floreció, revelando una belleza deslumbrante. ¡Las estatuas de Fidias jamás serán más bellas y perfectas...!

Sacudiendo su hermosa cabeza, concluye molesto:

- ¿Quién soy, después de todo, una doncella? ¿Por qué y para qué estos tontos ensueños? Bueno, bueno, ¡la "dulzura del hogar" me está contagiando! Necesito salir de aquí... ¡Estar en casa me desequilibra! Ansío regresar... ¡Oh, bella Roma! ¡Solo allí soy feliz...!

Pero el pesar de su racionalidad, la imagen de la Sibila si se sobrepone con la de cualquier otra. Anhela volver a verla. Su sangre hierve por ella. Él no ya soporta la carga de los deseos que esta pasión le impone.

Se necesitará gran astucia para conquistar a esta mujer, tan bella como inteligente... "¡Ella nunca le pertenecerá a Haterio...! ¡Él, como un felino, la desea y prepara el lance!"

Él y Adriano, como rivales, se enfrentan muchas veces, midiéndose, en un peligroso silencio.

Adriano quiere a Sibila, pero no tiene la menor intención de comprometerse con ella. Será solo una más, que no resistirá a su belleza y virilidad, irresistibles...

Así los días pasan, o más bien se arrastran para Adriano, que siente falta de emociones fuertes, para su padre, quien, a pesar de las constantes crisis, continúa vivo y lúcido.

Berenice, frente a los Manes domésticos, reza por la vida del marido y pide protección para Adriano. Mujer inteligente y amorosa madre, conoce bien el alma del hijo. Sufre, pero nunca ha podido cambiarlo. Sin embargo, se sorprende encontrarlo más amigo, más amoroso... ¿Quién sabe la suerte adversa del padre hayan ablandado su corazón?

Estos pensares, ella hace promesas votivas y ora, fervorosa, ante los ídolos en miniatura, se encienden velas e incienso perfumados.

Su rostro demacrado y ojeras oscuras hablan de sus horas de susto, esfuerzo y dedicación a su marido. Su belleza; sin embargo, es inalterable. Berenice nunca pierde los rasgos perfectos con los cuales nació. Su mirada está llena de amor. Es un oasis, exuberante, que rehace a quien se le acerca.

Adriano heredó su belleza física, por eso encanta y seduce. Pero, lamentablemente, no heredó sus virtudes.

Frente al altar, con respeto, ella escucha la voz de Demetrio que se aproxima y le habla, suave y gentilmente, convocándola:

- Noble Berenice, ven, por favor...

- ¿Qué pasa, Demetrio? – Ella pregunta, ya dirigiéndose al cuarto marido.

- Él está desesperado, sus pulmones no reaccionan y apenas puede articular algunas pocas palabras.

Galba da vuelta las sábanas y balbucea, con extrema dificultad:

- Be... re... nice... estoy peor... El médico...

- Sí, está aquí cerca, mi amada. Cálmate, ¿quieres?

- Sí... Perdóname...

- No lo digas, los dioses te ayudarán más una vez, ¡confía!

- Yo confío...

Demetrio ya había llamado al criado de Galba para ir a buscar al médico y avisara a Adriano. Informa esto a Berenice, manteniéndola al lado de su marido.

Unos minutos después, llegan el médico y Adriano.

Galba se siente sofocado. El sudor le corre por la cara.

Al examinarlo, el médico aumenta las dosis de los remedios habituales, agregando otros sedantes.

Calmándose, con el rostro todavía congestionado por el esfuerzo que hace por respirar, en unos minutos que le parecieron siglos, se quedó dormido con un ruidoso ronquido.

Una vez más, el corazón de Berenice se llena de esperanza.

Demetrio, que lo escuchó en secreto, trae ahora una nueva arruga en la frente. Previendo la muerte de su amigo, piensa con reverencia:

"¡Los dioses deben estar impacientes por darle la bienvenida!"

A su lado, le desea suerte en el mundo de las sombras, al cual todos irán, más temprano o más tarde. Esta, es una fatalidad, para la que no existen alternativas.

Disfrazando, Adriano vibra con la inminente separación.

Ni siquiera medita respecto al momento solemne y único que nunca se repetirá; la presencia sagrada e insustituible de su padre se desvanecerá en el misterioso mundo del más allá...

Después de algunas horas, en la que todo el mundo hablaba en voz baja y velaba por su descanso, Galba se despierta un poco mejor.

Adriano le dice que proporcionará urgentemente los documentos necesarios para la situación actual.

Con cuidado, y en pocas palabras, Galba le informa que ha entregado esa responsabilidad a Demetrio.

Sorprendido, casi en shock, mirada inquisitiva, Adriano escuchó la declaración que considera traicionera.

Cerca de allí, Demetrio observa su rebeldía, pero guarda silencio. Le entiende la extrañeza, después de todo, que no cuenta con medidas que no sean de su pluma, como único heredero.

Berenice escuchó y comprendió sin necesidad de explicaciones.

Insensible, ambicioso y muy ingrato, envuelto en sus planes e intenciones, Adriano subestimó la inteligencia y lucidez de su padre en su habitual providencia junto a la familia.

Incapaz de expresarse, tal era su rebeldía y asombro, se aleja para pensar más libremente...

* * *

OBSERVANDO SUS REACCIONES, queridos lectores, estoy pensando:

"¿Qué dioses los conducen? ¡Los buenos, los malos, los trágicos, los tolerantes, los sinceros, los indiferentes, los ligeros, los orgullosos, los amorosos, o los traidores...! En cualquier modo, todos ellos lo observan y juzgan; principalmente ahora, en vista de los últimos acontecimientos... "

¡Pero he aquí que súbitamente me estremezco a arpegios de un arpa invisible, que me llega hasta los recovecos más profundos del alma, anunciando una presencia conocida y muy especial...!

El principio es solo una sombra difusa, pero poco a poco se perfila vaporosa y colorida, en reflejos de arco iris, envuelta un aura luminosa. Los sonidos que acompañan sus pasos son, a veces armónicos, en ocasiones inarmónicos, como una orquesta itinerante, invisible e inaudible para el vulgo.

Presencia fuerte y decidida para aquellos a los cuales visita...

Todos la reciben, que más pronto o más tarde, porque en los archivos de la verdadera vida, ella registra nuestras acciones, juzgándolas de acuerdo con los parámetros de la ley divina, que se cumplen automáticamente.

- ¡Shalom, querida amiga, Némesis! - exclamo respetuoso y reverente.

Inclinándose, ella me saluda, identificándome. Conoce y reconoce la tarea sublime e ininterrumpida, de mis obras que conducen a los corazones: alertas y auxilio, mientras que emocionan y sorprenden - ¡como ahora!

Activa, indiscutible, bien informada, ella se acerca a Adriano.

Junto a él, como una brisa ligera, le acaricia la cabeza, rompiendo los caracoles negros y relucientes de su hermoso cabello, mientras su sonrisa se vuelve muy, muy enigmática...

Después de unos momentos, suavemente, ella se aparta, luego de envolverlo en sus efluvios.

A medida que se aleja, declara, mostrando compasión:

- "Ah, Adriano, cuánto tendrás que sufrir para aprender a amar..."

Y de la misma manera que llegó, en sus pasos ahogados en la alfombra del destino, solemne representante que de éste es, desaparece, dejándome muy emocionado...

✻ ✻ ✻

PONIÉNDOSE LA PIEL DE GALLINA, como si un frío glacial le invadiese las fibras más íntimas, Adriano se da la vuelta y busca algo o alguien... ¿Qué movimientos extraños captó a su alrededor si está solo? Escuchó un batir de alas sobre su propia cabeza; como si un ave de gran tamaño - ¡¿y de mal augurio?! – hubiese llegado y salido sin ser visto... Un presentimiento insólito lo alcanza...

Le parece que las habituales pesadillas se harán presentes a la luz del día... Se siente amenazado. Pero ¿de dónde viene el peligro? Allí está seguro... Al menos, por ahora...

Decide ver a su padre. Se le acerca, desahogando sus últimas impresiones:

- ¡Arre...! ¡Que los dioses me protejan!

Su padre pregunta:

- ¿Qué es lo que dices, hijo?

- ¡Pedí a los dioses que me protegieran...!

- En lo que hiciste muy bien, ¡pues necesitarás muchos de ellos!

- ¡Y el Señor, mi padre, mucho más! - Él responde con ironía. Se siente traicionado e inseguro. Su rebeldía es patente y declarada.

Sin responder, Galba cierra los ojos y finge dormir.

Todos se alejan, a excepción de Berenice, que está a su lado, en silencio.

Galba se siente perdido, debilitado... Muchas dudas lo asaltan en circunstancias tan graves y determinantes. Dentro de poco, dejará el mundo... Siempre consideró que los dioses lo protegían o castigaban. Hoy, ya no tiene esa certeza que guio toda su vida. Al borde de un fatal precipicio, teme. ¿Y cómo no temer? Las horas se arrastran proclamando el final...

¿Cómo analizar su existencia y el mundo que ahora está dejando?

¿Cuándo los suyos vivirán estas mismas experiencias? ¿Se encontrarán después o serán privados de sus afectos por la eternidad?

¿Dónde, la fuerza y la esperanza que necesita? ¿Dónde, la felicidad de la expectativa de la gloria celeste? ¿Sus Manes lo estarán esperando...? ¿Al borde de la tumba, no debería sentirse un bienaventurado, que va al encuentro de las recompensas prometidas, habiendo enfrentado la vida con valor, determinación, y hecho en primera instancia la incuestionable voluntad de los dioses...?

Galba se siente como un niño en los brazos de su madre, que de allí será arrancado, sin defensas...

Podría continuar a vivir... Las dificultades, dolores, sufrimientos y luchas serían mejores que esta incertidumbre... A sus pies, una garganta sepulcral; negra, profunda, aterradora... Se siente solo, aterrorizado... No quiere compartir este horror con Berenice. ¿Cómo quitarle la paz, al dejarla sola?

Interiorizado, el gran guerrero reflexiona:

- "¿Hasta cuándo Roma vivirá en guerras, persiguiendo el poder y la gloria? ¡¿Y hasta cuándo se cerrarán los ojos, frente a sus arbitrariedades...?!

Mi querido hijo insubordinado, nunca será un guerrero... No tiene temperamento para eso. Mejor así... Él vive en Roma, pero no vive como los legítimos romanos...

¿Por dónde andarán aquellos que nos precedieron en los campos de batalla y nos sirvieron de ejemplo? ¿Qué desesperación habrán vivido hasta esa batalla, íntima, fatal y definitiva? Al desvelar la cortina de la vida, ¿a dónde fueron? ¡¿Continuarán existiendo o se diluyeron en el mundo invisible...?! ¿Cómo saberlo...?

¡Vivir como Roma ordena! ¡Hacer, por encima de todo, la voluntad de sus emperadores! Ellos mismos se dicen dioses... ¡De hecho, exhiben los mismos vicios!

Se elevaron, inexplicablemente, al poder casi siempre a través de actos criminales...

¡Oh, Roma! ¡Tu poder aplasta, ciega, destruye, roba, invade, pisa, sin piedad! ¡Tu huella es de dolor y destrucción! ¡Sin embargo, las glorias, resultantes de tanto desastre, se celebran en las calles, los palacios, las casas, las tabernas y los mercados! ¡Donde existe un romano orgulloso, la gloria se asienta e impone!

¡Tus emperadores y tu pueblo se embriagan de placer, después que haberse embriagado de sangre...! ¡Cuánta sangre, aun será necesaria, a fin que puedas proseguir, en el mismo orden de ideas, con la certeza que esta situación será eterna...!

¡Deploro hoy que en esas huellas de fuego y destrucción yo haya sido de aquellos que contribuyeron a esta gloria fatídica...!

¡Sin embargo, como ser diferente...! ¡Para eso fuimos criado y nuestros hijos seguirán nuestros pasos, vanidosos y esperanzados de lograr las mismas prerrogativas!

¡Desde que el mundo es mundo, vivimos inmersos en guerras...! ¡Siempre es matar o morir! ¡Saquear en lugar de ser saqueado, extermina antes de ser exterminado...!

En medio de estos ideales y filosofías, yo también me sentía glorioso; ejecutando en la Tierra la voluntad, indiscutible, de los dioses del Olimpo y de quienes retenían con nosotros, el ejercicio tirano de sus atribuciones con Roma:

- ¡Ave, César...! ¡Ave, Roma! ¡Aquellos que parten hacia los campos de batalla, saludan y reverencian, entregando su vida sin miedo...!"

Galba exhala un suspiro doloroso.

Berenice se inclina y lo besa dulcemente. Adivina sus pensamientos y los serios cuestionamientos existenciales. Apoya la cabeza en su pecho. Escucha su corazón. Éste late, a veces muy lento, por tiempos sin ritmo correcto. Con entonación amorosa, exclama suavemente:

- Te amo, Galba. Los dioses están contigo, con nosotros. Tranquiliza este corazón que ha sabido amar y vivir bien... Busca la paz ansiada y merecida, amor mío...

Galba abre los ojos y le acaricia la dorada cabeza.

Volver atrás y cerrar sus ojos y se sumerge nuevamente en profundas reflexiones:

"Los Césares del pasado también estuvieron al borde de este abismo y nunca volvieron para ratificar las consignas que fluyeron, tan convincentes, de sus labios... La gloria y el poder del que estaban investidos también desaparecieron en el mundo de las sombras...

¡Y qué historias tenebrosas, ligadas a sus enfermedades y desequilibrios mentales...! ¡Cuántos dejaron esta vida asesinados o se suicidaron...!

El siniestro Caronte tranquilo y escondido, nos espera para navegar en el Estige y olvidarse de todo, sumergiéndose en lo desconocido, en la preparación de aquello que vendrá, pero... ¿"qué" vendrá...?! ¿Cómo será? ¿A dónde iremos todos...? ¿Para el paraíso? ¿Para el Hades? Y... después de todo, ¿dónde quedan, en realidad, esos "logros anhelados...?" ¿En los Campos Elíseos o en los sitios de tormentos indecibles...?

Después de todo, ¿quién merecería esto o aquello? ¿Cuáles son los requisitos en estas sentencias y, sobre todo, quién tendría la autoridad para decidir?

¡Oh dioses! ¡¿Cómo a traducir tanta información, como creencias indiscutibles, transmitidas de generación en generación, sin que nunca nos hayan ofrecido los deseables puntos de referencia para sus comprobaciones...?! "

Cerrando las manos, los puños apretados, Galba se enfrenta a su mayor batalla... ¡Pobre y valiente soldado...! Las armas habituales de nada servirían, ni siquiera lo defenderían... Serían inútiles en este camino que lleva a la muerte y a la eternidad...

En una interiorización, sin precedentes, él continúa:

- "¡¿Mi suerte, cualquiera que sea, será irrevocable...?!"

- Señala las oportunas palabras del joven e intrépido Ben Azir: "Querido amigo, le pido a Dios solo que lo reciba en su seno" -.

Su querido amigo Hannah, también murió glorificando a este mismo Dios. Frente a sus actitudes habituales, reflejo de su Dios, ¡él impresionaba por su carácter y bondad irreprochable...! Nunca conocí en Roma otra individualidad tan fuerte y consciente de su filiación divina.

En la convivencia con el grupo de rebeldes, tuve la oportunidad de escucharlos, muchas veces, en sus códigos de fe. Admirándolos, nunca me interesé; sin embargo, en sus principios religiosos. Me sentí seguro o acomodado, quizás, en mi realidad politeísta...

Moisés, gran y memorable legislador hebreo, les transmitió los Diez Mandamientos del Dios único, a través de fenómenos considerados divinos. Similar a las historias de nuestros dioses del Olimpo...

¡Y yo, en estos conflictos, por qué y para qué dudar ahora de mis creencias, los que succioné del seno materno...!

El único Dios debe ser invencible, después de todo, ¡él gobierna solo...!

¿Estaré, en mis últimos momentos, siendo un apóstata? ¿Este es un factor condenatorio adicional? ¡Ah, qué perplejidad y soledad, ante lo insondable...!"

Berenice no lo dejó. Teme que muera en su ausencia. Atenta e inspirada, ella toma la mano de su marido y le dice:

- ¡Mi Galba, espera por mí! Donde quiera que vayas, yo también iré. Nada, ni nadie, nos separará... Solo te pido un tiempo para guiar a nuestro hijo... – ante la una situación límite como esta, Berenice llora... Su cansancio y dolor son visibles.

Galba le aprieta la mano, comprensivo. Limpiándose las lágrimas, ella sigue:

- Siento que él se modificará. Creo en eso como yo creo en la justicia de los dioses… En fin, él tendrá su tiempo para madurar y entender la vida. Bien educado por nosotros, hoy día en casa de Demetrio, sigue aprendiendo y preparándose para el futuro.

Galba escucha conmovido.

En otra habitación de la casa, Demetrio y Adriano inician un diálogo que no se puede evitar:

- Noble Demetrio, ¿qué pasa entre usted y mi padre, al borde en su lecho de muerte?

- ¿Por qué me lo preguntas?

- Porque algo muy importante salió de mi control. ¡Me parece que unas manos extrañas me arrebatan el timón del barco de mi vida!

- En honor a la verdad, ni tan extrañas, ¿no es así? Ellas están acostumbradas a cuidar de aquello que tú llamas de tu vida.

Sorprendido, Adriano capta algo diferente en la voz severa de Demetrio. Cuidadoso, trata de arreglar:

- Tienes razón. No estoy ingrato y no tengo la intención de ofenderlo, pero tengo que aclarar lo que está sucediendo a mi alrededor. Mi padre parece esconder algo de mí en estos momentos tan graves. Más que nunca, padre e hijo deberían entenderse, ¿no cree?

- ¡Ciertamente! Pero sabemos que esto nunca sucedió. Ahora mismo, a pesar de la gravedad de la situación, la distancia entre los dos es marcada e indiscutible. Tu padre está preocupado, porque conoce tu incapacidad para conducir tu propio destino.

Adriano se estremece ante el comportamiento inusual de Demetrio.

- ¡Ahora! ¡Sorprendentemente, soy el blanco de sus críticas!

- Sí, debes estar sorprendido. Aprende que nunca ignoré tu desarmonía familiar. Mi amigo, Galba, a pesar de las extremas indulgencias con respecto a tu comportamiento, sabe bien el hijo que tiene.

- No puedo entenderlo. Siendo su agregado hace largo tiempo, ¿por qué solamente ahora me viene con reproches?

- Porque el momento lo exige. Nos enfrentamos a la trágica e irremediable situación de tu padre.

- ¿Y quién le otorga, dígame, una autoridad tan impactante?

- La voluntad indiscutible de Galba.

- ¿Dejándome al margen de mi propia vida?

- No, asegurándote tus propios derechos.

- ¿Por qué?

- Ya he dicho, por tu notable incapacidad de organización. Al menos por ahora.

- ¡¿Fue lo que él le dijo?!

- Exactamente.

- Yo era capaz y maduro para vivir lejos de casa y cuidar de mi vida! ¿Ya no lo soy más? ¿Qué cambió?

- Ante este momento crucial, tu padre deja de lado, por un poco, el corazón, y hace uso de la razón luminosa que siempre lo caracterizó, para planificar tu futuro y el futuro de tu madre.

- ¿Actuando en mi contra? ¿Confabulando con usted?

- ¡Adriano! ¡Contrólate y respétame!

Adriano sabe que Demetrio le merece mucho y modifica el contenido de su discurso:

- ¡Perdóneme, pero ha de estar de acuerdo que me siento el último de los hombres en mi propia casa!

- Tu inmadurez exagera aquello, que, de hecho, es el caso. Piensa con más frialdad y verás que no es para tanto. Tu padre está cuidando, principalmente, de tus intereses.

- ¡Qué extraña manera de hacerlo! Como su único heredero, yo debería, a partir de ahora, cuidar de mí, y de mi madre. ¡Noble Demetrio sabes que es así como funcionan nuestros regímenes domésticos!

- ¡Sí, lo sé! Pero eso es posible cuando aquel que parte al más allá, sabe que sus herederos pueden seguir adelante, sin alterar o perder la herencia recibida para otros más pícaros y sin escrúpulos.

Exasperado, Adriano exclama:

- ¡Creen que soy un tonto!

Tolerante, Demetrio le pregunta:

- Tranquilízate, Adriano, pues me conoces lo suficiente como para entenderme las palabras y las intenciones, ¡sin reservas!

- ¡Exactamente por conocerlo muy bien es que no puedo aceptar sus actitudes! ¡Es arbitrario tomar en las manos las órdenes y las leyes de la casa de otro!

- Estoy de acuerdo; sin embargo, no es lo que estoy haciendo. Solo respondo al pedido de un viejo compañero.

Ambos tenemos cicatrices en el cuerpo y el alma, Adriano. La estrecha convivencia, los peligros, el fragor de las grandes batallas y las derrotas nos legan profundas enseñanzas y una unión más fuerte que los lazos de sangre.

Cuando la muerte nos amenaza de cerca, los pensamientos se modifican, y aquellos que luchan, lado a lado, se convierten en hermanos de verdad, cómplices en la vida. Esta es la alianza sagrada que nada ni nadie puede romper. Por desgracia, sé que todavía no la conoces…

- ¿Me censura también por eso? ¡Bien sabe que he tenido grandes fracasos en mis intenciones de participar de las batallas!

- Si, lo sé. No te estoy condenando, como podrías pensar.

Ignorando la última frase, Adriano comenta:

- Nos estamos perdiendo de aquello que me interesa en este momento. ¿Cómo debo entender su intervención en mi vida y en mi casa?

- Como lealtad a un querido amigo, ya te lo dije. Yo sé que él haría lo mismo por mí.

- ¡Sin embargo, es él quien parte y no usted!

- No podemos cambiar eso, pero mi día también llegará, así como para todos nosotros. Salvados de muchos peligros, vivimos para morir en nuestra cama, en medio a los nuestros. No sé todavía cómo será mi desenlace, pero me gustaría morir así, Adriano.

Haciendo caso omiso de sus confidencias, Adriano se queja:

- ¡Es una pena que hayamos viajado juntos! ¡Podría haber evitado esto! ¡No estaría, ahora, sufriendo la invasión, arbitraria, en mis asuntos y en los asuntos relativos a mi familia!

Con una leve sonrisa, Demetrio informa:

- No cuentes con eso. ¡Tu padre me llamó!

- ¡En efecto! ¡Hace mucho traman a mis espaldas!

- Ha de ser injusta, Adriano. ¡Esto no es cierto!

- Entonces ¿cómo explicar el momento que estoy viviendo?

- Digamos que cosechas los frutos de tu comportamiento en Roma.

Adriano palidece, mortalmente. ¡Entonces es vigilado! ¡Su padre lo sabe todo! ¿Cómo y por qué Demetrio nunca le dijo?

Demetrio le respeta la sorpresa e introspección. Se aleja y camina hacia la sala. Su corazón sufre por esta situación; solo por un buen amigo pasaría por eso. En lugar de Adriano, no sea menos cobrador.

Adriano lo alcanza y en palabras tímidas le pregunta, asombrado, casi un susurro:

- ¿Usted estaba enterado de todo?

- ¡Sí, no creas que soy un tonto! ¡Siempre me han informado de tus locuras!

Adriano tiembla sobre las propias piernas, casi no consigue mantenerse de pie. Demetrio lo toma por el brazo y lo conduce al asiento. Se acomoda a su lado, y espera a que se recupere de la sorpresa.

Pasando sus manos por su rostro pálido, Adriano pregunta con una voz ronca casi inaudible:

- Siendo así, ¿por qué me acepta en su casa y me trata con tanta consideración...?!

- Por la gran amistad de tu padre. Estoy consciente que, saliendo de allí, serás peor. Te sumergirías aun más, en el mundo de fantasía que escogiste para vivir y del cual te estás convirtiendo en una víctima.

Cada vez más sorprendido y avergonzado, Adriano pregunta:

- ¿Desde cuándo lo sabe...?

- No tengo pleno conocimiento de tus acciones; o sea, no conozco los detalles, Adriano. Yo no sigo, o algo por el estilo. Lo que sabemos, me lo cuentan los amigos; los que los sorprenden por tus amanecidas o conocen tus deplorables compañías.

Adriano pasa del enrojecimiento a la palidez total. Un repentino malestar lo golpea. Entonces ¡Demetrio supo, desde siempre, de sus innumerables...! ¡Y Sibila también lo sabe...! ¿Por eso lo censura, de manera tan chistosa...? Haterio no deja dudas en cuanto a su aversión... ¡¿Y todos los demás...?! Pensó que estaba a salvo con la imagen que creó para sí mismo, junto a sus anfitriones... En este momento todo se cae al suelo... ¡Qué gran catástrofe...! - profundamente perturbado, pregunta estupefacto:

- ¡Aun así me mantiene en su casa...! ¡¿Por qué?! ¡¿Por qué...?!

- ¡Ya te lo dije, por tu padre! También creo en la posibilidad de transformación del ser humano. Tú vas a cambiar, Adriano, en una forma u otra, debido a que cargas en el alma semillas bien plantadas, sembradas por un incomparable amor filial. Un día, ellas brotarán cobrándote los éxitos, tal vez en medio de sufrimientos inesperados... ¡Así es la vida! Ya fui joven e hice algunas locuras. Una de ellas, es hasta ahora una espina clavada en mi corazón... Aun ignoras cómo nuestras acciones impensadas nos persiguen, en la forma de imborrables pesadillas...

Demetrio se vuelve introspectivo.

Adriano está devastado. Tu rostro es un horno vivo, quemándole la piel. Puede sentir cuánto ha sido censurado, sin saberlo...

Avergonzado, decide cerrar la conversación antes que Demetrio lo convenza a permanecer en su casa, y frente a todo. Eso no está en sus planes. Tiene la intención de regresar a Roma.

Cambie de estrategia y hable el mismo idioma que su interlocutor:

- Estimado benefactor, me siento realmente avergonzado... No sé qué decir.

- Tu reacción me impresiona bien, querido muchacho, y confirma mis esperanzas.

- Esto significa que, a pesar de todo, ¿permite que regrese a su casa?

- Vamos a decir que no me opongo, pero tu vida se modificará. Tu madre necesitará de ti, más que nunca.

- Voy a encontrar una manera de reconciliar todo.

- ¿Tienes planes?

- Sí. Mantenerme en Roma e instruirme en la política de su dorada sociedad.

- ¡Anhelas el poder, Adriano!

- No puedo negarlo.

- Tu padre, yo y muchos otros, luchamos por la justicia y no solamente por las glorias que vendrían. Íbamos a la guerra cantando, confiados, porque sentíamos a los dioses impulsándonos y protegiéndonos; como si fuésemos sus brazos, en esos esfuerzos bélicos. Entregábamos nuestras vidas, de pecho abierto, por la patria, por la familia y por el engrandecimiento de Roma.

- ¡Yo anhelo mucho más!

- Realmente me pareces ambicioso, Adriano. ¡Y para eso, tu comportamiento debería ser más sensato y objetivo!

- Entiendo su amonestación, la acepto y prometo pensar al respecto.

- ¡Muy bien hijo! Pero no preocupemos demasiado frente a todo lo que está viviendo tu padre, ¿verdad? Suaviza tus sentimientos hacia él, en estos momentos de despedida...

- ¡Tiene razón! En cuanto a lo demás, ¡entendí que solo me estaban protegiendo...! ¡Qué torpe he sido, engañándome a mí mismo! ¡Gracias por su inmutable amistad y solicitud, noble Demetrio!

Sorprendentemente, en este momento y en estas líneas, Adriano está siendo sincero. No es tan ciego para no ver que será el más beneficiado por las diversas medidas legales del padre y de Demetrio.

Demetrio se distancia visiblemente preocupado. Teme que Adriano desprecia todas las oportunidades que la vida le ofrece, quitándole la paz a Berenice.

Solo, ya recuperado del susto y más confiado, Adriano planifica el futuro.

Si los placeres de la carne y el brillo del mundo en sus apelos y glorias - engañosas y fugaces, como la vida de los mortales - son los principales objetivos de Adriano, con Haterio no es muy diferente. Éste solo mantiene una disciplina de fachada, haciendo más discreta y segura su vida social y política.

Sorprendentemente, él y Adriano se parecen, como dos hermanos de sangre.

Lejos de casa, Haterio viste la piel de cordero o se muestra cómo el lobo es, de acuerdo con sus intereses.

Lo que lo distingue: la valentía y el esfuerzo por lograr todo lo que anhela, despertando la admiración de muchos. Rico, que dora la propia vida con aquello que tiene de mejor. El poder viene como resultado de su trabajo. La riqueza es su compañera, antigua y muy conveniente. Sin problemas de conciencia, vive como un hombre de su tiempo. Su autoridad, casi siempre, es indiscutible.

Al igual que Adriano, se involucra y se confabula con personas corruptas, que le aportan ventajas o ganancias.

En el ejercicio ostensible de su función, sin piedad, somete al pueblo.

En los juegos olímpicos, superando sus propios límites, casi siempre sale vencedor. No convive bien con el fracaso, que considera una gran vergüenza. En fin, como un "digno" representante de Roma y fiel cumplidor de las leyes de César, Haterio se considera un justo.

Sus días corren bajo los reflejos dorados del Águila Romana, en la llamada vida normal.

- Es así, entre los poderosos: ellos mantienen a hierro y fuego el sistema imperante en una complicidad y complacencia notables, defendiendo con uñas y dientes, cada uno su parte -.

En casa con la familia, Haterio crea entre ellos y su persona una distancia muy cómoda, protegiéndose y librándose de cualquier tipo de censura - no tiene la costumbre de escuchar a nadie -, o de pedidos que vayan a pesarle en la bolsa o incluso ocupar su preciso tiempo.

A pesar de sentirse orgulloso de su hijo, Demetrio sufre. Frente a él, Haterio muestra una gran insensibilidad y desamor. En casuales enfrentamientos, este hijo reacciona con monstruosa violencia y falta de respeto. Tal es Haterio, el digno hijo del patricio romano Demetrio.

Haterio está enamorado de Sibila, pero no estaría, si fuese correspondido, tener el coraje de asumir tal afecto. Hay entre ellos una gran distancia social. Él nunca se desafía las leyes de Roma. Aprendió esto desde los primeros gemidos, en su propia casa.

Su posición, privilegiada, le impide pensar en sus propios sentimientos; sin embargo, espera una oportunidad más favorable para ser feliz.

Sibila lo respeta y que quiere, así, como a un verdadero hermano, no dejando ninguna duda que a esto.

Decepcionado, Haterio tiene esperanzas que un día, ella reconozca sus atributos y se someta a sus encantos. Sea como sea, pretende tenerla para él. Encontrará una manera de conseguir lo que desea, sin abandonar todos los que ya conquistó.

A su alrededor y en perenne culto, mujeres bellísimas, incluso de condiciones envidiables e importante en el medio en el que viven, así como también muchas otras que conocen los secretos de la alcoba, como nadie. En la adicción de los sentidos, los hombres las buscan, cada vez más, y ellas, pasto de la brutalidad, sufren, sin el amor verdadero, y en poco tiempo se marchitan como una planta sin agua. Estas infortunadas son execradas por casi todos, y especialmente por aquellos que, haciendo uso de sus actividades, actúan con hipocresía y falta de respeto, escondidos detrás de las fachadas de nobles ciudadanos, condenándolas el "nefasto oficio del cuerpo" e ignorándoles las conmovedoras necesidades de apoyo y orientación para una vida saludable. Aunque despreciadas, ellas hacen parte de la rutina de muchas familias, por disfrutar de las vidas de sus jefes que en las calles fingen no conocerlas, llegando al borde de la crueldad y osadía, agrediéndolas, física o moralmente.

Este, un triste truco que, en todos los tiempos, exploró y explora los sentimientos bajos y desequilibrados del ser humano.

Pero Haterio sabe que cualquiera de las mujeres que conoce llega a los pies de Sibila: sea por su belleza, por sus dotes de inteligencia, o por sus virtudes.

Furioso, observa a Adriano, adivinando sus torpes intenciones. Lo mataría sin piedad, en caso insista en ese sentimiento, al cual no tienen derecho, pues él también los siente, desde la infancia. De hecho, el compañerismo que siempre dedicó a Sibila ya era pasión.

Sin otra solución por el momento, Haterio deja pasar el tiempo. Sin embargo, su corazón está cada vez más preso y dependiente.

Demetrio, al igual que Adriano, notan la devoción hacia Sibila, y ambos están preocupados - ¡por razones muy diferentes!

De todos modos, todos se callan y se vigilan mutuamente incómodos.

Sibila, tranquila, sigue su destino sin mayores preocupaciones, en cuanto a casarse y forma una familia. Además de encontrarlo demasiado pronto, vive una experiencia insólita. Reencontró, por casualidad, en el mercado que frecuenta, a su querida madre, desaparecida durante muchos años.

Adquiriendo ciertos víveres, ordenados por Minerva, notó el brillo en los ojos de una mujer que la observaba, sumamente interesada. Avergonzada, se alejó, pero esta la siguió, discretamente, hasta su casa, distanciándose después.

Otras veces, se repitieron las mismas escenas, sin que ella las pudiese evitar. Juzgado por bien sin comentarios en casa. Esa mujer que, al fin y al cabo, en nada la perjudicaba, podría ser detenida o golpeada, si hubieran sabido de su persecución.

Al salir al mercado u otro interés en la calle, ahí estaba ella; un par de veces frente a la casa esperando a que ella saliese o simplemente apareciese en cualquier ventana o balcón, siempre disfrazando el rostro, siempre cubierto por el manto.

Eso se dio durante algún tiempo, hasta que ella se le acercó, cortésmente:

- ¿Eres Sibila, agregada a la casa del noble Demetrio?

- ¡Sí lo soy! ¿Y usted quién es? - preguntó, con el corazón a los saltos... Le reconoció la voz... Imposible no reconocer...

La mujer se destapó el rostro y se dejó ver. En sus ojos brillaron las lágrimas, sus labios temblaron...

Sibila se llevó una mano a la boca para no gritar. A pesar de los años, la reconoció de inmediato:

- ¡Madre...! ¡Dioses! ¡Cómo te extrañé! ¡Que falta me hiciste! – En un impulso irresistible, se abrazaron llorando, emocionadas.

A partir de este día, la vida de Sibila tomó nuevos rumbos. Comenzaron a organizar reuniones, sin que nadie lo supiese.

Al escucharle las explicaciones de su desaparición y de cómo vivía, Sibila lloró, sensible a sus sufrimientos...

Después de años de martirio, por la incapacidad de asumir su propia vida, en lo que no quería aun confesar a su amada hija, y sufriendo la violenta persecución de Minerva, que poco a poco se fue haciendo insoportable, tuvo que huir, amargando el anhelo de la hija amada y de Haterio, al que siempre dedicara un gran cariño.

- ¿Qué movía a la señora Minerva, madre? ¿Celos? Sé bien que... Esta señora es muy mala por naturaleza. Persigue y ataca a todos sin piedad...

- Incluso para ti, ¿no es así, Sibila?

Sacudiendo la cabeza, confirma, percibiendo cuanto eso hiere a su madre...

Acariciando la dorada cabeza y lamentando profundamente la comprensión de la maldad de Minerva contra ella, Cynara comienza, en detalle, la narración de su desgracia:

- En una noche de tormenta, en el que los truenos y relámpagos sorprendieron a los corazones, me vi azotada por dolores muy fuertes en el estómago. Sentía que me estaba muriendo... rogué ayuda, inútilmente.

Me retorcía de dolor en mi habitación de sierva humilde, en el cual dormías, plácidamente, como un ángel, cuando Haterio, el cual tenía solo doce años de edad, pero ya era muy inteligente, apareció a aconsejarme:

- ¡Si amor por la vida, Cynara, huye lo más rápido que puedas! ¡Aprovecha la noche y vete sin dejar rastro!

Sin más, él me miró, apiadándose de mí, me tocó el cabello, los ojos brillantes, se dio la vuelta y salió, como una sombra a escondidas por el pasillo.

Comprendí fácilmente la advertencia: ¡Minerva había intentado matarme! Profunda conocedora de sutiles venenos, los cuales matan sin un rastro, ella me dio uno de ellos, utilizando para esto alguna estratagema...

Es ampliamente comentado en voz baja, que ella se deshace fácilmente de quienes la molesten. El pavor que su presencia causa es patente. Cruel, sin límites, maltrata duramente a todos aquellos que están a su alrededor, lo merezcan o no; eso no importa. Alimenta su maldad con cuantos pueda, sin remordimientos y con impunidad. Nadie la enfrenta, nunca. Ni siquiera los hijos, ni el marido.

En medio del dolor que me incliné para el suelo, recogí algunas pertenencias, ropa y algunos alimentos, decidida a salir de ahí cuanto antes, mientras todavía podía moverme. Ella, por supuesto, vendría a comprobar mi muerte.

Antes de salir, te di un beso, despidiéndome. No podría exponerte a una fuga alucinada y sin rumbo. Demetrio cuidaría de ti y te protegería, como siempre lo hizo.

A escondidas, salí y me envolví en las sombras de la noche, distanciándome de allí, enloquecida por el dolor físico y moral, dejándote, tal vez para siempre.

Miré alrededor sin saber qué dirección tomar... Tropezando con las propias piernas, en zigzag, continué... De vez en cuando paraba a descansar y, enseguida, retomaba el esfuerzo que se hacía cada vez más difícil. ¿A dónde me dirigía? ¡¿Cómo saberlo...?!

Poco a poco, me arrastraba, porque sabía que de eso dependería mi supervivencia. Me interné en las afueras de Roma, en medio a dolores insoportables y vómitos persistentes.

Agarraba con cuidado y ya con dificultad, mis escasas pertenencias. Estaba perdiendo la noción de todo. Mi vista se oscureció y sentí el dolor del cuerpo contra las piedras del pavimento. Debo haberme desmayado.

Cuando me desperté, algunas personas muy agradables me estaban cuidando, entre oraciones y palabras de consuelo.

Estuve postrada, en medio de fiebres y delirios, durante muchos días, en los que fui cuidada como un niño por su amada madre. En raros momentos de lucidez, vi rostros amigables y muy agradables. En sus ojos me vislumbré una serenidad y una luz que nunca antes vista.

Preocupada por traerles problemas y gastos, oí de sus bocas -que solamente exudaban bondad -, que podía permanecer allí todo el tiempo que desease. Fue la respuesta de los dioses para mí.

Oyendo mis exclamaciones de alabanza a los dioses, me explicaron que, independientemente de la creencia que profesase, continuaría siendo bien recibida y respetada. No entendí…

¡En una ocasión más propicia, me explicaron que seguían, devota y desinteresadamente, al carpintero de Nazaret, que había sido crucificado por los representantes de Roma y por su propio pueblo! Aquellos que defendían con uñas y dientes, el poder temporal, por temor a que Jesús de Nazaret quisiese robarles sus prerrogativas políticas y religiosas lo persiguieron y mataron con crueldad refinada.

Rápidamente, recordé a Coralina, amiga de Minerva, la cual se hizo cristiana y fue despreciada por todos sus parientes y amigos, desapareciendo después sin dejar rastros… ¡En realidad, nunca entendí una fe tan estoica, que hacía que los seres humanos muriesen cantando, agradecidos al cielo…! Sabíamos estas cosas, pero nunca nos interesamos en ellas.

Entonces, ellos me instruyeron en esta nueva fe y me narraron los hechos maravillosos del hombre admirable, que fue Jesús.

Respetuosamente, escuché sus emotivas explicaciones y narrativas. Puedo decir que a menudo lloré de emoción cuando me enteré de actitudes tan valientes y llenas de amor.

Si hay dioses, Jesús fue uno de ellos, ¡sin duda...!

Me fui acostumbrando a sus maneras de ser, admirándoles la constante bonhomía y la incondicional dedicación a todos, sin distinción.

No pocas veces traían consigo personas abandonadas sin esperanza de sobrevivir; como yo misma me encontraba, en aquel día de triste recordación... Curada y profundamente agradecida, me sorprendí armonizada con ellos y con sus hábitos saludables y caritativos.

Un comportamiento admirable: ellos auxilian, secan lágrimas, sanan en el nombre de Jesús Cristo, matan el hambre compartiendo el poco pan que poseen, visten a aquellos que no tienen nada, quitándose a sí mismos las mejores posibilidades de abrigarse del frío y la intemperie; acogen bajo el mismo techo a tanta gente, que es asombrosa la disciplina que se mantiene a pesar de la algarabía, el dolor y los lamentos que allí se manifiestan...

Entonces, hija mía, pasé a ser uno de ellos, con la alegría siempre renovada y orgullo inmenso de ser allí solo una persona más, sin esclavitud, sin diferencias, independientemente de las circunstancias. Aprendí con ellos que todos somos iguales ante el Dios único que nos ama a todos, incondicionalmente.

En este punto de la narración, Sibila preguntó, con los ojos muy abiertos y el corazón desorientado:

- ¡¿Madre mía, te has hecho cristiana...?! ¡Por todos los dioses! ¡¿Te has convertido...?!

- ¡Sí, hija mía! ¡Para la gran alegría de mi corazón, que agradece a Dios por la oportunidad de conocer y vivir experiencias como estas!

Sibila, pálida ante la declaración tan seria, comprendió, a pesar de todo el drama particular y la enorme gratitud.

A partir de este día memorable para las dos, cuando Sibila salía, se encontraba con su madre. Charlaban, intercambiaban información, una de la vida de la otra.

Minerva nunca sospechó que Sibila había reencontrado a su madre. Después de todo, la consideraba muerta. "Aquellos síntomas nunca engañan." Con ese pensamiento, ella agradeció a los dioses por haberse librado de Cynara.

Ella ignoraba, también, que, en una convivencia más estrecha, porque Sibila había ido al lugar donde vivía su madre y que no estaba muy lejos, Sibila disfruta de la compañía y el amor materno. En esta convivencia, como sería de esperar ante la agudeza intelectual y la bondad innata de Sibila, ¡después de algún tiempo, ella se sorprendió también siendo cristiana!

Cuando le preguntan sobre sus constantes salidas, ella se justifica diciendo que a ella le gusta apreciar de la ciudad en lo que ella tiene de mejor, o que sale en búsqueda de libros, o para hacer compras...

Esconde de Demetrio su nueva condición de fe. Él no aceptaría ni entendería su nueva propuesta de vida.

Con forma y prudencia, Sibila asiste a las reuniones cristianas. Para ello cuenta con la complicidad de una sierva de la casa de Minerva. Rara vez asiste a las reuniones nocturnas, que serían demasiado riesgosas.

Así vive las dos vidas, sin sospechas.

Tiene la intención de confiar a Demetrio el reencuentro con la madre y su deseo de ir a vivir en su compañía.

"Extraño... Mi madre siempre escapa a una respuesta más amplia, con respecto a mi padre... "- piensa.

✳ ✳ ✳

A PESAR DE DESCUBRIR que nunca más volvería a ver a Galba, el corazón de Ben Azir se inclina a verlo una vez más. Así que parte para allá de la misma manera que antes. Recibido con la misma nobleza como siempre, saluda a Berenice y le dice a ella u deseo de ver a su amigo. Introducido en las habitaciones de Galba, lo saluda con una sonrisa abierta:

- ¡Salve, noble amigo! ¿Cómo estás?

- ¡Salve, mi joven compañero de luchas! Como antes, aun enfermo y a la espera del viaje definitivo.

- ¡Decidí volver a verte y aquí estoy! ¡También soy el mensajero de los votos de salud y paz de los compañeros de ideal!

- ¡Gracias! No imaginas cuánto tu presencia alegra este corazón que ahora se debate entre un mundo que cree conocer, y el otro que se insinúa entre sombras y misterios...

- Lo siento...

- De todos modos, así debe ser con la mayoría...

Ben Azir guarda silencio entristecido. Se nota el enorme esfuerzo que hace Galba para hablar.

Tomando una respiración profunda, con alguna intención, Galba comienza:

- Ben Azir, aprovechando esta oportunidad, me gustaría hacerte una confesión...

- ¿Sí? ¡Quédate a voluntad, te oigo con mucho gusto! Por tu expresión, imagino la importancia de lo que está por venir.

- Sí, es muy importante y concierne a mis creencias. Soy un hombre al borde de la tumba... Mi alma se debate, se atormenta...

Ben Azir advierte su inseguridad y lo alienta:

- ¡Pues habla, noble amigo! Lo que me digas quedará entre nosotros.

- ¡Te lo agradezco! Entonces escúchame:

Inmerso en conflictos existenciales, profundamente interiorizado, yo vi la impresionante imagen de uno de los profetas de tu raza.

Mientras Galba se recupera, Ben Azir se emociona:

- ¡Ahora me estás aguijoneando mi curiosidad!

- Lo que vi me impresionó mucho y, aun más, lo que oí. ¡E imagina, Berenice también lo escuchó!

- ¡Qué interesante! ¡Cuéntamelo por favor!

Galba, poco a poco, narra lo que vio y escuchó, en la hora crucial de sus conflictos.

Con oídos atentos y una mirada expresiva, Ben Azir lo escuchó sin interrumpir, luego concluyó:

- ¡Noble amigo, creo que el Dios único te está dando o deseando ayudarte a entrar por los portales de la eternidad! Estos portales que todos, algún día, atravesaremos, ¡sin privilegios!

Tomando una respiración profunda, Galba continúa:

- En un autoanálisis sincero, me considero un gran deudor...

- ¡Conclusión lógica de aquellos que, con sinceridad y sin subterfugios, reconocen su pequeñez frente a un poder más grande!

- En estas preguntas, Ben Azir, ¡lamento profundamente la constatación de las flagrantes imperfecciones y debilidades de mis dioses! ¡¿Entonces, qué esperar de divinidades no son mejores que uno...?! ¡Ellos bajan, muy bajo - aunque dicen ser divinos y habitar el Olimpo -, y practican actos abominables! Luchan entre sí, en la disputa por el poder o incluso en la disputa de las nimiedades terrenales...

Como puedes concluir, me debato como una criatura que perdió a su madre y desconoce el camino a casa... ¡Solamente a alguien como tú confiaría estas conclusiones que me desesperan, de cara al abismo, implacable, que se abre a mis pies! ¿A quién entregar mi espíritu? Mejor decir, ¿qué poderes me arrebatarán, cuando deje esta carcaza que se consumirá, poco a poco, como si nunca hubiese existido? ¿A dónde iré? ¿Qué harán conmigo...?

- Para mí, que no soy politeísta, tus dioses representan las virtudes y los vicios humanos, a pesar de decirse divinos. La mitología greco-romana es rica en estos ejemplos. Adoro al Dios único. Ya nací en esta fe; más de acuerdo con nuestra razón y sobre todo con lo que esperamos del poder divino.

- ¿Y respecto al crucificado del que te hablé?

- ¡Sé que fue valiente, sin medidas, y amoroso como nunca se vio! ¡Hizo todo el bien que pudo, fue perseguido y crucificado por política sórdida de Roma y aquellos que se consideran representantes de Dios en la tierra! En nombre de nuestro Dios, nosotros seguimos, fielmente, las leyes de Moisés. ¡Tú lo sabes!

- Sí, lo sé, Ben Azir. Sin embargo, tu Moisés también fue cruel. Algo parecido a los nuestros dioses. ¡Haz de estar de acuerdo...!

Comprensivo, Ben Azir aclara:

- ¡Su misión era traernos las Tablas de la Ley y los códigos de justicia, que seguimos hasta hoy! Sin embargo, veamos algunas diferencias que, si no justifican ciertas acciones extremas, las explica en parte:

Mientras Moisés hablaba en nombre de Dios, Roma habla en nombre de sí misma y de sus crueles Césares, los cuales se imponen por sí mismos, implantando, salvajemente, sus propios códigos, que por lo general nada tienen de justos. Nadie puede negar que la personalidad del gran legislador fue excesivamente impositiva. Pero también hay que estar de acuerdo, que él quería la implantación de las leyes divinas, de las cuales era portador e intérprete.

Él buscó, con la tenacidad y el coraje, las mejores maneras de conducir y disciplinar a un pueblo que, habiendo sido tantas veces esclavo, había degenerado. Olvidado de los valores de su raza, desorientado, ese pueblo se volvió politeísta, idólatra y criminal; entregando incluso a sus propios hijos para los nefastos sacrificios al dios Baal.

Moisés tuvo que doblegar con valentía y sufrimiento palos secos, inflexibles, que se rompían, pero que no se doblegaban al cumplimiento de las leyes y los códigos, creados para establecer y mantener, paulatinamente, una vida sana y transformar caracteres con la esperanza de una renovación natural de las generaciones. Aquellos que vendrían, mejores, tendrían nuevos principios e ideales civiles, políticos y religiosos.

Este líder, valiente, después de haber cumplido con su misión, en un esfuerzo constante y sufrido por décadas, murió solo, agotado, triste y melancólico, en el Monte Nebo, divisando a la distancia la Tierra Prometida que fuera para él la única meta de su existencia.

Concluimos, querido Galba, que, a pesar de los éxitos y fracasos de toda una vida, un final semejante al suyo es parte del final de nuestra jornada en este mundo... Por más poderosos que podamos ser, la muerte llega, más temprano o más tarde. ¡Es simplemente una cuestión de tiempo! Ella, casi siempre, nos sorprende muy inquietos y, sobre todo, con la cabeza llena de planes...

- Soy un ejemplo vivo de eso, Ben Azir...

- Estoy de acuerdo, pero no me refiero solo a ti, ¡sino a toda la humanidad!

- Lo sé... entiendo la generalidad de lo que expones.

- Hablo de mí, de ti, de todos y este momento específicamente de Moisés, que no fue la excepción a la regla. Para el Creador no existen privilegios de ningún tipo. Moisés tuvo como objetivo, en todos sus actos, el futuro, que sería, según él mismo, mejor.

Yo, querido amigo, admiro mucho el viaje terrenal de este gran líder. Creó leyes muy avanzadas para su tiempo.

- ¡Sabio joven...! - Galba elogia y cierra sus ojos, muy cansado.

Ben Azir está a su lado, silencioso, respetuoso. Quiere disfrutar de su presencia mientras puede. De su buen corazón asciende, a los cielos, una oración a su Dios, por este buen y querido amigo.

Berenice llega y le administra la medicina a su esposo. Sonríe a Ben Azir con cariño. Lo aprecia mucho y admira su valor, además de estar agradecida por la amistad que le dedica a Galba. Ben Azir es una presencia buena y reconfortante. Berenice lo sabe.

Galba se duerme e invita a Ben Azir a conocer el amigo que, en ese momento, se alojaba allí.

Demetrio inmediatamente simpatiza con Ben Azir.

Adriano; sin embargo, aborrece instintivamente su presencia.

Ben Azir lo saludó cortésmente y rápidamente notó su aversión. Lo ignora y comienza a charlar, emocionado, con Demetrio. Este último, a los pocos minutos, resulta ser su amigo. A pesar de la distancia y las diferencias, ellos intercambian ideas respecto a todo, como hombres inteligentes y educados que son.

Dejándolos, Adriano se hace el desentendido en una demostración de su disgusto con la presencia de Ben Azir.

Al dirigirse a su padre, encontró a su madre al lado de su cama, velando.

Al verle el abatimiento extremo, se compadece, y la abraza por los hombros. Ella, agradecida y feliz, le acaricia la mano.

En ese momento, el abrazo de Adriano fue sincero. Su corazón no es del todo malo. Existe en él grandes posibilidades de cambios para mejor. A eso apuesta Demetrio. Después de todo, Adriano recibió mucho amor de sus padres, así como los incansables intentos de forjar su carácter.

En medio de una agradable conversación, Demetrio invita a Ben Azir a visitarlo en Roma. Recuerda que pronto dará una fiesta en su Quinta, en las afueras de Roma, y lo invita a participar.

Pretendiendo declinar la invitación - por razones obvias -, Ben Azir cambia rápidamente de opinión, para escucharlo hablar de Sibila...

Demetrio le dice que es su agregada y que, en una dedicación admirable, está organizando la fiesta. Al hablar de ella, Demetrio no ocultar su entusiasmo, elogiando su sabiduría y belleza, sin igual.

Sin entenderse, Ben Azir decide aceptar la invitación. Su intuición le dice que debe ir. Presiente algo...

Cuando Galba se despierta y mejora, se despide.

En una fuerte emoción, ellos se declaran amigos para siempre. Incapaces de hablar mucho, porque las lágrimas obstinadas caen de sus ojos y hablan del dolor de la inminente separación inevitable y definitiva, ellos se abrazan. Cargando en el alma una nostalgia anticipada, Ben Azir se despide de Berenice y poniéndose a su disposición, se despide.

Tras su partida, Galba lo elogia, sincero y agradecido por su inalterable amistad. Demetrio está de acuerdo con lo que escuchó, pero Adriano cierra sus facciones, en silencio. ¡Si dependiese de él, Ben Azir estaría lejos y muy lejos...!

Ben Azir vuelve a casa con el mismo cuidado de antes, encapuchado y vigilante. Simpatizó mucho con Demetrio. Éste había sido muy amable, pero Adriano había aborrecido su presencia...

Se llevaría a los compañeros de luchas las noticias del amigo que, poco a poco, se despedía de todos y de todo...

Espoleando al caballo, galopa rápido. Tiene prisa por llegar. Necesidad de reflexionar, buscar entenderse... Los dedos largos y cónicos del destino, parecen tocarle el corazón, despertándole extrañas sensaciones... "¿Qué es lo que vendrá...?" - se pregunta, ansioso.

Finalmente, Ben Azir llega y sigue, como siempre, los rituales domésticos, esta vez muy distraído. Piensa en Agar, el matrimonio que se acerca, en sus ideales patrióticos, en sus padres...

Después de todo, cuando en busca de descanso, recuerda que el próximo día tendrá mucho qué hacer. Se entrega a Dios y se duerme en paz.

Su madre, atenta, notó algo de extrañeza en él, pero no lo cuestionó.

Despertarse muy temprano, Ben Azir llega a la conclusión que no fuera simplemente a visitar al querido amigo, Galba... Su instinto la llevó hasta allí... ¿Por qué...?

Quizás, yendo a la fiesta en la Quinta de Demetrio, encuentre los puntos de referencia que necesita para descifrar ese enigma.

Al besarlo, por la mañana, Deborah observa sus facciones y llega a la conclusión que nada grave puede estar pasando, porque el hijo está muy bien.

Mientras tanto, en la casa de Galba, Berenice es el retrato del dolor.

Su esposo, el gran amor de su vida, no se despertó esa mañana. Rígido e insensible, no le responde a su llamado amoroso. Su Galba se ha ido al mundo de las sombras...

La casa todavía duerme...

Ella, que se mantuvo a su lado, se durmiera, sin querer, dominada por el extremo cansancio, y soñó que ambos eran, aun, muy jóvenes y comentaban, risueños, su esfuerzo por llamar de él, la primera vez que se vieron.

Hablaron de Adriano, preocupados con su futuro. Ella le había dicho que creía en el amor generoso y responsable, que le concedieron; que él aun los sorprendería, siendo digno de sus esfuerzos.

Se abrazaron mucho, despidiéndose, tal como Galba lo hacía cuando partía para las batallas. Se besaron, enamorados, y él se fue, despidiéndose con la mano, lujosamente vestido con su uniforme de guerrero romano. Ella recuerda cómo él la miraba con adoración, la forma en que la acariciaba... Ella todavía puede todavía sentirlas...

Delante de su máscara de muerte, estos recuerdos le dan fuerza y consuelo... Pone su cabeza sobre su pecho y llora, silenciosa, discreta, suave...

Sí, ellos se dijeron adiós en su sueño. Ésta, una forma tan maravillosa de saber que, a pesar de todo, continuaban unidos, por encima de la vida y la muerte... Permaneces así, abrazada a él, por un tiempo incalculable, hasta que oye la llegada de Adriano.

Le pregunta, en suspenso, cómo está su padre.

Berenice se levanta, se endereza, mira a su hijo como si hubiera venido de muy lejos y responde:

- ¡Él se ha ido, hijo...! Nos despedimos durante el sueño... Tu padre se ha ido... El Mi Galba se ha ido... Los dioses se lo llevaron, para siempre... Se fue vestido en su uniforme de soldado romano...

Sin saber qué decir, asombrado y sorprendido por la situación, Adriano declara sincero y conmovido:

- Él era, en realidad, un gran guerrero, ¡nada más justo!

- Él fue, también, ¡un gran jefe de familia!

- Sí, tienes razón.

- Estamos, a partir de este momento, sin su presencia bendita y sin su protección.

- Tendremos que bastarnos nosotros, madre mía.

- Lo sé, cuento contigo para eso.

Adriano guarda silencio. Esto no es el momento más apropiado para antagonizar con ella. No pretende ser cabeza de familia. El ama la vida y todo lo que ella le ofrece de buena y placentero. Respira profundamente. Por fin, está libre de la autoridad de su padre. Su dócil madre será muy fácil de manipular. A pesar de la interferencia legal de Demetrio, hará solamente aquello que quiera, sin barreras de ninguna especie.

Berenice le nota las expresiones faciales y se pone muy pensativa. Conoce demasiado al hijo para saber lo que le va en el alma; aun tan inmadura. A pesar del gran dolor, ordena:

- ¡Hijo, por favor, avisa a todos, respecto al fallecimiento de tu padre, en especial al noble Demetrio! Él sabrá cómo conducir aquello que nos espera, con respecto a los funerales.

Cerrando el semblante, Adriano no puede contenerse:

- ¡Madre, ¿pretendes, como quiso mi padre, entregar nuestras vidas en manos de extraños? ¡Debo decir que estoy escandalizado! ¡La tarea de dirigir a esta familia, de aquí en adelante, me pertenece!

Paciente, Berenice responde:

- Hijo, no estoy retirándote la condición de heredero legal de tu padre, pero abatidos por el dolor de la pérdida, nosotros dos no conseguiremos ser racionales y prácticos. En cuanto a los arreglos *post-mortem* de Galba, veremos después. Te garantizo que estaré vigilante para que sean cumplidas fielmente. Siempre estuvimos de acuerdo y ahora no será diferente. Sé que él siempre quiere tu bien y el bien de nuestra casa. ¡Te pido que te calmes y no nos quites la tranquilidad merecida en estos momentos tan serios como sagrados!

Adriano siente las palabras duras, pero cariñosas, de su madre, que ella conoce y aprueba las decisiones de su padre en cuanto a su futuro.

Decide dejar el asunto para después y va a avisar a Demetrio.

Éste se despierta, asustado y triste, con la partida del querido amigo de tantos años. Se dispone a organizar el funeral. Primero, va a ver a su amigo en su lecho de muerte.

Ahí está Berenice: sufriendo, entre lágrimas silenciosas...

Le pone una mano en su hombro, consolándola, sin decir nada. No lo conseguiría, incluso si lo intentara; las palabras mueren en su garganta. Su dolor también es muy grande. Por último, el llanto lo sorprende y él suelta las compuertas del alma, haciendo coro con Berenice. Se sienta y deja que las lágrimas fluyan sin vergüenza.

Ruega por el buen amigo que, en este momento, se enfrenta al tribunal de su propia conciencia, y a un tribunal mayor, junto a los dioses. ¿Dónde estará ahora mismo? – Se pregunta.

Recuerda las enseñanzas recibidas, desde siempre, respecto al poder de los dioses y de sus juicios, pero, en ese momento, duda de tantas cosas... Después de unos minutos, se controla, enjuga las lágrimas, y se dispone a ayudar a Berenice. Para ello, se levanta, sale de la habitación y sigue por los pasillos, con la intención de iniciar los procedimientos que el momento requiere.

Berenice sigue siendo el lado de Galba, pensando... Recuerda todo lo que vivieron... ¿Cuántos hechos olvidados ahora se hacen presentes...

Acostada sobre el pecho amado, le habla en voz baja:

- Espérame, ¿sí? No soportaré vivir sin ti... Solo necesito algo de tiempo para llevar a nuestro hijo a su nueva vida...

Voy a rogar, confiada, todos los días, a los dioses, que ellos nos reúnan pronto, mi Galba... ¡Te amo! Tanto, tanto, que mi pecho casi explota... ¡No, no te preocupes! Voy a ser digna de tu valor y tu fuerza... Estaré armonizada con aquello que, en este momento, necesitas: de paz, de buenos pensamientos, de gratitud, de cariño... Vete en paz, mi gran guerrero y ¡vence batalla, la más grande y la última de su existencia! ¡Los dioses estarán contigo y mi amor también...!

Al regresar para hablarle, Demetrio se enfrenta a la conmovedora escena. Casi susurrando, la llama gentilmente. Necesidad de su aprobación en algunos trámites legales.

Ella se levanta, cubre a Galba, con mucho cariño, como si apenas estuviese durmiendo, y sale con el amigo. Retornará, enseguida, para velar el cuerpo de su gran amor que se despide de la vida, de ella, y de todo lo que vivieran... Después de ese día, no verá más rostro amado... Con dificultad, sigue a Demetrio, en silencio; lágrimas cayendo por su rostro hermoso y abatido.

Adriano no tiene la intención de estar al lado de su padre. Aborrece las situaciones tristes, especialmente esa que ahora viven... Va al jardín y allí respira profundamente.

Ensimismado, planea su futuro: glorioso y lleno de fortuna, por supuesto. A partir de ahora, se volverá más independiente.

✷ ✷ ✷

MIENTRAS TRABAJA, Ben Azir recuerda un extraño sueño con Galba:

"Recuperado, él lo abraza, mientras le comunicaba que estaba partiendo para una batalla. Su uniforme brillaba tanto como sus ojos, pero... ¡él estaba llorando...! Se abrazaron, conmovidos, y se despidieron." Concluye que su amigo se ha ido para siempre... Triste, ora a Dios por él. Admiró siempre su valor, su fuerza interior y su agudo sentido de justicia.

Enviará a un siervo a su casa para averiguar cómo está.

En caso sus corazonadas se confirmen, llevará la noticia a los compañeros de lucha. Lamenta las grandes desilusiones que sufrió Galba, apresurándole, probablemente la partida definitiva.

Con la intención de hacer lo que pretende, llama a su criado de confianza y le ordena ir a casa de Galba.

A continuación, retoma el trabajo. Tu padre cuenta con su buena disposición en el esfuerzo de cada día. Mira el cielo azul y pide, una vez más, por el bueno y querido amigo. En la víspera de su matrimonio, piensa en Agar y en lo que aun falta por brindar, con respecto a los esponsales que, según sus padres, deberían ser inolvidables.

Mientras distribuye órdenes pertinentes a la próxima caravana, decide organizarse para atender a la invitación de Demetrio. La posibilidad de asistir a ese evento en Roma de repente superó cualquier otro interés.

En casa, Deborah le observa un notable desapego de las cosas más cercanas y racionales. Ben Azir parece un filósofo, interiorizado, lejos de la realidad… Besándolo, respeta su introspección. Queda mucho por hacer y el tiempo se acorta.

El reloj de arena del tiempo, implacable, a despecho de todo y de todos, deja escurrir su arena fina…

9.-
LOS HIJOS DE PAULUS

EN LA ADMIRABLE VIDA de Paulus, hoy de regreso a su tierra, junto a Milcah, todo corre a las mil maravillas. Se vende toda la producción de alfombras, mientras que innumerables pedidos llegan rápidamente.

Hombre honesto y bueno, agradece a los cielos por su redención, ante las desgracias vividas y superadas.

Josafat, su compatriota y amigo, conoció a Milcah y se enamoró. Ahora los dos viven arrullándose como dos tortolitos y pronto se casarán.

Milcah, mientras fue la esposa de su hijo, Enoc, fue la mejor de las hijas que cualquier persona podría tener.

Después de la boda, ella irá a vivir en la casa de Josafat, en una hermosa zona residencial, rica y rodeado de jardines. Esta vez, Dios ha de recompensarla con bellos y encantadores niños. Así, Paulus se sentirá más feliz y más acompañado en esta nueva familia que se formará a su alrededor.

Josafat es dueño de muchas tiendas de alfombras. En éstas, las alfombras de Paulus y Milcah son las joyas más preciosas. Las llama alfombras mágicas.

Hoy, Paulus se despertó con el corazón oprimido. Por más que trabaje o se distraiga, los pensamientos que lo acompañan son los peores posibles. Por la noche, después de un día lleno de actividades intensas, decide caminar para relajarse.

Sin destino, recorre las calles de su barrio, no muy lejos de aquel, en el cual vivió antes de irse a vivir a Jerusalén.

Pisando caminos muy conocidos, se va alejando demasiado. La razón le aconseja regresar; sin embargo, continúa.

El inconsciente parece guiarlo y se sorprende en las calles del antiguo barrio, donde vivió tantos años…

Mira a su alrededor, nostálgico y melancólico. Atraviesa las calles centrales y se interna en las adyacentes; algunas muy pobres, otros no tanto. Luego decide volver a ver "su casa" y camina más…

Después de algún tiempo, se topa con la fachada de su antigua residencia y se sorprende… ¡Su antigua casa parece una ruina…! ¿Por qué? ¡Al venderla a muy buen precio, el propietario quedó muy satisfecho con la compra que había realizado…!

De pie frente a la propiedad, se da cuenta que sus puertas están abiertas y parecen invitarlo a entrar… Ya comienza a oscurecer, está lejos de casa y solo… La prudencia le aconseja volver, pero entra despacio, corazón latiendo a los saltos…

Todo un pasado regresa en forma de sonidos e imágenes:

El viejo jardín, del cual desaparecieron la exuberante vegetación y las flores… El balcón de la parte frontal, en el que tomaban refrescos en el verano abrasador… Un poco más, y llega a la sala de recepciones, donde visitas amigas y frecuentes se alegraban con mucha música y baile… Aun consigue escuchar las voces cantando, los tambores repicando y los sonidos de los diversos instrumentos musicales reverberando por toda la casa. El murmullo de las conversaciones... El color de la ropa, lujosa y adornada...

Atraviesa el enorme salón de comidas y recuerda, conmovido: la familia unida, las oraciones, la charla de los niños, la buena comida en el plato...

En la acústica del alma, la risa cristalina de los hijos pequeños...

Le parece que todo está ahí, preservado por el tiempo, en un escenario inolvidable.

Nostálgico y embelesado, se emociona cada vez más, cuando, de repente, se oyen pasos amortiguados, como si alguien estuviese huyendo y escondiéndose...

"¡¿Será algún morador...?! No, ¡la casa está vacía...!" - Piensa. Agudiza los oídos y concluye que sus recuerdos lo engañan.

Pasa por un largo pasillo lleno de habitaciones, y recuerda a los hijos allí, durmiendo en paz...

Se vuelve a ver a sí mismo y a su esposa, en los buenos tiempos, de amor y comprensión... ¿Cómo y por qué habría cambiado tanto?

Llega a una enorme cocina. En esta, la sabrosa comida era preparada por las sirvientas, dedicadas y felices.

¡Cuántos recuerdos...!

Después de años de felicidad, su mujer demostró el deseo de irse a vivir a Jerusalén, junto a sus familiares que allí vivían muy bien. En este momento, sus hijos ya eran adolescentes.

Meses de tormento pasaron por su terquedad. Paulus se rindió ante esa voluntad, y viajaron, sin intención de regresar.

Al llegar a Jerusalén, los familiares los recibieron con celebración. Todo les parecía sonreír.

Empleando gran parte de todo lo que poseía, Paulus adquirió una rica viña en el Valle del Jordán, perla preciosa, que pasó a ser la niña de sus ojos... Trabajador, se dedicó a ella, día y noche, para aumentar su producción, y mejorar la calidad de las uvas.

Este viñedo se fue haciendo, poco a poco, famosa en la región y los alrededores. Incluso los poderosos doctores de la ley, los fariseos y los recaudadores de impuestos iban a verla, ¡y salían de allí deslumbrados!

Mientras que recuerda a su rico y nostálgico viñedo, salió para un área grande en la parte de atrás, una vez verde y bien cuidada.

Melancólico y nostálgico, se acerca a un viejo estanque... En este, en tiempos pasados, se almacenaba el preciado líquido que mantiene la vida...

Suspira, se inclina en su borde y espía hacia adentro y ve que está sucio, lleno de piedras, polvo y hojas muertas...

Intrigado, oye un ruido de pisadas de hojas secas, y supone que algún animal se esconde allí.

De repente, recuerda los pasos ahogados que había escuchado dentro de la casa...

Se inclina más para cubrir todos los espacios y distingue, en un rincón a un hombre que se va encogiendo, como puede, para no ser visto...

Su ropa está hecha jirones, su barba es solo un enredo... Molesto, refunfuña, acurrucándose sobre sí mismo como un reptil...

A pesar del miedo que lo invade, Paulus decide acercarse a él y pregunta:

- ¿Quién es usted y qué está haciendo aquí?

Mientras espera una respuesta, piensa muy sabiamente que el otro podría hacerle la misma pregunta.

Aquel hombre estaba dentro de la casa, antes... Fuera él, entonces, que había salido corriendo... Se le eriza la piel al imaginarse bajo la hoja fría de alguna daga asesina... está siendo muy imprudente...

Sin embargo, superando los miedos; insiste:

- ¿Por qué se esconde? ¡Debe hacer mucho frío allí! ¡Alguna serpiente podría sorprenderte y acabar con tu vida! ¡Qué audaz, quedarse ahí en esa suciedad y esa humedad...!

Obstinado, el hombre se encoge aun más, escondiendo el rostro en las rodillas dobladas y permanece en silencio.

Paulus sigue hablando y conminándolo a salir de allí.

Puede valorar el peligro que corre; sin embargo, algo mucho más poderoso que el miedo lo retiene...

Concluyendo que no podrá deshacerse de su incómoda presencia, el extraño responde, con voz ronca y amenazadora, en la que Paulus identifica la inminencia de un llanto:

- ¡Fuera de aquí y déjame en paz...!

Paulus se estremece bajo el impacto de esa voz y su corazón se contrae por un dolor inesperado e insoportable.

En estado de shock, busca en su alma la fuerza que necesita...

¿Acaso está viviendo una terrible pesadilla? Si no, ¡¿qué está haciendo allí su hijo menor, Nassif, en este estado deplorable...?!

Incapaz de expresarse, con el corazón latiendo arrítmicamente, lo mira.

Frente a su silencio, el hombre levanta la cabeza para ver si él se ha ido.

Ante ese rostro, maltrecho y escondido en su barba, Paulus ahora está seguro; ¡Este trapo de gente es tu hijo!

Enfrentándose con la mirada de Paulus, el desgraciado cae en un llanto conmovido. Todo tu cuerpo se convulsiona. Luchando para hablar entre sollozos y lágrimas, él grita, en un sonido cavernoso, que hace eco en el tanque vacío, y mucho más, en el alma de Paulus:

- ¡Vete, padre desnaturalizado! ¿Qué es lo que quieres? ¿Qué viniste a hacer? ¡Estas ruinas son todo lo que me queda...! ¡Sal de aquí y olvida que me viste! ¡Te odio! ¡Quisiera matarte, por todo el mal que nos hiciste!

Paulus, que a esta altura llora sin control, pide conciliador:

- Por favor, hijo mío, sal de ahí... Ven a mí...

- ¡¿Para qué...?! Nada, absolutamente nada, ¡tenemos que decirnos el uno al otro! Usted, para mí, se han convertido en un extraño, así como para "mi" familia... ¿Qué le importa mi suerte importa? ¿Qué le importa nuestra suerte? Se hizo el desentendido y nos olvidó, ¿ahora me llaman de hijo? ¿En caso no me encontrase aquí hoy me buscarías? ¿Cuándo intentaste eso, ¿me lo puedes decir? ¡Déjame aquí en paz y vete! ¡Olvídate que nos vimos, por el bien de ambos!

- ¡Por favor, Nassif! ¡Cálmate y ven aquí! Deseo verte más de cerca... ¡Abrazarte...! La desesperación y el dolor hablan por ti, hijo mío...

Con una risa siniestra, Nassif replica, burlón y cruel:

- ¿Realmente seré tu hijo, o mi madre habrá prevaricado? ¿No seré un bastardo? Cómo saberlo, ¿no es así?

- ¡No digas eso, te lo ruego! Palabras como estas nunca escuchaste de mi boca. No envenenes más nuestras vidas... ¿Cómo está tu madre? ¿Cómo están todos?

- Si quisieras saberlo, ¡nos habrías buscado!

Mientras habla, cada vez más enojado, el niño decide y comienza a trepar por el fondo del viejo estanque. Cuando salta al suelo, ya del lado de fuera, se aparta, agresivo, de la proximidad de Paulus y coloca entre los dos una razonable distancia.

Paulus, con el rostro congestionado por el llanto, temblando, pregunta a un hilo de voz:

- ¿Para qué los buscaría, Nassif? ¿Para ser rechazador una vez más por ustedes?

Irónico, Nassif responde:

- ¡Nada de lo que hagas o digas justificará lo que hiciste!

- ¿Y qué fue lo que hice, hijo?

- ¡Nos olvidaste a todos!

- ¡Tu madre lo determinó así, y tú estabas de acuerdo, frente a sus insensatas actitudes!

Con una leve sonrisa burlona, Nassif informa:

- Vives tan distante, hace tanto tiempo, ¡que ni siquiera sabes que eres viudo!

- ¡¿Tu madre murió...?! ¿Cuándo?

- ¡Sí! ¡Murió, trágicamente, hace unos años!

- ¿Cómo sucedió esto?

- Ella estaba distraída y fue atropellada por un caballo desbocado. Vivió unos minutos más para despedirse de todos nosotros y de lamentar la existencia misma, que terminaba de manera tan cruel.

- ¡Lo siento...! ¿Y qué pasó después?

- ¡Nos perdimos en el mundo! Cada cual, por su lado, ya que no éramos muy unidos. Actuando, cada uno en su manera, continuamos viviendo como pudimos y, como puedes ver, yo no me di muy bien...

Paulus se siente como el peor hombre del mundo. Este hijo, que en ese momento no es más que un estropajo de la vida, lo lanza al encuentro del pasado, que se hace presente de la peor manera posible. Sí, alguna razón él tiene. No debería haberlos olvidado como lo hizo... Su obligación era, al menos, saber de ellos. Sin embargo, la vida fue pasando. Distante, asumió completamente su nueva realidad, olvidando el pasado, para defenderse... Las heridas habían destrozado demasiado su corazón, y éstas se demoraron en cicatrizar. Mira al hijo... Sus piernas están temblando... Sus sienes palpitan. Siente un fuerte dolor en el pecho; lo presiona, con ambas las manos, pero todo se oscurece a su alrededor y se desmaya.

Cuando se despierta, está en una de los antiguos cuartos de la casona, acostado sobre unos trapos que pasaran desapercibidos en su primera inspección. En un rincón, que no viera antes, algunos platos con restos de comida y una taza hacen compañía a una manta sucia y muy vieja.

"He aquí todo lo que tiene... pobre hijo...!" - Muy triste, cierra sus ojos y se interioriza.

Nassif se inclina sobre él, angustiado, mirándolo entre perplejo y compasivo.

- "Nassif... ¡hijo mío...! En ese hombre destrozado por la vida nada que se parezca a ese joven apuesto, irresponsable e indolente, que dejé a los cuidados de su madre... ¿Dónde quedó esa notable belleza que seducía a las mujeres? ¿Dónde quedó su elegancia refinada, su vanidad y arrogancia...? ¿Por dónde andarán sus hermanos y de mi querida hija, Ruth...!"

Como adivinando sus preguntas, Nassif declara:

- Ruth se casó y se fue a Esmirna. A Isaac y David, vi un par de veces, hasta que nos separamos. Isaac es comerciante. Compra y vende cabras. David, es un carpintero, ahora fabrica hermosos muebles. Aquel que es tu homónimo, desapareció de nuestra vista. De él, no sabemos nada.

Parcialmente rehaciéndose a sí mismo, Paulus comenta con pesar:

- Si tus hermanos, a excepción de Paulus, de quien nada saben, de una forma u otra consiguen sobrevivir con dignidad, ¿por qué tú tomaste caminos tan diferentes?

Nassif palidece. Ahí, ante él, por más que quiso ignorar, está su padre, tu proveedor durante tanto tiempo, y en ese momento, también su juez...

Incómodo, responde sinceramente:

- Yo perseguí los placeres del mundo en los brazos de muchas mujeres. Mi figura privilegiada siempre me facilitó el acceso al corazón femenino. ¡Apasionadas y celosas, ellas me dieron aquello que necesitaba y mucho más!

- Sin embargo, hijo, lo que veo...

- Sí, lo sé y puedo explicarlo: audaz y confiado, extendí mis conquistas incluso en los palacios y entre las mujeres más destacadas de Jerusalén. En una de esas conquistas, preciosas y útiles para seguir viviendo en el lujo y en la inercia, me involucré con la esposa de un rico comerciante, moro. Terminé siendo gravemente herido por él, quien nos sorprendió en la cama. Creyéndome muerto, se fue de allí, poseído, arrastrando a su esposa. Éste, enloquecida por el terror, pataleaba y gritaba... De ellos nunca más volví a tener noticias.

Excepto por un amigo de juergas, pasé años enfermo e incapaz de cuidar de mí mismo. Debo mucho a mi dulce Rachel, mujer querida, que me mantuvo y se hizo cargo de mí, hasta que yo me sostuviese en las propias piernas.

- Por lo que puedo juzgar, tampoco te quedaste con ella...

- Tienes razón. Consciente que no asumiría con ella mayores compromisos, ella me abandonó.

Desilusionado, incapaz de trabajar, porque nunca me había acostumbrado, me lancé cada vez más a lo salvaje del mundo.

Avergonzado, Nassif hace una pausa. Llegara al punto culminante de su desgracia... Sin embargo, no puede volver atrás... Su padre está esperando, silencioso y triste.

Inhala y en voz alta y declara:

- Hoy llevo una enfermedad implacable, bien conocida por todos los que viven como yo.

Paulus escucha su declaración, entre la lucidez y las ganas de estar durmiendo y soñando, para que finalmente pueda despertar...

Se controla y después del primer impacto demuestra la intención de seguir escuchándolo, para enterarse de todo a su respecto.

Muy avergonzado, Nassif continúa:

- Para sobrevivir, aquí y allá, hago algunos favores a cambio de escasas monedas o... o... Nassif tartamudea... pido... limosna...

Paulus no puede soportarlo más. Las lágrimas brotan y las lágrimas fluyen libremente. Pasado el primer momento de desahogo, se sienta, se endereza, y se limpia sus ojos. Mira a su hijo, como si nunca lo hubiese visto antes. Frente a su silencio, pide:

- Por favor, hijo mío, ve hasta el fin.

Vacilante, Nassif concluye su triste narración:

- Así me voy arrastrando. ¡Culpando a todo y a todos de mi desgracia, alimento en el corazón mucho odio, especialmente por ti, padre mío!

- ¡Oh, Nassif, lo siento mucho! Aquí y ahora, eres la presencia cobradora de mis errores como padre.

Se miran temblando... En verdad, lo que más quieren es arrojarse, uno en los brazos del otro; lo que hacen, en fin, ambos llorando...

Las lágrimas cayendo en el rostro de piel seca y áspera, Nassif pregunta aquello que por encima de todo lo atormenta:

- ¿Dónde has estado y qué nunca nos buscaste?

Frente a tal indagación, Paulus se siente pequeño y se da cuenta de cómo se equivocó:

- Al fin y al cabo, despreciado y atormentado, no solo por ustedes sino por nuestros familiares más cercanos, fue a visitar a Milcah y allí me quedé. De ella recibí respeto y ayuda en la vida que pensé había terminado. Volví a trabajar con fuerza, y poco a poco fui recuperando todo y mucho más conseguí, con el esfuerzo del trabajo, el sudor de cada día.

Siendo honesto, yo supe de su interés por mi nueva situación, pero, ofendido y profundamente herido, me mantuve distante. ¡Principalmente de su madre, de quien guardaba las heridas punzantes!

Cuando necesité de apoyo, ella los arrojó a ustedes contra mí. Y ustedes, mis hijos, a los cuales les había dado todo, olvidaron mi esfuerzo para lograr y mantener el nivel financiero, al que estábamos acostumbrados, y revelaran, sin ningún reparo, que no era para mí a quien amaban, y ¡sí a mi dinero!

En este momento, crucial y al mismo tiempo dichoso, ¡te pido perdón! Espero tener la oportunidad de pedírselo también a tus hermanos.

Ustedes eran inmaduros y necesitaban de una orientación adecuada. Al dejarlos, no tenía otra alternativa, pero estaba muy equivocado al tratar de olvidarlos... Si yo pudiera ir hacia atrás, me gustaría hacer todo lo diferente. ¿Cómo pude ser tan insensible? ¡Me cuesta creer que estoy frente a un espejo y que mi imagen no es la mejor!

Nassif escuchó todo e hizo una autoevaluación... Sabía que era culpable de la miserable situación en la que se encontraba. Su padre se arrobaba para sí toda la culpa, pero él no era el único responsable...

Se siente muy, muy cansado... recuerda cuando despreciaron al padre... Él siempre fuera bueno y todo les diera, sin pedir nada a cambio. Cuando él se fue, aceptaron, insensibles, su ausencia. Sin embargo, interesados, cuando se enteraron que se había enriquecido de nuevo se trasladaron en su búsqueda, pero Paulus regresara a Turquía. Esto ellos lo ignoraban.

Arrepentido, Nassif llora suavemente.

Conmovido, Paulus lo abraza y lo besa varias veces.

Así abrazados, permanecen, hasta que Paulus vuelve a hablar:

- ¡Necesitamos buscar a tus hermanos! Y quédate tranquilo en cuanto a tu futuro. ¡Si es de tu agrado, hijo querido, ven conmigo, ahora!

- ¡Sí! ¡Nunca más te dejaré, padre mío!

Uno al lado del otro y hablando, se van.

Paulus mira, una vez más, su "antiguo hogar" y lleva al hijo a casa.

Sorprendida, Milcah está encantada con el feliz evento y amablemente da la bienvenida a su cuñado.

Una nueva vida se avecina para Nassif, junto a su padre.

10.-
EN LA QUINTA DE DEMETRIO

EN UNA INCOMPRENSIBLE ANSIEDAD, Ben Azir espera con impaciencia la gran fiesta en la quinta de Demetrio.

Los preparativos para su matrimonio siguen un ritmo frenético. Hay un gran esfuerzo de todos, especialmente de su madre y de Almara, la madre de Agar.

Extraños sentimientos lo alcanzan, cuando piensa en su matrimonio, esperado con impaciencia por todos, cambiará, desde el inicio, su vida. Frente a esta inconfundible realidad, él vacila...

Mirándolo, de manera muy intuitiva, Deborah concluye:

- "Con el acercamiento de los esponsales, debe sentirse inseguro... Después de todo, su vida cambiará, radicalmente..."

Sin embargo, dada la gran inversión, financiera y moral, ella espera que todo saldrá bien. Después de todo, Ben Azir ama mucho a su novia...

Ben Azir; sin embargo, cuando se enfrenta con la organización de la fiesta nupcial, no se siente cómodo...

Últimamente, las reuniones del grupo de alborotadores también le han exigido bastante. Jadhu, casi siempre colérico, no pierde la oportunidad de amenazarlo.

Sin subestimar los riesgos que corre, Ben Azir permanece intrépido, haciendo y diciendo lo que se propone hacer y logrando victorioso sus intenciones y promesas.

Ha habido algunas bajas. Casi todos temen que los verdaderos objetivos no se cumplan, a pesar de tantos sacrificios. Pero a cada nuevo miembro que acobardado, se desvincula, o frente a los otros que están heridas o perecen, muchos otros, rebelados, ofendidos y decididos a luchar por la justicia, se inscriben en estas filas de soldados sin banderas y sin derechos, a no ser el de ser perseguidos y cazados.

Ben Azir había sido muy solicitado. Listo para la lucha, se hace presente y activo, en los más diversos niveles de enfrentamiento. En estas ocasiones, usa la ropa de tal manera que nunca fue reconocido. Su turbante se extiende como una prolongación de tela plisada que le cubre el rostro, ocultándolo.

En algunas noches, pierde el sueño y deplora esa manera de vivir, pero al nacer el sol, reafirma la intención de defender los derechos y las tradiciones de su pueblo.

Deborah y Jairo, mientras que compartir los mismos ideales, sufren y rezan a Dios la defensa y protección para el hijo que se involucra, cada vez más, en enfrentamientos decisivos. Anhelan, en el fondo de sus corazones, que un día él pueda vivir una vida normal, como uno de los hombres más nobles, que es, de su raza.

Finalmente, las invitaciones de boda están llegando a los lugares más lejanos, donde viven familiares, amigos y conocidos.

Cierto día, Ben Azir recibe una carta de Demetrio, confirmando su invitación para el gran evento. Entusiasmado, se prepara para asistir.

Recuerda la desabrida hostilidad de Adriano... Sabe que no solamente este aborrecerá su presencia. Muchos otros no ven con buenos ojos la amistad entre pueblos tan diferentes y, sobre todo, enemigos. Aun así, espera con ansiedad la fecha del evento.

Ya ordenó un rico y elegante traje, de conformidad con su posición social y con el nivel alto del patricio romano, Demetrio.

Finalmente, el día señalado, aparece junto a aquellos que lo acompañan por etiqueta y a su servicio.

Una vez allí, se alegra. Hasta donde la vista alcanza, las imágenes lo sorprenden... ¿Habrá caído en el Olimpo? Esteta, por naturaleza, el alma de Ben Azir se extasía y sueña.

Después de unos momentos de caminar, se encuentra con Demetrio. Éste se adelanta, brazos abiertos y una amplia sonrisa:

- ¡Salve, noble amigo! ¡Me alegro que hayas aceptado mi invitación! Hoy celebramos el cumpleaños de mi esposa, Minerva. ¡Siéntete a gusto y sé feliz, al menos hoy, cuando, lejos de nuestros compromisos naturales, podemos animar el alma y el cuerpo, en esta reconciliación!

- ¡Salve, noble Demetrio! ¡Me armonizo con tu alegría y te agradezco la buena acogida!

Observando, muy bien impresionado, la notable elegancia de Ben Azir, Demetrio le lleva a presentarlo a otros invitados. Estos se sorprendieron con su porte, su belleza natural e hidalguía, pero, sobre todo, con la de su presencia...

Consciente de lo que piensan, Ben Azir se esfuerza por mostrar naturalidad y desapego.

Llamando a sus sirvientes, entrega los regalos que trajo a Demetrio. Dándole las gracias, Demetrio se los pasa a sus sirvientes y lo invita a conocer a su esposa.

Ésta, lujosamente vestida y exageradamente ataviada, cómodamente sentada en un estrado alto, rodeada de sirvientes, frutas y bebidas; displicente y protocolar, hace la parte que le corresponde:

- ¡Agradecida por haber asistido y por los obsequios!

Cara a cara, lo analiza, minuciosamente, entre sorprendida y admirada.

- ¡Que los dioses la bendigan, haciéndola feliz, señora!

Bien impresionada con el que su voz melodiosa, sus gestos viriles y a su impecable elegancia, ella llega a la conclusión que allí está una personalidad fuerte, de aquellas que no pasan desapercibidas, donde quiera que sea.

- "De todos modos - piensa, aburrida - va a añadir brillo a nuestra fiesta... ¡Sin embargo, sería mejor si no hubiese venido..."

Analizándola, también, Ben Azir siente que estaría más seguro, frente a una serpiente traicionera y venenosa... saludándola, más una vez, respetuoso, toma su distancia.

En la observación de todo, camina al azar, siendo, por su vez, observado por Demetrio, muy satisfecho con su presencia.

A través de alamedas adornadas con la intención de la representación de los famosos Campos Elíseos, él se interna en los bosques, en medio de una exuberante vegetación. A su alrededor, flores exóticas exudan agradables perfumes. Se respira en profundas inhalaciones, y el aire entra, suave, profundo en sus pulmones. Sediento de vida y belleza, disfruta.

Las chicas, en sus hermosas y elegantes túnicas, juegan a gusto del viento, difundiendo sus alegrías, en una preciosa intensidad.

Los chicos, por su parte, hacen grandes esfuerzos en narraciones, verdaderas o no, de sus hechos, en una natural algarabía.

Ben Azir recuerda que nunca fue así. Nacido con tendencias más serias, enfocado siempre a temas más profundos. Junto a los adultos, se convirtió en uno de ellos; entre los niños, se sentía fuera de lugar. Participaba en juegos y travesuras, por supuesto, pero rápidamente cambiaba el curso de sus pensamientos.

Sin estar triste, nunca se entregó a las locuras que, en general, caracterizan a la juventud. Si no posee "hechos" para narrar, en cambio, nunca pasó por los apuros que la imprudencia engendra para los jóvenes...

Al ver esa alegría exuberante, llega a la conclusión que nunca la tendría, ni tan suelta, ni tan irresponsable.

Ben Azir se siente mucho más viejo que todos esos jóvenes. Sin embargo, deben ser de su edad, un poquito más, un poquito menos... Generalmente, se armoniza con los mayores, y con los "mucho, más, viejos." Le gusta la experiencia y la sabiduría que el tiempo les otorga.

Mientras Ben Azir camina, sus acompañantes reciben un trato adecuado a sus atribuciones.

Incluso aquellos que se sienten incómodos con la presencia del joven no se atreven a contradecir al anfitrión.

La naturaleza ha premiado el día con un sol brillante y un cielo de color iridiscente.

Algo cansado, concluye que necesitaría caminar muchos días para conocer toda la extensión de la exuberante propiedad.

Entonces, regresa a su punto de partida, mezclándose con el alegre bullicio de la pequeña multitud que crece a cada momento.

Involucrado y soñador, no se dio cuenta que una hermosa joven lo observa, desde su llegada. Casi escondida, en un bucólico espacio, entre árboles frondosos, junto a un grupo de chicas que charlan divertidas y saborean dulces, ella, sin perderlo de vista, registra su salida y retorno...

Ahí está Sibila. Extrañamente silenciosa y atraída por aquel bello joven vestido en un traje de color blanco brillante, y que se destaca, sin lugar a dudas, de la pequeña multitud...

Vio cuando Demetrio dio la bienvenida con una visible alegría.

¿Dónde lo había visto antes? Busca en su memoria algún lugar, en algún momento, pero no lo puede recordar... En él, todo le encanta: la caminata altiva, los gestos nobles, los modales refinados, pero sin exageración, la elegancia... No consigue apartar la mirada mientras finge divertirse con los dichos, humorísticos, de sus amigas.

En un momento dado, Ben Azir se siente "observado." Atraído en una dirección específica, se vuelve y se encuentra con su mirada. Haciéndose entender, se inclina, elegante y seductor. El hecho lo deleita; sentirse bajo tan bello como deseable mirada. En su sonrisa, carga la fascinación que conlleva y de la cual es consciente.

Intimidada con la reacción de él, se sonroja y sonríe levemente, mientras baja la mirada, como para pedir disculpas por su comportamiento audaz e invasivo.

Él continúa su camino cuando ve a Demetrio que llega acompañado de unos amigos. Entre estos, a Adriano a quien reconoce pronto.

Molesto, Adriano le lanza una mirada; una mezcla de sorpresa, ironía y desprecio.

Sin acercarse a ellos, Ben Azir espera.

Muy alegre y relajado, Demetrio se dirige a él:

- Mi querido y joven amigo, ¡quiero presentarte a algunos invitados!

Introduciéndolos y llegando a Adriano, comenta:

- ¡A Adriano ya lo conoces! Él vive con nosotros hace muchos años.

Adriano hace una reverencia, cortés pero silencioso. Su mirada habla, sin reservas, del patente rechazo a su persona.

Sereno, Ben Azir le dirige la palabra:

- ¿Cómo estás?

- ¡Estoy muy bien! - Responde Adriano, ignorando su mano extendida, y rápidamente se va, pretendiendo apresurarse a saludar a un conocido.

Demetrio invita a Ben Azir a seguirlo porque quiere presentarle a alguien.

Atendiéndolo, Ben Azir lo ve acercándose a la bella joven que lo observaba a distancia. Abrazándola, Demetrio le da un beso en la frente.

Ella, intimidada por la presencia de Ben Azir, siente una alegría diferente e inesperada... No es solo su rara belleza lo que la atrae... Ha conocido hombres que rivalizan con Apolo en belleza, pero nunca se ha sentido tan conmovida, ni tan interesada...

- Mi querida Sibila, ¡quiero presentarte a mi nuevo amigo Ben Azir!

La voz de Demetrio explota, a sus oídos, devolviéndola a la realidad.

Delicada y con una sonrisa radiante, ella exclama:

- ¡Siento un gran placer de conocerlo, señor! ¡Espero que se sienta cómodo y aproveche al máximo este evento!

- ¡Evento esto - dice Demetrio, sin disimular el orgullo que siente - que tuvo el planeamiento y la ejecución de Sibila, esta hija amada de mi casa! Creció entre nosotros como un raro regalo de los dioses. ¡Ella fue exquisitamente educada y hoy nos recompensa con sus dotes de inteligencia y su inalterable amabilidad!

- Así me confunde, con tantos elogios por favor... -. Dice ella, sonrojándose hasta las raíces del cabello.

Gratamente sorprendido, Ben Azir se dirige a ella:

- ¡El placer de conocerte es indescriptible, noble Sibila! Demetrio, de hecho, ya me había hablado de su dulce y brillante persona. ¡Confirmando, *in loco*, estas felicitaciones, la congratulo, y aprovecho esta oportunidad para agradecer por la invitación y la oportunidad de estar aquí! ¡Acéptenme, si es de su agrado, a partir de ahora, la lista de sus amigos, como el más humilde de ellos! ¡Alabo su incomparable belleza y su privilegiada inteligencia!

Él se inclina, en respetuoso saludo, y ella sonríe, feliz y divertida, mientras reclama:

- ¡De esta forma, nos resultará difícil hablar, querido señor, Ben Azir! ¡No soy tanto como usted cree! ¡Son solo exageraciones de un corazón paternal! ¡Todo lo que soy, se lo debo a Demetrio y a su generosidad!

- ¡Ahora, mi hija, eres fruto de ti misma, en el renovado esfuerzo de cada día! - Complementa Demetrio, amable y sincero.

Sonriendo para Demetrio, agradecida, ella espera con ansiedad los próximos actos de Ben Azir.

Igualmente ansioso, él sugiere:

- ¿Noble Sibila, me podría dar el inmenso placer de acompañarme y descifrar para mí las diversas alegorías instalados a lo largo de los callejones? ¡Me encantaría tener una compañía tan competente como deseable!

Feliz, con la probable oportunidad de conocerlo mejor, Sibila responde:

- ¡Encantada! Caminemos, entonces, en la apreciación de la belleza que aquí se ofrece. ¡Entiendo; sin embargo, que solo estás siendo amable conmigo! ¡Concluyo, y no debo estar equivocada, que ya debes haber apreciado las alegorías de las que hablas y hecho tu análisis, el cual debe ser de los más competente!

Sumergiendo sus ojos en los de ella, Ben Azir desafía:

- ¿Por qué crees eso?

- Porque yo te observé, desde que llegaste. ¡Tu curiosidad habla de tu inteligencia!

Con igual sinceridad, exclama, levantando las manos en el aire, emocionado:

- ¡Oh, invalorable felicidad! ¡Estar bajo una observación tan hermosa como competente, conoce la ambrosía de los dioses! ¡Que los dioses y mi Dios bendigan y defiendan este afecto que comienza aquí, de manera tan interesante y vivaz, entre la belleza y el saber, el arte y la cultura!

- ¡Sí! ¡Que aquellos que nos protegen, sean los dioses griegos o tu Dios, nos bendigan y nos defiendan!

Ben Azir se deleita, con cada nuevo pensamiento que sale de esa hermosa cabeza, con cada nueva expresión de su bello y perfecto rostro, con cada nueva palabra que sale de una boca tan linda y deseable...

Sin poderlo evitar, se siente traicionando a la bella Agar... En ese momento, la novia le parece muy lejana...

Interiorizado, distraído, oye a Sibila preguntar con curiosidad:

- ¿Cambiaste de opinión...? ¡No te preocupes por mí y actúa como mejor te parezca!

Casi de un salto, se defiende:

- ¡De ninguna manera! ¡Perdóname la abstracción, por favor! ¡Nunca perdería la oportunidad de estar al lado de alguien tan bella e inteligente!

- ¿Te impresionas tanto así con la belleza?

- No puedo negarlo, la belleza me fascina, ¡sobre todo cuando estoy en buena compañía!

- ¿Bien acompañado...?

- ¡Sí, de la belleza del alma!

- Ah... ¿Amarías a alguien que poseyera solo la belleza física?

- Sí, en primera instancia. Solo los sentidos estarían actuando en mí, pero sin duda sería algo fugaz, sin posibilidades de futuro.

- ¿Amarías a una mujer fea?

- ¡Estoy seguro que sí, si estuviese fascinado por ella! Cuando amamos realmente, lo feo se vuelve hermoso y los límites entre la belleza y la fealdad se vuelven muy relativos.

- ¡Me siento muy impresionada! ¡Es admirable escuchar a un hombre hablar así, y puede evaluar tu sinceridad!

- Sepa que no solo experimento el lado feliz y hermoso de la vida. Aprendí, desde muy temprano, a separar lo falso de lo verdadero, la verdad de la mentira.

- Su figura irradia dignidad, sabiduría y una amplia experiencia de vida.

- ¡¿...?!

Riendo, divertida, explica:

- ¡Soy muy observadora!

Ella guarda silencio y Ben Azir se da cuenta de alguna intención. Sonríe, animándola a hablar. Entendiendo, ella le pregunta:

- ¿Por qué enfatizas el hecho de no solo vivir el lado bueno y hermoso de la vida?

- ¡Porque asumo, día a día, grandes y serias responsabilidades!

- Entonces... Ocupado, como estás, aceptar la invitación de Demetrio, ¿debe haber sido una deferencia?

- ¡Sí! No suelo ir a fiestas. Podría, sin perjuicio de nadie, haber declinado. Sin embargo, ¡acepté y esperé ese día con anticipación!

- ¿Algo de especial? - pregunta Sibila, ojos curiosos y una preocupación por algo que no puede definir...

- Nada de lo que podía racionalizar. Llamémoslo intuición, ¿de acuerdo?

- ¡Cierto...! Me gustaría escuchar más respecto a tus graves responsabilidades. ¡Confieso que quedé muy intrigada!

Ben Azir se da cuenta que con ella debe ser más cuidadoso. Cortés, responde:

- Te pido permiso para no hablar de eso. Quizás, en otra ocasión...

Con mirada perspicaz, ella mira a Ben Azir, en silencio. Su nuevo amigo tiene secretos...

De todos modos, concuerda:

- ¡Permiso concedido! Hablemos acerca de la belleza, ¿puede ser?

- ¡Naturalmente! Sé bien que nunca agotaremos este tema.

- Estoy de acuerdo. En caso pretendiésemos analizar todas ellas, nunca llegaríamos a una conclusión satisfactoria, pero podemos hablar de algunas.

Sonriendo, encantado, Ben Azir espera sus conclusiones.

Serio, ella comienza el tema:

- Analicemos la belleza diabólica: en ésta, la perfección física llama la atención, pero su presencia instala una sensación de malestar; sus ojos traducen, un no sé qué maléfico... Tenemos, en la historia de todos los tiempos, ejemplos, deslumbrantes.

- ¡Muy bien! Otras bellezas, buenas o malas, fueron recursos oportunos para sus dueños, para someter personalidades poderosas e influyentes, modificando intencionalmente los contextos políticos, civiles o religiosos, de esta o aquella época, demostrando sin disfraces que la belleza conlleva un gran potencial, capaz de influir el mundo para bien o para mal. Aun somos criaturas muy influenciables, porque somos imperfectos y falibles.

- ¡Ciertamente! ¡Lo que importa, de hecho, es que la criatura humana, bella o fea, sea notada por sus virtudes y no por su apariencia!

- ¡Conozco personas consideradas feas que son muy apreciadas y queridas!

- ¡Triste constatación que la belleza es perseguida y deseada obsesivamente por casi todo el mundo! ¡Los que se engañan con la cáscara de la fruta, muchas veces terminan envenenados! Deploro al hombre que vive, sufre y muere alucinado por la belleza de una mujer, sin siquiera reflexionar que esta, casi siempre, solo le trajo dolor y aflicción…

- Por otro lado, el yugo de la belleza que encanta y atrae poderosamente es demasiado pesado para cargar, especialmente para una mujer.

- En cuanto al arte, admiramos la belleza retratada en todos sus matices. Yo particularmente admiro las bellas y perfectas esculturas de los grandes toréutas.

- En una forma o la otra, ¡la belleza nunca pasa desapercibida!

- ¡Las artes, de manera general, nos encantan e iluminar, cuando vienen de un artista talentoso y están bien dirigidas!

- ¡Sí, ellas permiten que un espíritu, astuto y perfeccionista, se deleite y se instruya, en el ejercicio de su potencial, intelectual y espiritual, nativo o no, pero siempre desarrollado ampliado, en la observación inteligente y en el esfuerzo de cada día!

Ambos callan…

No se dieron cuenta que Demetrio, al observar el mutuo interés, discreto, hacía mucho se distanciara.

Sin embargo, esto no es lo que más importa, pero los ojos penetrantes y celosa de Adriano, que no a se atreve a acercarse para interferir, porque teme la toma inteligente y muy desconcertante que Sibila usa, cuando se enfada. Ella sabe defenderse como nadie más.

Odia a Ben Azir, desde que lo vio, por primera vez. Ahora, Sibila presta una atención inusual, para alguien que conoció hace unas horas...

A Demetrio nada pasa desapercibido: ni la afinidad que reina entre los dos jóvenes, ni los celos de Adriano.

Espera con impaciencia la llegada de su hijo que ha estado de campaña, lejos de Roma. Se retrasa, pero vendrá a este evento, al que asisten destacadas figuras de Roma.

Demetrio saluda y atiende a los amigos y los invitados, con una elegancia y delicadeza notables.

Íntimamente, confirma el cariño que sintió por Ben Azir, en casa de su querido amigo Galba. El muchacho, de hecho, corresponde a lo que aparenta. Pero, al ver a Sibila tan encantada, teme, y por muchas razones. Para tranquilizarse, concluye que se está precipitando.

Desde una distancia, Minerva, también, los observa, curiosa y aparentemente molesta. Todo lo que dice respecto a esta agregada, importante y destacada, por causa de Demetrio, la incomoda demasiado; sin embargo, nada puede contra la hija de su odiada rival, que un día destruyó, sin remordimientos, la felicidad de su hogar - conclusión, particular... -. Sibila, para Demetrio, es sagrada, e intocable.

Minerva es consciente del culto patente del marido por la joven, a lo que puede añadir, para su desesperación, el cariño exagerado de Haterio. Este le conoce los escrúpulos en cuanto a Sibila, pero los ignora, deliberadamente.

La fiesta continúa cada vez más intensa.

Como siempre, Sibila encanta a todos, aumentando en mucho el rencor de Minerva: ha aparecido en bailes y ya hizo parte del teatro, ganando aplausos entusiastas. Ahora toca la lira y canta como si estuviera en el mismo Olimpo. Se hace un silencio, casi sagrado, para escucharla. Concentrada y absorta, va de una canción a otra, ejercitando esta forma de arte como pocos.

Ben Azir la admira en éxtasis. Embelesado, la escucha y se involucra, con tan bellas melodías y, mucho más, con el artista.

Ella termina su actuación mientras los vítores explotan.

Siguiendo el programa, poemas son declamados por sus autores o por intérpretes contratados.

Se llevan a cabo juegos, en competencias entusiastas de aquellos que se esfuerzan por ganar y conseguir la deseada corona de laureles.

La hora más esperada e importante del evento es el homenaje a Minerva, que cerrará la primera parte de las celebraciones. Los invitados se dirigirán a ella, reverentes y alegres, por los buenos augurios, en nombre de los dioses y la amistad.

Mientras se deleitaba con la hermosa voz de la Sibila, Ben Azir recuerda sus palabras, al hablar de los dioses y para referirse a Dios, la forma espontánea y natural. ¡¿Tendrá, esta hermosa mujer, algún otro credo y no aquel en el que fue criada...?!

Para Ben Azir, ella se asemeja a un ángel de rara belleza. Su presencia es tan completa y tan querida que eso le confiere cierto poder...

Decide proseguir el aprovechamiento de todo lo que allí se ofrece. El aire fresco, que viene del bosque, es embriagador. Necesita interiorizarse, entenderse a sí mismo; evaluar lo que en el momento lo sorprende, lo que requiriendo precaución y una mayor comprensión...

Observador llega a la conclusión que los romanos saben gozar la vida y todo los que ella ofrece, sin restricciones y sin reservas.

Libre, por fin, de sus actividades y de aquellos que tratan de monopolizarla, Sibila vuelve a la observación de aquel que le parece tan conocido y tan atractivo... Distraída, no se dio cuenta que Haterio, desde la distancia, cuidadoso y celoso, estaba observando sus pasos. Él, que ya había llegado, a tiempo de escucharla cantar, pretendía acercarse, cuando él notó alguna intención y esperó.

Decidida, busca a Ben Azir. Lo encuentra, se acerca y reanuda la conversación interrumpida.

Haterio palidece, tiritando en una rebelión desenfrenada. ¡Aquel hombre que nunca se vio, pero que fácilmente lo desgracia, parece interesarse por Sibila, siendo por su parte, galardonado con su atención y sus sonrisas!

Conoce bien a esa hermana de crianza que se transformó, poco a poco, en la mujer más deseada de su existencia. Así como Adriano, él también ya percibió el riesgo que corre, con la presencia del indeseado invitado...

Investido de su incuestionable poder, Haterio está rodeado por aquellos que desean felicitarlo, se hace notar, aprovechar la ocasión para conseguir algún favor, simplemente ser visto hablando con él, o simplemente estar junto a él. Personalidad tan poderosa, siempre arrastra, detrás de sí, una multitud de ambiciosos e interesados. Difícil deshacerse de esto, donde sea que esté. A menudo, él usa la mala educación ante el comportamiento inconveniente de algunas personas.

Saludó a su padre y besó a su madre, en un comportamiento de pura etiqueta. Saludándola por su cumpleaños, le dio una joya tan preciosa que la hizo ensanchar los ojos y dar gritos de asombro:

- Madre querida, además de esta pequeñez, te traje, también, una lujosa litera de última moda, verdadera obra de arte, salida de las manos habilidosas de un famoso artesano griego.

- ¡Oh, mi querido hijo! Vamos a verla, ¡no voy a posponer ni un momento esta satisfacción!

- ¡Sí, hazlo, ve con Nestorius! Él sabe dónde está. ¡Voy a ver al amigo, el senador Victorio, y tengo un asunto urgente con él; discúlpame y alégrate con tu regalo!

Sin esperar la respuesta, Haterio se va, de hecho, a vigilar a Sibila. Minerva llama a los sirvientes y sale en busca del rico vehículo.

Haterio se acerca a su padre y le pregunta, frunciendo el ceño:

- Padre, ¿quién es aquel "judío" - Haterio enunció la raza de Ben Azir, articulando furiosamente la palabra entre los dientes - vestido de blanco, ostentoso y arrogante, que camina "libremente" por nuestra propiedad?

- ¡Oh, sí! Es un buen amigo que conocí en la casa de Alicius Galba, cuando estaba en Jerusalén. ¡Es un noble muchacho, inteligente y de carácter! Galba lo consideraba como un gran y querido amigo. Conociéndolo, finalmente pude confirmar todos los elogios que le dispensaba mi difunto amigo.

- ¡Pronto lo vi! ¡Amigo de Galba...! Si así lo recuerdo, los "nuevos amigos" del padre de Adriano no era lo que se puede llamar de nobles, ¿no? Enemigos de Roma es lo que son; ¡lo sabemos, y la causa de su deshonra!

- Haterio, ¿cómo puedes etiquetar a la gente así? ¡Los pones a todos en la misma red, incluso si son de diferentes tamaños! ¡Mi amistad con Galba era tan sagrada que te digo que, si no fuese por él, no por él, no habría sobrevivido para ser su padre!

Cara a cara con su padre, Haterio parece sordo. No le importan en absoluto sus argumentos.

Volviendo a la carga, reprende duramente a Demetrio:

- ¡Me sorprende, ante su notable incompetencia y negligencia, al mando de nuestra casa, en mi ausencia!

- ¿En "tu ausencia", Haterio? ¡Ordeno que me respetes, al menos hoy, en el cumpleaños de tu madre! ¡No, no quites el placer de tenerte con nosotros! ¡Nadie necesita saber sobre nuestros desacuerdos! ¡Si estoy en "mi casa" y en "mi propiedad", es justo que invite a los que me agradan, incluso si esto puede molestarte! No soy, uno de tus subordinados, Haterio, ¡recuerda esto!

Colérico y exaltado, Demetrio simplemente llamando a la atención de las personas que estaban cerca. Lo lamenta, pero no pudo controlarse.

Haterio no se rinde y amenaza:

- ¡Yo te advierto que voy a estar vigilando a tu "ilustre invitado"! ¡En caso haya necesidad, yo utilizaré a mi incuestionable autoridad legal! Esta, padre, ¡no la puedes ignorar! ¿No te das cuenta que nos agredes a todos cuando nos impones presencias exóticas como esta, ajena a nuestra vida y nuestra realidad?

Profundamente humillado, Demetrio se intimida a presentar a los dos, sería un desastre.

Haterio tiene el don de hacerlo sufrir; siempre fue así.

Los pares del hijo, vestidos de manera similar y lujosamente caminan por entre los invitados, con ojos de águila, con una fiscalización que molesta e intimida. Son los ojos de César.

Ahora, Ben Azir tiene sobre él dos miradas peligrosas: la de Adriano y la de Haterio.

Demetrio llega a la conclusión que, en realidad, fuera imprudente desafiando las normas endurecidas de Haterio, tan duras como su corazón.

Este hijo parece haber nacido bajo el signo de la crueldad. Él sigue, cultiva e incentiva, el poder que representa. Ejecuta leyes y órdenes por más despiadadas que sean. Demetrio imagina que él actuaría de la misma manera con la misma familia, desde que tuviese que elegir entre esta y su sumisión, incondicional, al César.

Demetrio perdió su espontaneidad natural.

Entonces Ben Azir viene a buscarlo. Educadamente pregunta:

- ¿Qué pasa, noble Demetrio? Si me permite la pregunta, naturalmente.

- Nada de más, querido Ben Azir; me aborrecí con mi hijo mayor que acaba de llegar.

- Entiendo... Cosas de familia, ¿no? Todos tenemos esos contratiempos.

- Sí, tienes razón. Pero dime, ¿qué estás pensando de la fiesta?

- ¡Todo lo que veo me encanta! ¡Hay tanta belleza, armonía y luminosidad! Me alegro de haber venido y más una vez más gracias por la amable invitación, que debe haber molestado a más de uno... ¡Mi presencia incomoda, lo sé! Sin embargo, debo decirte que me siento muy bien aquí.

- ¡Gracias por tu comprensión, mi querido muchacho!

- ¡Cálmate! Yo sabía que sería así, pero no tengo la costumbre de intimidarme ante los conceptos previamente establecidos. ¡Es parte de mi naturaleza desafiarlos!

- Mi amigo Galba sabía elegir a sus amistades. Estoy orgulloso de ser parte de esa pléyade. Éramos soldados de Roma, luchamos hombro a hombro, en una admiración y respeto mutuo e incondicional. Desde la juventud andamos por los mismos caminos. Los riesgos que corrimos juntos nos unieron demasiado. Lamento mucho su muerte...

- Comparto este sentimiento de pérdida y el anhelo.

Incapaz de contenerse, Demetrio le pregunta:

- ¿Qué es lo que piensas de mi protegida? Vi que hablaban mucho. Sibila elegir muy bien a aquellos a los que da a su atención. Es sabia por naturaleza.

- Me agradó mucho y nos hicimos amigos.

- Te pido que seas extremadamente cuidadoso. Tenemos aquí algunos hombres muy celosos de la amistad de ella y te pueden crear problemas. Es obvio a los ojos de cualquiera la atención especial que ella te concedió.

Tal declaración, proveniente de Demetrio, tocó el corazón de Ben Azir, pero al mismo tiempo le causó cierta vergüenza. ¿Qué pensaría Agar al verlo tan emocionado por Sibila? Se decidió por la sinceridad:

- Ten la seguridad, noble Demetrio. Estoy de novio y mi matrimonio se acerca. Mi novia se llama Agar y es tan hermosa como tu protegida - él no quiso pronunciar su nombre, para fingir indiferencia; indiferencia que estaba lejos de sentir.

- Menos mal, amigo. ¡Cásate y sé muy feliz! – Remató Demetrio; sin embargo, sin estar muy seguro de lo que escuchó y lo que dijo.

Al ver la fascinante figura de la Sibila, Ben Azir duda mucho de sus propias declaraciones... Hasta ese momento, Agar dominaba su joven y ardiente corazón...

Demetrio captó su inseguridad frente a Sibila y las miradas seductoras de su hija adoptiva dirigidas hacia él.

Tal vez allí estuviese una solución a los sus problemas con respecto a Adriano. Demetrio ni siquiera podía imaginarlo, Sibila involucrada con alguien tan irresponsable y con un futuro tan incierto. Menos aun con Haterio, que no conseguía disimular su pasión por ella - este, era el mayor tormento de su vida... -. Interiorizado, suspira...

Observándole las emociones, Ben Azir concluye que Sibila debe ser mucho más que una simple agregada en su hogar.

Silenciosos, caminan uno al lado del otro, cada uno inmerso en sus propios pensamientos.

Haterio aborrece el ingenio de la Sibila, que lo mantiene a distancia, sin ofenderlo o incluso herirlo. Tratándolo con familiaridad - después de todo, crecieron juntos -, se protege a sí misma.

Adriano, completamente fuera del control, ya se desentendió con varias personas, mostrando su agresividad; agresividad, ésta, la cual él generalmente disfraza.

Dejando a su madre en casa, con amigos y familiares más cercanos, fuera a la fiesta solo por causa de Sibila.

La fiesta en sí misma no le interesaba, en absoluto. Sus nervios, acostumbrados a fuertes emociones, desdeñan las alegrías saludables de la familia.

Al verla interesada en Ben Azir, se alegra de haber venido.

Se siente tomado de furia, cuando algunos de los invitados, con intención o ignorancia, hacen preguntas respeto de los últimos meses de la vida de Galba y lo que él vivió por causa de algunas denuncias... Otros pretenden no verlo, despreciándolo, abiertamente.

De Haterio ya escuchó reproches, muy irrespetuosos, en cuanto al comportamiento de su padre. Sin embargo, no reaccionó, pero... no puede arriesgarse... quiere mantener los privilegios que le otorga Demetrio.

Haterio, a su vez, incluso condenando el comportamiento de Galba, y a pesar de lo que le dijo a Adriano, lo exime de culpa. Sabe que este viste la ropa y el alma de su casa.

Desde el fondo de su alma imperfecta, Adriano deplora al padre que la vida le otorgó.

Cuando se enteró que tenía la intención de asistir a la fiesta, Berenice le preguntó con los ojos llenos de lágrimas:

- ¿Pretendes alejarte de casa como de costumbre? ¿Tienes intenciones de continuar viviendo en Roma, a pesar de la muerte de tu padre?

- Por ahora, solo voy al gran evento patrocinado por Demetrio. Allí encontraré a personas que me interesan. ¡También debo pensar en mi futuro!

- ¡Me siento insegura, Adriano! Ahora cuento simplemente contigo. La voluntad de tu padre, sin duda, es que permanezcas aquí, a mi lado, y dirigiendo nuestra casa.

- Ahora, mi madre, ¿y en cuanto a mi carrera? - Preguntó molesto. Berenice, exasperada, no pudo contenerse:

- ¿¡De qué carrera estás hablando, Adriano...?! ¿De aquella que siempre menospreciaste? ¿Qué has hecho todos estos años con los recursos que te enviamos? ¿Qué has hecho en la vida, hijo? ¡Nunca tuviste consideración con nuestro esfuerzo para apoyarte y darte oportunidades, financieros y morales, a fin de que invirtieses, de hecho, en esta carrera de la que hablas, pero de la que vives tan alejado...! No subestimes mi inteligencia y la de tu padre, Adriano, que apenas se enfrió en la tumba y tú, ingrato, ¡ya lo olvidaste!

Berenice, finalmente callada, temblorosa, deja que las lágrimas fluyan libremente.

En estado de shock, sorprendido por el insólito discurso de su madre, Adriano pierde la condición de defenderse. Avergonzado, recuerda las advertencias sensatas de Sibila...

Al verlo en silencio, desarmado e incapaz de refutarla, Berenice quiere saber - Ahora irá hasta el fin. No lo hecho antes a causa de la enfermedad de su marido:

- ¿Qué me dices, hijo?

Acorralado y resentido, Adriano responde agresivamente:

- ¿Qué podría decirte? ¿Que he sido torpe y que por eso no me he realizado todavía? ¿Que no he tenido suerte? ¿Que, lamentablemente, no nací en casa del patricio Demetrio? ¿Que ustedes me impusieron conceptos que no encuentran, nunca, eco en mi corazón?

Es el momento de la verdad, desnuda y cruda. Berenice agradece a los dioses que Galba no esté allí; escuchando, al igual que ella, las payasadas de su hijo.

Insensible, Adriano sigue casi a hablar solo, tal es su delirio:

- ¡Quiero ser poderoso en Roma! ¡Vivir allí una vida dorada! ¡Ser "uno de ellos" y no solo alguien que se convirtió en un agregado en la casa de un poderoso patricio, aprovechando las migajas que caen de su mesa! Y, a pesar de tu rebelión y de tu desaprobación, ¡seguiré intentándolo!

Berenice, devastada, comenta:

- Hijo mío, ¡lamentablemente compruebo que siempre nos renegaste...!

Sin dudarlo, a pesar de la notable fragilidad de Berenice, Adriano contraataca:

- ¿Esperaste a que mi padre muriera para lastimarme, como lo haces ahora? Si siempre pensaste de esa manera, ¿por qué nunca tuviste el coraje para condenarme?

- Por amor a ti y respeto a los sentimientos de tu padre! Sin embargo, hijo mío, ¡debo advertirte mientras aun hay tiempo! ¡Caminas en una ceguera voluntaria hacia un abismo tenebroso!

- ¡Te equivocas! ¡Es demasiado tarde! ¡Este es el camino que escogí y ni tú ni nadie, me va a impedir llegar a mi destino! ¡Abomino esas predicciones, que salen de un cerebro derrotista como el tuyo! ¡En efecto! ¡Nunca pensé que mi madre fuera mi enemiga!

- ¿Cómo puedes decir eso, Adriano? ¿No ves que estoy tratando de protegerte de ti mismo?

- ¡Nada de lo que digas o hagas va a cambiar mi manera de pensar, date por vencida!

Adriano levanta cada vez más la voz y adquiere un aire autoritario, ante la fragilidad materna. Mira a su madre, de arriba abajo, en actitud de desprecio y concluye, enfáticamente:

- Después que regrese del festival, del cual no me puedo eludir, pensaré en los procesos legales que me permitan, finalmente, cuidar de mi vida, sin tu autoridad y sin tus objeciones, que nunca me impresionaron y que nunca seguí, ¡bien lo sabes!

Berenice, sin proponérselo, le había dado al hijo ingrato, la posibilidad de posicionarse a su vez...

- ¡A pesar de lo que dice, Adriano, recuerda que siempre nos destacamos por amor, a tu gran ingratitud!

- Bueno, bueno, ¿más recriminaciones? ¿Quién necesita enemigos cuando los tiene en su propia casa?

- ¡Oh dioses! ¡¿Qué hiciste de nuestro amor, Adriano...?! - Ella se pide un hilo de voz.

Pálida, apenas se sostiene en las piernas. Le parece que en cualquier momento perderá los sentidos... Pasa la mano por la frente bañada de sudor y baja la cabeza... Agotada, se interioriza, y recuerda el dolor de Galba, a su enfermedad incurable, las noches sin dormir, la certeza de la inminente separación...

Ahora recuerda a Adriano pequeño, bello y animada, corriendo por la casa... Sus cuidados, el amor del padre tratando de armonizarlo con sus principios y rebeldía sistemática de Adriano... Su ida a la casa de Demetrio a los doce años, cuando ya demostraba, sin disfraces, la alegría de deshacerse de la disciplina hogareña y familiar...

Le parece que el tiempo no ha pasado...

Hoy... ¿Dónde, está el hijo querido? ¿Dónde están las esperanzas de Galba y las suyas? ¡¿Quién es este que le habla con tal falta de respeto e ingratitud...?!

Berenice busca la cama, se recuesta en ella y guarda silencio. Cierra los ojos e ignora todo lo más...

Adriano, por un breve momento, se siente conmovido. Nunca había visto a su madre así... Se queda mirando a su casa sufrida... Él sabe cuánto ella se merece lo y lo mucho que le debe a su padre... Lo que es y lo que decidió ser, será de su total responsabilidad... ¡Se imagina, cómo se sentiría si ella supiera de sus locuras...! Tocado por tanto amor, él le pregunta:

- ¡Por favor, cálmate! ¡Hablaremos más tarde!

Respirando mal, Berenice le responde, complaciente:

- ¡Confío en los dioses! ¡Debes estar fuera de control! ¡No creo que sea así, el hijo querido que yo amo!

- ¡No te equivoques conmigo, madre mía! - Él contesta con sinceridad -. No puedo y nunca podré corresponder a tus deseos, que son la extensión de la voluntad de mi difunto padre. Quiero despedirme, sin enemistad. ¡Pero no esperes demasiado tiempo para que no te lastimes, inútilmente!

- ¡Por más que un hijo lastime a su madre, ella lo amará, siempre!

Adriano se calla. Se siente muy mal. Necesita irse, deshacerse de ese diálogo peligroso de una vez por todas.

Sin embargo, su madre, recuperando su ánimo, insiste:

- Adriano, en caso vuelvas a vivir en Roma, ¿pretendes olvidarme?

- ¡Veremos cómo acomodar todo de la mejor manera! Cuando regrese, decidiremos. En su pensamiento; sin embargo, concluye: "Eso lo decidiré..."

Besó la frente, que se dirige a la salida. Antes de irse, retrocede y destaca:

- Necesito preguntarte algo, ¡muy importante!

- ¿Sí? ¡Dime, hijo mío! ¿Qué es lo que quieres?

- ¡Que no tomes ninguna acción en mi ausencia! ¡No negocies o prometas cualquier cosa con respecto a nuestros negocios y bienes!

- ¡No te olvide que Demetrio recibió órdenes explícitas de su padre acerca de esto!

- ¡No lo he olvidado, pero por encima de la voluntad y el propósito de mi difunto padre, o Demetrio, pretendo rescatar, legalmente, mi autoridad, y resolver todo como yo quiera!

¡Nuestra rica propiedad, con todo lo que representa y contiene, me ayudará, por fin, a modificar mi historia! Necesito mostrar poder financiero. ¡Este es un factor de esencial para mi carrera y mi futuro! Como amigo y agregado de Demetrio, tengo fácil y garantizado acceso a su persona. ¡Sabré, obstinadamente, luchar por lo que me pertenece, de hecho y de derecho!

Berenice guarda silencio. Lamenta la ceguera y la inmadurez de su hijo. Él va a encontrar obstáculos, legales, frente a lo que Galba preparó y sacramentó, antes de partir. Galba sabía, desde siempre, la dirección que el hijo daría a todo los que había acumulado. Si Adriano pudiese, la despojaría de todo y se iría a vivir en Roma; distante y libre de su presencia.

Pálida de muerte, siente que su corazón late salvajemente. Un dolor agudo en el pecho, se instala. Disimula, para no ser malinterpretada por el hijo que demuestra, sin disfraces, su enemistad y su desinterés. Con cierta dificultad, le ruega por agua. Su garganta está seca.

Adriano ordena el cuidado de la criada más cercana, y antes de irse, confirma:

- ¡Estamos de acuerdo, entonces! ¡Cuando vuelva, me ocuparé de todo! ¡Por fin podré vivir como siempre quise...!

Con el alma en jirones, Berenice saber que, comenzando ahora, no tiene más espacio en la vida de Adriano... Su esperanza es la fidelidad de Demetrio, en el cumplimiento de las últimas voluntades de Galba.

Los pasos del hijo, por los pasillos, resonaban fuertemente dentro de su alma amorosa y desencantada...

Sin mirar atrás, Adriano se dirige a las festividades, en las que se encuentra ahora, espiando a Sibila.

Después de reconfortarse con agua y respirar mejor, Berenice se levanta con pasos vacilantes y busca el altar doméstico. Allí, fervorosa y en lágrimas, le pide a los Manes por su hijo que revela una notable desorientación... Él anhela poder y gloria, pero no sabe nada acerca de ella, a no ser lo que puede ver...

Conoce la competencia de Demetrio y su patente honestidad, y espera a su hijo encuentre, en éste, una barrera providencial para sus malévolas intenciones.

Piensa en el querido amigo, el senador Rufus... Éste jamás le faltará. Ahora entiende por qué siempre fue evasivo en cuanto a las preguntas de Galba sobre los estudios de Adriano en las escuelas, en las que gastaba ríos de dinero. No pudiendo ser capaz de elogiarlo, tampoco lo condenaba, respetándoles su amor filial...

- "Bueno y querido amigo...! ¡Que los dioses te guarden y te hagan feliz!"

Suplicante a los poderes divinos, piensa en Adriano:

- "¡Oh, hijo de mi alma! Solo el sufrimiento enseña, en efecto, a los que son como tú... ¿Qué es lo que siembras a tu alrededor? ¡Cardos y espinas que te harán daño a lo largo de tu vida!"

En sus mejores recuerdos: el nacimiento de su hijo, sus primeros pasos, sus primeras palabras... ¡Qué hermoso era, cómo era admirado por todos! ¡¡Cuántas esperanzas les había traído!! ¡Era un regio regalo de los dioses...! "Oh, dioses, protéjanlo de él mismo..." - Ruega, una vez más...

Más fortalecida, después de las oraciones, ella se dirige a la cama, en un intento de acostarse, pero todo da vueltas a su alrededor y perdió los sentidos.

No se levantó más de la cama. Su mal no es solamente el cuerpo, sino del alma...

- En ese día y el siguiente, Berenice ni siquiera escuchará hablar a su hijo, que sin duda estará cuidando sus propios intereses, en Roma.

✳ ✳ ✳

EN LA QUINTA, MUY molesto con la patente disposición de Haterio en imponerse, y la vergüenza con su sistemática persecución a Ben Azir, Demetrio decide actuar, presto, para preservar la seguridad y la vida de su nuevo amigo.

Acercándose a Sibila, aconseja:

- Hija, en dirección a Ben Azir, acecha un peligro que tiene muchas cabezas y muchos ojos; necesito de tu ayuda para protegerlo. Nosotros sabemos la razón de estas agresivas intenciones.

Entendido, Sibila se disculpa:

- Siendo tu invitado, juzgué por bien hacerle los honores de la casa...

- Y ellas nunca fueron tan llevadas en serio, ¿no es verdad?

Ella se sonroja ligeramente. Menos mal que Demetrio, siempre alerta, vino a advertirla.

- Perdóname... ¿Qué es lo que quieres que haga?

- Ocúpate todo lo que puedas, y mantente distante del joven. Haterio está muy exaltado. Su mal humor está pésimo, desde que aquí llego, por alguna razón que desconozco. Su verdadera intención es provocar a Ben Azir y destruirlo. Nunca me perdonaría si, a mi invitación, este joven fuese perjudicado, siquiera en un hilo de cabello. Los pares de Haterio vigilan a Ben Azir, armonizándose con las intenciones de mi hijo. Me sorprende, debo decir que, el estoicismo de este muchacho. Pretendiendo ignorarlos, pero queda discretamente en guardia, actúa como si nada estuviese sucediendo. Aquellos que vinieron con él están temerosos, porque conocen la fuerza de Haterio, ¡especialmente en su propia casa!

Sibila recuerda la frase de Ben Azir, en cuanto a vivir, no solamente el lado bueno de la vida, y comenta:

- Tal vez esté acostumbrado a los peligros, ¿quién sabe? De todos modos, su valor es notable, ya que de la aceptación de tu invitación a su asistencia y reacción a las provocaciones de Haterio o de cualquier otro. Haré lo que digas, descansa y disfruta de la fiesta, ¿sí?

- ¡Gracias! - Demetrio se aleja.

A cierta distancia, Minerva los observa con atención. Presiente que la conversación de los dos tiene que ver con el estado de ánimo de Haterio, porque éste revela sin disimulo, su rebelión con la presencia de ese joven hermoso y elegante, el judío rico y amigo de Demetrio.

Envolviéndose más con los invitados y las diversas atracciones, Sibila se distancia de Ben Azir.

Haterio se le acercó y lanzó al aire algunos epítetos ofensivos relacionados con los judíos. Sus compañeros se rieron a carcajadas.

En ese momento, Ben Azir llevó a la mano la daga, afilada, que lleva el cinturón, mientras Haterio acariciaba el mango de la hermosa espada que complementa su rico atuendo.

Sus miradas ya se cruzaron varias veces a lo largo de la intimidación que él hace a Ben Azir.

Haterio analiza su prudencia al desviarse del peligro; sin embargo, experimentado y práctico en todas las formas de ataque y defensa, admira su auto confianza y la intrepidez, notables, a pesar de sus esfuerzos hercúleos por controlarse.

Recuerda, rápidamente, que él es amigo de Galba, partidario del grupo de rebeldes... Muy intuitivo, se dan cuenta que finalmente encontró el extremo del hilo de la madeja... Sonriendo, satisfecho, Haterio llega a la conclusión que, después de todo, su ¡padre, le había hecho un gran favor!

Pasando los pensamientos a Sibila, lamenta su insubordinación y su falta de interés. Ella lo trata, fraternal y amigablemente, de quererle bien, de verdad, y por gratitud.

Ben Azir y Sibila, a su tiempo, en un intercambio inteligente de miradas, hablan de aquello que están viviendo. Tales desafíos los unen incluso más.

Ben Azir lamenta la imposibilidad de seguir conociéndola como él quería. Antes de partir, encontrará alguna forma de despedirse.

Al hablar a Demetrio de su próxima boda, lo hiciera, sin duda, para defenderse... Pero ¡¿de qué o de quien...?! Sin duda de sí mismo...

Por otro lado, Adriano los vigila a todos, interesado en el curso de los acontecimientos, en la esperanza que lo que venga a suceder pueda favorecerlo.

Demetrio considera oportuno informar a Sibila respecto al compromiso de Ben Azir:

- A pesar de todo lo que te dije, hija, quiero darte las gracias por la maravillosa atención dispensada a mi invitado. Conocí a Ben Azir en la casa de Alicius Galba. Hemos hablado mucho, descubriendo puntos en común que nos unen, esta nueva amistad. Galba le elogiaba la valentía y el carácter, innegables, y tenía razón; aquí pude observar la serenidad con la que afronta el peligro y los desafíos.

- De hecho, ¿qué sabes de él? - Pregunta ella, finalmente, dándole a Demetrio la oportunidad que desea.

- Sé que pertenece a una familia tradicional y muy rica de Capernaum. Su familia es muy respetada y querida, en toda la ciudad y en lugares muy lejanos, pues son comerciantes de especies y de cuero. Ben Azir, a pesar de ser joven, es el brazo derecho de su padre y muy apegado a la familia. Este, a su vez, le dedica mucho cariño y admiración. Me ha informado que muy pronto se casará y que su novia es muy bella.

Demetrio observó la palidez, instantánea, de Sibila. Había golpeado el objetivo de lleno. Lo lamenta, pero era necesario.

Superando los primeros momentos de sorpresa, responde:

- Siento que me estás avisando y me proteges, pero te garantizo que no es necesario. Nos hicimos amigos y nada más, tranquilo.

- Como siempre, me entendiste muy bien. Gracias por entender. Como puedes ver, ustedes están siendo hábilmente observados por muchos, a los cuales esta nueva "amistad" les molesta.

- ¡Nadie tiene el derecho de restringirme los pasos y las intenciones!

- Cuando hablas de derechos, te olvidas que no todos siguen las reglas de la buena convivencia, Sibila.

- Sé que hablas de Haterio...

- Más una vez, lo entendiste.

- ¡Entendí, pero no me someto! ¡Siempre que me retiro, es para avanzar, después!

- ¿Estás declarando la guerra a tus oponentes?

- Podemos decir que sí. Por qué no, ¿verdad?

- Querida, diste el privilegio de tu atención a este chico que, si tiene tus valores, no hace parte de tu mundo, además de haber despertado la ira de muchos, contra los cuales él nada puede. Y más, siendo muy realista: ¿qué razones podría tener él para aceptarle los desafíos...?

Enrojecida hasta las raíces de su cabello, Sibila comprende y guarda silencio. Mira desde la distancia, muy decepcionada.

Demetrio lamenta ser la causa de su tristeza; sin embargo, tiene la costumbre de protegerla de todo y de todos, por encima de cualquier otro interés. Desafortunadamente, sabe que no siempre podrá hacerlo.

A Sibila le gustaría estar sola y muy lejos de allí. Le gustaría, de hecho, que este día nunca hubiese sucedido. Se siente atacada en sus derechos más legítimos. Pero lo que más la entristece e incomoda es saber que su "nuevo amigo", con el que armoniza tan bien, está comprometido...

Probablemente nunca lo volverá a ver.

Demetrio la abraza por los hombros y le dice afablemente:

- Tranquilízate y disfrutar de tu admirable trabajo. Voy a estar de pie en la defensa de aquellos que nos puedan herir. Es parte de nuestras vidas, observar a griegos y troyanos...

- A veces, padre querido – ella le habla así, en la intimidad, y el corazón de Demetrio se derrite como un panal de miel -, ¡simplemente queremos vivir! Sin embargo, descansa tu corazón; tendré más cuidado, lo prometo.

- Hoy día, has olvidado las "reglas..."

- Reglas, a las cuales no siempre me someto, sobre todo cuando ellas me impiden ser yo misma...

- ¿Admites, entonces, que te interesaste por nuestro querido invitado?

- Sí… - responde ella, con sinceridad y valentía.

- ¡Entonces, hija, te suplico mucho, mucho cuidado...!

En silencio, ella baja la cabeza.

Demetrio se va, triste y con el corazón lleno de malos presentimientos...

Las horas pasaron, sin que Sibila y Ben Azir pudieran reaproximarse.

Por la noche, notando que los vapores del alcohol ya hacían de aquellos que tienen el hábito rebelde de beber ablanden los sentidos, Sibila se acerca a Ben Azir y le dice:

- Perdón por los contratiempos que surgen, los que no podemos, ni yo, ni Demetrio, evitar.

- ¡Si tuviese que enfrentarlo todo de nuevo, simplemente para verte, lo haría sin vacilar por un momento!

Dudando de lo que escucha, y concluyendo que, a pesar de sus dotes de carácter, Ben Azir, bello y disputado, debe tener la costumbre de la conquista fácil, no se contiene y comenta, severa:

- ¡No deberías hablarme así!

Ben Azir lo entendió. Demetrio ya había hecho su parte.

- ¿Por qué no? ¡Sentí por ti una repentina y maravillosa simpatía! ¡Nos sintonizamos con los mismos pensamientos y los mismos gustos! ¿Qué nos impide ser amigos? ¡Repito que enfrentaría todo de nuevo!

- Gracias por tu buena intención, pero dudo que puedas lograrlo.

- Quién sabe, ¿no es así? ¡La vida es asombrosa, a veces!

- Me alegra que pienses eso. Esta amistad que surge me agrada mucho. Estoy agradecida por tu asistencia; tu presencia realzó este evento.

Para el joven, parece que ella lo está despidiendo, cortés e indiferente, siguiendo solo los protocolos habituales. Lo lamenta, pero nada más puede hacer o esperar, aparte de lo que ya ha logrado. Aun así, confiesa:

- Entiende que haré todo lo posible para volver a verte y continuar en el mismo tono. Estoy agradecido a sus dioses, y a mi Dios, por haberme dado la oportunidad, sinigual, de conocerte. ¡Un regalo como este es muy raro!

- ¡Cuidado! - ella añade, atrevida - ¡Los dioses son griegos, y sus regalos, a veces, son muy traicioneros!

- ¡Acepto el consejo, y te digo que los regalos de mi Dios solamente nos traen felicidad, incluso a pesar que sea en medio de dolores y dificultades!

Sibila entendió el mensaje. Se siente mejor, más querida... El futuro es siempre una incógnita...

Sonriéndole, luminosas, estrellas brillando en los ojos del color del cielo, ella asiente:

- ¡De acuerdo! ¡Esperemos aquello que los cielos nos tienen reservado! ¡Espero que esta hermosa amistad que comenzó hoy se perpetúe *ad aeternum*!

A Ben Azir le encantó lo que escuchó...

Demetrio, temeroso y vigilante, llega y exige su atención.

Ben Azir aprovecha para despedirse y agradecerle su hospitalidad. Él y Demetrio se abrazan.

Inclinándose, reverente, totalmente sometido a los encantos de Sibila, Ben Azir le dice, mirándola a los ojos:

- ¡Hasta otro momento, noble Sibila!

- ¡Hasta otro momento, noble Ben Azir!

Arrastrándola providencialmente, Demetrio le impide acompañarlo hasta la salida de la Quinta. Sería imprudente...

Reuniendo a aquellos que vinieron con él, Ben Azir regresa.

Mientras lo hace, se sumerge en profundas reflexiones...

11.-
LOS DOS LADOS DE LA MONEDA

ALABANDO EL PODER que representa, en la elaborada y falsa palabrería que utiliza para engañar y convencer; Ben Mordekai ejerce, una vez más, con su papel. Esta; sin embargo, puede ser la última en su larga vida como sacerdote, porque dentro de unas horas habrá una reunión del Consejo de Ancianos para decidir, oficialmente, su destino.

Desafortunadamente, surgieron rumores de su participación en robos y corrupciones y, como un rastro de pólvora, la noticia se difundió.

Personalidad religiosa e influyente de la secta de los fariseos, Ben Mordekai se sorprendió, de repente e inesperadamente, en una red de intrigas, tan grande e inevitable, que se será difícil, si no imposible, escapar ileso.

Investigado, sin respeto ni piedad, las sospechas quedaron comprobadas.

Ahora, la desgracia de enfrentar el juicio de quienes vigilan, como arpías, las acciones de sus subordinados.

¡Pero, ¿de dónde le habría venido tanta desgracia...?! ¡De su propia casa salió la vergonzosa sedición! Veamos cómo sucedió todo:

Su sobrino Jesse - el "amigo" de la casa de Paulus - lo acusó de robo, deshonestidad y corrupción, y confesó su propia complicidad - ¡Oh, descuido y ceguera! ¡Refugio, bajo el mismo techo, un cómplice!

Pero, ¿qué motivó a este ingrato a actuar así?

Su rebeldía, al verse rechazado, cuando quiso casarse con su bella prima, Jezabel, la hija más amada de su tío, el ilustre fariseo Ben Mordekai.

¡Joven hermosísima! Ojos negros como la noche; piel blanca como la leche; labios dulces como un panal de miel; cuerpo sensual y atractivo, como una serpiente cuando hipnotiza a su presa antes de devorarla...

Loco de amor y plenamente correspondido, él pidiera su mano en matrimonio, siendo rechazado por Ben Mordekai.

Éste lo llamó inútil, ladrón y vagabundo, mientras escupía a un lado; exponiendo, sin remordimientos, su menosprecio por una unión que definió como repugnante.

Acto continuo, Ben Mordekai ordenó a sus sirvientes a azotar a Jesse y arrojarlo a los perros. Gritado declaró que así lo hacía para que él renunciara a la más fina flor de su casa; la luz de sus ojos y la inconfundible esperanza de un matrimonio ventajoso.

Ben Mordekai no divide y ni resta, solo suma y multiplica, codicioso y ambicioso.

Soltando fuego a través de sus fosas nasales y amenazando con tomar venganza, execrado por su tío, Jesse herido y arrastrándose, tal era la dificultad para caminar después de los golpes y las mordeduras de los perros.

La sangre goteando por la nariz, maldiciendo y rogando a los cielos todas las formas de desgracias para el tío, él desaparece en las calles, mientras que la hermosa Jezabel llora convulsivamente, sin que nada pueda hacer.

Vigías en las entradas le impiden regresar o intentar volver a ver a la joven.

El infeliz muchacho vagó unos días, sin rumbo, por la ciudad. A cuantos encontraba, hablaba de Ben Mordekai, tirando al viento su vida pública y privada.

Ayudándose con algunos conocidos y mejorando, finalmente, de sus dolores físicos, Jesse se dirigió a las más altas autoridades de Jerusalén, y denunció, punto por punto, los crímenes del tío, ofreciendo pruebas. Cegado por la ira, rebelde, más allá de la decepción amorosa que dejara de lado, Jesse ni siquiera pensó que estaría poniendo un punto final a sus esperanzas de vida, para recuperar a su amada, o para continuar su camino, porque allí mismo fue detenido y se arrepintió de su audacia en enfrentar poderes ampliamente conocidos y temidos, sin la inocencia deseable para tratar de librarse de la misma convicción que imputara al tío.

Su loca venganza había alcanzado, primero e irremediablemente, a él mismo, y luego a su hermosa y amada Jezabel...

Explotando el escándalo, por toda Jerusalén, los doctores de la ley se reunieran investigando la vida de Ben Mordekai y lograron demostrar su culpabilidad.

Ahora seguirían los procedimientos legales. No tendrán piedad. Ben Mordekai será condenado y sancionado, ejemplarmente.

En la patente desesperación, Ben Mordekai reunió a la familia, en busca de amparo, comprensión y apoyo.

Esta, en polvorosa, escuchó sus explicaciones, pero no ignoró el desenlace de todo. Extremadamente rebelde, lo acusa con dureza.

Su esposa, admiradora indiscutible de los destellos que ofrece el mundo, maldijo el día que se casó con él.

Sus hijos, acostumbrados a la riqueza y la comodidad; perezosos, vanidosos e ingratos; repitieron a coro con ella y lo execraran, despiadados, sin comprensión, sin respeto y sin amor.

✳ ✳ ✳

¡AHORA MIS QUERIDOS lectores! Némesis camina, poderosa y atenta, "midiendo y pesando", estos o aquellos, ¡en el cumplimiento de la sagrada y precisa, justicia divina!

Por lo tanto, la desgracia que se abatió sobre la cabeza de Ben Mordekai y de su familia no fue diferente a la que se abatió sobre la vida de Paulus y de su familia, así como de muchos otros que fueron perseguidos y desposeídos por él a lo largo de su "sagrada e incuestionable" función sacerdotal...

✳ ✳ ✳

Ben Mordekai sabe - ¡oh, desgracia! - que muchos de aquellos que van a juzgarlo y que tienen las mismas atribuciones a las suyas, actúan como él también. Sin embargo, no puede acusarlos. Eso solo serviría para determinar su desaparición o muerte.

Pensó de apelar a aquellos que son en realidad el fundamento principal de su religión, y pedirles otra oportunidad que él sabría dignificar. Pedirles misericordia en nombre de un vano arrepentimiento, incluso tardío. Sin embargo, estos, serían daría oídos a sus débiles argumentos;

sujetos a las leyes que siguen, defienden y consagran, tan radicalmente como los romanos.

Al final de su probable último sermón, que ni de lejos tuvo el brillo habitual, Ben Mordekai fue acusado duramente, cuestionado y juzgado, en medio de las lágrimas...

Después de horas cruciales, temblando y asustado, atornillado en el asiento frente a sus jueces, imaginándose a sí mismo en una terrible pesadilla, fue condenado a adjuntar todos sus bienes, del más insignificante al más valioso, a los de su congregación - esto, una forma, decían, para redimirse, devolviendo, con ganancias, aquello había adquirido deshonestamente -, y la execración, pública y privada, alejándolo total y definitivamente de la vida sacerdotal, allí o en otro lugar, y para siempre.

En lágrimas, Ben Mordekai se arrodilló ante ellos y apeló, humillado y lleno de esperanza, rogándoles al menos una oportunidad de redimirse y mostrarles un hombre nuevo y un sacerdote nuevo a partir de entonces.

De rasgos endurecidos, aquellos que lo juzgaron y condenaron le dieron como respuesta el glacial silencio de la indiferencia y del desprecio.

Incluso aquellos que se decían sus amigos, que eran comensales de su casa y partícipes de su vida religiosa y privada, asumieran la misma indiferencia, dándole la espalda, disgustados y salieron precipitados antes que Ben Mordekai apelara a ellos económicamente...

Devastado, la cabeza baja, mirando los propios pies, Ben Mordekai se siente el peor de los hombres sobre la faz de la Tierra... Amargado, replantea, uno por uno, todos sus actos... Mira alrededor y sufre los flagelos de un anhelo anticipado.

¡Ahí está su verdadera vida! ¡Todo lo demás era solo un marco! ¿Cómo pudieron hacerle esto? Sin poder evitarlo, le vienen a la mente muchas otras medidas, como ésta de la cual participó, en la acusación, juicio y sanción, de tantos otros…

Ben Mordekai siempre había sido uno de los acusadores más vehementes y despiadados: ¿compañeros de trabajo religioso? ¿Amigos de su vida privada? ¡¿Acreedores de su inexistente gratitud, o de su familia…?! ¡Todo dejaba de existir, para ser importante! ¡Era como un día de tormenta que barre todo a su paso, limpiando, purificando, exorcizando!

Piernas temblorosas, se levanta y camina hacia los alrededores. Toma la Torah en sus manos y la besa, varias veces, y esta vez, con sinceridad y devoción. Toca cada objeto o instrumento ritual, acariciándolos algo conmovido… Sus lágrimas aumentan y libera, de una vez, las compuertas de su alma devastada… Está completamente solo. Nadie que ver su desesperación o para consolarlo…

Debilitado por el dolor, vuelve a sentarse, y recuerda que necesita irse a casa… Allí también será juzgado y no recibirá un trato diferente, al que acaba de sufrir…

Se levanta y se dirige a la salida, pasos lentos, inseguros…

Quiere reformular su vida; ahora en diferentes moldes…

La cara congestionada, ojos hinchados de llorar, temblando, hace su habitual recorrido. Esta vez, ya no es altivo ni arrogante. Observa las miradas de aquellos que pasan: algunos de lástima - muy raros -, otros de odio y, la mayoría, de desprecio.

Los gestos de amenaza también fueron parte de su última jornada, por esos caminos que tanto ama y que lo glorificaron…

Algunos escupieron de lado, irrespetuosos, furiosos.

La noticia corrió como el viento del desierto, por todo Jerusalén. Finalmente, él llega a su casa, sin nada propia: material o espiritual.

Tendrá que trasladarse a un lugar más humilde, o pedir refugio en casa de familiares, o de amigos más cercanos.

Quiere recuperarse económicamente. Simplemente no sabe cómo, pues, perdió su "olla de oro", de una vez y para siempre...

En el inútil intento de explicarse a la familia, o al pedirles ayuda, fue duramente rechazado.

Su hermosa e inconsolable hija le reprochó sus errores, entre lágrimas, defendiendo a su querido Jesse, el elegido de su corazón:

- ¿Por qué tuviste que ser tan radical, padre? ¿No ves que me hiciste infeliz? ¿Cómo podré vivir sin la presencia de Jesse? ¿Cómo seguir mi camino, si mi sol se apagó, oscureciendo mi vida?

Contéstame: ¡¿Dónde y cómo está? ¡¿Está vivo o ya partió al mundo de los muertos...?! ¡Tú, padre mío, eres el único causante de mi desgracia...! ¡Detesto ser tu hija...!

Su hija querida, la alegría de su corazón, le habla así... ¡Ella también le falta el respeto y lo acusa...!

Entre esta y otras acusaciones, de igual contenido, Ben Mordekai se juzga en un infierno, en vida. Nunca había sufrido tanto; ni siquiera en sus años de miseria, antes de convertirse en doctor de la ley...

Siguiendo los procedimientos normales, en unas pocas semanas su congregación tomó posesión de gran parte de sus bienes.

Sin embargo, la mayor parte enriqueció aun más las arcas de Roma.

Pobre como Job, Ben Mordekai, antes tan próspero y feliz, amargado en la pobreza a falta de todos lo que le es querido a su corazón; que lo fortalecía en la fe y en su competente exégesis de las Sagradas Escrituras.

Destrozado e infeliz, despreciado por casi todos, concluye que solo le queda esperar el momento final y dichoso, de la liberación de su alma, que, en definitiva, habrá mucho que explicar...

Espera que Dios tenga misericordia frente a su arrepentimiento y el dolor por el que está pasando.

Unos días después, cae enfermo, y a los pocos meses se despide del mundo de los vivos, dejando a su familia en una situación muy diferente a la que siempre había vivido...

Su sobrino, Jesse, que incomodaba a muchos, un día que le pareció dichoso, finalmente fue liberado para desaparecer misteriosamente sin dejar rastros...

La bella Jezabel, inconsolable, sigue amargada experimentando la felicidad perdida...

La familia de Ben Mordekai, en definitiva, como tantas otras, seguirá el rumbo de su existencia, sumida en las dificultades derivadas de un aprendizaje, por veces doloroso, como suele ser con la mayoría, sin ocasiones especiales y sin ventajas...

Alejado, Paulus recuerda su amado viñedo, como algo que formaba parte de su historia... Tiene nostalgia...

- "¿Cómo estarán aquellos que me quitaron todo, menos a mi capacidad de luchar...?" - Reflexiona meditativo.

Hoy en día, con Nassif, el hijo reencontrado, continua su tarea de cada día, dignificando, como siempre, la propia vida y la de aquellos que lo rodean.

Milcah, casada y muy feliz, vive con su marido. Sin embargo, no se olvida de dedicar a Paulus el cariño de hija, visitándolo con frecuencia y siguiendo sus pasos.

Paulus apoya y ayuda a Nassif en su enfermedad. Un día se pone mejor, al siguiente empeora.

Vive la dolorosa expectativa de perderlo, esta vez para la enemiga de todos, porque cuando ella se hace presente, nada, absolutamente nada, puede evitarla, del poder del cual está investida por la propia divinidad, renovando, incesantemente las oportunidades de vida de sus criaturas.

Nassif, ahora consciente de sus errores, es la compañía amorosa de Paulus. Sintiendo la aproximación del desenlace, ruega a su padre que se apresure en la búsqueda de sus hermanos. Quiere volver a verlos antes de partir.

Estos sentimientos e intenciones vienen a satisfacer el deseo de Paulus, que está dispuesto a atenderlo, ya que también le brinda la preciosa oportunidad de redimirse ante su pasado reciente.

Organizándose, parten hacia Jerusalén. En un primer momento, se dirigirán a David, cuyos puntos de referencia tiene Nassif.

Tras unos días de viaje, superando distancias y dificultades habituales, llegan al pequeño taller de David.

Éste, con la boca abierta, apenas puede creer lo que ve:

- ¡Padre! ¡Nassif...!

Acto continuo, los abraza, uno a cada lado, y los mira, largo rato, emocionado hasta las últimas fibras de su corazón. El impacto del reencuentro es enorme.

- ¡Hace cuánto tiempo, hijo mío! ¡Cuántas cosas han pasado desde entonces!

- ¡Sí muchas! ¡Y entre ellas aquellas que me acusan de haberte hecho mucho daño!

Enjugándose las lágrimas, Paulus responde comprensivo:

- No te atormentes con eso, hijo. Después de todo, ¡también cargo muchas culpas en este sentido! ¡Mi reencuentro con Nassif me abrió los ojos! Finalmente, necesitamos el perdón mutuo, en nombre de Aquel que nos conoce en profundidad y ve en nuestro corazón. ¡Comprobamos que, a pesar de la distancia y las dificultades, amamos, aun y siempre, a aquellos que son parte de nuestra existencia!

Abrazando a su padre, David asiente. Mirando a su hermano, quiere saber:

- ¿Por dónde anduviste, Nassif? ¿Y por qué este aire malsano?

- Mi apariencia física refleja mi estado. Estoy enfermo. Cuando me di cuenta de esto, considerándome el último de los mortales, empecé a vivir en nuestra vieja casa y allí, decidí esperar mi fin. La enfermedad fatal que cargo es el resultado lamentable de mis acciones irresponsables.

- Entonces, ¡¿estabas en Turquía...?!

- Sí, fui a trabajar con un comerciante. Éste, luego de explotarme las fuerzas y haberme pagar un sueldo irrisorio, desapareció sin dejar rastros. Sin dinero, ¿cómo volver? Maldije, lloré y deseé morir...

Un día, con el corazón amargado, quise volver a ver nuestra antigua casa. Siguiendo algunos puntos de referencia, llegué allí para decepcionarme una vez más; ni de lejos recordaba la belleza de antaño... Era una deplorable ruina...

Sin otra alternativa, me quedé allí, donde vivimos los mejores años de nuestras vidas. Cada vez más enfermo, infeliz y en una patente degradación, pasé a vivir de la generosidad de los transeúntes o hacía pequeños servicios, aquí y allá.

Paulus sufre las dificultades de escuchar, una vez más, la desafortunada narrativa de Nassif...

Mirando a su hermano con gran ternura y piedad, David comenta:

- ¡Nunca deberíamos haber salido de Turquía, nunca...! Lamentable, Nassif, verte así, tan débil, tan perdido... ¡Tú, el más fuerte y el más hermoso de todos! ¡Y mira que nuestra querida Ruth es muy hermosa!

- Ah, hermano mío... Cuando tenemos la belleza física, sin el equilibrio necesario, nos dejamos llevar por senderos muy resbaladizos, de autodestrucción...

- Eres un triste ejemplo de esto... ¡Pero regocijémonos con este regalo de Dios! ¡La felicidad de mi hogar aumenta con la visita de mi amado padre y mi querido hermano!

Feliz, ellos hablan de sí mismos y se hacen preguntas el uno al otro, queriendo saber de todo lo que perdieron a lo largo del tiempo en que estuvieron alejados.

Paulus analiza el pequeño taller de su hijo, en el que fabrica los muebles que vende. Admira su talento creativo y su cuidado; el orden y la limpieza. Imagina que debe afrontar muchas dificultades económicas, debido a la sencillez de la casa y del lugar donde vive. Decide ayudarlo, como lo hizo con Nassif, respetando las diferencias de necesidades.

Después de un rato de conversación, con agradable presteza, David los invita a conocer a su familia.

Paulus es informado que la familia ha aumentado. Se alegra, vanidoso.

En los fondos del taller, una casa sencilla y muy acogedora, son presentados a la robusta y jovial Nerina y a sus dos hijos: Japhet y Metusala, dos bellos y fuertes niños, bien criados y muy bien educados.

Metusala, el más joven de los dos, es el retrato vivo de Paulus.

Abrazándolos y besándolos, Paulus invita a todos a rezar, lo que hacen fervientemente.

12.-
LA VERDAD

BEN AZIR NO ES MÁS el mismo, desde las festividades en la Quinta de Demetrio. Los sucesos del evento confirmaron de una vez por todas su incertidumbre sobre el matrimonio…

Atentos, los padres lo observan.

Incapaz de olvidar Sibila, Ben Azir decide invertir en esta nueva e inesperada sensación, pero ningún recurso contra los poderes establecidos y bien ejercidos por los romanos expondrá a su vida, las vidas de los suyos, y la seguridad del grupo de rebeldes. Hay innumerables barreras… ¿Y para ella? ¿Qué tipo de dificultades y abusos traerá, en caso vuelva a verla e intente algo más que una simple amistad? Se enfrentará a oponentes de tal magnitud que le será difícil, si no imposible, acercarse…

En su memoria, el momento en que Demetrio citó el nombre y las cualidades de su protegida… Por eso asistió al evento - consciente de ello - y demostrado, *in loco*, que él fue muy preciso en sus elogios. Pero, por encima de esa circunstancia, nunca imaginó que alguien pudiera conquistarlo de forma tan inesperada y definitiva como ella lo hizo. Todavía estaba sorprendido con las propias emociones… Hoy no podía imaginar la vida sin ella. En la oportunidad que tuvieron para conversar, su patente curiosidad sobre lo que él piensa respecto a la belleza física…

Disputada por tantos corazones, es comprensible que desee algo mucho más grande y más potente, que se sobreponga al cuerpo y la materia. Simplemente como alguien que, siendo muy rico, duda de los sentimientos de quienes se le acercan. Necesita volver a verla, hablar con ella... Pero, ¿cómo conquistar tan bella y sabia mujer, cuando ella tiene a su alrededor protectores tales, como fieras, listos para defender, hasta la muerte, sus pretensiones amorosas?

Ni siquiera contará con Demetrio. Éste, sin duda, será el primero en defender su tranquilidad y su seguridad.

Conocer a Sibila fue vital para descubrir aquello que quiere, o no, para su futuro. Aunque nunca más la vea, su matrimonio con Agar está condenado al fracaso. Necesita con urgencia evitar la infelicidad de Agar y la suya propia.

En ese momento, bajando la hermosa escalera del piso superior, se encuentra con su madre que lo saluda sonriendo.

Cariñosa e interesada, decide hablar con él:

- ¡Ben Azir, los preparativos para tu matrimonio son intensos, pero, de un tiempo a esta parte, muestras una notable falta de interés! ¿Qué te pasa, hijo mío?

Terminando de bajar, Ben Azir llega a la conclusión que las cosas se precipitan. Besa a la madre y le acaricia el rostro mientras declara:

- Necesito a hablar con ustedes, y ya debería haberlo hecho. Mi padre bajará a continuación; esperemos, ¿sí?

- Por supuesto, hijo.

Jairo baja, los observa y presiente alguna intención. Una vez junto a ellos, los saluda y se sienta al lado de la mujer. Sincero, Ben Azir decide y declara, directo:

- ¡Perdón por la demora en decirles que tengo la intención de deshacer mi compromiso de matrimonio!

Sus padres creen que han escuchado mal.

Deborah, sorprendida, pregunta:

- ¿Qué es lo que dice, mi hijo? ¿Te escuché bien? ¡No quieres más casarte con Agar...!

- Si, mi madre. No, no quiero más esta boda.

Muy molesta, ella responde:

- ¡Pero estamos a pocos meses de la boda, Ben Azir...!

- ¡Ya no estamos más, madre!

Jairo, severo, mira directamente a su hijo y exige:

- ¡Nos debes explicaciones!

Firme, aguantando, respetuoso, la imposición paterna, Ben Azir concuerda:

- ¡Sí, señor, les debo y les daré la explicación adecuada! ¡Mucho me ha venido atormentado con este tema!

Ante esta declaración, Jairo, imponiendo, ordena:

- ¡Vamos, Ben Azir, te escuchamos! ¡Continua!

Deborah, muy pálida, guarda silencio.

Midiendo las palabras, Ben Azir aclara:

- Hace algún tiempo, llegué a la conclusión que nos estamos precipitando. Este enlace cambiará, radicalmente, mi vida. En esta, lo que más valoro es mi libertad. Este, es el primer factor que me hizo replantearme, mi compromiso de matrimonio.

- ¿Y por qué no hablaste con nosotros antes? - El padre vuelve a la carga.

- Tenía miedo de no ser comprendido, como sucede ahora, pero les hablaría en un tiempo prudencial.

- ¿Por qué nos permitiste mantener y desarrollar una inversión tan serio y costoso...? - Jairo altera la voz, exaltado.

El muchacho sabe, de sobra, que sus padres tienen razón. Hacía mucho, debería haberles informado:

- ¡Sé que ni siquiera tengo el derecho a pedirles disculpas!

Guardé silencio, porque lo que finalmente determinó esta decisión llegó hace unos días, cuando discutí, acaloradamente, con Almara, madre de Agar. Nosotros sabemos, de larga data, su carácter arbitrario. Ella defiende a la hija, con uñas y dientes, como una leona, contra todo y contra todos.

- Entonces, ¿qué ha cambiado?

- La triste constatación que el carácter real de mi novia es igual al de su madre, ante mi notable desencanto. Exigiendo más tiempo y más dedicación para su hija, Almara me desafió, agresiva, tratando de imponerse. Molesto y ofendido en mis bríos, le respondí a la altura desagradándola enormemente.

Volteándome hacia Agar y esperando su comprensión, me sorprendí por su inusual comportamiento; haciendo coro con la madre, ella también me criticó. Que su madre no me entendiese, yo podía entender, pero ¿ella que, conoce desde hace mucho tiempo mi vida y mis muchos deberes...?! Adiviné, sin demora, aquello me espera, ¡al lado de dos leonas! Confieso mi gran decepción. Después de todo, siempre tuve por Agar un maravilloso sentimiento de amor.

Con los ojos muy abiertos, Deborah exclama:

- ¡Dios mío! ¡Apenas puedo creerlo...!

Jairo permanece en silencio.

Tomando una respiración profunda y lamentándose del dolor que les causa, Ben Azir continúa:

- ¡Quizás nunca haya amado a Agar! Su notable belleza me fascinó, no puedo negarlo. Hoy; sin embargo, sé que el sentimiento que me dominaba era solo pasión.

- ¡Me asombra, Ben Azir! ¡Agar siempre nos ha parecido tan comprensiva...! - Deborah está cada vez más decepcionada.

- ¡Más asombrado estaba yo, madre! Ahora, mi seguridad personal está en riesgo... ¿Agar le habrá informado a su madre sobre mis "actividades"?

Jairo cierra sus ojos y respira ruidosamente. Su molestia es visible. Esa posibilidad siempre ha estado en el aire... Ben Azir fuera muy imprudente al respecto...

- ¡Oh cielos! ¡Es difícil convivir con eso, hijo! - Deborah desahoga.

- Si, lo sé. ¡Perdóname...! Afortunadamente, ellas se revelaron antes de la concretización de este matrimonio, ¡lo que sería desastroso para todos nosotros!

Deborah y Jairo se miran. Ella piensa en la enorme inversión, cansadora, y costosa que ha emprendido con los preparativos del enlace.

Jairo pregunta:

- ¿Por qué, en ese momento, no rompiste el compromiso?

- Porque quería pensarlo. Al salir de ahí, dejé las cosas inciertas; por lo tanto, ellas también podrían reflexionar. Yo no había decidido aun qué hacer...

- ¿Así que definitivamente no te casarás?

- ¡No, no más! Hoy les hablaría, a pesar que mi madre no me hubiese cuestionado.

Jairo se levanta, camina la habitación, levanta los brazos hacia los cielos, mientras pronuncia imperceptiblemente algunas quejas, maldiciones y blasfemias...

Ben Azir sabe la fuerza y la furia de su padre, pero espera a que se calme y comprenda.

Jairo vuelve a sentarse, en silencio, mientras mira por la ventana, a lo lejos. Abraza a la mujer por los hombros y suspira profundamente.

Ella, en silencio, comienza a llorar suavemente.

Madurado en la vida y profundo conocedor del alma de su hijo, Jairo pregunta:

- Dime, Ben Azir, ¿otros hechos respaldaron tu decisión?

Ben Azir se estremece. Su padre lee en su alma, como un libro abierto. Intimidado, responde con otra pregunta:

- ¿Quieres saber si estoy interesado en otra mujer?

- ¡Muy bien! Siempre nos entendemos el uno al otro, ¿no?

Ben Azir se aclara la garganta mientras busca las palabras adecuadas para la respuesta que espera su padre. Finalmente, confiesa:

- Bueno, padre, conocí a alguien que, sin saber, me abrió los ojos.

- ¿Una mujer?

- Sí, una mujer.

- ¿En la fiesta a la que asististe en Roma? - Le pregunta, intuitivamente, su madre.

- Sí, en esa festividad, en la Quinta de Demetrio, amigo de nuestro difunto Alicius Galba. En el medio a mucha belleza, arte y cultura, encontré a una chica que resume y expande tan completamente mis aspiraciones como hombre, que, si no me casara con alguien así, prefiero estar solo, ¡porque lejos de mi ideal de mujer jamás seré feliz!

- ¡Antes eso, tu juicio, respecto a Agar, se vuelve sospechoso, hijo mío!

- No, señor. Estoy consciente de mi sinceridad y la imparcialidad de mente cuando digo que ella no es, de lejos, aquello que yo pensaba. Y, sobre todo, padre, ahora estoy seguro que no la amo.

- ¿Cómo creer en lo que dices, si confiesa que conociste a alguien que te encantó?

- Lo creas o no, mi conciencia está tranquila.

En tono de reproche, Jairo argumenta:

- Antes que "esa mujer" surgiese en tu camino, ¡toleraste muchas veces las diatribas de Almara!

- Lo dijiste muy bien, las diatribas de Almara, pero ante la triste realidad, como el carácter violento de Agar, ya no podría más, en sana conciencia, casarme con ella. Esto, independientemente o no de conocer a "esa mujer."

A Ben Azir no le gustó el epíteto dirigido a Sibila e hizo que su padre lo notara. Si fuera otra persona... De todos modos, se calma y prosigue, sincero y atento:

- Ante un ser tan bello como sabio, me di cuenta de una vez por todas que jamás amé de verdad. Caso contrario, ¡no me sentiría tan atraído por otra mujer!

- ¿Confiesa, entonces que te interesaste por ella?

- ¿Y no fue lo que dije? Su presencia poderosa me hizo revisar mis verdaderos sentimientos. Sin negar la incuestionable belleza de Agar, su imagen se desvaneció como una tela que ha perdido sus colores. La chica que conocí en la Quinta me sorprendió con sus incomparables dotes, rarísimos, por cierto. Capitulando, padre, como hombre y esteta: ella ¡resume, en fin, todo lo que más amo y admiro!

- ¿Quién es ella, hijo? - Deborah quiere saber.

- Madre, no la conoces. Y yo, probablemente, nunca más la veré... - esta última frase sonó en el aire con mucha tristeza.

Jairo llega a la conclusión que su hijo está perdidamente enamorado; y más que eso, amando de verdad...

Deborah recuerda que han encontrado a Ben Azir diferente, algo ajeno a todo lo que lo rodea y más silencioso que de costumbre. Ahora lo entiende.

- Hace algún tiempo me cuestiono mi vida personal - agrega Ben Azir, alcanzando las reflexiones.

En silencio, marido y mujer se miran... ¡Tanto esfuerzo para la boda, implicando a tantas cosas y tanta gente...!

Ben Azir espera su declaración.

- ¿Qué conclusión sacamos de esto, Jairo? – Ella le pregunta, con los ojos abiertos, suplicando apoyo y comprensión para su hijo.

- Esto es lamentable, no deja lugar a dudas, ¡pero Ben Azir sabe lo que hace! Desafortunadamente, ¡estamos demasiado comprometidos con tanta planificación!

- ¡Manejaremos esto con precaución, Jairo! – Ella responde resignada y dispuesta a solucionar los problemas que surjan.

Algo avergonzado, Ben Azir les recuerda:

- Varias veces les reproché las exageraciones a causa de este matrimonio.

- Para Almara; sin embargo, ¡lo máximo sería poco! - Comenta Deborah.

- Queriendo demasiado, ¡lo perdió todo! - Completa, irónico, Ben Azir - ¡Veo esto como una lección bien merecida! Agar es muy hermosa y no le faltarán pretendientes. Ella será feliz, finalmente, con cualquiera que la ame de verdad.

- Tienes razón. Antes ahora que después de la boda. De todos modos, ¡esto puede pasar en cualquier familia! Iremos juntos a la casa de Almara y allí desharemos el compromiso. ¡Prepárate para una tormenta de relámpagos y truenos que se va a abatir sobre ti, Ben Azir! - Alerta, Jairo.

- ¡Juntos enfrentaremos lo que ha de venir! – Concluye, finalmente, Deborah, antes de salir y dejar a padre e hijo a solas.

Acercándose a su hijo, Jairo pregunta:

- ¿Y en cuanto a aquella mujer que, sin saberlo, cambió el curso de tu corazón?

- Probablemente nunca más la volveré a ver, padre.

- Dudo mucho de esta afirmación. Conociéndote como te conozco, sé que vas a mover cielo y tierra para verla de nuevo y, más que eso, para conquistarla.

- La empresa es difícil y arriesgada. ¡Puede estar por encima de mis fuerzas!

- ¿Y desde cuándo te acobardas ante los desafíos?

- Esta vez, la vida de muchos estará involucrada.

Entendiendo los escrúpulos del hijo, Jairo quiere saber:

- ¿Cómo es ella?

Demostrando que no está preparado para hablar de ello, Ben Azir resume:

- Tiene una belleza peregrina, además de ser, también, brillantemente sabia y versátil; en la vida y en las artes que cultiva.

Jairo; sin embargo, insiste:

- ¡Dime al menos como que se llama y donde vive, hijo!

- Su nombre es Sibila y vive en la casa de Demetrio, como agregada, donde creció y recibió una educación exquisita.

Cuando suenan, sus últimas palabras, Ben Azir ya se encuentran en la puerta de salida, para la cual se dirige a pasos largos.

Va a los establos y ensilla su caballo más rápido. Lo monta, decidido a cabalgar, para aliviar sus propios conflictos. En unos minutos, sale disparado rápidamente. Es necesario estar solo, desafiando el viento y las distancias a ser desvelar las distancias que se revelan frente a él...

Sus padres escuchan el tropel.

Deborah, que está llegando, es abrazada por su marido y ambos se internan en la casa.

Ella comenta con pesar:

- Ben Azir ni siquiera comió...

- Déjalo, él debe pensar, y para eso, le gusta cabalgar, sin dirección y sin tiempo predeterminado. Nosotros, por nuestra parte, tenemos mucho que hacer, ¡y mira si es así...!

Embelesados en el amor que los une, llegan al comedor, en el cual los criados se esmeran en la preparación de una mesa repleta de manjares.

Apoyando la cabeza en el hombro de su esposo, Deborah evalúa los siguientes pasos a ser dados.

Ben Azir, mientras cabalga, lanza el aire una frase que resume sus nuevas aspiraciones:

- ¡Sibila! ¡No eres simplemente hermosa y sabia! ¡Eres luminosa! En caso suelte las riendas de mi corazón, ¡te amaré que más que a la propia vida...!

13.-
OPORTUNIDAD

POR FIN, DESHECHO EL compromiso con Agar, Ben Azir tiene la intención de volver a ver a Sibila. Aun no sabe cómo ni dónde. En sus sueños la ve envuelta en mucha luz, sonriéndole. En el grupo de rebeldes, trabaja y actúa, con notable intrepidez y dedicación. Ya hace unos meses la fiesta, y nunca más supo de Demetrio. Su vínculo de conocimiento era Galba... Ignore la dirección de Demetrio en Roma.

Su gran esperanza es Berenice. Decide y va a hacerle una visita, después de todo, si pondrá a su disposición, cuando la muerte de un amigo.

Se sorprende al encontrarla enferma. Se lamenta y se dispone a ayudarla en lo que necesite.

Agradecida por la oferta, que acepta, y sin sospechar, resuelve el problema de Ben Azir:

- Noble muchacho, si realmente deseas ayudarme, te pido que seas mi mensajero junto a mi hijo y a mi noble amigo, Demetrio. ¿Podrías atenderme en este particular?

Ben Azir concluye que no podría ser mejor. Íntimamente, agradece al cielo. Al recibir la dirección de Demetrio, anima a Berenice con palabras de mucho consuelo, va a la casa y se organiza para el viaje.

Berenice le había dado dos cartas: una para Demetrio y otra para Adriano. Desde el día en el que discutieron, Adriano, involucrado en sus locuras, se olvidó de ella y de todo lo demás.

Demetrio le ha aconsejado, pero Adriano se lanza de cabeza en la vida bohemia de Roma, la cual cobra una pesada factura a aquellos que desean ser notados. Vanidoso, ya ha proclamado a los cuatro vientos su nueva situación financiera. Tiene la intención de negociar su riquísima casa y los bienes que posee en Jerusalén. Hablando con la Sibila, le informó con entusiasmo:

- Mi bella, ¿sabes que ahora puedo mantenerte y cubrirte con lujos?

- ¡Bravo! ¡Finalmente! ¡Valió la pena esperar! ¡Bueno, si no!

Sibila responde, con una risa cristalina, que lo encanta.

Ella no pierde la oportunidad de menospreciar su importancia personal, pero Adriano, orgulloso de su nueva condición, insiste:

- ¡Ríe todo lo que quieras! Sin embargo, ¡espera! ¡Aun te demostraré mi amor, noble y hermosa Sibila! ¡Tú me fascinas y me pones la sangre a hervir! ¡Si solo supieses el poder que tienes...!

Silenciosa, Sibila piensa en Ben Azir...

Adriano se da cuenta de la abstracción y siente unos celos, insoportables... Volviéndose a Adriano, ella responde, categórica:

- Tal vez un día Adriano, acepte esa prueba, pero en una forma tan inusual que ni siquiera puedas imaginar...

Sus palabras sonaban como si vinieran de lejos...

Adriano tenía escalofríos. ¿Qué es lo que ella quiso decir? Conoce de larga data a sus dones premonitorios...

Vanidoso; sin embargo, vuelve a la carga:

- ¡Nada me impedirá conquistar tu corazón y hacerte feliz!

- Estas son dos propuestas muy audaces, Adriano, y que no solo dependen de tu voluntad.

- ¡Seré persistente hasta que te convenza!

- ¿De verdad cuentas con ello?

- ¡No me desafíes de esa manera, Sibila! ¡Por ti seré el mejor de los hombres!

- ¿Y cuándo pretendes comenzar esa "dolorosa lapidación"? - Pregunta, entre seria y divertida.

- ¡Cuando tú lo quieras! ¡Dime qué hacer y lo haré!

- ¡Un día, Adriano, un día...!

- ¿Por qué hablas así? Al final, ¿qué es lo que pretendes?

- Yo no pretendo nada, el que dice que quiere eres tú, ¿recuerdas?

- ¡Siempre me respondes con evasivas! ¿Por qué no me tomas en serio?

- ¡Ni tú mismo te la tomas en serio!

- Al menos ¿no me estimas?

- ¡Tú sabes cuánto te estimo, Adriano!

- Entonces, ¿por qué no me hablas con claridad?

- ¡Porque no puedo, al menos por ahora!

- ¿Hablas, entonces, sin saber?

- A veces, sí, y tú eres conscientes de ello; me conoces desde hace tanto tiempo...

- ¡Es difícil hablar contigo!

- ¡Entonces no me hables!

- Ahora incluso estás imposible!

- ¡Tu desafío comienza con este rompecabezas!

- Hum... ¡Eso es peligroso!

- ¿Tienes miedo, Adriano?

- ¿Miedo, yo? ¡Imagina! Acepto el desafío y te doy mi palabra de honor que cumpliré tu voluntad, cuando lo desees; ¡sea lo que sea!

- Dioses, ¡qué imprudencia! En fin, ¡quien viva lo verá!

- ¡Sí! ¡Quien viva lo verá!

Sibila se va, sin añadir nada más, y no podría, porque ignora ese futuro, en el que presiente un amargo sufrimiento para ambos...

En casa, Ben Azir y Jairo conversan:

- Padre, visitando Berenice, ¡tuve la oportunidad que estaba buscando!

- ¿Para qué, hijo mío?

- ¡Para ir a la casa de Demetrio!

- ¿Quieres volver a ver a Sibila?

- ¡Exactamente! Al mismo tiempo atiendo el pedido de la noble Berenice, quien se encuentra enferma.

- De hecho, ¿qué pretendes? ¿Ya sopesaste las ventajas y desventajas de este viaje?

- Sí, ya lo pensé muy bien, los pros y los contras. No te preocupes, me llevaré a Cícero.

- ¿Temes algo de Demetrio?

- No de él, sino de su hijo, el poderoso jefe Haterio, y de Adriano, hijo de Galba y Berenice. ¡Son dos enemigos respetables!

- ¡Querrás decir: dos rivales peligrosos!

- ¡Sí, eso es todo!

Jairo se pone pensativo. Ben Azir continúa:

- Pondré algunos temas al día, terminaré los proyectos y la organización de la próxima caravana y viajaré enseguida.

- Tu corazón parece muy comprometido.

- Es demasiado temprano para pensar de esa manera, padre.

- ¡Cuídate, te lo ruego!

- Descansa, seré prudente. ¡Demetrio es una gran persona!

Ben Azir se da vuelta y se enfrenta a la madre. Cariñoso, con una sonrisa en sus labios, él la besa mientras le dice:

- Madre, estaba en casa de Berenice. Ella se enfermó, pobrecita. La muerte de Galba le abatió el ánimo de manera casi irremediable.

- ¡Yo puedo entenderla, hijo! ¡Nunca podría vivir sin tu padre! Sé que el momento de la separación llega primero, para uno de los dos; sin embargo, no me siento preparada...

- Bueno, bueno, ¡no pienses en eso!

Al darle otro beso a su madre, va en busca de sus intereses.

Deborah va al encuentro de Jairo y conversan sobre lo que Ben Azir quiere hacer.

En ese momento, pálida y demacrada, Berenice intenta quemar en la retina todo lo que la rodea y que ha sido el escenario de su vida.

Sufre con la indiferencia y el olvido del hijo, siempre querido, a pesar de todo. En Roma, a la expectativa del éxito que persigue, se olvida de las obligaciones filiales.

Ella reza a los dioses para que le concedan la oportunidad de redimirse: "A veces una situación más fuerte y decisiva cambia el alma" - piensa...

En la cama, bien atendida por las criadas que la aman y la respetan, ella revisa toda la vida, al lado de Galba...

Siente fuertes dolores en el pecho; su respiración es siempre muy corta y laboriosa. Los médicos aconsejan un cambio de aires, pero ella se niega a dejar su casa, su nido de amor...

Pasa sus días tomando medicinas y comiendo con moderación, entre pequeños sueños y largas vigilias...

Demasiado delgada. En pensamientos, pide perdón a Galba por no haberlo logrado todavía, modificar los pensamientos del hijo. El llanto, hoy, es su compañero más fiel.

Así, Berenice se distancia de la vida material y camina, a pasos largos, para la vida espiritual y para el reencuentro con Galba...

14.-
EN ROMA

BEN AZIR CONCRETIZA su intención y, en unas pocas semanas, se hace presente en la casa de Demetrio. Éste lo recibe con los brazos abiertos.

- Querido muchacho, ¡me alegro de verte! ¿Qué estás haciendo en Roma?

Con la misma alegría, Ben Azir declara:

- ¡También me alegro de verte de nuevo, noble Demetrio! Aquí estoy en calidad de embajador de Berenice, viuda de Alicius Galba, nuestro amigo. Como tal, soy portador de dos misivas; ¡mira!

Ben Azir muestra las cartas y se las entrega a Demetrio, tanto l suya como la de Adriano. Éste, sin siquiera mirar la correspondencia, se hace distante. Algo le molesta. Apresurado, se justifica:

- Disculpe, amigo mío, en la prisa por atenderlo, ¡dejé algo por hacer! En un momento, estaré de regreso. ¡Siéntate! Ordenaré a la criada que te traiga frutas y refrescos. Entonces, mientras espera, puede disfrutar. ¡Permítame!

Sin esperar ningún pronunciamiento de Ben Azir, se marcha a toda prisa.

Ben Azir presiente que Demetrio le impedirá volver a ver a Sibila...

Silencioso, espera, ya que nada se puede hacer.

Recibe refrescos y frutas, pero no está dispuesto a disfrutarlos. Su mayor interés parece abortar.

Demetrio regresa, nervioso y algo avergonzado.

Se sienta junto a Ben Azir y entabla conversación, sin mucho entusiasmo:

- Dime, mi amigo, ¿qué te trae a Roma, además de la correspondencia? ¿Cómo están los tuyos?

- Vine a Roma por negocios. Como sabes, mi familia vive del comercio.

- ¿Ya te has ocupado de tus intereses?

- Todavía no. Después de todo, la noble Berenice me recomendó, con lágrimas en los ojos y la voz emocionada, a entregar las cartas cuanto antes. Ella siente demasiado la ausencia del hijo.

- ¿Cómo está ella?

- Nada bien, amigo mío, nada bien. Es, en verdad, una sombra de aquello que fue... Pronto, se reunirá a nuestro querido Galba...

- ¡Lo lamento...! Adriano está muy distraído de sus obligaciones...

Ben Azir se excusa de cualquier pronunciamiento al respecto.

- Después de todo, ¿no comiste ni bebiste?

- ¡No aun no! - Ben Azir espera que inicie la comida para acompañarlo, sin muchas ganas. Demetrio ni siquiera le habló de Sibila...

- ¿Cómo están todos en tu casa? – Se aventura.

- Afortunadamente, todo bien, ¡gracias a los dioses que recompensan mi casa con paz y armonía!

Para Ben Azir, la respuesta sonó como una advertencia. Pero como no se rinde fácilmente, insistió, y esta vez fue más directo:

- ¿Cómo está tu protegida? ¡Como sabes, nos convertimos en amigos en ese maravilloso evento!

Sombreando la expresión, Demetrio responde rápidamente:

- Ella está muy bien. Sí, yo sé que se hicieron amigos.

Ben Azir se rinde, momentáneamente.

De todos modos, hablan de asuntos sin mucha importancia.

Más relajado, Demetrio se entusiasma con sus conclusiones inteligentes y aprovecha su agradable compañía.

Ben Azir agradece a Dios que no preguntó sobre su compromiso...

Ellos conversan y se ríen, con banderas desplegadas, como viejos conocidos - y, en realidad, es así, mi querido lector. ¡Estos personajes nuestros son, sin duda, viejos conocidos...!

Agradecido por la buena acogida y habiendo hecho eso, a lo que se propone, Ben Azir se despide. En el abrazo cálido y fraterno de Demetrio, casi un orden de excusas.

Cuando se trata de Sibila, él atraviesa el cielo y la tierra; enfrenta hombres o dragones; asciende al cielo o desciende al infierno... Por ella todo; ¡cualquier cosa...!

El alma sensible a Ben Azir le capturó el mensaje y, en la misma proporción, le corresponde; demostrando que nada empañará esa amistad, verdadera por encima de todo.

Con una sonrisa en los labios, se despide:

- ¡Adiós, noble amigo! ¡Hasta otro buen momento como esta!

- ¡Adiós, Ben Azir! Que los dioses nos permitan el reencuentro. ¡Y que ellos te bendigan y protejan, por donde quiera que vayas!

- ¡Que lo hagan también con el noble amigo y su familia!

Una vez en la calle, Ben Azir se distancia, pero pide a Cícero que se quede de guardia, en uno de los ángulos estratégicos del camino, mientras él se coloca en otro. Su intuición le dice que podrá volverla a ver. Si no está confinada en casa, ella vendrá en cualquier momento.

Alguno tiempo pasa y su corazón se dispara cuando ve a Sibila acercarse, acompañada de una sierva.

Espera que se esté cerca y que se interpone en su camino. Atónita, apenas puede creer:

- ¡Ben Azir, amigo mío! ¿Qué haces aquí?

Envolviéndola en una mirada encantadora, él responde sinceramente:

- ¡Te estaba esperando!

- ¿Cuándo llegaste?

- ¡Hoy mismo! Fui a tu casa para hablar con Demetrio, pero no te vi. Insatisfecho, esperé aquí y ahora veo recompensado mi esfuerzo.

Sibila sonríe feliz y divertida. Su sonrisa fascina a Ben Azir. Siente el impulso de tenerla entre sus brazos... Sintió nostalgia... Sumerge tus ojos en los de ella y decide: nunca dejará este nuevo cariño, pase lo que pase.

Electrizados, ojos en los ojos, ellos se quedan atrapados en el espacio y en el tiempo, en una magia que solamente los enamorados conocen.

Volviendo al suelo que pisa, Sibila rompe el silencio:

- ¿Por qué no me llamaste cuando estuviste en nuestra casa?

- No pensé que fuera apropiado, ¡perdóname!

- Ya veo... Lo que voy a decir, te probará nuestra amistad, Ben Azir...

- ¿...?

- Hace unas horas, Demetrio se acercó a mí, nervioso e inquieto. Me dijo que me necesitaba para algo. Le pregunté lo que era y le costó encontrar una razón plausible, para alejarme de la casa. Respetuosamente, cumplí con sus deseos. No es de su carácter actuar de esa manera.

- Al darme la bienvenida, me pidió un poco de tiempo, se internó en la casa y regresó enseguida, al parecer avergonzado.

- Ah, mi querido Demetrio...

- Dime, ¿cómo estás?

- ¡Como se puede ver, muy bien!

- Me alegro saberlo. ¡Tenía muchas ganas de volver a verte!

- Yo también quería verte de nuevo, pero no sabía cómo.

Ben Azir nota que la sierva está a unos pasos de los dos, mirándolos:

- ¿Tu criada no le dirá a Demetrio que nos encontremos?

- No, descansa. Semiramis no es solo una sierva. Además de ser criada en la casa de mi querida amiga Lidia, ¡es mi sombra benéfica! En lo que a mí respecta, ella es capaz de cualquier cosa. Es más fiel que un perro de guardia. Nos queremos muy bien la una a la otra.

- Es muy bueno contar con alguien así, sobre todo en los días que corren.

- De hecho lo es y cuento con ese privilegio.

- Me gustaría hablarte en privado. Si estás de acuerdo, por supuesto.

- ¡Sí! Déjame ver... ¿Qué podemos hacer...?

Algunos Momentos más, y declara:

- ¡Ya se! Normalmente salgo con Semiramis a un lugar lejano. ¡Podemos encontrarnos allí!

- ¿En dónde?

- Te lo diré. Te adelanto que, una vez allí, sabrás más acerca de mí.

Ben Azir ver confirmada sus dudas, en cuanto a algo misterioso en la vida de Sibila.

- ¡Desde allí, ya veremos! Te estaré dando otra prueba de confianza, Ben Azir.

- Entonces, ¿guardas un secreto?

- ¡Ciertamente! ¡De la misma manera que tú! ¡Somos muy parecidos!

Ben Azir se estremece. Ella va más lejos de lo que podía esperar.

- Bueno, debo apresurarme, bajo riesgo de abortar mi próxima salida.

- Cómo te encontraré, y dónde? - Le pregunta Ben Azir con ansiedad.

- Acércate y escucha con atención.

Ella le susurra algo al oído y le pregunta:

- ¿Entendiste?

Ben Azir confirma, asintiendo con la cabeza.

- Dentro de quince días a partir de esta fecha, espérame en la entrada de ese bosque. Allí, yo te encontraré. Normalmente llego muy temprano por la mañana.

- ¿Qué es lo que alegas cuando vas a este lugar?

- Yo digo que voy a la casa de Lidia y ella confirma todo, porque me quiere bien y conoce mi vida. Demetrio piensa que estoy en su casa, cuando me ausento. Él es muy amigo de Lidia y de su marido, Severus Apolonius. Semiramis me acompaña y Lidia me cubre.

- Entiendo y adivino algo mucho más grande...

- Sí, tienes razón.

- El tiempo de espera también será largo...

- Para mí también, créeme.

- ¡Tengo que creer...! - Le responde, mirando fascinante y seductora. En la voz envolvente, un mundo de promesas...

Él se inclina y besa sus manos ardientemente.

Sibila se estremece. Sus ojos brillan como siempre, y su alma pasa a primer plano, entera...

Finalmente, despidiéndose, ellos se distancian, mirándose mientras lo hacen.

Sibila desaparece en la curva de la calle y Ben Azir se une a Cícero.

Al entrar en la casa, Sibila se topa con Demetrio que viene a recibirla, algo arrepentido. Antes que sea informada, se adelanta:

- ¡Imagina, hija mía, tan pronto como te fuiste, ese chico que estaba en la Quinta llegó para traernos algunas misivas!

Con cuidado, Sibila le pregunta:

- ¿Cuál de ellos? ¡Tantos asistieron a las festividades!

- ¡Uno que conocí en la casa de Alicius Galba, Ben Azir!

- Oh... ¡me gustaría haberlo visto! ¿Preguntó por mí?

- ¡No, no lo hizo! ¡Llegó a Roma por negocios y estaba apurado!

- En caso venga de nuevo, no dejes de llamarme, ¿está bien? ¡Me gustó mucho!

- Lo haré! ¡Si estás en casa!

Sus últimas palabras ya sonaron en el pasillo. Va a entregar la carta a Adriano. Ya leyó la suya y lamenta la insensibilidad del muchacho en cuanto a su madre.

- "Curioso... Él y Haterio, respetando algunas diferencias entre ellos, son muy insensibles. Por una extraña fatalidad, los dos aman a la misma mujer... " - piensa, mientras llega a la habitación de Adriano. Toca la puerta y espera. Cuando el muchacho le dice:

- ¡Aquí tienes una carta de tu madre!

- ¡Excelente! Esperaba noticias de ella. ¿Quién fue el mensajero?

- ¡Ben Azir! Él vino a visitarme y trajo esta carta, a pedido de tu madre.

En la cabeza de Adriano, había la certeza que el chico había venido a ver a Sibila, y no a Demetrio. Una sombra pasa sobre tus ojos.

Demetrio le observó la molestia. En una voz de reproche, le pregunta:

- ¿Por qué no fuiste a ver a tu madre, Adriano? ¡Ella necesita de ti! ¡Ahora más que nunca!

- ¡Sí, tienes razón! Lo haré tan pronto como pueda.

- ¿Cuándo?

- ¡Todavía no lo sé! - Le responde, mientras que abre la carta y comienza a leer.

Demetrio llega a la conclusión que ella lo censura por su ausencia y le habla de su enfermedad. Se aleja sin decir nada más. Esperará sus próximas acciones.

- "Pobre Galba... Pobre Berenice..." - piensa con pesar. Momentos después, está en la calle.

Entra en una tienda en busca de los productos que le interesan. Suele negociar utilizando los buenos oficios y el puesto importante de su hijo, Haterio. Por lo tanto, es tratado con distinción.

Mientras recorre algunas esquinas, sorprende a Ben Azir y se lo imagina ocupándose de su negocio.

Sin ser visto, se desvía de su camino.

Adriano, disgustado con los reproches de su madre, dejó la carta en el aparador de la habitación. ¿Cómo conciliarse su vida, desenfrenada, con los cuidados filiales, a los que nunca estuvo acostumbrado? ¿Su madre se olvidó de la conversación que tuvieron? Sin embargo, necesita ir hasta allí y acertar algunos negocios referentes a su herencia.

Frente a Demetrio, debe fingir... Después de todo, escenificó una modificación que debe conservar. Además de todo, Demetrio tiene en sus manos las decisiones de su padre. Buscar a su anfitrión y no encontrándolo, lo espera.

Mientras tanto, prepara algo de equipaje.

15.-
LA SENTENCIA

POR MÁS IMPUESTOS cobrados y más vidas cegadas y mayores conquistas de los vastos territorios por el mundo afuera, nada satisface la codicia de Roma, junto a quienes hacen coro con ella y contribuyen a esta gloria que deslumbra y embriaga.

Es contra esta y tantas otras injusticias contra las que lucha Ben Azir.

Su grupo ha intensificado sus acciones de tal forma que apenas tiene tiempo para pensar en sí mismo. De hecho, aun no consiguió evaluar su nueva realidad sentimental.

¿Qué encontrará en ese camino que se abre frente a él? ¿Hasta qué punto Haterio sabe de Sibila? ¿Y Adriano...?

Sin embargo, por encima de cualquier pregunta, sabe que un sentimiento muy fuerte se apodera de sus sentidos y de su corazón...

Por fin, llegó el día de la reunión y que aparece, se mueve hacia el lugar convenido. Allí, a la entrada del bosque, espera ansioso.

Después de un tiempo, aparece Sibila, flanqueada por Semiramis, un anciano de cabello níveo y un chico atlético, guapo y bien arreglado que irradia nobleza e inteligencia.

Se saludan y caminan juntos. Siguen caminos pedregosos y caminos estrechos, pasando por diferentes grupos de gente muy sencilla. Unas horas más tarde, llegan a un pueblo de verde exuberantes, casas blancas, bajas, con pequeños jardines.

Silencioso y observador, Ben Azir respira profundamente, beneficiándose de esa atmósfera más pura.

Aquí y allá, algunas personas trabajan. Al pasar, sus acompañantes les dirigen buenas palabras, en mutuo entendimiento.

Al analizarlos, se puede ver que Sibila es muy querida por todos. Y ella, por su parte, lo observa estudiando sus expresiones.

Niños sanos y vestidos simplemente corren en todas las direcciones, supervisados por adultos.

Pequeños talleres de carpintería, herrería, tejido y otras van surgiendo. En estos, las diferentes formas de sobrevivir con dignidad.

Por fin, yendo a una de las casas, Sibila entra y llama:

- ¡Cynara!

Después de unos momentos, llega una mujer madura y bonita, en todo parecida a ella, para darles la bienvenida. Una sonrisa radiante, Sibila la abraza amorosamente y se dirige a Ben Azir, presentándola:

- ¡Mi madre, Cynara!

Ben Azir, inclinándose, respetuoso y sorprendido, dice de su alegría de conocerla.

Mientras Cynara hace los honores de la casa, Sibila presiente las preguntas íntimas de su invitado y le pide:

- Espera, después yo te explico todo.

- ¡Siéntese, por favor! ¡Tengo un pan que saqué del horno en este momento y lo serviré con leche de cabra! - les informa Cynara, muy amable.

Ella mira a Ben Azir e intuitivamente asume que entre él y su hija hay algo más que amistad. Rápidamente le agrada el chico.

Ellos se sientan en bancas largas que flanquean una mesa demasiado larga y hecha de tarimas.

Silenciosos, Semiramis, el muchacho y el anciano se alimentan. En sus expresiones, mucha paz. Sus sonrisas contagian y hacen bien.

Después de la comida, se despiden. Sibila aprovecha la ocasión:

- ¡Ben Azir quiere saber cómo y por qué mi madre está aquí! ¿No es verdad, Ben Azir?

- ¡Sí!

Cynara resume la propia historia, desde el mercado de esclavos, omitiendo, de por supuesto, su conexión con Demetrio.

- ¡Nunca dejé de seguir la vida de mi hija, incluso desde la distancia! - Declara, mirando a Sibila con inmensa ternura - ¡Ahora, te toca a ti contarle cómo nos reencontramos, Sibila!

Abrazándola, amorosa, Sibila describe su reencuentro con su madre y el descubrimiento de esa generosa comunidad.

Al escucharla, extasiado, Ben Azir comprendió entonces cómo Cynara había llegado hasta allí.

- ¡Gracias, señora, por la sabrosa comida y la buena acogida!

- Si no me equivoco, nos veremos muchas veces. ¡Esto me agrada!

- ¡Agradecido una vez más!

Tomándolo delicadamente de la mano, Sibila lo lleva a diferentes lugares, mientras responde a sus naturales preguntas.

Después de unas horas, Ben Azir le pregunta:

- ¿Es tu prueba de amistad para revelarme esta realidad, ignorada por Demetrio?

- ¡Sí! Ahora ven; ¡tengo algo más que mostrarte!

Tirando de él por la mano, como se hace con un niño, llega a una puerta pintada de blanco, abierta, y que muestra, solo a la primera mirada, una habitación larga, con filas de camas a los dos lados, llenos de enfermos. Un olor a medicamentos, de hierbas, y jabón se hace sentir, desde la entrada.

En las camas, algo cómodas, están enfermos de todas las razas y de todas las edades. Unos gimen y otros duermen, mientras que a su alrededor y atendiéndolos, personas vestidas con sencillez, muy limpias y de rasgos amables.

Los apósitos cambiados, úlceras lavadas y las palabras pronunciadas con afecto, tranquilizan, incluso, a aquellos que exhiben un dolor insoportable.

Sibila analiza, con atención, las emociones de Ben Azir. Puede leer en su rostro, bonito y moreno, y más aun, en sus ojos negros y expresivos, sus sentimientos más profundos...

En el pecho del muchacho, una fuerte emoción, oprimiendo. Las lágrimas se anuncian, obstinadas, pero las disimula.

Allí, un pueblo sufrido, vilipendiado, herido, perseguido y olvidado, en sus necesidades más urgentes. Sus molestias son visibles en sus rostros pálidos y a veces deformes, en sus flagrantes necesidades... Descartes de humanidad, allí exhiben los lisiados, provocados por los desastres de la vida y por la impiedad de los hombres...

Contra esta miseria y este sufrimiento, Ben Azir lucha, entregando todo lo que tiene, hasta la propia vida. Sin embargo, hasta ahora; ¡nunca se había encontrado con tal dolor! En este pueblo, donde la comida en sí es un milagro diario, ellos son amados y tratados, como deberían ser todos aquellos que sufren...

Cuando, finalmente, puede expresarse, sin traicionar demasiado su emoción, pregunta:

- ¿De dónde ellos provienen y quién gestiona todo esto...?

- ¡Ellos son los desheredados de la suerte, la despreciados del mundo, víctimas de poderosos, crueles! ¡Vienen de Roma o de cualquier otro lugar! Aquí llegan, como un día llegó mi madre: heridos en cuerpo y alma. En primer lugar, y por encima de todo, la providencia divina mantiene este lugar; en segundo lugar, los que siguen a Jesús, el Cristo, se dedican desinteresadamente a trabajar con ellos y para ellos.

Mientras habla, la mirada de Sibila se dirige a lo alto. Ella parece ajena a la presencia de Ben Azir.

Esto lo emociona, lo sorprende y lo asusta:

- ¡Qué extraño escuchar a una mujer greco-romana hablando así!

Volviendo a la tierra que pisa, ella comenta:

- ¡Muchos otros hacen lo mismo, amigo mío! El joven que llegó con nosotros es el prometido de Semiramis y un noble romano que vive una peligrosa doble vida: ¡aquí y junto al poder de Roma! Y muchos otros que conozco desafían las leyes de los hombres, en nombre de las leyes de Dios. A pesar de los riesgos que todos corremos, andamos el peligroso camino de la fe...

Ante tales declaraciones, Ben Azir teme:

- "¡Dios, en caso sea descubierta, corre un grave peligro!"

No se puede contener y le pregunta de golpe:

- Sibila, ¿eres cristiana?

- ¡Sí! – Ella le responde, mirándolo a los ojos, observando sus emociones dispares.

- ¿Te has convertido? – Él amplía su pregunta.

- ¡Sí! – Ella confirma una vez más, y sin titubeos.

Ben Azir reflexiona:

- "Ambos tenemos una doble vida... Ella; sin embargo, ignora mis acciones..."

Le recuerda la curiosidad respecto a su vida, declarada difícil en la Quinta de Demetrio... Mientras Ben Azir se interioriza, ella se aproxima, le toma ambas manos, y le habla, sincera y confiada:

- Ahora, ya lo sabes. Demetrio, así como su familia, ignoran los nuevos rumbos de mi vida. Estoy esperando una oportunidad para revelarme y venir aquí, definitivamente.

Al presionar suavemente a sus manos y hundiendo su mirada en ella, él confiesa:

- ¡Temo por tu seguridad...!

- Yo también. Vivo en la casa de un patricio prominente, de una mujer cruel y de su hijo, un tribuno que persigue, apresa y ejecuta a los que chocan con los preceptos de Roma...

- ¿Haterio tiene hermanos?

- Sí, pero ellos no interfieren en la vida de la familia. Indiferentes, casi siempre están ausentes y dedicados a sus propios intereses.

Señalando el entorno y los enfermos, en un gesto más amplio, Ben Azir, apesadumbrado, comenta:

- ¡Hay tantos riesgos, tantos obstáculos, tantos sufrimientos...!

- ¡Así es la vida, Ben Azir!

- Aquí ella es más peligrosa, pero al mismo tiempo, es más humana...

Las pequeñas manos de Sibila se pierden entre las suyas.

Antes de soltarlas, Ben Azir las aprieta suavemente dejándolas resbalar lentamente, hasta dejarlas libres, mientras mira a los ojos de Sibila; hablando, sin palabras, de aquello que lo rodea, domina, y lo hace soñar con las delicias del paraíso...

Ruborizándose, el corazón latiendo fuerte, ella baja la mirada, intimidada, bajo sus ojos ardientes. Envuelta en emociones desconocidas, reflexiona: "¿Es este el famoso toque masculino? Ahora entiendo a las mujeres apasionadas de todos los tiempos. ¡Éstas incomparables sensaciones me arrastran...! Dios nos hizo hombres y mujeres para el famoso: ¡*creced y multiplicaos*...! "

Sacándola de su abstracción, Ben Azir le pregunta con voz cariñosa:

- ¿Puedo conocer el contenido de tus pensamientos?

- ¡No, no puedes! Sin embargo, si pudiera, ¡estarías muy orgulloso! - Responde ella, sonriendo, con aire astuto, encantándolo cada vez más.

Conformándose, se calla. Sibila reanuda el tema anterior:

- Al ser cristiana, yo creo en un Dios único y en Su Hijo Jesús.

- Soy judío y, como tal, sigo las leyes de Moisés.

- ¡Él fue el profeta más grande del Dios único! Un gran legislador y divino instrumento para traernos las tablas de la ley.

Ben Azir pregunta:

- ¿Por qué Lidia, siendo romana y amiga de Demetrio, cubre tus salidas? ¿Quién es el venerable anciano que vino contigo? ¿Cómo se llama y qué hace?

- Su nombre es Plinio. Es un sobreviviente de las cárceles romanas. Hoy en día, lleva en el cuerpo y el alma las cicatrices de la tortura que casi cobró su vida...

- Pobre hombre...

- Aquí, él nos explica el mensaje de Jesús. Su más grande y única riqueza son algunas copias, en pergamino, de los ejemplos del Mesías de Dios escritas por sus discípulos. ¡Este legado, hasta ahora trágico, iluminará el futuro!

Él inició esta comunidad cuando, abandonado aquí por sus verdugos, que pensaban que estaba muerto, fue encontrado y rescatado. Sobrevivió gradual y dolorosamente. Curado, por fin, reanudó su labor benéfica y abrió las puertas de su casa a todos los que necesitaran.

- ¡¿Nunca han sido descubiertos...?!

- ¡Nunca! Lidia, además de encubrirme las acciones, por ideal y amistad, es la mujer de un romano poderoso e indulgente que respeta a las criaturas y credos que ellas profesan. Sin ser una cristiana declarada, ella nos apoya. Como esta jurisdicción es atribución de su marido, Severus Apolonius, providencialmente nos "ignora."

Semiramis es la hija de Plinio y la novia del muchacho que vino con nosotros, Quirinius, un romano de noble cuna, hermano de Lidia, fiel seguidor y probable sucesor de Plinio. Licurgo, otro hermano de Lidia, figura destacada en Roma, también nos cubre con su cuñado. Como puedes ver, la familia de Lidia, de alguna manera, es parte de esta comunidad, incluso en la distancia. ¡Que Dios los bendiga! De todos modos, muchos contribuyen, en una forma u otra.

Una gran parte de los que llegan aquí sin rumbo y sin expectativas, superando su dolor físico y moral, se incorporan a la comunidad.

A Ben Azir se le eriza la piel. Cuando se instale el peligro, Sibila estará allí, sufriendo las consecuencias...

- Sibila, ¿no le temes al futuro?

- ¡Me temo, sí, no puedo negarlo!

- ¿Y por qué no te proteges, alejándote?

Antes de la que oír la respuesta, él hace un gesto con la mano, pidiendo disculpas por las tonterías que había dicho. La misma pregunta podría dirigirse a él...

Sibila entiende y nada responde. No es preciso.

- Me gustaría acercarme a Plinio, en caso esté permitido.

- En otro momento, Ben Azir. Agotado del viaje, se fue a su casa. Los años ya le pesan, además de las privaciones a las cuales se impone, por amor a los demás.

- ¡Vida admirable!

- ¡Sí, vida bendita! Quirinius, hermano de Lidia, que aquí se le conoce como el hermano José, es su sombra benéfica. Semiramis, bella y buena, lo conquistó para siempre. Tienen la intención de casarse pronto.

En medio de tantas emociones y descubrimientos, Ben Azir elogia:

- ¡Los admiro y con cada nuevo descubrimiento creces en mi concepto, Sibila!

- ¡Te agradezco por su admiración, la buena compañía, la comprensión y la amistad!

Acercándose, confiesa:

- Me gustaría ofrecerte mucho más...! Mis sentimientos van mucho más allá de la admiración y la amistad. Espero, noble Sibila, no ser invasivo ni precipitado...

- ¡No, no lo eres! - Responde ella, tocada en las fibras más íntimas del corazón. Emocionada, camina a su lado.

Respetando su introspección, Ben Azir guarda silencio igualmente feliz y agradecido con Dios.

Vuelven felices, hablando mucho y riéndose de todo, como viejos conocidos. Dejándola en las inmediaciones de la casa de Cynara, Ben Azir le besa las manos y se despide.

Una vez en casa, en una alternancia de sentimientos, espera ansioso la próxima reunión que ya había sido previamente establecida.

Les había dicho a sus padres que había visto a Sibila muy rápidamente, por falta de oportunidad. Había mucho a analizar... No quiere opiniones conflictivas o interferencia en su libertad para buscarla, cada vez que desee, sin reservas...

Él piensa que los cargos difíciles que asume en su grupo y hace un parámetro entre su realidad y la de los cristianos. Cada uno, en su sector de vida, lucha por la implantación del bien en la faz de la Tierra.

16.-
HERENCIA

EVALUANDO LO QUE POSEE, Adriano decide hablar con su madre.

También tiene la intención de convencer a Demetrio. Derribará cualquier barrera que se interponga entre él y su herencia.

Cuando Demetrio regresa de la calle, lo encuentra listo para viajar.

Deshaciéndose, igualmente, de sus deberes más urgentes, se dispone a acompañarlo para ayudar a Berenice y para procesar los papeles que tiene en su poder.

Al día siguiente, se van juntos.

Si en la carta de Adriano, Berenice utilizó la misma sinceridad, el chico debería estar más sensibilizado.

- "¿Por qué censuro a Adriano, si él es parecido a mi hijo Haterio? ¡La indiferencia y la frialdad les parecen una segunda naturaleza...!"

Silencioso, Demetrio sigue viaje en medio de sus reflexiones.

Para Adriano, el viaje es más una oportunidad de diversión y relajación. Frívolo, acepta cualquier provocación de la vida, en lo que ella posee de más barato y menos elegante.

Incluso vigilante, para no chocar con Demetrio, a veces se descuida, torpemente.

Discreto, Demetrio deplora su falta de sesos.

Después de algunos contratiempos, debido al mal tiempo, finalmente llegan a Jerusalén.

Una vez allí, Adriano eclipsa sus facciones. Al entrar a la casa, clama por la madre, que, a la distancia, con el corazón latiendo fuerte, no tiene fuerzas para responder. Finalmente, la encuentra extremadamente abatida. Duda sobre qué decir o hacer cuando escucha:

- ¡Ven, hijo mío, dame un abrazo! ¡Sentí demasiado tu falta!

Agachándose, Adriano le obedece y se entrelazan un rato.

- ¿Cómo estás? - Le pregunta. Su madre está peor que antes...

- Las fuerzas me abandonan, poco a poco. ¡Pronto voy a estar con tu padre! - Mientras habla, besa el cabello de su hijo, dejándolo algo avergonzado, frente a Demetrio.

- Pero, ¿qué estoy escuchando? ¡Nada de eso! ¡Galba espera con paciencia y sin prisas, noble Berenice! Adriano todavía necesita de ti!

- ¡Mi gran amigo! ¿Cómo estás? - Ella se voltea hacia él, sonríe abiertamente.

Cada palabra de Berenice le exige un gran esfuerzo. Su voz, casi apagada, por momentos se vuelve inaudible.

- ¡Estoy muy bien, como pueden ver!

- ¿Y la familia?

- ¡Muy bien, también!

- ¿Tienes noticias de nuestro querido y digno senador Olimpius Rufus?

- ¡Sí, las tengo! ¡Muy ocupado, como siempre, con los intereses de César! Yo sé que, a pesar de eso, él vendrá a verte, así que reciba la carta que le escribí, informándole sobre tu salud.

Enojado, Adriano lo interroga, sin palabras. ¿Por qué, Demetrio había llamado a esa águila, que lo tiene en la mira?

Haciendo caso omiso de la mirada de censura, Demetrio continúa, jovial, para hablar de cosas triviales para animar a Berenice.

Molesto, como un niño malcriado, Adriano deja la habitación, alegando que va a cuidar de su equipaje. Con el ceño fruncido, se dirige como siempre lo hace cuando está allí, al jardín, su lugar favorito desde la infancia. Se sienta allí y aprovecha reverente el zumbido de los insectos que vuelan alrededor de las flores; el color de los pájaros y las mariposas; la frescura del lugar...

La pequeña cascada artificial, flanqueada por dos hermosas estatuas griegas, parece cantar al son de sus aguas rugientes.

Toma una profunda respiración y cierra sus ojos. Una vez más, piensa en su futuro, que será glorioso... ¿Quiere olvidar los problemas... Se acomoda mejor y se relaja...

Cayendo, entre el sueño y la realidad, escucha más de una vez, los rumores de guerra. El tintineo de las armas batiéndose, el galope de los caballos, voces estentóreas, gritos, maldiciones... El estruendo de acciones bélicas se acerca, más, más, y surge un guerrero bárbaro, montado en un bello y adornado corcel, al mando de muchos hombres y a dominar todo y todos... De aspecto feroz, distribuye las órdenes, mientras persigue implacable a un pueblo sencillo que corre a todos los lados... En una demostración de crueldad, ordena:

- ¡Mátenlos y quemen todo! – En ese momento, Adriano se reconoce a sí mismo, una vez más...

Las mujeres con los de sus hijos en su regazo huyen despavoridas, hasta que algunos de sus hombres, alcanzándolas les quitan la vida.

Los niños lloran, estridentes, dentro de las cabañas o en las calles, caídos, incapaces de defenderse... Ellos son destruidos, ya sea por las patas de los caballos, o por las armas de los que parecen bárbaros sedientos de sangre... Entonces las llamas devoran todo, chisporroteando, bailando en el viento...

Él jala los frenos del animal y vuelve para evaluar los resultados de su acción devastadora... Siniestro, se ríe; salvaje, desconcertado...

Presionando los pies contra el vientre del caballo, él lo incita a voltear... - ¿A dónde? ¿De dónde habría salido para hacer lo que hizo...!

Presiente a alguien que lo acompaña de cerca. ¡Mira hacia un lado y sorprende la presencia de Haterio! ¡Sí, es él! ¡Es su hombre de confianza, su segundo, en todo lo que hace! ¡Ambos viven los mismos ideales de guerras y muerte! Haterio grita en voz alta, contagiándolo, vibrando con el éxito del esfuerzo.

En un extraño letargo, Adriano deja escapar un gemido cuando un hombre anciano, pero muy fuerte, lo ataca y lo derriba del caballo. Actúa continuo, su atacante toma un hacha y lo embiste... En sus ojos, mucho odio...

En la patente desesperación, Adriano se defiende del destino fatal que ese hombre representa... Por último, él baja el hacha con toda su fuerza y le abre el cráneo...

Llega Demetrio y lo sorprende con su agitación. Lo sacude y lo llama:

- Adriano, Adriano, ¿qué pasa? ¡Despierta!

Con su cuerpo entumecido, Adriano lucha por responder, pero no puede. Su voz, ahogada, se pierde entre los gritos de maldición de su atacante. Su voluntad no es suficiente para volver a la realidad. Se siente muriendo, muriendo...

La voz de Demetrio parece venir de muy lejos, de muy lejos...

Demetrio alcanza el agua de la cascada, coge una pequeña porción con las manos en concha y la arroja a la cara del muchacho.

Finalmente se despierta, pero frente a Demetrio le pregunta:

- ¿Qué hiciste? ¿Por qué me mataste? ¿Por qué...?

Adriano empuja a Demetrio con los ojos vidriosos. Gimiendo, busca en la parte superior de la cabeza una supuesta herida, que aun le causa un gran dolor.

- ¡Adriano, Adriano! ¿Qué estás diciendo? ¡Despierta, hijo mío! ¡Tuviste una pesadilla! ¡Cansado, te quedaste dormido y soñaste!

Adriano finalmente vuelve a la realidad y, un poco mareado, pregunta:

- ¿Yo... estaba... soñando?

- ¡Sí! ¡Por los dioses! ¿Por qué tanta desesperación?

- ¡Siempre el mismo sueño...! ¡Pero esta vez identifiqué a Haterio y a ti! Haterio fue mi compañero de lucha, pero tú, Demetrio, me mataste!

- ¡Caramba, Adriano, ni siquiera somos enemigos! Extraño, ¿no es así?

- Sí, muy raro...

- ¡Vamos, tu madre quiere hablar contigo!

- Gracias por llamarme y despertarme!

Cuidadoso, entra en el cuarto de su madre:

- ¿Qué es lo que quieres, madre?

- Sé que estás cansado, Adriano, pero tenemos que hablar. Eres joven y fuerte. Después de una noche de sueño, ¡estarás de nuevo como una hoja! Tenemos una conversación, en suspenso, que nunca logramos completar. Tengo poco tiempo, hijo... ¡Esta puede ser nuestra última conversación!

- No hables así, madre mía. ¡Verás como mejoras!

- No te equivoques, hijo. Bueno, la última vez que nos hablamos...

- ¡No estábamos de acuerdo!

- Es cierto; sin embargo, no volverá a suceder. Escúchame y ten paciencia, ¿quieres?

- Por supuesto, madre.

- Sueño con tu padre todas las noches. ¡Caminamos juntos por un valle verde, agradecidos por la oportunidad única de haber sido tan felices...!

Tomando un respiro, continúa:

- Bueno, yo tengo una sensación que vamos a reunirnos, dentro de poquísimo tiempo.

- Por favor, no alimentes pensamientos morbosos.

- No son morbosos, Adriano, son sensatos, contundentes. Yo sé que te disgusta este tipo de conversación, pero es necesario que sea de esta manera. Pronto, de nuestra familia, tú serás el único. Nosotros ya no tenemos parientes; los más ancianos también se han ido. Tú, como hijo único, también eres el único heredero. Cuando me vaya, tendrás finalmente todo lo que quieres. Pedí a Demetrio que, a partir de mi muerte, tomes posesión de la herencia, de forma automática; independientemente del arreglo anterior de tu padre. Su intención era protegerme en la vejez; edad que nunca tendré... -. Ella toma una profunda respiración y pide agua.

Adriano se va y vuelve con un vaso de agua. Después de refrescarse, agrega:

- Te pido que mientras viva, y no será por mucho tiempo, no me despojes de esta casa, en la que viví toda mi vida, y en la cual naciste... Aquí yo fui muy feliz con tu padre...

Recuerda, todo lo que estás heredando ha sido cuidadosamente logrado con sudor y sangre, literalmente, de tu padre; valiente guerrero de Roma, lleno de cicatrices en el cuerpo y el alma. Sus últimos años de vida los pasó desilusionado y decepcionado con el poder que tan valientemente defendió. Esto; sin embargo, es un asunto muy largo, del cuales solo conoces una parte. Ahora, lo más importante, querida...

Una tos ronca le quita el aliento y Adriano la ayuda, levantándola.

Después de unos pocos minutos que parecieron siglos, en los que estaba con los ojos cerrados y respirando con dificultad, ella vuelve a hablar:

- Como he dicho, ahora la más importante: además del peculio material, por el cual esperas ansioso, por encima de él, la mayor herencia y la más rica que recibes es nuestro ejemplo de un comportamiento digno, incólume.

Te amamos y continuaremos amándote, más a ti que a nosotros mismos, Adriano. Cuando nada quede de tu herencia material, siempre tendrá la memoria de nuestro ejemplo y nuestro amor. Éste, nadie podrá jamás robarte.

Berenice guarda silencio. Las lágrimas brotan de lo profundo de sus ojos y brillan, generosas, en su rostro demacrado y anguloso.

Adriano se las limpia y toma sus manos entre las suyas.

¿Qué quieres decir? Se siente inquieto, molesto y, al mismo tiempo, conmovido por tanto coraje, tanto amor. Sabe que no se mereces tanto, pero siempre ha sido así...

Mirándolo con adoración, ella continúa:

- ¡Nadie, Adriano, podría haber sido más amado que tú! – Ella guarda silencio, se interioriza, sonríe y dice:

- Siento, Adriano, aquí y ahora, la presencia de tu padre... Él me habla... Dice que tú, querido hijo, necesitabas escucharme, como lo haces ahora. Él aprueba todo lo que te estoy diciendo...

- Madre mía, ¿cómo es esto posible?

- Yo no sé cómo, no me preguntes. ¡Lástima que te hayas tardado tanto, Adriano! - Ella se queda callada. Después de unos pocos momentos, vuelve a hablar.

- Tu padre me pide para no censurarte. Dice que este es el momento...

Abrumado por la emoción, Adriano responde sinceramente:

- Yo nunca negué el gran amor, el desinteresado amor del que fui destinatario, aunque no lo merecía. Estoy consciente de esto. ¡Ustedes me dieron todo, todo! Tal vez más de lo que debían... No soy tan insensible como parezco, madre, pero no esperes demasiado, de este corazón que parece estar hecho de otra cepa... Yo realmente no sé amar de verdad... ¿Por qué? ¡Lo ignoro! Sin embargo, siento gratitud y ternura por lo que representan en mi vida. Le ruego me perdonen, pero soy lo que soy. Me arrepiento de no haber correspondido nunca a la altura a la inigualable devoción suya.

Compadecida, con una sonrisa en los labios, Berenice aclara cariñosamente:

- Hijo mío, vestiste una coraza para defenderte de un mundo que nos disgusta a todos y te acostumbraste a ella, ¡pero los dioses te cambiarán!

Pensativo, Adriano reacciona: "¡Ni siquiera creo en ellos, mi querida madre!"

Ella continúa, esforzándose:

- Mi amor continuará contigo y para donde quiera que yo vaya, continuaré protegiéndote -. Berenice cierra los ojos...

Adriano siente un inmenso deseo de llorar y lo hace. Suelta las compuertas del alma y llora sin vergüenza. Las lágrimas abundantes caen y su cuerpo se sacude, convulsionado, por el llanto. Finalmente, rompió las barreras de la razón endurecida y el egoísmo.

Berenice le besa el cabello y se tranquiliza. En unos momentos se queda dormida, roncando ruidosamente.

Demetrio, que llega, se clava al suelo. ¡Su protegido consigue sensibilizarse! Concluye, emocionado, una vez más, que vale la pena invertir en la criatura humana. Antes de ser notado, sale lentamente en silencio y desaparece, dejándolos a solas. Su corazón se aprieta. El alma luminosa de Berenice está rompiendo los grilletes...

Adriano se separa con cuidado del abrazo maternos y sale.

En su pecho, los sollozos se siguen haciendo sentir. En este momento decisivo, la única cosa en la que puede pensar es en el dolor de su madre, en su amor incomparable, y en su comprensión sin límites...

Después de tantas emociones para un solo día, él duerme más armonizado bajo el techo que lo vio nacer y crecer.

A la mañana siguiente, como había predicho su madre, se despierta renovado. Toma su p primera comida y va a verla.

La criada, que se quedó allí para cuidarla, dice que no consigue despertarla.

Berenice solo respira, muy débilmente, y parece no oír nada. Ni siquiera cambió su posición en la cama. El médico es llamado y pronostica el comienzo del fin. Cuida lo que está a su alcance y así se va.

Lamentando el estado de su madre, Adriano sale a caminar por la casa.

Mira a su alrededor, alejado de todo... Su corazón está dedicado a Sibila... La necesita, de su presencia...

- ¡Ese judío la monopolizó! ¡Descarado! Casi pierdo los frenos, tuve ganas de matarlo, allí mismo. ¡Ella jamás concedió tanto a los demás...! ¡Él, un miserable extraño, disfrutó, más que nadie, de su compañía! ¡Increíble! ¡¿Será que los dos ya se conocían...?!

¡Haterio también estaba fuera de control! No era el cumpleaños de su madre y la patente protección de Demetrio... ¡Por momentos, pensé que iba a agredirlo! ¡Como me hubiera gustado que eso hubiera sucedido!"

Se controla y en otro estado de ánimo, se dirige al jardín. Allí, se instala en el mismo lugar como siempre y se relaja.

Cierra los ojos y recuerda una infancia feliz, amena, abundante, y protegida... Tiene mucho que agradecer a su madre y a su padre.

En esos momentos de conflicto y de despedida, de aquella que lo puso en el mundo y le dio todo, refiere sus pensamientos, una vez más, a Sibila...

Se recuesta mejor, como le gusta hacer, en medio de ese jardín, exquisitamente construido por su padre, se duerme y, sorprendentemente, tiene una extraña experiencia:

"Se levanta y abandona el cuerpo, que aun está cómodamente sentado. Camina en una dirección que ya conoce, pues se dirige allí, con mucha facilidad y sin titubeos. Una vez allí, espera a alguien.

Después de unos minutos, aparece un hombre vestido con una túnica romana, y que revela su alta posición, por el color y los adornos. Cabello nevado, porte erguido, dignidad indiscutible, adornos regios.

Le sonríe y Adriano lo reconoce. Es su padre, que se le acerca y lo abraza. Con una habilidad inusual auditiva y visual, escucha los pasos de su madre que sale de su habitación y se dirige a los dos. ¿Entonces ella se levantó? ¡Al fin mejoró! - Concluye.

Ella se acerca a ellos, aun abatida, pero alegre. Abraza a los dos y así permanecen.

Soltándose del abrazo, Galba le dice:

- Hijo mío, tu reacción amorosa, respecto a tu madre, nos permitió esta reunión. Yo estaba en el cuarto y, de alguna manera, participé del entendimiento que, al final, ¡se hizo entre ustedes!

Junto a su esposo, Berenice revela:

- Aquella a quien amas, sin saberlo, dará inicio a tu redención. ¡No fue por casualidad que ustedes se acercaron, desde principio, en esta existencia!

Adriano se da cuenta que sus padres lo conocen, más que él mismo. Tomando la palabra, Galba aclara:

- Hijo mío, tenemos lazos fuertes y antiguos con las guerras. ¡Por esto, te enfrentas con tu pasado, casi siempre cobrándote aciertos y nuevas actitudes! Lo que nos diferencia, hijo, es que yo mismo me lancé a las luchas, a favor de un estado de cosas que pensaba reverenciar, mientras dominaba, en mí, los impulsos crueles, ¡el pasado de guerra! Tú, en lugar de eso, huyes de la lucha para no enfrentarte contigo mismo. Cuando una situación favorable determina tu partida para la guerra, circunstancias inesperadas se interponen en tu camino, impidiéndolo. Esto ha sido providencial porque aun no estás preparado para la batalla. No somos padre e hijo, por casualidad... Me esforcé para disciplinarte, en nombre de este pasado, pues sabía que tu alma necesitaba de corrección, pero tú rechazaste, visceralmente y desde siempre, todos mis esfuerzos.

Sepa que el pasado, el presente y el futuro están encadenados. ¡Todo es parte de nuestro viaje de crecimiento!

¡Quédate en paz y disfruta, un poco más, de la presencia de tu madre! Son sus últimos momentos, porque dentro de dos días a esta misma hora que estamos aquí, ¡vendré a buscarla! Avisa a todos que ella se está despidiendo. ¡Sé digno de nuestro amor y trata de ser feliz! - las últimas palabras de su padre sonaron en el ambiente, ya alejándose... "

Adriano se despierta lentamente, las lágrimas cayendo...

Pasa los dedos, afilados, el pelo negro y rizado, se levanta y da unos pasos. Se detiene ante el tanque de peces.

Estos nadan, suaves, tranquilos y coloridos... Se inclina y les habla, lenta y tranquilamente:

- ¡Saben amiguitos, estoy viendo cosas que no existen! ¡Tuve visiones fantásticas! Voy a decirles a ustedes una cosa muy importante y seria para mi vida: ¡Descubrí que estoy amando! ¿Escucharon eso? ¡Estoy enamorado...! ¡Pero no le cuenten a nadie...!

Se levanta riéndose de sí mismo. En el recuerdo, la visión con sus padres...

- ¡Sabios, incluso en mis sueños...! – Comenta con cariño.

Demetrio llega y sonríe cuando lo ve hablando solo. Lo abraza por los hombros.

Hablan de cosas triviales, para olvidar, un poco, la triste situación de Berenice, que permanece impasible. Su alma parece haberse alejado. Adriano les dice que, en dos días, a una hora determinada, su madre se marchará para siempre. Todos se sorprenden, pero no hacen preguntas.

En la fecha programada y el horario indicado, ellos hacen un amoroso círculo alrededor de Berenice. Cada uno rezando a los dioses por ella.

Adriano la besa en la frente. Le acaricia la cara, el cabello, las manos... Íntimamente, le agradece el amor incondicional.

Ella abre sus ojos y suspira profundamente. Mira el rostro de su hijo, con mucho cariño, se esfuerza por sonreírle, cierra los ojos y se tranquiliza. Momentos después, convulsiona y se pone rígida.

Berenice se ha ido... En este momento solemne, atraviesa los portales de la eternidad...

Adriano ahora está seguro: el sueño no fue solo un sueño...

Llora, sincero, pero la imagina feliz, el lado de su padre y se conforma.

Muy consternado por no haberla visto aun con vida, el senador Olimpius Rufus asistió al funeral.

Sorprendentemente, su presencia ya no incomodó tanto a Adriano. Al día siguiente, Demetrio le entregó un documento legal, que "dejaba dicho por no decir", en cuanto a las primeras disposiciones póstumas de su padre, en cuanto al testamento.

Recibiéndolo, sin mucho entusiasmo, él sorprende, más y más. Para Adriano, la casa se ve muy triste y vacía...

Al preguntársele sobre lo que desea hacer, él responde que todavía no lo sabe. En unos pocos días, él toma medidas referentes a los sirvientes en la casa. Les entrega cantidades en efectivo, con el pretexto de la gratificación, la dedicación a la pareja y los despide.

En cuanto a los más ancianos, les garantiza alojamiento y protección hasta la muerte.

Así lo hacía su padre. Finalmente, se descubrió a sí mismo, siguiendo sus ejemplos y cumpliendo voluntariamente sus órdenes.

El anhelo de Sibila; sin embargo, habla más fuerte y él decide regresar... Cierra la casa, hasta decidir qué hacer con ella, y parte junto a Demetrio.

Sibila trabaja, esforzadamente, en la casa de Demetrio, y aprovecha el tiempo que le sobra para instruirse a través de los libros, las artes y las diversas culturas; en la observación de su propia vida o, aun, bebiendo de los admirables ejemplos de quienes ya llevan mucha sabiduría en el alma.

Cuando puedes estar junto a su madre, se realizan, en aquello que su alma anhela de más noble, y se dedica a los que allí gimen y lloran. Actualmente, se inclina con reverencia sobre los análisis profundos de los mensajes de Jesucristo, conservados en viejos pergaminos, por sus discípulos.

Bajo la preciosa protección de Demetrio, y en la actual dicotomía en la que vive, por ahora ignorada por él, cuando piensa acerca del futuro, éste parece no existir...

Como sugiere su nombre, es literalmente una sibila. Tiene dotes espirituales admirables, incluido el don de profecía.

Difícil vivir con tantas cargas...

En ese momento pasa por los aposentos de Adriano y divisa una carta, abierta, en el aparador. Intenta entrar y organizar sus habitaciones, incluso guardando la carta, que de alguna manera está expuesta. Sin embargo, parada aun del lado de afuera, decida no entrar. Si la carta está semi abierta, ella, sin querer, tendrá acceso a su contenido; comportamiento que va en contra de sus principios. Inmóvil, mira la carta, a la distancia, como si el contenido ignorado la atrajera...

Sufre cierto desapego y automáticamente comienza a hablar consigo misma:

- Ella estará con nosotros, Adriano... En el momento fatal, ella lo llevará en los brazos, como en los viejos tiempos... Al dejar el mundo, ella se llevó la certeza que el gran amor filial finalmente fructificó en su alma...

De repente, Sibila avanza en el tiempo y en el espacio, y se sorprende de una escena cruel, dramática, sangrienta... Apenas contiene el grito que se le clava en la garganta mientras pregunta:

- Donde estoy ¿Y quién es este hombre aterrorizado que sufre a mi lado? ¡Oh, es Adriano! ¿Dios, qué harán de nosotros?

¡Escucho los rugidos de las bestias! Ah... ¡Es un espectáculo en el circo romano! ¡La gente vitorea! ¡Pide más! ¡Adriano y yo estamos en una arena...!

Con los ojos muy abiertos, extasiada, habla para sí misma.

Su inmovilidad podría implicar la presencia de una hermosa estatua de Fidias...

Lejos de la realidad que la rodea, no se percató del acercamiento de Minerva. Esta la observa en una ira incontrolable.

Explotando, Minerva grita:

- ¿Qué está usted haciendo de pie allí como una estatua de sal? ¿Por casualidad, pretende invadir la intimidad de Adriano?

Sibila, en trance mediúmnico, gira sobre sus talones y está de frente, directamente a ella. En una diferente voz, un impasible, imponente cara, que acusa:

- Tú que eres malvada, que actúas y reaccionas contra las leyes de los dioses generosos; que incluso piensa que eres una de ellos; ¡escucha bien, abre tus oídos! ¡En el día en el que el propietario de estos aposentos "parta", tu hijo, más querido, desaparecerá! ¡Éste, sintonizado desde el nacimiento con su alma negra, y habiendo recibido de ti, la influencia perversa de tu falta de carácter, se apartará, para siempre, de tu nefasta presencia!

¡A partir de entonces, su vida se modificará, pero tú, en ese momento, ya habrás muerto con tu propio veneno!

En estos momentos, Sibila parece más alta de lo que es. Las facciones, iluminadas... Con la mano derecha, apunta en dirección de Minerva que escucha, aterrado, esas nefastas predicciones.

Ella comprende, sin engaños, que está siendo juzgada y condenada. Conoce esos extraños fenómenos, que alcanzan, a veces, a la joven. Nunca la escuchó decir algo que no se materializase...

Controladora y arbitraria, reflexiona:

- "¿Hasta qué punto Sibila tiene acceso a lo que dice cuando está en ese estado? ¿Será que ella es consciente de algo comprometedor...?!"

Ella no puede contenerse más y grita:

- ¡Sibila...!

Sibila se estremece y cae pesadamente sobre los hermosos pisos de mármol pulido. Blanca, como el color de la cera, parece muerta.

Esperando en cualquier momento la llegada del marido, Minerva teme a su enfado, en caso la encuentra desmayada. Clama por los siervos que llegan en un alboroto.

Cuidadosos, agarran a Sibila, y la conducen a sus habitaciones. Por algunos minutos, aun fuera de control, Minerva sigue gritando:

- ¡Son unos inútiles! ¡Cuando los necesito están lejos, ocupándose de nada! ¡Diablos! Cuando Demetrio y Haterio, no están ¡es cuando suceden estas cosas! ¡Por los dioses...!

Algunas sirvientes cuidan de la joven, frotándole algunas medicinas en las sienes, muñecas y frente, para despertarla. No es la primera vez que sucede. Sibila se despierta tosiendo y abrumada por los fuertes vapores de las medicinas.

Minerva que llega y observa, violeta de odio, expulsa a todos los que están allí y le pregunta a la joven llena de odio:

- ¿Sabe lo que pasó?

- No, señora Minerva. ¿Qué pasó?

- Te pusiste mal, en el pasillo, y fuiste traído para acá. Yo, que pasaba allí, te ayudé.

- ¡Gracias señora! Recuerdo haber visto algo de desorden en las habitaciones de Adriano. Mientras pensaba si debía entrar o no a ordenar, me sentí mareada y desperté aquí, al inhalar estos medicamentos.

- ¿No te acuerdas de lo que me dijiste?

- No, señora. ¡Incluso no me acuerdo haberla visto!

Minerva puede sentir que ella está siendo sincera. Sibila no tiene la costumbre de mentir, nunca la tuvo.

- Afortunadamente...

- ¿Por qué, señora?

- ¡Porque dijiste muchas tonterías, junto con tu habitual rebeldía! Cuando regrese Demetrio, le diré que necesita urgentemente tratamiento médico. Tú no eres, ni nunca fuiste, una persona normal, pero ahora está cruzando las líneas de lo soportable. No quiero convivir con una loca. Te pones peor con cada nuevo día. Así como a tu madre, que fue expulsada de aquí, gracias a los dioses, también me cuesta soportarte. La "querida" amiga de Demetrio, Lidia, te aprecia tanto... Al menos es lo que dice, no sé si es verdad, o es para agradar al "amigo." ¿Por qué no vas a vivir con ella de una vez por todas? ¡Quisiera deshacerme de esta desagradable convivencia, que solo persiste gracias a Demetrio! ¡Ah, Demetrio, Demetrio! ¡Cualquier día de éstos pierdo los frenos y practico una locura...!
– Ella concluye, exasperada.

Sibila guarda silencio. Nada de lo que diga o haga cambiará los sentimientos de aversión que Minerva siente por ella. Sin embargo, la idea de ir a la casa de Lidia le agrada... Tiene que decidir, de una vez, su vida. En momentos como este imagina el sufrimiento infligido a su madre, por causa de Demetrio...

No quiere, y no debería, replicar. Minerva es demasiado peligrosa para desafiarla. Ruega a los cielos para que ella se vaya, al fin.

Minerva suspira ruidosamente y exclama rotundamente:

- Además, cuando regrese Demetrio, hablaremos de tu estadía aquí, ¡algo que no soporto más! ¡Oh, dioses, cuánto me cuesta ser amigable y tolerante, mientras que los otros no corresponden a nuestras mejores intenciones! ¡Estoy al límite de mis fuerzas! ¡Me cansa demasiado, mantener el orden en la casa, cuando "extraños" me son impuestos sin respeto alguno!

Sibila, herida, se da la vuelta hacia el otro lado de la cama y gruesas lágrimas bañan su hermoso rostro.

Demetrio sospecha del comportamiento de Minerva, pero nunca la sorprendió maltratando a Sibila. Haterio, por su parte, rara vez va en contra de su madre; a no ser que sus propios intereses estén en juego.

Furiosa, Minerva sale arrastrando los pies y golpeando a todo lo que encuentra en el camino.

Semiramis, que llega apresurada, pues había salido al mercado, informada, corre con la intención de ir a las habitaciones de Sibila, pero se enfrenta con Minerva, que le grita, violenta:

- ¡Ve a hacer las veces de tu señor, a falta de él, so infeliz! ¡Tú y ella son iguales! ¡Cuando consiga deshacerme de una, hago lo mismo con la otra! ¡Ve a defender a esa serpiente traicionera!

- Mi señora, ella no es tanto así... Es bueno, muy trabajadora y querida por todos, en especial por el Sr. Demetrio

- Semiramis se atrevió a responder, dejando Minerva más enloquecida que antes.

Se lanza contra la sierva y comienza a golpearla en la boca y la cara, mientras la sostiene con fuerza por el brazo.

Cansada, suelta a la joven y ordena:

- ¡Ahora ve! ¡Muéstrale a ella lo que me gustaría hacer con esa carita linda y angelical! ¡No pudiendo ser capaz de alcanzarla, por causa de mi tonto marido, lo hago contigo! Desaparece de mi vista, ¡antes que decida acabar contigo…!

Los gritos de Minerva se escuchan en la distancia.

La pobre Semiramis tiembla de los pies a la cabeza. No sabe si debe alejarse o seguir escuchándola, hasta que ella deje de hablar. En caso haga uno u otro, se arriesga de la misma manera.

Fusilándola, aun, con una mirada terrible, Minerva se va por los corredores, execrando a todo y a todos.

Lágrimas cayendo por el dolor y la humillación, Semiramis sigue a pasos lentos, hacia los aposentos de Sibila, mientras se seca las lágrimas.

Entra lentamente y se da cuenta que Sibila también está llorando. La toca suavemente. Ella se voltea y se asusta:

- ¿Qué pasó, Semiramis? ¡Tu boca sangra y tu cara está hinchada! - Sin esperar respuesta, pues no es necesario, ella la abraza y le acaricia el pelo negro, apretándola de encuentro al corazón, mientras le dice:

- ¡Cálmate, mi querida Semiramis! Adivino quien te hizo esto; sin embargo, perdona. Ella no sabe lo que está haciendo. Esta señora, que a todos somete, es una demente. Y perdóname, también, por haberte traído tanto sufrimiento… Sé que era para enfrentarme que te atacó a ti…

- Sí, fue lo que ella dijo, Sibila. Pero no, no te disculpes, somos víctimas de la mala suerte, eso es todo.

- Bueno, ocupémonos de eso, ¿de acuerdo?

Sibila llama a una de las criadas y le pide los medicamentos. Al recibirlos, hace los curativos necesarios en el rostro de Semiramis.

- Semiramis, espero que la señora Minerva no se exceda, cuando Demetrio llegue. Me amenazó diciendo que no podía soportar más mi presencia.

- Confianza, Sibila, ella encontrará, como siempre, la fuerte oposición del Sr. Demetrio, y serás protegida, una vez más y para siempre.

- ¡No soporto más esta vida...!

- ¿Tienes algo en mente? - Ella le pregunta curiosa.

- Todavía no... Debemos tener mucho cuidado, ya sabes... Por un tiempo, evitaremos ir más lejos, ¿entiendes? La Sra. Minerva utilizará los buenos oficios del hijo para vigilarme y, en consecuencia, también a ti. Ella necesita solamente de una razón para librarse de mí, como lo hizo con mi madre. Ella misma me lo dijo hace pocos minutos atrás. Necesito decidir mi vida, Semiramis...

- ¿Y cómo lo harás?

- Todavía no lo sé, pero voy a encontrar algún camino para salir de aquí, definitivamente.

- Necesitamos rezar mucho, Sibila.

- Sí...

Sibila piensa en Ben Azir con nostalgia.

En este día, peor que los demás, Minerva descargó su odio y su crueldad sobre todos aquellos que están bajo sus órdenes o que simplemente se cruzaron en su camino.

* * *

EN SUS ESFUERZOS IDEALISTAS, Ben Azir teme perecer antes de alcanzar sus sueños amorosos. No puede negarlo más, ama a Sibila. En ese momento piensa en ella y, en su mente, en un amoroso cliché, ella habla, se mueve, actúa, sonríe y mira, hermosamente, hacia él, con sus brillantes ojos azules…

En la primera oportunidad, abrirá su corazón. En cualquier momento, puede dar su vida por la causa, morir por sus ideales… ¡¿Cuándo será…?! ¿Es justo atraparla en la bruma de un amor con un futuro incierto? ¿Cómo reaccionaría ella, frente a su muerte?

Los padres perciben los conflictos del hijo, pero respetan su silencio.

Interiorizado, experimenta sus preguntas, sin saber cómo resolverlas, al menos por el momento.

Jairo y Deborah han deshecho el compromiso de noviazgo con Agar:

- Almara, como sabes, nuestros hijos tuvieron un desacuerdo - Deborah le dijo, con delicadeza y buscando las palabras más apropiadas, en aquella situación difícil.

Ben Azir ya estuvo ahí, cumpliendo el papel que le corresponde. Había sido mal recibido y detestado por su ex futura suegra. Enfurecida, Agar se había unido a su madre. ¿Dónde, esa dulce y cariñosa novia que un día Ben Azir conoció? Con notable paciencia, Ben Azir escuchó sus reproches y lamentos.

Solo ratificó todo lo que ya había dicho antes, deshaciendo el compromiso para desesperación de las dos.

Les advirtió que sus padres comparecerían allí para cumplir con los requisitos de las formas tradicionales, en un rompimiento de ambas las partes, y también para resolver la variedad de inversiones financieras que ya se habían hecho.

Agar miró inexpresivamente a Ben Azir y con una voz que pareció dejarle las entrañas amenazó:

- ¡Me las pagarás muy caro, Ben Azir! ¡Otra mujer debe haber cruzado por tu camino, pero tanto ella como tú se arrepentirán, amargamente!

- ¡Triste observación, Agar! ¡Cuánto disimulaste! ¡Nunca antes había visto este lado oscuro de tu personalidad! ¡Doy gracias a los cielos por haberlo hecho a tiempo!

- ¡Yo era buena, Ben Azir, hasta que me engañaste!

- ¿Quién es buena sigue siéndolo, pase lo que pase, y encontrará siempre una manera de reaccionar sin perder la dignidad, porque se respeta, ante todo, a sí misma! Y en cuanto a traicionarla, ¡eso nunca sucedió!

- ¡Eres tú quien lo dice, pero ningún hombre se modifica tanto son no fuese a causa de otra mujer! ¡Yo cambié cuando me di cuenta que te me escapabas entre los dedos, como la arena fina del desierto que el viento lleva! ¡Hoy soy un *Dibuk* y, como tal, te perseguiré hasta la muerte! ¡Mi amor por ti, Ben Azir, se convirtió en odio!

- Lamento tu rebeldía. ¡Si tu amor era verdadero, sentimientos malos, como éstos, jamás llegarían a tu corazón! ¡Aquel que ama, seguirá amando a pesar y por encima de todo!

Despechada, Agar estalla en una risa siniestra:

- ¡Espero que te sientas, así cuando la otra descubra lo que eres en realidad, Ben Azir!

Ben Azir, profundamente decepcionado tanto con la madre como con la hija, se despide. Con voz chillona, Agar todavía gritaba:

- ¡Con la misma fuerza que te amé, te voy a odiar, me voy a vengar!

No conteniéndose, él vuelve sobre los propios pasos y replica:

- ¡Sin embargo, yo deseo sinceramente que seas muy feliz! Con su belleza y sus "predicados" - para él la expresión sonaba irónica -, ¡encontrará decenas de pretendientes! No pierda el tiempo mirando al pasado. ¡Invierte en el presente y en el futuro, busca la felicidad, y ella vendrá a tu encuentro!

Corriendo hacia él, con las manos en garras, muy cerca de su rostro, ella amenazó:

- ¡Fuera de aquí, Ben Azir, antes que yo te arranque los ojos! ¡Sin ellos, nunca más mirarás a otra mujer!

Desistiendo de llamarla a la razón, Ben Azir le dio la espalda y así se fue.

Almara gritaba blasfemias y hacía gestos nada elegantes, en su dirección, además de mostrarle el puño cerrado, desbordado de odio.

Afuera, Ben Azir respiró hondo y concluyó:

- ¡Qué suerte poder deshacerme de estas parcas!

Pero la propia citación mitológica le susurra a los oídos que Agar puede crearle serios problemas porque sabe de su papel en el grupo de rebeldes... Este es su talón de Aquiles que no le permitió salir de esta relación tan tumultuosa, en paz, como deseaba...

17.-
LA DESPEDIDA DE NASSIF

NASSIF AGONIZA, RODEADO por los parientes que su padre y David lograron reunir: Ruth, su esposo Nathaniel y sus hijos adolescentes, Misrail y Josiel. David, su esposa Nerina y sus hijos Japhet y Metusala. E Isaac, viudo, con sus cuatro hijos mayores.

Ruth, dulce y suave, asegura las manos del hermano, mientras él se despide de todos, desolado por dejarlos...

Junto al padre, al cual perdonaron y comprendieron, además de igualmente pedirle perdón, se fortalecen, se unen en el dolor.

Con extrema dificultad para hablar, Nassif se dirige a todos:

- ¡Padre, alabanza y honor a ti, en el nombre de nuestro Dios! Que Él me perdone los excesos contra tu persona, y que reciba mi alma arrepentida...

¡David, que tu familia sea siempre bendecida y que la prosperidad llegue a tu vida y a tu hogar! ¡No te olvides de rezar por mí, te lo ruego...!

Rut, dulce y querida hermanita, ¡que las bendiciones del cielo siempre iluminen tu vida!

¡Queridísimo hermano Isaac! ¡Que tu casa está adornada de alegría y abundancia, y nunca te falte el trabajo! ¡Que tus hijos, prontamente, te den nietos, animando tu vejez! Yo jamás tendré la edad o tendré familia...

- ¡Hijo querido, nosotros somos tu familia! - declara Paulus, cariñoso y apenado.

Nassif tiene el aliento oprimido. Sus labios se pegan a sus dientes, por la sequedad de su boca. Sudores abundantes, aumentan sus molestias.

Paulus le administra agua fresca, le limpia el sudor, y pone una mano sobre a su frente, transmitiéndole energías amorosas:

- ¡Cálmate, cálmate! Dios te ayudará, en esta hora difícil. ¡Sentiremos bastante tu falta! Principalmente yo, que ya me he acostumbrado a tu bonhomía, solidaridad y cariño, ¡que son únicos! Reencontrarte, para mí, fue el regalo más grande que la vida podría haberme dado, y por medio de ti, el reencuentro, no menos valioso, con casi todos mis hijos, tus hermanos... Sé que te seré eternamente agradecido, por todo lo que me has concedido, hijo. Voy a sufrir mucho cuando te hayas ido; sin embargo, le pediré fuerza a Dios, ¡y que Él te reciba en sus brazos!

- Padre, pienso en Paulus, a quien no pude volver a ver... Dile, si puedes, que yo lo amo y que también lo extrañar él... Pienso en mi madre... ¿Dónde estará ella? ¿Sabrá que hoy regreso al mundo de los muertos?

- ¡Ciertamente, hijo mío! ¡Ella, seguramente, te recibirá, amorosa! Como sufrió tanto, especialmente en sus últimos momentos, ya debe haber encontrado la paz de su alma.

David se acerca y le habla:

- ¡Nassif, lleva nuestro amor, donde quiera que vayas! ¡Nosotros el amor!

Japhet se intimida, pero Metusala se acerca al tío y le dice:

- ¡Yo te aprecio mucho, tío Nassif! ¡Nuestro Dios va a cuidar de ti! - enseguida le besa a mano seráfica.

En una mirada llena de dulzura, Nassif agradece.

Apretando, convulsivo, la mano de la querida hermana, él todavía oye el padre decirle, mientras acaricia su pelo mojado de sudor:

- ¡Nos uniste, querido hijo!

Al borde de la desesperación, Paulus llora, libremente, mientras Nassif estertora y luego se queda quieto...

En una oración conjunta, ellos ruegan por el muchacho, una vez tan bello y lleno de vida, y ahora muerto, en medio de atroces sufrimientos, en la flor de su vida...

Horas más tarde, mientras se lleva a cabo el ritual funerario, irrumpe en la sala interior, Paulus. Alto, guapo, bronceado y musculoso.

Un gorro de marinero, en la cabeza. Él lo retira, respetuoso, mientras se detiene frente al cadáver del hermano.

Cae de rodillas, tira de la ropa y del cabello, con evidente angustia, mientras llora, amargado:

- ¡¿Por qué Nassif...?! ¡¿Tú, el más guapo de todos, el más alegre y el más feliz...! ¿Por qué no llegué a tiempo para decirte de mi afecto y de mi nostalgia, hermano? ¿Por qué no pude entregarte mi beso, filial, antes que partieses? ¡Nassif, Nassif...!

Confundido, entre dos sentimientos opuestos: el de la pérdida de un hijo y el reencuentro con el otro; el padre se acerca y lo suspende, con cariño, mientras le dice:

- ¡Mi querido hijo! ¡Hace cuánto tiempo! ¿Cómo estás? ¡Ven a mis brazos!

Lanzándose en los brazos del padre, Paulus se rinde a un llanto convulsivo, de tristeza, enorme, que lo agobia, y lo constriñe moral y físicamente.

El padre lo acomoda en una silla, mientras le dice palabras consoladoras, y le transmite el mensaje póstumo de Nassif.

Al oír las palabras de amor de aquel hermano, que allí se encuentra, inerte, intensifica el llanto.

Paulus y los hermanos lo dejan desahogarse. En silencio esperan que se reequilibre.

Al verlo mejor, Paulus pregunta apresuradamente:

- ¿Por dónde has estado, hijo mío? ¡Estábamos buscándote!

- Vivo en Grecia desde hace varios años. Allí, me he dedicado a la construcción de barcos. De vez en cuando viajo a tierras lejanas. Me gusta esta vida ¡Lo siento, pero perdí el rumbo y la dirección de todos ustedes! Después, quiero saber de cada uno...

- ¿Cómo te enteraste de Nassif?

- Una amiga en común estaba en Grecia. Por casualidad nos encontramos. Me dijo que Nassif estaba muy enfermo. Me embarqué sin demora a la dirección que ella me dio, pero llegué tarde, ¡pobre de mí!

- Sin embargo, llegaste a tiempo de honrar a tu hermano, hijo mío.

- Padre, ¿de qué murió?

- De una enfermedad ingrata y fatal que aflige a los que se tiran a sí mismos en las locuras del mundo... Cuando lo vi de nuevo, le di todo el apoyo posible. Consultamos a los mejores médicos y terapeutas. Se hizo uso de medicamentos y terapias adecuadas para la mejora y el fortalecimiento del cuerpo, pero la enfermedad lo venció, por fin...

Paulus se aleja de todos y se queda al lado de su hermano, pensando, pensando... Envuelto en recuerdos de cuando Nassif era un hermoso bebé y después un niño travieso... Más tarde, él era un chico seductor, al cual las chicas adoraban, enamoradas...

Muchas veces, mientras pastoreaba los rebaños de su padre, llevaba a Nassif, todavía pequeño... Él apreciaba mucho los sonidos de su flauta... Parece verlo, todavía, extasiado, escuchándolo tocar...

- "Recordar es vivir..." - piensa, mientras mira el rostro de mármol de Nassif, y trata de compararlo con el hermoso hermano que la vida les dio, y que era el dueño de una alegría contagiante...

Después del funeral, ellos pasan unos pocos días juntos, solidarios, renovando los lazos y beneficiándose, unos de la compañía de los demás, hasta que cada cual toma su rumbo, volviendo a sus vidas...

Ruth regresa con su familia a Esmirna, donde reside.

David decide quedarse con su padre. Éste le promete apoyo financiero.

La misma promesa que había hecho antes, pero últimamente dedicaba su tiempo exclusivamente a Nassif.

Isaac regresa a su hogar en Judea y Paulus regresa a Grecia.

Ahora todos conoce los caminos del reencuentro y la convivencia filial...

Milcah y el marido, avisados llegaron a conocerlos a todos. Muy feliz, Milcah le informó a Paulus que está embarazada.

Con una sonrisa dichosa, reflexiona:

"¡Uno se ha ido y el otro viene...! ¡Alabado sea Dios...!"

18.- ACUERDOS

ADRIANO Y DEMETRIO REGRESAN.

El muchacho se mantuvo callado, durante todo el recorrido. Ese Adriano que fue no es el mismo que ahora está regresando. Interiorizado, apenas responde a las preguntas de Demetrio.

Éste, observándole el cambio, ruega a los dioses que no sea solo algo pasajero, sino el comienzo de una buena modificación.

Al llegar, después de volver a ver y saludar a Sibila, esta vez con un gran respeto y nobleza, Adriano se aísla en sus habitaciones. La joven notó la diferencia, pero no preguntó nada.

Demetrio le informó que Berenice había fallecido.

Luego, en un momento más favorable, Sibila va a verlo para lamentar la gran pérdida:

- ¡Los dioses, ciertamente, Adriano, están con tu madre, recibiéndola e iluminando sus nuevos caminos!

Al escucharla, mira a Sibila, como si nunca la hubiera visto antes, y responde:

- Si existen...

- ¿No crees en un poder mayor, Adriano?

- No, no lo creo.

- ¿Piensas, entonces, que se esté abandonada en el mundo de los muertos?

- No. Ella está con mi padre.

- ¿...?

- Te lo voy a explicar, escucha… - Adriano describe los sucesos que vivió, mientras dormitaba en el jardín, antes del desenlace de su madre.

Al final, todavía conmovido, oye a Sibila exclamar, muy intrigada:

- ¡Es asombroso!

- ¿Por qué? ¡Contigo estas cosas son comunes!

- ¡Sí, pero conozco, de larga data, tu escepticismo!

- Eso no ha cambiado en absoluto. No te dejes engañar.

- Entiendo...

- Estás muy abatida, Sibila. ¿Qué fue lo que pasó? ¿Has estado enferma?

- Sí, ayer me sentí mal de repente. Hoy estoy mejor.

Haciendo mención de irse, la joven escucha:

- ¡Quédate, por favor! Quiero hablar contigo.

- ¿Sobre qué?

- Acerca de mi vida y de mi futuro. Tengo planes, intenciones...

Sibila se estremece. El tono de voz de Adriano no deja dudas en cuanto a lo que desea. Tiene miedo de hacerle daño...

- Hablaremos más tarde, Adriano. Hoy, ninguno de nosotros está muy bien.

- ¡Por favor, necesito hablarte!

- En otra ocasión, Adriano… ¡Esperemos días mejores!

Ella sale a toda prisa, miedosa de lo que presiente, y que no le interesa, de ninguna manera.

Él la sigue con la mirada. Esta vez, a diferencia de sus miradas ardientes de antes. Ciertamente, en él existe la pasión y el deseo, pero ahora añadidos mucho más cariño y respeto.

Un amor verdadero, hoy conocido y consciente, que armoniza el cuerpo y el alma y, sobre todo, la certeza de este noble sentimiento, del cual se consideraba inmune, que le hace muy bien.

Demetrio encuentra a Sibila y quiere saber:

- ¿Adriano está bien?

- Al parecer, sí.

- ¿Te parecía diferente?

- ¡Sí! Debe ser tristeza por la pérdida de la madre.

- No, no es solo eso, Sibila. Hay algo más que no consigo definir, pero me trae esperanzas.

- ¿Qué sería?

- Creo que una modificación de carácter.

- El resultado de tu paciencia y dedicación, Demetrio, como lo haces con todos nosotros.

- Sin embargo, ¡algunos parecen inmunes a cualquier estímulo!

- No te desanimes… - Sibila conoce la angustia que lleva Demetrio, pues por el comportamiento insensible de su hijo, Haterio.

- Tú también, hija, has estado ayudando a Adriano. Observo la amabilidad y atención que le dispensas. Así como yo, también crees en su recuperación, ¿no es así?

- ¡Sí! ¡No sé por qué, pero él me conmueve en sus debilidades! ¡Y puedo relacionarme muy bien con él!

- Suerte para este chico. ¡Y, al final, todos ganamos con eso! Pero dime: ¿Por qué estás tan pálida? ¿Dónde dejaste los bellos colores de tu rostro? ¿Está triste mi ruiseñor?

Sonriendo ante la patente sensibilidad de este querido protector, se justifica:

- ¡Solo estoy cansada!

- ¡Oh, hija mía, sales tan a menudo! ¡Actualmente vives más en la casa de la noble Lidia que aquí!

Sibila concluye que la suerte está colaborando y ofreciéndole una gran oportunidad. Tomando una respiración profunda, busca coraje y le pregunta:

- Mi querida Demetrio, dime: ¿cómo te sentirías si me fuese a vivir allí?

Con ojos asombrados, Demetrio apenas cree lo que escucha.

Decidida, ella argumenta:

- Allí, yo tendría más tranquilidad y más libertad...

Demetrio se estremece y su corazón se acelera. Sibila quiere deshacerse de las acciones injustas de Minerva en su vida... ¿Quién sabe no la habrá amenazado...?

Casi lamentando haberlo mencionado, Sibila no puede contener las lágrimas. Sabes la falta que le hará. Son muy unidos. Ella es su compañía, oyente, consejera, amiga...

Entre lágrimas pide:

- ¡Perdóname, pero necesito definir mi vida, y en este sentido la amistad de Lidia me ofrece recursos preciosos!

Demetrio, corazón angustiado, mira a Sibila y declara sinceramente:

- ¡Sé que sufres la persecución sistemática de Minerva, hija; sin embargo, ¡me he esforzado para protegerte! Lamento profundamente la situación a la cual estás sometida.

Acercándose más, cariñosa y sincera, Sibila le habla, con el corazón en la voz:

- ¡Descansa! Tu protección y defensa han sido muy valiosas para mí; sin embargo, ¡decidí tomar las riendas de mi vida! ¡Me siento preparada para ello!

Pálido de muerte, Demetrio reconoce la justicia de la solicitud y promete:

- Lo pensaré mejor y luego hablaremos, ¿de acuerdo? ¡Incluso si me cuesta, me voy a aceptar lo que quiere, si con esto se contribuye a tu felicidad! – Le deposita un beso en la frente y se va, muy deprimido.

Los pensamientos de Sibila vuelan en dirección a Ben Azir... Ella recuerda todo lo que vivieron, hace poco tiempo: su mirada llena de promesas, su voz cariñosa, las sensaciones diferentes e inesperadas que sintió... No puede dudar; su corazón está seriamente comprometido. Ben Azir es el hombre de su vida, el héroe de sus sueños, el "esperado..."

Con su nombre en los labios y su elegante y noble figura, en su mente, se duerme...

Mientras Sibila espera el consentimiento de Demetrio para mudarse, y pospone indefinidamente la temida conversación con Adriano, Demetrio, vigilante y providencial, va a visitar a su amiga Lidia.

Llega y detiene su litera, frente a la lujosa mansión. Baja y entra en sus amplios portales. Conoce bien la casa.

Avisada, de antemano, la amiga viene a recibirlo con los brazos abiertos:

- ¡Salve, noble Demetrio, tu presencia alegra mi corazón!

- ¡Salve, noble amiga, Lidia! Además del placer de volverte a ver, te traigo un tema, de verdad, ¡serio! Juntos podemos evaluarlo, ya que se refiere tanto de nosotros dos.

Se abrazan, fraternos. Demetrio pregunta por su marido. Ella le informa que en el momento está en el Foro, de servicio:

- ¡Sabiendo que vendrías, prometió venir más temprano para verte, y disfrutar de tu preciosa compañía!

- Querido amigo Quiero verte de nuevo, te extraño. El pasado nos unió de tal manera que nos convertimos en mucho más que amigos; nos convertimos en hermanos. A pesar de esto, nuestras ocupaciones nos impiden una relación más estrecha.

- ¡Es verdad, acomódate! La sierva, ya avisada, te traerá unos refrescos. Demetrio agradece.

- Noto algo de tristeza en ti, amigo mío...

- De hecho, estoy triste y pronto sabrás por qué.

- ¡De verdad tengo curiosidad!

Cuidadosos, ellos esperan que la sierva que trajo los refrescos se retire, antes de iniciar la conversación:

- Amiga mía, muy avergonzado, vengo a hacerte un pedido.

- Te escucho, Demetrio, dime lo que quieres.

- En verdad, yo no deseo nada. Vengo por Sibila.

- ¿Cómo está nuestra querida?

- Muy bien, como siempre. ¡Ella es el ruiseñor que encanta mi corazón y trae alegría a mi casa!

- Sí, lo sé. ¿Y entonces?

- Hace algunos días, la sorprendí muy triste y abatida. Así como a veces sucede, por el choque de temperamentos entre ella y Minerva...

Lidia evita pronunciarse. No aprecia a la esposa de Demetrio y conoce su genio insoportable.

- Como decía, en aquel día, ella me pidió, con mucha delicadeza, para venir a vivir aquí contigo.

Lidia aplaude como una niña.

- ¡Bravo! ¡Cada vez que ella se va, nos quedamos con mucha nostalgia! Como sabes, Demetrio, no tenemos hijos. Sibila nos alegra de más nuestros corazones. Tu protegida nos conquistó, a todos, desde pequeña.

Pensativo, Demetrio compara la alegría de Lidia con su tristeza. La razón es la misma.

- ¡En caso consientas, nos sentiremos honrados a tenerla con nosotros!

Con un suspiro, un poco abatido, responde coherentemente:

- Si aquí estoy, es porque pensé así, dominé mi egoísmo, y analicé las alegaciones de Sibila, siempre muy sensatas... Y finalmente, me armé de valor y vine a hablarte, amiga mía. Después de todo, Sibila tiene más de dieciocho años y es muy juiciosa.

- Y ese corazón, ¿cómo quedará?

- ¡Más triste que nunca! Ella es el sol que ilumina mi vida, la fuerza que necesito para creer en el presente y construir el futuro... Además de todo, ¡ella es también mi mayor afecto!

Lidia, compadecida, piensa en los hijos de él; en todo similares a la madre. Casi no participan de la vida familiar. Haterio, el peor de todos, además de ignorar el padre, todavía le acarrea muchos problemas, causados por su soberbia descomunal y la ambición sin límites. Su insensibilidad y falta de respeto con el padre son ampliamente conocidos...

- ¡Oh, mi querido amigo...! ¡Entonces mantén a Sibila a tu lado!

- Como si no me conocieses, querida amiga... ¿Alguien puede evitar que el sol brille, los pájaros canten, y la arena fina del reloj de arena del tiempo derramarse? ¡Así es esta querida hija! ¡Este ángel, que Dios puso en mi camino! ¡Quítale la libertad y ella morirá, como una planta sin agua y sin sol!

- Sí, Demetrio, tú la defines muy bien. Nosotros la admiramos, mucho, por ser como es.

De la cabeza baja, Demetrio disimula las lágrimas que asoman a sus ojos.

Justificándose rápidamente, sin dirigirse directamente a él, Lidia le hace entender que tiene que entrar a la casa, y lo hace.

Discreta y fraterna lo deja entregado a sus propias emociones.

Demetrio derrama lágrimas abundantes, que mojan su rica túnica y terminan cayendo en sus sandalias de cuero curtido. Agradece íntimamente la respetuosa salida de Lidia.

Después de un tiempo, se enjuga las lágrimas y sale a caminar por la habitación. El bellísimo piso de mármol, decorado con motivos geométricos, en diferentes colores, refleja su figura.

Admira las majestuosas obras de arte que adornan el espacioso salón. Lidia y su marido son coleccionistas con muy buen gusto.

Vuelve al lugar de antes y se refresca con un jugo de frutas, mientras se recompone. Da vuelta a su mano, el cáliz tallado que refleja la luz que cae sobre él, y piensa en el desencanto de estar sin Sibila...

Mientras toma un sorbo de la bebida embriagadora, Lidia entra y se disculpa:

- Perdona la demora. Fui a ver lo que Sertória está preparando para la nuestra cena, y añadí algunas órdenes, respecto al menú, ¡que hará la alegría de tu apetito!

Sin mucho entusiasmo, pero muy sincero, Demetrio declara:

- Estoy muy agradecido por aquello que en tantos años de amistad nos has concedido, especialmente a Sibila.

Sonriendo gentilmente, mostrando hermosos dientes que parecen un collar de perlas perfectas, ella responde divertida y sincera:

- ¡Yo no lo sé, ciertamente, quién da y quién recibe! ¡La reciprocidad de tal afecto y las ventajas que ella ofrece, son muy reales y valiosos!

Entre agradables conversaciones, pasa el tiempo y ven a Severus Apolonius llegar y unirse a ellos, emocionado con la presencia de su querido amigo.

La cena transcurre entre los planes y las medidas para la venida definitiva de Sibila.

Severus Apolonio y Demetrio recuerdan los viejos tiempos, cuando eran compañeros en las academias romanas, todavía adolescentes, en las cuales se ejercitaban hombro a hombro y estudiaban esforzadamente.

La pareja, educada y discreta, omite un dato que les disgusta especialmente: Minerva nunca les demostró ningún cariño. Esto durante algún tiempo los alejó. Después se aproximaron, en una nueva fase de la vida, en la que solidificaron cada vez más una amistad muy verdadera.

Sibila reforzó, aun más, esta conexión antigua, aferrándose a la pareja.

Demetrio regresa a casa muy triste. Sin embargo, trae a Sibila la alegría del consentimiento de Lidia y su esposo.

Sibila decide recambiar Semiramis a la casa de Lidia y Demetrio accede.

Para saber que, Minerva no hay disfraces a su enorme satisfacción por deshacerse, de la dos, la una única vez.

En unos pocos días, Sibila se organiza para un completo cambio de vida. A partir de entonces, podrá disfrutar más de la compañía de su madre y permanecer más tiempo en la aldea cristiana.

Antes de irse, Demetrio le dice:

- Mi hija, mi corazón llora al verte partir para otro techo, que no es el mío, aunque sea conocido, amigo y protector. Jamás serás capaz de entenderme, Sibila. La falta que me harás, solo yo la puedo valorar.

Llorando suavemente, ella pide:

- Perdóname, querido e incomparable padre protector... Lamento mucho salir de tu casa, pero para ser digna de todo lo que recibí de tu amor, debo seguir abriendo mi propio camino. Ya no soy más aquella criatura, a la cual le basta el cariño, la cama, la educación y la comida... Ahora soy un adulto y necesito mucho más. De aquí en adelante, decidiré mi vida, liberándome de impedimentos, a los cuales mi alma nunca se sometió y nunca se someterá.

- Lo sé, hija. ¡En tu dulzura, la férrea voluntad que te caracteriza!

- Nunca podré agradecer, de hecho, por todo. Quiero que sepas: ¡aquello que yo haga, de aquí en adelante, traerá el cuño de tu ejemplo y de tu nobleza! Mis actos son el incienso que ofreceré a los dioses, en honor y la gloria a mi amado protector. Te pido, desde el fondo de mi corazón – ella ruega mientras le toma sus manos entre las suyas – ¡que jamás dudes de mi honestidad y fidelidad, a todo lo que es bueno y verdadero!

- ¿Por qué dices eso, Sibila? – para él, parece que ella esconde algo.

- Mi única intención es informarte de lo que pretendo hacer.

- Espero, por la paz de mi corazón y por tu seguridad, que no me ocultes nada, hija. ¡Temo no poder defenderte!

- ¿De quién o de qué?

- Si lo supiera, no estaría tan molesto, Sibila. Presiento sufrimientos, hija… Tal vez inexorables… – él declara, mirándola a los ojos.

Sibila recuerda la extraña visión que tuvo mientras estaba en los cuartos de Adriano, y la secuencia desastrosa, bajo la crueldad de Minerva, que había derivado en su decisión de irse a vivir con Lidia…

- ¡Descansa, mi noble amigo y padre, por la misericordia de los dioses! Todo ha de salir bien. ¡Perdóname, te lo ruego, una vez más, por estar fuera de tu casa, a la cual debo todo lo que soy y tengo!

Disimulando, con dificultad, el gran deseo de volver y evitar que se vaya, él declara, lleno de cariño y admiración:

- No me pidas que te perdone por las bendiciones del amor que has traído a esta casa desde que naciste. ¡Sigue tu camino y sé feliz, Sibila! ¡Sabiendo que eres feliz, yo también lo seré! ¡Y no creas que te librarás de mí tan fácilmente! Iré, muchas veces, a la casa de nuestros amigos para verte. ¡Cuando menos te lo esperes, estaré allí, para abrazarte y aliviar un poco la nostalgia! Pretendo acompañar tus pasos, por donde quiera que vayas, apoyándote y ayudándote, en lo que necesites.

- ¡Yo no esperaría otra conducta de aquel que me condujo hasta aquí, con un amor sin límites!

- Hija, ¿qué harás con respecto a Adriano? ¡Incluso los sirvientes de la casa ya saben de sus intenciones hacia ti!

- Oportunamente, hablaré con él, no te preocupes.

- ¿Pretendes aceptarlo?

- ¡De ninguna manera! Sin embargo, necesito decírselo de la manera correcta y comprensiva. Quiero conservar nuestro cariño.

Curioso, Demetrio le pregunta respetuosamente:

- Hija mía, ¿ya tienes otro pretendiente? ¿Es esta una razón para irte a vivir a la casa de Lidia? ¿Él, en caso exista, hace parte de la amistad de esa noble casa?

- No, descansa. Yo todavía no tengo ningún pretendiente.

- Como sabes, Haterio también te mira con mucho interés - Demetrio se atreve. Necesita saberlo...

Riendo mucho, divertida, responde:

- ¡Demetrio! ¡Haterio es, y siempre será para mí, solo un hermano querido!

Demetrio respira aliviado, pero sospecha:

- "¿Será que Ben Azir se las arregló para volver a verla? Nunca antes le había prestado mucha atención a alguien... Nunca más preguntó por él. Como si no lo necesitase... Bueno, que ella esté bajo las alas protectoras de la buena amiga Lidia..."

Ausente, Sibila no alcanzó sus dudas, pero sin saberlo armonizó con los mismos pensamientos:

- "¿Cómo reaccionaría Demetrio si supiera de mi interés en Ben Azir...?"

- Bueno, hija, organizar todo y me avisas, si necesitas algo de mí, ¿verdad?

- ¡De acuerdo! – En la punta de los pies, delicada, ella le da un sonoro beso en la mejilla.

Después del abrazo de ella, triste y cariñoso, Demetrio se aparta, muy pensativo.

Sibila lamenta no poder abrir; aun, su corazón comprometido, después de todo, nada hay de concreto con respecto a su relación con Ben Azir.

Va a sus habitaciones y, mientras lo hace, felizmente planea:

- "¡Ah, mi noble Demetrio! ¡Quién sabe podré, muy pronto, ofrecerle un feliz reencuentro? ¡Esto te sorprendería, pero alegraría tu corazón...!"

Al día siguiente, ella busca a Adriano y le pide unos momentos.

Atendida, se arma de coraje y la paciencia para escucharlo. De hecho, ya tiene planes definidos y respuestas listas.

Sentándose, ambos, en el gran salón de recepciones, en un rincón acogedor, lejos de los oídos de Minerva, los servidores, o de presencias indeseables, comienzan la conversación hace mucho pospuesta. Ansioso, Adriano se adelanta:

- ¡Hace mucho que aguardo esta conversación! Quizás la más importante de mi vida.

- ¡Arre, Adriano, nunca te vi tan serio y compenetrado!

Sonriendo, él asiente:

- Tienes razón. Últimamente estoy así.

- Sufres la irreparable pérdida de tu madre. ¡Después volverás a la alegría de antes!

- No, Sibila... Algo se rompió dentro de mí. A pesar de la aparente tristeza, no me arrepiento de este cambio, todo lo contrario. Me gusta y tengo la intención de mantenerlo. He reflexionado, duramente, sobre lo que he sido y lo que he hecho... Sobre tus alertas y constantes ironías, inteligentes y bien dirigidas, me alcanzaron por fin, los oídos del alma. Hoy me siento transformado.

- La transformación lleva tiempo, Adriano.

- ¡Estoy de acuerdo! Mis padres, tan olvidados por mí, ya dieron comienzo a esta transformación, despertando mi corazón dormido.

Tomando una respiración profunda y acomodándose mejor en su asiento, continúa:

- Además, Sibila, siempre has tenido razón. Así como un eco sonoro y armonioso de aquello que mis padres me decían y que no eran escucharon ni atendidos.

- ¡Me sorprende Adriano!

- Huyendo de mis padres y de hecho de mí mismo, en las últimas dos veces que allí estuve, pasé por extrañas experiencias, que no son del todo desconocidas para mí, fueron decisivas para mis nuevas reflexiones. Hoy, con los ojos bien abiertos, veo que mientras me emborrachaba y cometía locuras, caminaba, voluntariamente ciego, hacia un abismo, inexorable... Era frívolo, bohemio e irresponsable...

Tanto tú como Demetrio, a pesar de todo, nunca me negaron la amistad y el apoyo. Demetrio me explicó que su generosidad hacia mí refleja su amistad con mi padre y confesó recientemente que también lo hace en nombre de la propia juventud, no siempre impecable.

Adriano para de hablar y toma aliento. Mira alrededor y retoma la historia:

- A través de las pesadillas repetitivas, tomé conocimiento de un pasado que siempre me atormentaba desde la infancia. Estos eran, en realidad, antiguos complejos de culpa, muy bien explicadas por mi padre. Después de su fallecimiento, mi madre, desesperada, me reprendió duramente, como nunca antes lo había hecho, señalándome, sin tapujos, mis defectos de carácter.

Con la salud muy agitada, aprovechó de todos los recursos y me dijo, casi desde la tumba, a la que ya se dirigía a pasos largos...

Como un canto, inigualable, de despedida, mi madre debió haber sido inspirada por el cielo y por mi padre, del cual registró la presencia, lo cual pude constatar, en una visión que tuve de los dos.

Iluminada, ella me hizo reflexionar sobre muchas cosas. Ella lloró, yo lloré, lloramos juntos. Por primera vez en mi vida, fui tocado por sus palabras que consumían sus últimas energías, en un holocausto de amor.

Recuerdo oírla decir que solamente iría a reunirse con mi padre después de cambiarme para mejor.

Pues bien. Su aparición al lado de mi padre, mientras yo "dormitaba" y aquello que ambos me dijeron, ¡me izaron, rescatándome a la luz!

- ¡Estoy impresionada, Adriano! ¡Yo nunca me imaginé que entendieses conceptos tan amplios y elevados!

- ¡Y cuanto me acordé de ti, Sibila! En esos momentos dolorosos y a la vez preciosos, porque fueron determinantes, ¡cuánto quería tenerte a mi lado! Todo lo que escuché y viví ratificó tus lecciones, tan sabias como ricas. Recordé tus "rarezas" que aprendí a respetar. Esta vez, yo mismo participaba de los extraños fenómenos que alcanzan a quienes parecen haber nacido bendecidos por los cielos o marcados por la vida.

En fin, Sibila, me decidí a hablarte, pero ya no de pose, ¡sino de amor! Amor verdadero.

- Perdóname, Adriano, pero lo que yo puedo ofrecerte es amor filial. No te equivoques, por favor.

Profundamente trastornado, baja la cabeza y suspira. Para romper el hielo, Sibila pregunta:

- ¡Cuéntame, Adriano, aquello que todavía no me contaste sobre tus experiencias trascendentales!

Conmovido, narra, en detalle, sus visiones.

Pasan las horas y la noche también los sorprende, intercambiando ideas sobre los fenómenos...

Momentáneamente, desistió de pedirle que se casara con él. El "amor filial" seguía resonando en su cerebro, con terrible malestar. En otra ocasión, volvería al tema, demasiado importante para su corazón...

Sibila sabe que él está herido, pero hizo lo que debía; fue sincera.

"Modificados como está - piensa - Adriano encontrará fácilmente una gran mujer que sabrá conquistarlo... "

Al despedirse, cada cual va en el sentido que le es propio, Adriano se va pensando, "¿Cómo viviré sin ti, Sibila? ¡¿Estarás enamorada del judío...?! "

Un enfrentamiento similar a Haterio mueve el poder que representa y los recursos que posee a una indagación sobre la vida de Ben Azir, al que odia con todas las fuerzas de su corazón.

Tomando como punto de partida, la amistad del muchacho con Alicius Galba llegó donde quería.

Atrajo y sedujo a Jadhu, de quien recibió información muy precisa. De buena éste gana soltó su lengua viperina, supurando hiel y veneno. Sin escatimar palabras, le dio a Haterio todo lo que necesitaba para la perdición de Ben Azir. Eximiéndose a sí mismo de culpa, Jadhu se explicó, diciendo que él es solo alguien bien informado, que no tiene nada que ver con el grupo de rebeldes.

Al escuchar esto, Haterio sonrió sombríamente y respondió:

- ¡Esto, por ahora, no es importante!

Amenazante, advierte:

- ¡Esté atento! ¡En caso sean avisados, serás un hombre muerto! ¡Tengo mis ojos puestos en ti! A partir de este momento, estás bajo mis órdenes, hasta que yo diga lo contrario, ¿entendiste?

- ¡Sí señor, por supuesto! ¡Sé cómo obedecer y admiro a aquellos que lo merecen!

- ¡Tu admiración no me interesa, so idiota, solo tu sumisión y tu silencio! ¡Ahora vete!

Haterio lo despide, arrojando sobre la mesa una cantidad de sestercios de oro, que Jadhu agarra, ansioso, con los ojos brillantes, mientras dice:

- ¡Estaré a su disposición, noble tribuno! Si está interesado, por otro monto igual a este, o a un poco más grande, ¡yo mismo hago el "trabajito..."!

- ¿Qué trabajito, estúpido? ¡Cállate si quieres mantener tu lengua dentro de tu boca inmunda!

- ¡Sí señor! - exclama Jadhu, aterrorizado.

Haterio piensa en la posibilidad de aceptar su "oferta..."

Al verlo desaparecer fuera de la puerta, sonríe, irónico y sombrío...

De regreso a casa, disfrutando de la certeza de alejarse, de una vez, del despreciable judío del camino de Sibila: "¡Al interesarse por él, Sibila le decretó la muerte!"

Una vez en casa, recibe un mensajero directo de César.

Debe partir hacia el Este, en una misión confidencial, sin planes de regresar. Muy molesto, obedece y se organiza para el viaje.

Cuando regrese, continuará con los planes que tiene en mente...

Ben Azir, por su parte, sin imaginar el peligro que corre, sigue soportando a Jadhu, lo cual ya se hizo un hábito.

Éste sonríe, malicioso, al imaginar que los días de este joven que lo incomoda tanto están llegando a su fin.

"¡Yo mismo quiero exterminarlo...! ¡Y con qué gusto lo haré!"

Mientras razona así tan fríamente, él fija a Ben Azir que, ignorando su habitual ironía y burla de siempre, continúa en su discurso, en el intercambio de ideas con los compañeros de lucha.

Sin contenerse, Jadhu estalla en una sonora carcajada.

Ben Azir se estremece. Este feroz enemigo suyo parece un pájaro siniestro...

Decidió contarle su vida a Sibila. Después de todo, ambos viven una vida doble y peligrosa.

Almara rumia su odio por Ben Azir y planea venganza.

Agar, disgustada con el ex novio, secunda las malas intenciones de la madre. Mientras tanto, mirando a su alrededor, ellas buscan un partido tan bueno como era Ben Azir para Agar.

19.- COMPROMISOS...

DONDE QUIERA QUE VAYA, Haterio consagra el poder del Águila Dorada.

En el medio de los diversos intereses de unos y otros, él aprovecha para disfrutar de las emociones regionales, en lo que respecta a las bellezas que allí se ofrecen, ya sea por su porte atlético y belleza viril; ya sea por sus insignias que brillan en los ojos soñadores de tantas mujeres invigilantes; o ya sea por su propia atribución de tribuno.

Así, él se involucra más de lo que pretendía, deleitándose en los brazos de las mujeres que conocen el arte del amor, en aquello que él tiene de más emocionante.

Algunos meses pasan y él se amarra a múltiples compromisos, un retraso incomprensible. Con la complicidad de aquellos que le sirven de conexión valiosa, ya realizó con gran éxito sus responsabilidades y sus cónclaves.

Recordando con más fuerza las intenciones de liquidar a Ben Azir, decide y finalmente regresa, en el carro del triunfo, a Roma.

Al llegar a casa, se sorprende con la ausencia de Sibila.

Su padre le dice que ahora ella reside con su amiga Lidia, en conformidad con su propia voluntad.

Profundamente contrariado, Haterio critica a Demetrio, en medio las exclamaciones irrespetuosas, prometiendo traerla de regreso e ignorando la autoridad de su padre y la voluntad de Sibila.

Adriano, a su vez, se sorprende amigo de Demetrio, a pesar de la diferencia de edad, se les puede ver, muchas veces, conversando, como ahora:

- Noble Demetrio, ¡te veo muy pensativo últimamente!

- Y lo estoy, Adriano.

- ¿Aun por la ausencia de Sibila? ¿Cuál de dos corazones, el mío o el tuyo, sufre más?

- ¡Difícil de evaluar! Dime, Adriano, ¿qué fue lo que ella te dijo cuando le hablaste de tus sentimientos?

Entristecido, responde:

- ¡Ah, mi noble y querido amigo! Se ratificó en sus respuestas anteriores y me aconsejó buscar alguien que pueda amarme, como deseo y merezco, ¡imagínate!

- ¿Y te resignaste?

- ¡De ninguna manera! Yo le dije que, si no puedo casarme con ella, moriré soltero. Hoy, aborrezco las conexiones puramente sensuales, la pasión por la pasión y las implicaciones en las que viví, por imprudente que fui. Obstinado, le dije sobre mi amor con tal énfasis que ella miró entristecida y declaró:

- ¡Un día, cuando menos lo esperes, probarás ese sentimiento!

Respondí con prontitud:

- Me reafirmo en lo que dije antes: ¡esperaré, ansioso, por ese día!

Aun más triste, ella comentó:

- ¡No sabe lo que dices...! ¡Cuando llegue ese momento, te sentirás perdido, en una situación límite...!

- ¡A tu lado, enfrentaré el cielo y la tierra, Sibila! - confirmé, una vez más, mi querido amigo.

Demetrio siente que el corazón se aprieta dolorosamente... Teme por Sibila... Ruega a los dioses que los protejan.

Decide cambiar el curso de la conversación:

- ¿Y en cuanto a tu vida hoy?

- ¡Esta nueva etapa me hace sentir bien! Solo salgo a hacer las compras imprescindibles y a relajarme. Pasé a interesarme, vivamente, por el arte y la cultura. Algunas veces, ayudo a algún artista pobre y talentoso.

- ¿Y las viejas amistades?

- Sibila siempre dudó que yo tuviera alguna. Ella tenía razón. Nunca he tenido amigos, solamente compinches de mis excesos y mis juergas. Hoy huyo de ellos, y del riesgo que ellos representan.

- ¿Aun tienes deudas?

- No, ya pagué las que me parecieron justas. A pesar de esto, todavía tengo viejas enemistades. Como sabes, siempre he estado involucrado con la escoria del mundo, infeliz como era... Por esta razón, he pasado por algunas dificultades y vergüenzas.

- ¡Así es la vida, Adriano, se cosecha lo que se planta!

- Hoy lo sé.

- ¿Y qué harás con tu casa en Jerusalén?

- Nunca me libraré de ella, Demetrio. Será mi refugio, mi templo, en el que siempre reverenciaré el grato recuerdo de mis padres. Reenvié algunos servidores allí. Actualmente ellos mantienen todo en perfecto orden, como si mi madre todavía estuviese allí.

- ¡Sabia decisión! Dondequiera que tus padres estén, han de aprobar tu respetuosa y reverente actitud.

- ¡Imagínate, querido, que algunos de los siervos dicen verlos a veces, caminando por la casa, abrazados y sonriendo!

- ¡No hay necesidad de dudarlo! ¡Las apariciones existen! ¿Por qué los nuestros no podrían estar presentes? Los dioses nos lo permiten.

- ¡En los próximos días, estaré visitando Sibila!

- ¡Haces muy bien!

Ambos se despiden, y mientras recorre los largos pasillos de la casa, Demetrio piensa en Cynara: en el fatídico día que ella desapareció, como le dijo Minerva y Haterio, aun un niño, confirmó... Sufrió las penurias del infierno, sin saber dónde buscarla.

- "¿Habrá muerto o vive en algún lugar lejano...?"

Recuerda que ese día, luego de resolver algunos asuntos en la calle, fue sorprendido por un fuerte aguacero. Se enfrentó a la tormenta, pero su caballo se rompió una pierna y tuvo que sacrificarlo. Adquirió otro animal, pero se le aconsejó que no lo expusiera como había hecho con el anterior y que se hospedase. Todo mojado, temblando al golpear los dientes. Se cambió la ropa, y esperó a que la tormenta se calmase, pero, exhausto, se quedó dormido, despertando solamente en la mañana. Su intuición le decía que algo muy serio estaba pasando...

Al llegar, recibió la noticia de la propia Minerva, la cual, al narrarle su desaparición, le estudiaba las reacciones:

- ¡Tu más fiel amiga ha desaparecido sin dejar un rastro! ¡La ingratitud es una plaga que hoy en día corroe los corazones!

Tú confiabas tanto en ella, ¿no es así? ¡Ni una nota ni un mensaje, al menos para ti...!

A pesar del gran dolor y la desesperación que lo invadió, tuvo que conformarse, disimulando lo que sentía... Desde entonces, nunca más la volvió a ver. Siente mucho su falta... Ama y siempre amó a Cynara. Arrastra, sufrido, su vida matrimonial, que solo le trajo sufrimiento y desencanto.

A menudo se dirige a la casa de Lidia, para visitar a Sibila y a continuar siguiendo sus pasos, pero casi nunca la encuentra en casa. Su amiga le informa que ella está de visita a cualquier librería; de compras o de viaje con amigos... Vuelve añorado, pero resignado.

Sibila es joven, necesita vivir y ser feliz.

Cuando finalmente logra encontrarla, pasan horas hablando, como en este momento:

- Demetrio, mi noble protector, pretendo sorprenderte con algo que sé es muy importante a tu corazón.

- ¿Acaso tienes la intención de casarte?

Riendo divertida, ella responde:

- ¡Sí, pero ahora no! ¡Puedo adelantarte que será algo muy importante!

- ¡Cuéntame, te lo ruego!

- Todavía no puedo. Espera, ¿sí?

- ¡Todo bien, querida! ¡Todo lo que venga de ti alegrará mi corazón! Dime, ¿cómo te sientes viviendo aquí?

- ¡Como si hubiera nacido aquí, y Lidia y Severus Apolonius fueran mis padres!

Demetrio está celoso. La está perdiendo, irremediablemente... Perspicaz, ella lo corrige, rápido:

- Es solamente una manera de hablar, querido Demetrio. Quiero tranquilizarte, eso es todo. ¡Nací en tu casa que aun considero mía!

- Como siempre me adivinas mis pensamientos, querida.

- ¡Privilegios de quienes realmente se aman!

Demetrio se levanta y se despide de ella con un beso. Cuando se va, Sibila piensa:

- "¿Cómo le puedo hablar de Ben Azir y de mi interés por él, si le observo la extrañeza y el cuidado? Necesito preservar mis sentimientos y tu paz, querido Demetrio... "

Semiramis se encargaba de vigilar la casa de Demetrio en caso de Ben Azir se presentase por allí.

Ella tenía razón. Unos días después, Semiramis lo sorprende cerca. Infórmale dónde está la joven e invitándolo a acompañarla.

Al verlos, Sibila corre a hablar con Lidia:

- ¡Querida Lidia, mi amigo Ben Azir vino a visitarme y quiero tu permiso para recibirlo!

- ¡Por supuesto, Sibila! ¡Haz los honores de la casa y luego me presentas a este noble visitante, que hace que los tus ojos brillen sobremanera!

Ruborizándose levemente, ella agradece:

- ¡Muy agradecida! ¡Prometo presentarlo a mi buena y querida amiga!

Sale corriendo para ordenar la recepción del chico y se sienta cómodamente, disimulando la emoción que le invade el alma. Se arregla el vestido, se posa elegante y espera.

Él surge en la puerta de entrada, conducido por Semiramis, que se aleja, en dirección a sus tareas, dejándolos a solas.

Sibila se levanta, sonríe y lo saluda:

- ¡Sé bienvenido, Ben Azir! ¡Me regocijo de verte!

Igualmente conmovido por la emoción que lo invade, responde mientras se inclina, respetuoso y seductor:

- ¡Un rayo de sol que entrase por la ventana, despertándome con su luz no me traería más felicidad, noble Sibila!

Frente a frente, susurra:

- Te extrañé...

Algo desconcertada, ella responde con sinceridad:

- Yo también... Siéntate, por favor.

Lado por lado, se inicia un agradable diálogo que supera la timidez del primer instante.

Él pregunta y ella explica por qué está allí, y agrega:

- Desde aquí es más fácil y más seguro para ir hasta mi madre, y allí permanecer el tiempo que yo desee. Podremos encontrarnos allí nuevamente.

- Estaré a tu espera, cuando quieras, en el mismo lugar. Tenemos mucho que hablar.

- ¡Ciertamente! ¡Ahora quiero que conozcas a Lidia!

Con las presentaciones hechas, Lidia entendió por qué la emoción se apoderó de Sibila.

Después de unas horas, Ben Azir se marcha.

Haterio, que se dirigía para allá, vio la silueta de Ben Azir y se retiró. Se escondió detrás de una columna, siguiéndolo con una mirada cargada de odio, hasta que él desapareció. Se jura a sí mismo que se apresurará en su desaparición para sacarlo del camino de Sibila. En la pretensión de vencer la resistencia de la joven, comenzará la demostración, innegable, que no son hermanos.

Sin embargo, consciente de su propio desequilibrio, renuncia a la visita y la pospone. Después de todo, su rival, no verá muchos días nacer antes que su destino se cumpla. Vuelve a casa, de malos humores.

Incluso acostumbrado a su agresividad y falta de respeto, Demetrio se sorprende por tanta violencia.

En un rápido intercambio de palabras, Haterio levantó una mano a la altura de su rostro, deteniéndose solo frente a su exclamación indignada.

No era la primera vez y probablemente no sería la última. Temblando de miedo y vergüenza, preguntó, compadecido:

- ¿Qué será de ti, hijo mío?

Violeta de rabia, Haterio le respondió, antes de darle la espalda y salir de su presencia:

- ¡Lo que yo quiera! ¡Lo que yo quiera!

Mientras el hijo se distancia, se lamenta:

"¡Infeliz Haterio! ¡Cosechará los frutos de lo que ahora siembra...!"

20.-
VOLVIENDO AL FRENTE

BEN AZIR DESPIERTA de buen humor, ansioso, con la feliz expectativa del encuentro con Sibila. Como la vez anterior, en el horario preestablecido, apareció en el mismo lugar y hora.

Sibila apareció por fin, como el sol de la mañana, para su corazón comprometido. Junto a ella, Semiramis.

Después de saludarlos, les preguntó por Cynara y Plinio.

- Mi madre está bien, pero nuestro querido hermano Plinio está muy enfermo. Poco a poco, él se despide de nosotros. Nos dejará huérfanos de su amor y dedicación.

- Lo siento... Si es posible, me gustaría a verlo y hablar con él.

- Se lo diremos.

Emocionada por la presencia de Ben Azir, Sibila aprieta la mano de Semiramis, haciéndola entender. Ella también sonríe, comprensiva.

Siguen los mismos caminos que antes y después de unas horas, oye el zumbido de la vida saludable, de los que viven allí, o están allí por diversas circunstancias.

Consciente de la llegada de su hija, Cynara sale a darle la bienvenida.

Entran en la casa de Cynara y se alimentan, relajados. El recorrido del día va a comenzar por el ala de los enfermos.

Finalmente, los cuatro caminan entre las camas y se divididos en sus elecciones, en cuanto a hablar, con estos o con aquellos.

Ben Azir, condolido, sostiene en sus brazos a un niño que apenas puede soportar el dolor de sus heridas. Él llora y aprieta, convulsivo, la ropa del muchacho, mientras reacciona, defendiéndose del sufrimiento de la higiene en sus heridas y el intercambio de los vendajes.

De corazón conmovido, Ben Azir dificulta sus movimientos, a fin de que sea tratado. Lo aprieta al encuentro de su corazón y reflexiona lo diferente que es su mundo: lucha en medio de la violencia, en defensa de quienes son perseguidos o perjudicados por los diferentes sistemas de leyes.

Allá, las consecuencias de un ideal patriótico, exponiendo valientemente la vida misma. Aquí, entrega completa a los enfermos e infelices, curándolos y rescatándolos para que sigan viviendo...

Sibila observa el cariño y la dulzura que le dedica al niño; además de brindar respeto y comprensión a todos los demás.

Sí, Ben Azir es bueno, es caritativo... Sus ojos brillan con aprobación de sus acciones y le sonríe.

Pasan unas horas en esta situación. Cuando se van, regresan a la casa de Cynara, donde tienen una comida más abundante.

Algo descansada, Sibila decide ir a la casa de Plinio.

Semiramis ya fuera para allá. Como una hija, ella se dedica más tiempo a él y a su salud, asistida por el hermano José - en realidad, Quirinius, hermano de Lidia -, su prometido.

Caminando junto a Sibila, Ben Azir se encuentra con una casita pintada de blanco, con un gran ventanal y un jardín florido, que desprende aromas de flores.

Reverente a lo que ve, entra y se encuentra con el venerable anciano, Semiramis y el hermano José, y los saluda.

Se acerca y escucha la voz débil y amable de Plinio:

- ¡Acércate, muchacho!

Plinio lo mira de frente, estudiando su rostro, mientras extiende su mano seráfica.

Emocionado, Ben Azir la toma entre las suyas y la besa. Sibila que asiste a todo, respira profundamente, agradecido.

- ¡Tu presencia es buena y fuerte! - Él declara - ¡Eres un guerrero!

Ben Azir, sorprendido, se estremece. No desea revelarse:

- Se equivoca, señor; ¡Trabajo en el comercio!

Sonriendo, comprendido, prosigue:

- ¿Dónde resides?

- En Capernaum, en Judea.

- ¿Y qué haces aquí, tan lejos de casa?

- Acompaño a Sibila. Desde la primera vez que estuve aquí, quería conocerte más de cerca.

- ¡Siéntate, por favor!

Ben Azir se sienta en un taburete de patas cortas que le es ofrecido.

- ¿Por qué querías conocerme, amigo? ¿Qué es lo que esperas de mí?

- ¡Sinceramente espero mucho! Conozco la sabiduría y el legado que conlleva en términos de religiosidad. Quiero aprender más. Nunca había visto un lugar como este, que nos permite la convivencia estrecha con el dolor y la realidad humana. Cuando estés mejor, me gustaría hablarte, más a gusto, y sobre todo escucharte.

Sonriendo afablemente, Plinio declara:

- ¡Me ha gustado mucho conocerte, muchacho! ¡Salud y paz para ti!

- ¡Agradecido! ¡Que Dios lo bendiga y recompense por todo el bien que difunde!

Sin responder, Plinio lo acompaña con la mirada, hasta que él desaparece, por la puerta abierta.

Ben Azir le pregunta a la Sibila:

- Querida, ¿puedo hablar contigo a solas?

- ¡Naturalmente! Muy cerca hay un montículo. Ahí podemos hablar más a gusto.

Ellos siguen por caminos verdosos. Suben aquí y allá, y encuentran un rincón agradable. Se sientan en rocas enormes.

Tomando sus manos y mirándola a los ojos, él comienza:

- Aquí, en este lugar, que se parece más a la morada de Dios que a los templos de la Tierra; en medio de esta naturaleza exuberante, profundamente tocado por las emociones de este memorable día, quiero contarte cómo me siento, desde el evento en la Quinta de Demetrio, ¿recuerdas?

- ¿Cómo podría olvidarlo? – Ella pregunta embelesada.

- Bueno, ese día, cuando te conocí...

- ¡Yo te vi primero! - Ella interrumpe, con una provocativa sonrisa.

- ¡Si es verdad! Sorprendido por la belleza de ese escenario, con un brillo artístico inimaginable, caminé, cuando sentí que me observaban. ¡Me di la vuelta y capté su mirada!

Sibila agacha la cabeza, sonrojándose.

- Desde ese día, Sibila, mi vida ha dado un nuevo giro. Mis días se han vuelto más brillantes, y mis sentimientos más profundos que el océano. Estoy sorprendido por la perspectiva de un futuro diferente. Tú, sincera y transparente como eres, valiente y buena, como pocas, me revelaste tus pensamientos, en lo que tiene de más grande y mejor, mostrándote entera, con el corazón y el alma, abierta. Deseando retribuir, a la altura, esta confianza sin reservas, y en nombre de este valioso cariño que ahora comienza...

- No se apresure, por favor, lo que hice dispensa retribución.

- ¡Sabia como siempre! Sin embargo, descansa, no estoy siendo precipitado. Esto no hace parte de mi comportamiento, y debo decirte que nunca me siento obligado, por algo o por alguien a hacer lo que no deseo.

- Te alabo los principios y la forma de ser y de vivir. Así, yo también vivo. ¡Solo matándome alguien podría dominarme!

Ben Azir siente que su corazón se aprieta... En el mundo en el que viven, la fuerza bruta domina la voluntad, y es tan frágil, tan dócil...

En silencio, ella espera.

Tomando una respiración profunda, Ben Azir continúa:

- Quien viene a esta comunidad, y hace lo que tú haces, desafiando el poder romano, muestra sin tapujos: carácter, bondad y mucho valor. ¿Conoces los riesgos que corres?

- Si.

- Tengo mucho que contarte sobre mi vida, Sibila.

- ¿Por qué? ¿Qué te lleva a confiar tanto así?

Ella sumerge sus ojos azules en los ojos de Ben Azir, obligándolo a posicionarse, más abiertamente.

- Porque, cuando te conocí, sentí algo completamente diferente a todo lo que había sentido antes: como hombre y como criatura humana. Conocerte fue mágico, determinante, incomparable y definitivo para mi corazón. En ese momento, "atendiendo a tu llamado", me enfrenté con tu figura fascinante y luminosa... ¿Recuerdas la conversación que tuvimos sobre la belleza?

- Sí.

- ¡Eres mi ideal de mujer, en todos los sentidos!

- ¿No era así tu ex prometida?

- Sibila ya fue informada por él mismo del rompimiento del compromiso -.

- No. El principio, su belleza deslumbrante me emborrachó los sentidos, pero poco a poco, fui observando la enorme distancia que nos separaba. Esta relación culminó en una gran decepción, revelándome el verdadero carácter de ella y de su madre, ambas armadas contra mí.

- Cuando me conociste, ¿estabas decepcionado de ella?

- No. Nos desentendimos poco después.

- ¿No estás sustituyendo un afecto por otro?

- ¡No! Fue un alivio romper ese compromiso, liberándome de un futuro muy incierto. Había descubierto que no la amaba.

Sibila sopesa cuidadosamente todo lo que escucha, mientras estudia sus expresiones y su mirada.

- Gracias por tu sinceridad, Sibila. De todos modos, quiero abrir, de par en par, las puertas de mi alma. Escúchame...

El corazón de Sibila parece un toro salvaje, golpeando las patas con fuerza, sacudiéndola... Siente una especie de vértigo al captar las entonaciones cariciosas, que él imprime en la voz.

En suspenso, espera.

- Mi bella y noble Sibila, ¡yo te amo! ¡Cómo nunca he amado antes y nunca lo haré después! ¡Eres el verdadero amor, encontrado, que ilumina mi existencia!

Apretándola las manos, a cada inflexión amorosa, Ben Azir sumerge su mirada en la de ella, sometido a las emociones que lo dominan.

Con los ojos encendidos, Sibila responde, dulce y sincera:

- Yo también te amo, desde el primer momento. Vi cuando llegaste a ese evento y te mezclaste con la multitud. ¡Te reconocería de todos modos, en cualquier tiempo o lugar!

- ¿Por qué?

- ¡Porque te esperaba!

- Como puede ser esto ¡Ni siquiera nos conocíamos! - Comenta, riendo.

- ¿Lo crees...? – Ella le pregunta antes de la completar - ¡Yo sabía que vendrías! ¿No lo probé reconociéndote?

Embelesado, Ben Azir la atrae hacia él y le besa el pelo, los ojos, las mejillas, la barbilla y, finalmente, bebe de sus labios el néctar del amor genuino y embriagador.

Unidas, en un apasionado abrazo, que permanecen durante un tiempo difícil de precisar.

Completamente involucrada, confiesa Sibila, mientras se acurruca más profundamente en sus brazos:

- ¡Este amor, querido mío, es una llama crepitante y, al mismo tiempo, un lago de aguas cristalinas y serenas!

Determinado, Ben Azir pregunta:

- Quiero a decirte quien soy, cómo vivo y lo que. ¿Quieres escucharme?

- ¡Sí, dímelo! ¡Quiero saber todo lo que dice respecto a ti y a tu vida!

Ben Azir le cuenta, pues, su vida, sus aspiraciones en cuanto al futuro de su pueblo y... a la lucha peligrosa que enfrenta, en defensa de sus ideales.

Un poco sorprendida, ya que no esperaba tanto, Sibila está orgullosa del hombre que ama.

Acordes con el amor que los sorprendió, pero también con la libertad de ser como desean, Ben Azir quiere saber:

- ¿Te unirías a mí, Sibila, a pesar de todo?

- ¡Sí, sí! Por encima de las dificultades de nuestras vidas y de los desafíos que el mundo nos trae, ¡uniría mi vida a la tuya, Ben Azir!

Antes de descender y unirse a los demás, se abrazan mucho y se besan con ardor. Puede que sea la última vez... Siempre será así...

Al despedirse, acuerdan un futuro encuentro, allí...

21.-
ENCRUCIJADA

ÚLTIMAMENTE, LOS PADRES de Ben Azir temen, más que antes, por su seguridad. Deborah ha tenido sueños y Jairo malos presentimientos.

Un peligro inminente parece amenazarlo. Ambos coinciden en que, al interesarse por Sibila, desafía poderes imbatibles.

Jairo decide alertarlo:

- Ben Azir, como padre, y en nombre de nuestro amor, queremos advertirte del enorme peligro que estás corriendo por causa de Sibila. Los que se atreven a acercarse al Águila Romana, sin someterse a ella, ¡caminan inexorablemente hacia la desgracia! ¡Tú, sobre todo, que ya tienes tu talón de Aquiles!

- ¡Nadie conoce mis ideales y las acciones que de ella resultan!

- ¡Nadie...! ¿Olvidas a Agar y a su madre, la vengativa, Almara? ¡Serán capaces de cualquier cosa!

- Las dos están, hoy, fuera de mi vida. Algún tiempo antes de alejarme, tuve el cuidado de decirle a Agar que había cambiado las referidas luchas por una confianza mayor en la justicia de Dios.

- ¿Tienes esa intención? - Jairo quiere saber.

- Ellos saben que no. ¡Moriré luchando!

Deborah se estremece. Marido y mujer se miran.

Jairo rompe la pequeña pausa que se hizo, declarando:

- ¡Tus dos mayores intereses, Ben Azir, están peligrosamente entrelazados!

- Mi lucha por la justicia y mi interés por Sibila, ya lo sé.

- ¡Exactamente, hijo mío! ¡Estás entrando con el pecho abierto en el foso del león! ¿Crees que una perla rara como Sibila no tiene adoradores a su alrededor que puedan ahuyentar a cualquier otro pretendiente, especialmente a ti, un judío?

- Soy consciente de los peligros derivados de esta relación.

- ¿Y qué quieres?

- ¡Persistir! En caso tú, padre, me preguntes, cuál de las dos peleas yo abandonaría, yo te responderé sin vacilar, ¡ninguna! ¡Pagaré cualquier precio por ambas! ¡Mi existencia no hará sentido sin ideal y sin amor!

Jairo está de acuerdo, pero teme:

- ¡Te admiro, hijo mío, pero nos estremecemos de terror, dándonos cuenta que hoy estás en más peligro que antes!

- ¡Cálmate! Piso con mucha precaución, en los dos terrenos.

- No lo dudo, conozco tu fuerza y prudencia, ¡pero lo que estás desafiando actualmente puede estar por encima de tu capacidad de superarlo!

- Reconozco esto; sin embargo, continuaré. ¡Confío en Dios y en mí mismo! ¡Lo que tienes que ser, lo será!

- ¡*Maktub*!

- ¡Sí, *Maktub*!

Ambos guardan silencio.

Rompiendo el silencio, Ben Azir quiere saber:

- ¿Por qué están así, tan inseguros?

- Hemos tenido presentimientos...

Mirándolos con inmensa ternura, Ben Azir pide:

- Perdónenme...

- Sin embargo, continuarás...

- Sí. ¡Prefiero que lloren sobre la mi tumba, ciertos de que morí realizado, a vivir como un vegetal! Soy un hombre y soy judío; ¡Mi sangre hierve en mis venas!

- Muy bien, Ben Azir, pero cuídate, ¡te lo pedimos! ¡Nosotros te amamos demasiado! - concluye Jairo.

- ¡Les agradezco de todo corazón! Cuando me vaya, hoy o mañana, ¡los llevaré en el alma!

- ¡Alto ahí! ¡Te llevaremos en nuestras almas! ¡Llegamos primero y regresaremos primero!

Ben Azir sonríe intento de su padre de aliviar la enorme preocupación que carga. Atrae a la madre hacia sí y la abraza, con ternura, de encuentro al pecho. Le besar el cabello y la cara, en silencio. La emoción lo domina. También presiente algo que no puede definir...

Deborah responde cariñosamente. Enseguida disimula y va a llorar en sus habitaciones... Su corazón está muy afligido...

Jairo abraza al hijo por los hombros y se va con él al patio, mientras le hace preguntas respecto de Sibila.

Jovial y entusiasta, va respondiendo Ben Azir.

Unos días más tarde, encontrándose con Sibila, tiene la oportunidad para volver a ver y hablar con Plinio. Éste, mejor de salud, se recuesta sobre el espaldar de su cama, y le pregunta:

- ¿Cómo estás, amigo?

- ¡Estoy bien y me alegro de verlo mejor! Tendría mucho placer en escucharlo, parar aprender.

- Sócrates, en su Mayéutica, dijo que no aprendemos, sino que recordamos. A partir de esta se deduce que tú quieres "recordar" tu propia sabiduría.

- Estoy de acuerdo con este sabio griego. Personalmente, busco conocimiento, desde temprana edad. También estudio las leyes de Moisés, el gran legislador y libertador del pueblo hebreo.

Mirándolo de manera significativa, Plinio declara con fuerza:

- ¡No solo los conoces y los sigues, sino que los vives, en carne y sangre!

Incómodo, Ben Azir quiere saber:

- ¿Por qué dice eso?

- Debido a que ejerces, duramente, lo que se consideras justo y correcto, a través de acciones a veces violentas.

Ben Azir se sorprende:

- "¿Cómo puede saberlo? Desde la primera vez que hablamos, él parecía conocer mis acciones libertarias... Él sabe que me enfrento a grandes peligros en nombre de la justicia y, a veces, me esquivo del cuchillo del oponente; en ese momento, decisivo, solo uno sobrevive... Si no fuese yo, versado en luchas corporales y en el manejo de las más diversas armas... "

Cómo leyendo sus pensamientos, Plinio explica:

- ¡No te estoy juzgando, muchacho! Vivimos tiempos muy crueles, de aquellos que, muchas veces, se mata a no morir, en nombre de una causa que se considera justa e incluso sagrada.

- ¿Estás de acuerdo conmigo entonces? - Pregunta Ben Azir inseguro, dándose cuenta; sin embargo, que actuando así se condena.

- ¡No juzgar no quiere decir que apruebe, mi joven amigo!

- ¡Y entonces, ¿cómo quedamos...?!

En breve interregno, Plinio analiza en silencio las reacciones de Ben Azir con respeto e interés. Poco después, respirando hondo, responde amablemente:

- ¿Cómo nos quedamos? Bueno... ¡Yo puedo hablarte de aquel que murió sin defenderse a sí mismo, cuando podía hacerlo mejor que cualquier otro, pero eligió ilustrar que la única forma de defensa es el perdón! Por la política de la venganza, las muertes continuarán a perderse de vista, sean individuales o colectivas: como un resultado de la acción de los grupos militantes y, más ampliamente guerras, las cuales oficializan el crimen, en nombre de la ambición, el orgullo, la vanidad y el egoísmo. ¡Estas matanzas revelan las verdaderas caras del eterno Caín!

Ben Azir, muy molesto, se mueve en su asiento y se estremece, indignado.

El venerable anciano lo mira, comprensivo, mientras le adivinaba las contradicciones, íntimas.

Finalmente, continúa:

- Este mundo ha recibido, a través de la misericordia del Creador, al dulce Rabino de Galilea, que llegó a nosotros, lleno de amor, para enseñarnos el verdadero camino: ¡aquel que nos conduce a la bienaventuranza!

¡Él; sin embargo, fue maldecido y sacrificado por aquellos que temían la modificación de un estado de cosas sacramentadas, y ejercitadas por los poderosos de todos los tiempos!

Jesús de Nazaret, mensajero directo de Dios, murió vilipendiado, entre dos ladrones, crucificado en un madero infame, sublimando su incomparable sacrificio, que tenía y tiene como premisa establecer en la Tierra el reinado sublime de Su Padre y Padre Nuestro.

En medio de sufrimientos atroces, él ejemplificó, cómo se debe vivir y cómo se debe morir, sin violencia. En el momento extremo, al exhalar su último aliento, pidió al Padre de todos nosotros que nos perdonase, pues no sabíamos lo que estábamos haciendo... ¡En su incomparable misericordia, nos disculpó, como si fuéramos niños!

Ben Azir afirma, apresuradamente:

- Noble Plinio, ¡vamos a decir que Él era Él! ¡Nosotros somos pequeños granos de arena que el viento lleva! Si no nos defendemos y a aquellos que no pueden hacerlo, ¿cuándo veremos las luces de un tiempo nuevo?

Plinio le responde:

- ¡Él era Él y nosotros somos nosotros, Ben Azir! Cuando estuvo entre nosotros, declaró: "¡Ustedes son dioses! ¡Todo lo que hago, ustedes lo pueden hacer y mucho más!" Cuando hablas de luces y de un nuevo tiempo, ¿a qué te refieres específicamente?

- ¡Al orden y la justicia, establecida y respetadas, de hecho y de derecho!

- ¡De dependerán siempre del progreso que se haga, dentro de las almas, en la esencia de cada ser! ¡De uno en uno, haremos un todo, amplio y pleno! Solo entonces, tendremos aquello a lo que te refieres.

- Noble hermano, ¡yo lucho, como ya has concluido, entregando mi vida en el nombre de un ideal de libertad! - Ben Azir habla en voz baja, a fin de no ser escuchado por nadie más.

- ¿Hablas de libertad, muchacho, cuando vives preso en las trampas que engendras, para levantarte contra los que actúan injustamente? ¿Matas para defender códigos aun imperfectos, que solo si se modificarán a través de las fuerzas del corazón y el pensamiento?
Siguiendo fieles a las leyes de Dios, caminaremos, de hecho, para nuevos tiempos de justicia y libertad, ¡legítimos!

- ¡Las figuras, contra las cuales lucho, no creen en Dios y cuando lo citan, lo niegan, en los más pequeños y grandes actos de sus vidas!

- ¡Y cuando reaccionas con violencia, desobedeces las leyes de Dios, también, en nombre de quien quiera que sea, mi joven amigo! ¡Jesús vino, como Él dijo, para confirmar la ley y no a cambiarlo! ¡Él no solamente habló, sino que ejemplificó hasta las últimas consecuencias!

- ¡Sus alegaciones y defensa de este Cristo son inmejorables, Plinio! Dígame, ¿cómo sabe tanto de mí?

- Mi comprensión de la vida se amplió, Ben Azir, a lo largo de los años y en la convivencia estrecha con mis semejantes.

- Mi familia y yo seguimos, religiosamente, las leyes de Moisés, ¡así como mi pueblo! - Ben Azir dice más una vez.

- Sin embargo, Ben Azir, ¡mientras confirmas las verdaderas leyes de Dios, Jesús modificaba desde el corazón, aquellas que Moisés creó para la necesidad de una época y de un pueblo! ¡El Dios de Moisés era belicoso, cruel y sanguinario! Jesús nos trajo al Padre amoroso, bueno y justo, ¡porque es perfecto! ¡La humanidad estaba madura para caminar, seguidamente, sobre nuevas bases, al soplo de nuevas ideas transformadoras traídas por el Mesías de Dios!

Al final de la última palabra, Plinio mira a Ben Azir, como un padre a su hijo, querido, y concluye:

- ¡Tú, por el momento, eres el reflejo de tu casa y de tu gente, hasta que otros pensamientos, más profundos y más elevados, caigan sobre tu alma, como una lluvia fina y persistente, la cual favorecerá la germinación, la floración y la fructificación futura!

Curioso, Ben Azir pregunta:

- ¿De dónde viene, Plinio?

- De Grecia, mi niño. ¡Desde el verdor de los años, sigo la sabiduría de Sócrates!

- ¡Esto explica sus pensamientos filosóficos!

- No son solo filosóficos, Ben Azir, ¡son verdades! ¡Vivo, lo que predico!

- Sí, lo sé... En cuanto a mí, cuando me lanzo de pecho abierto para realizar las aspiraciones de mi pueblo y de los que, como él, sufren y son perseguidos, ¡también lo hago fundamentado en mi fe!

- Aprecio la lucidez y el coraje que te caracterizan, entregándote en holocausto por tus ideales patrióticos. Sin embargo, si se deseas, realmente beber en la fuente de la verdadera sabiduría, se hace necesario dejar de lado los prejuicios que todavía cargas.

Ben Azir está de acuerdo:

- A veces, también cuestiono lo que hemos oído y aprendido desde la infancia, y que casi siempre es manipulado por "griegos y troyanos" en el usufructo de ventajas personales. Como sabe, la hipocresía es moneda corriente, dorando el ego de aquellos que, hablando en Dios, viven sometidos casi siempre al diablo.

Plinio sonríe con simpatía. Cierra los ojos y, mostrando cansancio, pide:

- ¡Tomemos un descanso, Ben Azir! Ambos necesitamos descansar. ¡Yo, más que tú, claro!

Besando sus venerables manos, Ben Azir se despide y promete regresar.

Se une a Sibila y a los demás, secundándolos en lo que deben hacer.

Vuelve a ver al chico de las heridas, que está mejor. Lo abraza con afecto. Entabla con él una conversación agradable, lo que hace que él suelte una risa cristalina. Cuando se va, promete volver a verlo.

Sibila admira su inclinación espontánea hacia la empatía.

Mientras ella reflexiona y sonríe ligeramente, admirándolo, él la atraer hacia sí, en un abrazo fuerte y apasionado. Al verla avergonzada, bajo las miradas de los espectadores, se contiene y tomándola por la mano, sigue junto a ella, a la casa Cynara. Allí serán atendidos sus estómagos, tiranos, que parecen pegados a tu espalda. Después de una comida sana, relajados, retoman las tareas que se intensifican.

Son muchos los desgraciados que se arrastran, mendigando pan, abrigo, compasión, descanso; son tantas las madres con los pechos tan secos de alimento vital para sus bebés... Escuálidas, vienen de manos y corazones abiertos para recibir aquello que se les pueda ofrecer...

Los más pequeños, con ojos vacíos, rostros inexpresivos, revelan miedo y mucha inseguridad. Poco a poco, ellos aceptan el cariño y los cuidados que necesitan. Desesperados, comen con las dos manos, ensuciando sus caritas de ángeles, en una glotonería extraordinaria que revela un hambre muy antiguo y atroz... Las madres casi siempre solo se alimentan después de los niños. Hombres, en la flor de la edad, llegan allí con atrofias, heridas apenas cicatrizadas, idiotez, mutilaciones...

Esos portales viven abiertos a cualquier hijo de Dios. Cuando llegan, todos pasan por una primera selección: sexo, la edad y las urgencias.

Algunos, apenas alimentados y descansados, después de algunos pocos días, retornan a sus vidas más fortalecidos y más confiados.

Después de horas de arduo trabajo, Ben Azir decide revisar al pequeño de las heridas. Lo encuentra tranquilo en medio de las mantas, como un pájaro en el nido. Ojos brillantes y una sonrisa en los labios, es más un sobreviviente de los diversos poderes que sofocan y victimizan a muchos... Ben Azir se acerca y él le sonríe al verlo.

A su alrededor, muchos otros dolores que hacen que Ben Azir sienta mucha lástima.

Sibila y Semiramis no están allí. Fueron a otro espacio de servicio, al lado de Cynara.

Ben Azir decide y vuelve a ver a Plinio. En caso que pueda, él tiene la intención de reanudar la conversación interrumpida.

Su humilde residencia, cálida y perfumada por los aromas de las flores, se asemeja a las sencillas casas de pescadores de Cafarnaúm.

Solicita la venia para volver a ver a Plinio y el hermano José le otorgan el acceso a su habitación.

Sonrisa abierta, él lo saluda:

- ¡Sé bienvenido! ¡Me alegro que hayas vuelto!

- ¡La mayor alegría es mía, querido Plinio! ¡Por misericordia de Dios, puedo verlo y hablar con usted dos veces en el mismo día! ¿No estaré abusando de su buena voluntad y paciencia? – Él indaga, después de sentarse en el mismo banco como antes.

- ¡No, descansa!

- ¡Se lo agradezco! Hace poco estuve con un niño que tiene el cuerpo cubierto de úlceras. Afortunadamente, pude ver una mejora notable en él.

- Estabas con Asclépio. Este querido niño se está recuperando, poco a poco, de la crisis de una enfermedad hereditaria. Si no se atendía a tiempo, moriría. Sin embargo, va a llevar a esta triste herencia a lo largo de su vida. Su salud siempre dependerá de las más variadas circunstancias, pobrecito... Por ahora él está bien. ¡Que el Señor de todos nosotros lo ampare...!

- ¡Más un punto para esta comunidad!

- ¡Más un punto para Dios!

Ben Azir guarda silencio. Quiere escuchar a Plinio en la continuidad del mismo tema de antes... Este sabio le mostró con respeto y amabilidad, nuevos horizontes...

Adivinando su intención, Plinio lo anima:

- ¡Ponte a gusto, hijo, habla!

- Estimado Plinio – él comienza, confirmando la privacidad del ambiente, en una rápida mirada - delante de mi comportamiento actual, frente a mis ideales, ¿cuáles son las consecuencias para mi alma?

- ¿Esperas una profecía o una consideración justa y racional? Para el primero, no estoy no cualificado.

- La segunda, por favor. Siempre prefiero el razonamiento lógico.

- Quiere saber hasta qué punto estás correcto o equivocado, cuando, enfrentar al enemigo, a veces, vienes a matarlo, ¿no?

- ¡Eso es exactamente!

- ¡Sé que sabes, muy bien, aquello que haces y por qué lo haces! He entendido también que tus objetivos son nobles, Ben Azir.

Ben Azir escucha atentamente sus sabias conclusiones.

- Pero a pesar de todo esto, hay otras formas, otras formas de vivir y de luchar. Esta comunidad puede mostrarte eso...

- Mientras yo no sienta inclinación hacia comportamientos sumisos y resignados, los admiro, créame.

- Nuestra conformación, Ben Azir, refleja nuestra fe en Dios, que es, por encima de todo, providencia divina en nuestras vidas. ¡En cuanto a la sumisión, ésta no existe, porque nos enfrentamos, valientes, al poder de César, día y noche, para socorrer a los infelices y vivimos en conformidad con nuestras opciones religiosas! ¡Sufrimos mucho por ello y morimos, Ben Azir, en los circos y en las cárceles, todos los días!

- ¡Oh mi nuevo amigo! ¡Cuánto me falta aun por aprender! ¡Hasta me da vergüenza...! - Ben Azir, exclama conmovido.

- Continuando, Ben Azir: A pesar de admirarte, frente a tu patente valor y dedicación, lamento tu presente. Él está hecho de luchas peligrosas y casi ninguna seguridad. El arma del enemigo puede cortarte el hilo de la vida, tan pronto... O una sola denuncia puede llevarte a morir de tortura. O, peor aun, ¡a pudrirte en una execrable cárcel...!

¿Qué más podría decirte que ya no sepas? ¿Cuántas noches pasas en vela, Ben Azir? ¿De cuántos dolores vive, al saber que tu vida, tan llena de esperanzas, puede terminar de una hora para otra, debido al suelo que pisas es casi siempre de arena movediza...?

Ben Azir se levanta y se aleja, murmurando:

- ¡Arre, la imagen es aterradora!

Apenado, Plinio predice:

- Tu futuro, mi joven amigo, prácticamente no existe...

Molesto, Ben Azir responde:

- ¡Dijo que no hacía profecías!

- ¡Este no es el caso! ¡Analiza tu propia vida y verás que tengo razón!

Ben Azir respira profundo, se calma y vuelve a sentarse.

- ¡Mi vida es similar a la de los soldados que parten a una batalla!

- ¡Sí y no! Los guerreros se van por diversas razones. Algunos son enviados bajo un látigo, como esclavos. Otros marchan hacia victorias y ventajas, para las que fueron adecuadamente alentados por aquellos que los envían, pero que por lo general nunca van a la guerra, quedándose en sus tronos, a la espera de las glorias alcanzados por cerebros y brazos ajenos y botines resultantes de los saqueos de otros pueblos derrotados y destruidos. Muchos, quizá la mayoría, sigue al sabor de las olas a crecer en el mundo o para justificar su propia existencia, malograda desde la cuna, sean ricos o pobres.

¡De todos modos, hay un gran aparato que ciega, engaña y satisface la vanidad y la ambición, en un contexto deplorable y muy bien alimentado por quienes, como la Hidra de Lerna, tienen muchas cabezas y avanzan, crueles, llevando la muerte y la destrucción a los lugares más remotos!

Cada cosa y cada acción en su tiempo y lugar; cada situación nos obligará a realizar valoraciones privadas y dependerán, siempre, de las verdaderas intenciones o de las circunstancias. Vamos a ceñirnos; por ejemplo, a tu caso.

- ¡Mi intención es llevar a mi pueblo y a los desdichados de todo tipo la justicia que necesitan!

- ¿Has visto resultados?

- ¡Algunos! ¡Nuestra intención es a contrarrestar la fuerza considerada legal y que hace que tantas víctimas, incontables reveses, que los haga sentir que algo o alguien los enfrenta e intimida! ¡Esta defensa se revela a través de las diversas incursiones a sus territorios, abortando, muchas veces, las viles intenciones!

Ben Azir está exaltado, verbo inflamado, mejillas enrojecidas, ojos brillantes. Plinio pregunta:

- Tú, que sigues fielmente las leyes de Moisés, ¿qué piensa de los Diez Mandamientos?

Ben Azir entiende muy bien a dónde Plinio quiere ir, y se defiende:

- ¡La pena de muerte fue parte de los procedimientos de Moisés!

- ¡Dijiste muy bien, de los procedimientos de Moisés y no de los mandamientos de Dios! Echemos un vistazo a la ley del Talión, entonces seguida por él y quién no es de su pluma, siendo mucho más antigua, anterior al código de Hammurabi, en la antigua Sumeria. Conocedor de ella, Moisés fue a buscarla en el fondo del baúl de la historia, para utilizarlo en un intento de disciplinar a su pueblo y, en este esfuerzo sin precedentes, la desesperación para corregir el carácter difícil y prácticamente indomable.

Ben Azir, nada, absolutamente nada, ¡justifica matar! Tenemos una incuestionable ley de Dios que dice: "¡*No matarás*!"

- ¡Moisés mató y mandó matar cuando se optó por hacerlo, en nombre de la justicia y el orden!

Plinio suspira, mientras nota su emoción. Después de unos minutos de silencio, afirma sinceramente:

- Hijo mío, este gran líder de un pueblo debe haber vivido en medio de conflictos a menudo insuperables y tomado medidas drásticas ante un pueblo degenerado por los años de esclavitud, una de ellas en Egipto, desde donde los sacó, después de sus famosas peripecias, liberándolo, y bueno, viviendo un éxodo que agotó a casi todos durante varias décadas de peregrinación, en camino a una depuración espiritual, con la esperanza de alcanzar y merecer la Tierra Prometida, en Canaán.

¡En sus trágicas actitudes, que solo Dios puede juzgar, la indiscutible desesperación, en un intento por salvar a los mejores...!

- Este gran legislador, a quien seguimos fielmente, tomó las riendas del poder en sus manos y ejerció la ley.

- Ben Azir, razona conmigo y pon tu pie en el presente:

Jesús, el Cristo, nos trajo la ley del perdón y la comprensión entre las personas y entre las criaturas, modificando, a partir del corazón, los códigos crueles Moisés impuso, en una época y a su manera. Tu pueblo ignoró, en estos nuevos tiempos, el gran mensaje del Mesías de Dios. Las cosas del pasado sirven de base para aquella que llegan agitando con un avance superior.

Sin hablar de credos ni de códigos, de tal o cual raza, poco a poco vamos logrando pequeñas victorias, en el mundo de las leyes, y algunas reformas legales.

- La mayoría de las veces, Plinio, ¡esto queda en la teoría! ¡Solo con valentía y resignación se hará algo de concreto en defensa de todos y frente a la hipocresía, de la deshonestidad y de la crueldad a la que asistimos todos los días, en los más diversos sectores de la vida y de las actividades!

- Hay que luchar, sí, ¡pero en el campo de las ideas! ¡Para esto, Dios nos dio la inteligencia!

- ¡Y todos moriremos, venerable, Plinio! A pesar de su indiscutible sabiduría y amabilidad, ¡vive inmerso en una fantasía!

Con mirada de reproche, Plinio quiere saber:

- Amar, perdonar, ser bueno, mejorar la vida de personas como Asclépio ¿es una fantasía para ti?

Ben Azir lamenta su torpe declaración.

- ¡Ciertamente que no!

Retomando el hilo de la conversación, Plinio prosigue:

- ¡Moisés tenía las razones de una época! ¡Sus acciones, grandiosas para la misión que llevó a cabo, o eclipsadas por sus acciones radicales, sucedieron hace mucho tiempo! ¿Dónde está el progreso después de esto?

- Tuviésemos otros medios, amigo mío...

- ¡Y lo tenemos! Ya recibimos otros códigos de vida, en una canción inolvidable de belleza y de justicia plena; ¡y en más consonancia con nuestra evolución! Tú me hablas de un milenio y medio atrás, con Moisés; ¡yo mismo me reporto a hace poco más de un siglo, con Jesús, Ben Azir!

- De este nuevo código nada sabemos, a no ser lo poco que nos han enseñado, porque ellos no cambian los antiguos, en los cuales vivimos.

- Inteligente como eres, mi querido muchacho, ¿por qué todavía no analizaste mejor el mensaje de Jesucristo?

- ¡Porque no me interesa! ¡Yo sigo a Moisés! ¡Ya lo dije!

- ¡Estamos dando vueltas, como la gallina alrededor de sus pollitos! Lo que quiero decirte, finalmente, es que nada te eximirá de tus culpas, de las muertes que por acaso provoques, o des lugar a que se practiquen. ¡Al lanzarte, imprudentemente, en estas luchas, en caso seas abatido, serás considerado por Dios, que nos juzga en última instancia, un suicida!

Ben Azir palidece. Inquieto, se levanta y va hasta la ventana, admirando las flores y se embriaga con sus perfumes, buscando calmarse...

"No saldré ileso de esta entrevista... Él me desvela el alma, y me toca, directamente, las heridas... ¿Qué hacer? ¿Salir antes que nos hiramos?"

Perceptivo, Plinio le pregunta desafiante:

- ¿Huirás de la lucha, guerrero?

Volteándose hacia Plinio, responde sin pestañear:

- ¡No!

Vuelve a sentarse y se queja:

- Mi noble amigo, ¡está censurando la mejor parte de mi vida! ¡Y al mismo tiempo tratando de convencerme para su Cristo! ¡Con efecto!

Plinio sonríe con benevolencia:

- Te equivocaste, dos veces. En la primera: la mejor parte de tu vida. No es aquella que represente un peligro constante, en acciones desesperadas y decisivas. En la segunda, no estoy tratando de convertirte y sí de ofrecerte lo que posee de mejor. ¡Mis conocimientos, basados en la antigua sabiduría de los grandes filósofos griegos, más concretamente, de Sócrates y en la Buena Nueva de Jesús, que sustituirá, más temprano que tarde, a las leyes más antiguas, corrigiéndolas y ampliándolas! ¿Quieres proseguir en el viejo código, cuando nuevas formas de conocimiento, que antes estaban ocultas en los santuarios y en los oráculos solo para los grandes iniciados, ganaron las calles y las plazas, en los cantos del Divino Maestro de los Maestros? ¿Vas a empecinarte en tu buen corazón y en tu mente privilegiada del coche del progreso?

¡Tú, mi querido muchacho, naciste para el bien y no para el mal, de cualquier manera que él se presente! No te digo que todas las leyes de Moisés están equivocadas, pero solamente aquellos que, trágicas, fueron creadas por él mismo en su intención de regenerar los su pueblo. Aquellas que él recibió, en los Diez Mandamientos, son de Dios, incontestables e irremplazables. ¡Deben ser seguidas, por encima de todo!

¡No estoy diciendo que tu pueblo está equivocado al seguir a Moisés, porque las creencias son parte de nuestra elección, siendo sagrada para nuestra fe! ¡Sin embargo, cuando se habla de muerte y citas a Moisés, te olvidas que este gran líder, donde esté – pues la vida no termina con la muerte y sería extraño que este poderoso mensajero de Dios se hubiese esfumado en el aire - hoy, mucho tiempo después del cumplimiento de su misión y de su tragedia personal, debe deplorar los propios excesos y lamentar profundamente la perpetuación de estos mismos excesos, a través de sus seguidores!

No desprecio a los que siguen a Moisés, como no lo hago, ni siquiera a los que no siguen a nada ni a nadie.

¡Sin embargo, te digo, con sinceridad y respeto, que las leyes de Dios deben ser no solo conocidos, sino cumplidas!

¡Despierta, Ben Azir, y no te hagas cómplice con los ideales que, detrás de las buenas intenciones, exudan el olor de la muerte!

Jesucristo resume en dos mandamientos las leyes del Creador: "¡Amar a Dios sobre todas las cosas y al prójimo a sí mismo!"

- ¿Quién es mi prójimo? ¡No es, ciertamente, aquel que mata en nombre de su ambición y de su orgullo, desenfrenados! - Ben Azir es ácido.

- Esos pueden ser exterminados sin piedad, ¿no es así? En las Tablas de la Ley hay excepciones, en las cuales, ¿se pueden violar los mandamientos de Dios? ¡No! Por lo tanto: ¡"No matarás" es y siempre será "¡No matarás"!

Mientras los hombres tengan los pies enredados en la vid del orgullo, del egoísmo, la ambición y la vanidad; y mientras tomen en sus propias manos la justicia, en nombre de aquello que defienden, y que siempre será discutible, ¡no podremos divisar tiempos de justicia y de paz! Además, te digo: veremos tiempos en los que, incluso en el nombre de este dulce y amoroso hijo de Dios, que ejemplificó en la cruz como deben vivir los hombres en la tierra, ¡se harán atrocidades increíbles! ¡Su cruz está corrompida y usada como bandera para el ejercicio de la tiranía del mal...! - Extasiado, Plinio tiene los ojos abiertos. Las lágrimas caen por su rostro. Parece predecir un futuro de mucho sufrimiento para la humanidad... Respirando profundo, se voltea hacia Ben Azir y agrega:

- ¡A medida que más avanzamos, hacia un futuro glorioso, éste parece retroceder, deteniéndose ante la arbitrariedad de muchos que, como tú, en nombre de la verdad que predican, se ensucian las manos con la sangre de sus hermanos, reviviendo, hoy y siempre, el estigma de Caín!

Ben Azir se estremece. Siente una gran revuelta por todo lo que escucha, pero pueden sentir la verdad clara en las palabras de Plinio. ¡Pero ser tildado de asesino, al defender a los más débiles...! ¡Sería más cómodo estar frente a un enemigo armado hasta los dientes...! Nunca esperó escuchar tales consideraciones respecto a su vida y sus acciones... Fuese Plinio otra persona y no estuviese cubierto de razón...

Plinio estudia sus expresiones.

Ben Azir se debate y reacciona, perplejo frente a aquello que le llega de golpe, socavando su seguridad íntima...

Plinio sabe que él está ofendido. Sin embargo, él fue honesto, hablándole como nunca nadie lo había hecho antes.

Se hizo un intervalo... Interiorizado, ellos permanecen durante unos minutos.

Plinio cierra los ojos, mientras espera a que Ben Azir pueda digerir todo lo que escuchó.

Ben Azir finalmente rompe el silencio:

- Plinio, deme tiempo para analizar todo lo que escuché que me agrede, de frente. Discúlpeme la sinceridad, quizás excesiva.

- ¡Si nos hubiésemos sido honestos, esta conversación nunca se habría llevado a cabo, Ben Azir! ¡Haz como quieras! Toma mi bendición y la certeza que te hablo como un padre. Piensa bien y elige: ¡el camino del pasado que agonizará paulatinamente o uno que brillará como el sol, calentando e iluminando a todos, en una Nueva Era de progreso, intelectual y espiritual!

Un día, Ben Azir, aquellos que matan y hacen daño a sus hermanos en la humanidad serán recordados con horror, como si nunca hubieran existido, tal será la modificación de la mente humana.

¡Nosotros seremos dioses...! En ese tiempo, habrá una única Jerusalén, la cual es la de encima; ¡un solo rebaño y un único pastor, como nos dice Jesús!

- Tu Jesús murió en la cruz, Plinio. Se entregó a sus enemigos, sin quejas y sin defenderse... ¡Yo nunca haría eso!

- Él hizo eso a fin que el mundo no solo lo escuchase, sino también lo entendiese, a través de su ejemplo. Debido a este ejemplo y a su Mensaje, existen lugares como éste.

Ben Azir se mantiene en silencio, se encuentra agotado emocionalmente. Plinio se decide a ir hasta el final y declara incisivo:

- Sepa que esta conversación tuvo lugar en una encrucijada de tu vida.

- ¿Encrucijada?

- Sí, de una forma u otra, tendrás que definir...

- No lo entendí.

- Entenderás cuando llegue la hora. Más, no puedo decirte.

- Ahora, ¿hablas con acertijos?

- Perdóname, ni todo debe ser dicho...

Ben Azir se dispone a salir, concluyendo que volverá a su casa en medio de conflictos existenciales, quizás insuperables.

Se despide de Plinio, amable y respetuoso, y busca a Sibila.

En caso hubiese volteado, hubiese sorprendido en los ojos de Plinio algunas lágrimas, que reflejaban sus pensamientos:

- "¡Ben Azir, Ben Azir! ¡Joven valiente y fiel! ¡Tu tiempo se acaba! ¡Tu destino se está cerrando...! "

Ben Azir abraza a Sibila por los hombros y se integra a las tareas en silencio.

Sibila lo nota la alienación y ella le respetaba la necesidad de internalización.

Al darse cuenta de su observación amorosa, él piensa:

- "¡Me trajiste todo esto!"

Sibila llega a la conclusión que la conversación que él tuvo con Plinio fue más grave de lo que se podía esperar. Conoce al venerable anciano y su "estatura espiritual…"

Terminando sus deberes de rutina, Sibila dice que necesita hablar con él.

Se alejan y se sientan, uno al lado del otro. Decidida, comienza:

- Ben Azir, haciendo buen uso de mi libertad actual, decidí ir a las catacumbas con Semiramis.

Ben Azir se estremece. Tu corazón se aprieta… Sin embargo, controlándose, guarda silencio.

Para Sibila, su reacción no pasó desapercibida. Algunos momentos más momentos, y ella prosigue:

- Allí los cristianos se reúnen para orar y escuchar las maravillosas prédicas de aquellos que han heredado, muy de cerca, las hermosas enseñanzas de Jesús Cristo. En las suaves vibraciones de esos ambientes, bajo las luces parpadeantes de las velas encendidas, entre las tumbas de aquellos que un día se entregaron, de cuerpo y alma, a su testimonio, nos fortalecemos para continuar en el esfuerzo de cada día con valentía y mucho amor… -. en un suave *staccato*, Sibila se calla. Distraída, ella parece distante.

A Ben Azir no le gusta lo que ve y mucho menos lo que escucha. "¡En efecto! - Concluye, interiorizado -. ¡El destino, hoy, más que nunca ha decidido desafiarme...!"

Siente el impulso de gritarle que no vaya, pero se contiene. No tiene ese derecho... Inquieto, mira a su alrededor y se agita en el asiento.

Volteándose finalmente hacia él, Sibila declara:

- ¡Me gustaría oírte, Ben Azir! ¿Qué estás pensando? Esta información ni siquiera se la daré a Demetrio.

- Pues deberías, Sibila...

- Él me va a impedir de ir, de una forma o de otra. Entraría en pánico. Además de escandalizarse con mi nueva creencia, que por cierto no aceptaría. Se molestaría, duramente, con Lidia por sus responsabilidades conmigo...

Ben Azir hunde su mirada en los ojos de esta mujer que ya lo conquistó para la eternidad y ahora quiere dejarlo... ¿Cómo culparla en su intrepidez, si él vive de la misma manera? Son, en todo, similares. Apesadumbrado, se desahoga:

- ¡Hoy, Sibila, decididamente, me están exigiendo demasiado! ¡Las cosas llegan como en una avalancha, arrastrándome, sin defensas!

- ¡Tu conversación con Plinio...!

- Sí, también. Y ahora esto. Me pides una opinión que no quisiera dar. Cada vez que te encuentro, temo perderte. Por supuesto, conoces los riesgos que estarás asumiendo. ¡En un lugar específico, conocido en Roma! Vivero fatídico de las víctimas de los holocaustos y la diversión de un pueblo muy insensible... ¡Tu Cristo no necesita de sacrificios, porque ya asumió el suyo, con gallardía, y les dejó su ejemplo!

- Siento la influencia benéfica de Plinio en tus palabras.

- No puedo negarlo, pero no sé si me gusta esto, Sibila. Me hizo ver muchas cosas que yo no quiero… ¡Ahora yo sé…!

- Nadie se te atraviesa en el camino para proceder como antes.

- Estoy de acuerdo, por experiencia. Dime, ¿en qué añadirá, tu presencia o la presencia de aquellos que se entregan, indefensos, a la espada de los contumaces perseguidores romanos? ¡Tú, hermosa, inteligente y buena, tienes todo para ser feliz viviendo y no muriendo en la flor de la juventud!

Herida, Sibila se da cuenta que por primera vez no están de acuerdo.

- ¡Perdóname! ¡Yo no pretendía decirte lo que estoy diciendo, Sibila! ¡En realidad, soy la última persona que podría decir esto a ti o a cualquier otro! Mis palabras reflejan el miedo a lo que te pueda pasar…

Sibila contiene las ganas de llorar. Mira a lo lejos, observa a la gente que se mueve de un lado a otro. Después de unos momentos, responde delicadamente:

- ¡Ben Azir, si aquí vivimos, defendiendo y socorriendo a los que necesitan de refugio y asistencia, tú, a tu manera, luchas también por un estado mejor de cosas y más justo para todos! ¡Así, nos arriesgamos, ambos, todos los días! Si yo también hago lo que quiero y tomo las consecuencias, ¿cuál es la diferencia entre nosotros dos?

Él niega con la cabeza, asintiendo. Los conceptos de Sibila son justo… Sin embargo, imaginándola en el circo, junto con un montón de cristianos, siendo ofrecida como alimento a las fieras salvajes, le trae un dolor casi físico.

- Perdóname, Sibila; hoy no tengo condiciones de razonar normalmente alrededor de cosas tan serias. Traigo el pecho oprimido. Necesito de tiempo para rehacerme emocionalmente. Quiero que sepas; sin embargo, que no importa lo que pase, nada va a cambiar mi amor por ti. Quizás, pueda crecer aun más, ante esta dolorosa perspectiva venirnos a separar, sin saber cuándo, dónde, ni por qué... ¡Hagas lo que hagas, yo siempre te amaré y cada vez más! ¡Ten esa seguridad y nunca dudes de mis sentimientos, te lo ruego...!

- ¡Agradecida! Al principio ya me dijiste mucho. Entiendo tus conflictos y admiro tu sentido común. Temes por mi debilidad de mujer; sin embargo, querido, es en esta aparente fragilidad que se instala a nuestra fuerza. ¡Te pido, también, que nunca olvides que yo te amo, más que a mi propia vida! ¡Te amo a ti, y solamente a ti, Ben Azir...!

Mirándola con adoración, él la besa, casi en desesperación. Sabe que este amor no tiene futuro.

Sibila, feliz, se rinde a sus emociones, adivinando las conclusiones que llegan al encuentro de las suyas...

Se van, y Ben Azir declara:

- Antes de irme, quiero despedirme de Asclépio.

- ¡Ciertamente! Te esperaremos en el camino.

Él se dirige a la casa donde están los enfermos y allí abraza y besa al niño que, sin saberlo, pasó a representar para su corazón todos los otros infelices del mundo... Se despide del niño con un fuerte deseo de llorar. Promete visitarlo más a menudo...

Minutos después, alcanza al grupo y salen en dirección a sus vidas, cada uno en el rumbo que le es debido...

En una curva del camino, acordaron el día y la hora del próximo encuentro. Abraza a Sibila, apretándola, fuertemente, al encuentro de su corazón, bajo la mirada comprensiva de los demás.

Ben Azir nunca más será el mismo. Decide informar a sus padres de sus intenciones para formalizar un compromiso de noviazgo con Sibila. Un galope rápido, con el viento que golpea fuerte en el rostro, él llega a casa, y después de las conexiones hechas para regresar, en un viaje largo y agotador. Desmonta, entrega el caballo al sirviente y entra en la casa, en su hermosa y dulce Cafarnaúm...

Allí Jesús hacía bellísimas prédicas... Allí vivía su discípulo más valiente, Simón Pedro. En la sencilla casa de Pedro, el Mesías de Dios enseñó las verdades del cielo e hizo lo mismo en la playa, junto a esas aguas abundante de peces, mientras las olas, le besaban los pies descalzos... - Esto, Ben Azir escuchó de Sibila y del Hermano José...

Conoce muy bien el lugar... A la primera oportunidad, irá allá, por curiosidad o por sentir el ambiente...

Abraza a sus padres y retoma sus deberes y su vida familiar.

22.-
ENTENDIMIENTO

BEN AZIR INVITA a sus padres a una conversación.

Hace poco, había estado en una reunión del grupo de rebeldes, donde se mantuvo reticente y algo distraído.

Jadhu, para su extrañeza, ni siquiera se dirigió a su persona, solo lo miró, siniestro e irónico.

Hamad, que en ese momento dirigía los diversos asuntos, incómodo con la casi neutralidad de Ben Azir, lo reprendió:

- ¿Qué está sucediendo, mi joven amigo? ¡Pareces completamente desinteresado!

- Tienes razón, no estoy muy bien. ¡Actualmente me enfrento a problemas de difícil solución...! - Respondió, aceptando la justa advertencia.

- Los problemas personales, Ben Azir, se mantienen al margen, ¿recuerdas? Entrando en este entorno, ¡somos un grupo!

- Sí, lo sé... - Ben Azir está profundamente avergonzado.

- ¡Este chico indomable es humano como cualquier otro! - dice comprensivo el mismo anciano de siempre, que allí aparece y hace sus observaciones, respetadas, siempre.

Ben Azir no poder disimular su impaciencia. Horas más tarde, respiro aliviado, camino de regreso a casa.

Ahora, sentado en la sala, espera a sus padres y aguarda la comprensión de ambos. Íntimamente, se cuestiona aquello que debe revelar y aquello que no debe, para protección y tranquilidad de ellos mismos.

Sus padres asisten solícitos y sonrientes. Jairo declara:

- ¡Aquí estamos, hijo!

Deborah, con los ojos brillantes, anhela escuchar lo que Ben Azir tiene que decir.

- Ante todo, les pido calma, comprensión y tolerancia.

- ¡Así nos asustas, hijo! - Deborah no se contiene.

- No es mi intención, créeme. Sin embargo, cuando escuchen lo que tengo que decir, lo entenderán.

- ¡Ben Azir, por favor, es más objetivo! - Le pide el padre, muy curioso.

- ¡Lo seré! Lo que les voy a contar cambia, desde sus inicios, a mi vida, requiriéndome actitudes concretas y decisivas, de las que depender del mi próximo futuro. Como ya saben, he hecho algunos viajes para volver a ver a Sibila. ¡En las raras ocasiones en las que nos encontramos, nos conocimos mejor y simplemente nos sorprendimos con un amor incomparable!

Jairo se mueve incómodo. Deborah intercambia miradas con su esposo.

- ¿Demetrio está consciente de esta relación? - Pregunta el padre.

- Él todavía no lo sabe. Sibila vive con una amiga suya, llamada Lidia. Yo he estado allí. Actualmente, nos encontramos en un determinado lugar, desde donde salimos a una aldea lejana y escondida, entre las montañas.

- ¿Por qué y para qué? - Pregunta Jairo, muy intrigado.

- Porque ahí vive tu madre, Cynara.

- Ella vivió siempre allí, ¿lejos de la hija?

- No, señor, pero esta es una larga historia, que contaré en otro momento.

- Protegida de Demetrio, como si fuese hija legítima, ¿por qué Sibila vive en la casa de su amiga? - Jairo sigue cuestionando.

- Por voluntad de la propia Sibila. En esa casa tiene más libertad, además de evitar la sistemática y peligrosa persecución de la esposa de Demetrio, Minerva. Esta odiaba a Sibila, y odiaba, con la misma intensidad, a su madre, Cynara, que un día huyó de allí muy enferma y desamparada. Afortunadamente, fue rescatada por personas que aman a su prójimo como a sí mismos.

- ¡Pobre mujer...! - exclama Deborah.

- Por último, por la voluntad de Dios, ella sobrevivió y hoy vive en este pueblo que parece ser la morada de Nuestro Creador.

- Hijo, de hecho, ¿qué pretendes con esta plática? - Jairo demuestra una gran impaciencia y una notable contrariedad con todo lo que escucha.

Ben Azir concluye no sirve de nada preparar su espíritu, y va directamente al grano:

- Lo primero que quiero decirles, es que amo, realmente, a la bella y sabia Sibila, y hacerles saber, también, que nada que puedan decir o hacer me apartará de ella.

Jairo respira ruidosamente. Sus ojos emiten chispas en dirección al hijo.

Deborah estaba emocionada con las palabras de Ben Azir. Cree que él, de hecho, está enamorado.

- ¡Cuando te previenes contra nuestra reacción, Ben Azir, entiendes que ella es necesaria, dentro de nuestros estándares de vida y de nuestros principios!

- ¡Me gustaría no decir necesario, pero era de esperar, ya que los conozco muy bien!

Jairo decide esperar las próximas declaraciones de Ben Azir.

Entendido, él continúa:

- En este lugar tan distante, nos hemos encontrado, algunas veces. Como saben, enfrente viajes costosos y agotadores, pero, fuese como fuese, yo asistiría, sin siquiera detenerme, ante cualquier obstáculo.

Jairo hace un gesto de desdén.

- En esa comunidad, me encontré con una forma de vivir tan plena y diferente a todos lo que ya vi, con el corazón abierto, me propuse secundarlos, cuando allí me encuentro, en sus acciones caritativas. Les escucho los sermones, principalmente de Plinio venerable anciano, griego y fiel seguidor de Sócrates. Ante ellos, y de todos los que veo, concluí, escandalizado, que "¡nada sé!"

- Comunidad *sui generis*, y declaración irrespetuosa, ¡esta tuya, Ben Azir! - Jairo explota.

Con cuidado, Ben Azir responde:

- Verás que no, padre mío. Perdón si no me hago entender, como quisiera, pero el tema es muy delicado.

- ¡Continua! ¡Con cada palabra que sale de tu boca me sorprendo y temo las próximas!

- Realmente, ¿quieres que continúe, padre? - Ben Azir demuestra, sincero, su desagrado.

- ¡Ciertamente, hijo mío! ¡Jairo se está precipitando! - Deborah intenta contener los impulsos de su marido.

Ben Azir respira hondo y agradece:

- Gracias, mi adorable madre. ¡Pues bien! Allí veo cosas tan bellas que, poco por poco, fui asimilando la forma de vida de esa gente valiente y sumiso a Dios.

Jairo se pone violeta y grita exaltado:

- Ben Azir, ¿estás hablando de... cristianos...?!

Valiente, Ben Azir confirma:

- ¡Sí!

- ¡¿Nos estás queriendo decir que te has convertido...?!

- No, padre. ¡Eso no aun no ha sucedido!

- ¡Entonces aléjate de esa convivencia peligrosa convivencia ahora mismo!

- Lo que veo allí no tiene nada de peligroso. Los sorprendo en una realidad que trasciende la normalidad de los pensamientos y las acciones conocidas por nosotros.

- Quien no está con nosotros, ¡está contra nosotros, Ben Azir!

- ¡No hay disputa entre ellos! ¡El comportamiento asumido es el fraternal, incluso ante sus enemigos!

Jairo se levanta, disgustado. Suspende los brazos por encima de la cabeza y vocifera en medio de palabras de reproche, dichas entre dientes.

Buscando el apoyo de la mujer, declara estupefacto:

- ¡Deborah, nuestro hijo ha enloquecido!

Ben Azir se defiende, rápido y atrevido:

- ¡Nunca he estado tan lúcido, padre!

- ¿Y así lo demuestras?

- ¿Cómo puedes evaluar aquello que no has visto?

- ¡Porque vivo bien informado! ¡Esta miserable secta se entrega a los más duros tormentos en nombre de su "Crucificado"! Uno que, siendo judío, se negó a sí mismo para "ejemplificar" cómo vivir y cómo morir; ¡imagina! De esta forma, ¡en poco tiempo tendríamos todos los cuellos cortados! ¡Debemos seguir religiosamente las leyes vigentes para defender la verdad y el orden! ¡Por esto Moisés vino, vivió y sufrió hasta las últimas consecuencias, muriendo en el monte Nebo, solo, pero glorificado por Dios! Nosotros seguimos a Moisés y no a este llamado Mesías, ¿te has olvidado de eso, Ben Azir?

- De ninguna manera, padre, y ni podría.

- ¿Por qué, entonces, te enredas en esta maraña de filosofías que ya han nacido derrotadas?

- Yo no me enredo, como dices, padre, simplemente observo y analizo, sacando mis propias conclusiones. Recibí en toda mi vida conceptos en los que creo y sigo; sin embargo, ¡no he perdido el sentido del análisis o la capacidad de elegir los mis propios caminos!

Jairo está estupefacto:

- ¡Tú me asustas, hijo! ¿Qué manera de hablar es esta? ¿Estás, por casualidad, en una encrucijada en tu vida...?!

Ben Azir recuerda a Plinio... Él, en primera instancia, le habló respecto a la encrucijada... Sacude la hermosa cabeza, para desconectar los pensamientos y observa a su padre que camina agitado. Éste, poseído, ruge:

- ¡Anatema! ¡Mi propio hijo!

Deborah aprieta las manos, una contra la otra, y comienza a llorar. A pesar de la reacción de ellos, Ben Azir no se deja intimidar:

- Escucha, padre mío, te lo ruego... ¡te estoy hablando de mi vida!

Jairo regresa y se sienta de nuevo. Limpia, amoroso, los ojos de la mujer, mientras acusa al hijo con la mirada.

Enrojecido por la ira, ordena:

- ¡Vamos, adelante! ¡Entierra de una vez la daga en nuestros corazones!

- Padre, por favor... Yo podría falsificar mi comportamiento y ustedes nunca sabrían lo que estoy viviendo. Sin embargo, los amos demasiado para engañarlos. Estoy abriendo mi corazón y esforzándome para compartir con ustedes aquello que tengo en lo más íntimo, cobrándome nuevas formas de pensar y, por encima de todo, de actuar...

¡Que este amor, el cual ha sido la luz de mi vida, no me impida ver con claridad y de ser yo mismo...!

Deborah se levanta y abraza al hijo besándolo, en silencio en apoyo incondicional, a lo que él puede ser o hacer.

Ben Azir le retribuye el afecto, la lleva a su asiento de nuevo y se propone a continuar:

- ¡No espero que vean con mis ojos, escuchen con mis oídos, piensen con mi cerebro o que sientan con mi corazón! Sin embargo, quiero hablarles con la sinceridad que siempre guio mis actos, comunicándoles que amo a Sibila, ¡y este amor abrió para mí una nueva gama de realidades! ¡Lo ya conocido y largamente vivido por mí está siendo interrogado por mi alma, pero, sobre todo, por mi razón!

La llave para abrir las puertas de las verdades indiscutibles está dentro de nosotros mismos. ¡Todos pertenecemos al mismo Dios, creador y señor de este inconmensurable Universo!

Vivo de alguna manera defendiendo a este Dios que adoramos; sin embargo, Sibila, de otra manera, también lo adora. En esta nueva forma de vida, me encuentro sorprendido y en conflicto, ¡como nunca lo había estado en mi vida!

¿Puedo, en caso encuentre correcto, continuar con mis acciones libertarias, basadas en las leyes de Moisés, que a su vez se basó en las de Jehová, guerrero y vengativo, o debería cambiar este camino y seguir el otro, que me habla de la justicia divina y del perdón, en una comprensión mucho más elevada…?! ¡Solo el futuro lo dirá!

Golpeando, furioso, en un mueble que está cerca, Jairo que ya se había levantado, enojado con el hijo, advierte enfático:

- ¿Hablas del futuro, Ben Azir? ¡Pues te digo que no lo tendrás! ¡Roma no duerme! ¡Al igual que Saturno, que devora a sus propios hijos, y va más allá, devora a los hijos de los demás! ¡Rellena su vientre de vidas, de credos, de derechos! ¡Tú estás siendo demasiado audaz y atrevido! ¿Cómo puedes esperar que te apoyemos en estas ideas que socavan, desde el corazón, nuestras creencias y nuestras tradiciones? ¡De hecho, hijo mío…!

- Sin embargo, aprueban acciones peligrosas, ¡día tras día! ¿Cuál es la diferencia? Morir por esto o por aquello, ¿siempre que lo hagamos convencidos y leales? ¡Camino, consciente, senderos que acortarán, sin duda, mi existencia! ¿Cuándo me encontraré con la Hermana Muerte? Ésta, más tarde o más temprano, ¡nos lleva a todos! Sin embargo, tengo la libertad de elegir. ¡Morir por aquello en lo que creo, o muera por lo que ustedes creen!

- ¡Pensé que "nosotros" creíamos, Ben Azir! ¡Cada nuevo concepto que sale de tu boca, dejas vislumbrar tu elección! ¡Dios mío! ¡Haber vivido hasta hoy para escuchar esto! - Jairo impreca.

- Padre, cálmate... Trata de entenderme, te lo pido... Debemos analizar juntos esta situación que para mí es de vital importancia... Ayúdame, en vez de condenarme como lo estás haciendo...

Jairo respira con dificultad. Ben Azir está siendo muy valiente, franco y abierto, como es su temperamento. Decide ir al grano. Necesita sacarse, de una vez, esta aterradora duda del corazón:

- Ben Azir, ¿Sibila es cristiana?

- ¡Sí!

- Y tú, ¡¿te estás convirtiendo...?!

Los ojos fijos en el rostro del hijo, temeroso, él espera su respuesta. Ben Azir es su único hijo y su única esperanza...

- No señor, yo soy el misma de antes. Solo me enfrenté a una nueva realidad que, además de sorprenderme, me sugiere un comportamiento diferente.

Jairo gana un alma nueva y aconseja:

- ¡Trae a Sibila a nosotros! Nosotros la recibiremos como hija, en nuestra casa y en nuestra religión. ¡Cásate con ella, Ben Azir, y ella te seguirá, fielmente!

Ben Azir respira hondo y responde con sinceridad:

- Me propongo, en realidad, casarme con ella, pero nunca trataría de transformarla en aquello que no es. Y si lo intentase, ¡yo la perdería en un choque de los dedos! ¡Somos iguales en todo, mis padres!

- ¡No es este tipo de mujer que deseamos para ti, Ben Azir! - declara Jairo, sombrío.

- ¡Esto, yo soy quien lo decide, padre! ¡Con todo el respeto que les debo! - Responde Ben Azir, cara a cara.

Jairo está impresionado por la valentía de su hijo al decirle cosas tan absurdas... ¿Habrán hecho algún hechizo contra Ben Azir? Ya escuchó hablar sobre eso...

Muy impresionado, advierte:

- Ben Azir, ¿puede que estés embrujado! ¡El poder de esa secta es famoso, cuando quiere convertir a alguien! ¡Piensa en ello!

Ben Azir sonríe con tristeza. Su padre duda de su capacidad de discernimiento...

Jairo capta sus pensamientos y trata de arreglar:

- ¡Perdóname hijo...!

En los ojos amorosos de Ben Azir, el entendimiento instalado, siempre en un gran cariño por su padre. Lo admira, entusiasmado, desde los primeros años de comprensión de la vida.

Jairo guarda silencio, pero a los pocos instantes vuelve a la carga:

- ¡Nos has traído a un horrible punto muerto, Ben Azir!

- Perdóname, no era mi intención...

Mostrando, sin tapujos, su malestar e indecisión, Jairo exclama, casi para sí mismo:

- ¡Me gustaría estar durmiendo y despertar de esta cruel pesadilla!

Inmediatamente, sale de la sala, apresurado y enfurecido. Va al jardín y por ahí camina al azar, tratando de calmarse.

Ben Azir abraza a su madre y la besa en silencio.

Ella conoce demasiado a su hijo para saber qué hará, siempre, eso que desea y, para eso, pagará todos los precios...

Ella lo abraza fuertemente y concluye, en un doloroso sentimiento de pérdida anticipada: "¡Por esto, morirás, Ben Azir! ¡Mis sueños, mis presentimientos, lo sé...!"

Las lágrimas silenciosas caen abundantes en su hermoso rostro. Pero debe callarse. Eso, ni el hijo ni el marido soportarían. Llevará, solo, esta cruel certeza... Besa a Ben Azir y ruega a Dios por él.

Después de algunos minutos, que parecían siglos a Ben Azir, Jairo regresa, se sienta de nuevo, suelta aire de los pulmones, ruidoso, y dice algo desolado:

- Ben Azir, cuando me preguntan por ti en la sinagoga, ¡me quedo sin palabras! ¡Menosprecias abiertamente nuestras prácticas religiosas! ¡Y ahora vienes a mí con estas ideas...!

- ¡Padre mío, cuando creo en la fe, excluyo el sistema sacerdotal, casi siempre egoísta y manipulador, para divisar ventajas en todos los sectores de la vida, engañando al pueblo sencillo e ingenuo! Allí no asisto, debido a que mi lucha es contra la injusticia y la hipocresía de muchos de ellos, que, imponiendo leyes al pueblo, las ignoran completamente y viven sin problemas de conciencia. "¡No entran en los cielos y ni dejan entrar...!" Se pasan interminables días en un punto o una coma; ¡una palabra o una frase para hacer cumplir la letra de las Sagradas Escrituras, de forma particular, oficializándolas a su gusto! En este sentido, padre mío, ¡ya hemos tenido muchos altercados! ¿Podrías decir que estas son ideas nuevas, adquiridas junto a Sibila? ¡Nunca he sido ni seré ciego voluntario!

- Pero, ¡hablarme de los cristianos, Ben Azir! ¡Excediste todos los límites!

Frenético, Jairo demuestra deseos de abofetear a su hijo; a tirarle en el rostro el dolor y la incertidumbre, notable, que está sintiendo...

Deborah se acerca a su esposo y le pide:

- ¡Cálmate, Jairo! ¡Comprende a Ben Azir que sincero y valiente, nos abre su corazón!

Sin responder, se aleja. Le resultará difícil controlarse y no agredir a su hijo.

Ben Azir lo conoce bien. Sabe que, en cualquier momento, impositivo como es, perderá los estribos. Espera su reequilibrio, mientras ruega a los cielos para que los ayude, en un momento tan aciago.

Jairo respira con fuerza, igual que un toro enfurecido. Lo mira, de nuevo, con ojos iracundos. En una postura de guerrero, piernas abiertas, los nervios a flor de piel, el cuerpo erguido, como esperando cualquier ataque, le pregunta ofendido:

- ¿No tenemos sacerdotes honestos, leales y llenos de fe legítima, Ben Azir? ¿Sin los intereses excusos de los que hablas y que tan irrespetuosamente señalas?

- ¡Sin duda lo tenemos, padre mío! ¡Estos dispensan alabanza, porque están por encima de las bagatelas que doran la vanidad humana! Al contrario de lo dicho, ¡los respeto profundamente y los admiro! ¡Más que esto, le pido a Dios que los guarde y los fortalezca en su honestidad y verdadera abnegación! ¡Sin embargo, los vicios de carácter de aquellos que mercadean aquello que nunca les perteneció son como una enfermedad contagiosa! ¡Les deploro la ambición malsana que se basa en la vanidad y el orgullo! ¡Éstos viven a lo grande, a costa de la ingenuidad de los sencillos y de la connivencia de sus "iguales…"! Perdóname, padre, ¡pero aquellos que corrompen el templo, hasta con las suelas de sus zapatos, son muchos…! ¡Ni siquiera tú, en su sano juicio, puedes contradecirme…!

Algo avergonzado, pero orgulloso de la brillante inteligencia de su hijo, Jairo comenta, sin cosa que decir:

- ¡Todos somos imperfectos, Ben Azir!

Ben Azir lamenta lo que está a punto de decir, pero lo dice de todos modos:

- ¡Es en esta connivencia y debilidad de los que están allí que se alimenta y mantiene esta forma perversa a hacer y enseñar la religión, la cual debería, ser, ante todo, para unir y educar a nuestro pueblo!

Jairo reconoce las palabras de Ben Azir su habitual sentido común. Él ha acariciado sueños de verlo en la tribuna de la sinagoga…

Ben Azir sería un doctor de la ley, un fariseo, tan poderoso como Saulo de Tarso, antes de su desafortunado incidente en Damasco, que lo llevó a la locura… Admira a su hijo y a pesar del enfado, se empaca en sueños de grandeza, que nunca se realizarán… Lo imagina guapo y digno, llevando la túnica sacerdotal, alabado por todos, respetado por su sabiduría y enseñando, reverentemente, las verdades de Dios…

Deborah, a su vez, concluye:

- ¡Sibila debe ser una chica maravillosa…! ¡Ben Azir debe amarla demasiado!

Ben Azir los observa y espera.

Ya conoces, de larga data, los sueños de su padre en cuanto a su supuesta carrera sacerdotal. Su conciencia; sin embargo, está tranquila al respecto. Nunca lo animó. Sus caminos han tomado caminos muy diferentes. Quiere terminar la conversación, pero teme:

- ¿Debo continuar, padre? ¡En caso no lo desees, nos detendremos por aquí!

Mostrando molestia, Jairo ordena:

- ¡Continúa!

- Siguiendo los pasos de Sibila, como una forma de encontrarme con ella, y una interacción más cercana con los residentes de esa comunidad, ¡me sorprendí admirándolos! Si no me inclino delante de sus conceptos religiosos, lo reconozco; sin embargo, ¡que son fieles a su Cristo, sumisos a su mensaje, y siguen, valientes, sus ejemplos!

- ¡Esta forma de vivir, hijo mío, los ha llevado a la muerte humillante! ¡Creyentes y fanáticos no sé muy bien, cómo analizar sus comportamientos extraños, ellos perecen entre cánticos, indefensos, sin siquiera un gesto de defensa! ¡Increíble...!

- ¡Sí, debe ser difícil entenderlos...! Pero, en cuanto a entregarse a la muerte, de una forma o la otra, ¿no es así que yo vivo? Excepción hecha a mis razones y creencias, ¿cuándo seré sacrificado?

Deborah se lleva la mano al pecho y gime suavemente. En sus pensamientos, reza a Dios.

Ben Azir se dirige a ella:

- Perdóname, querida madre, y no sufras de antemano... ¡Tengamos fe en Dios!

Ella se esfuerza por sonreír, lo que hace a la ligera.

Ben Azir les describe con entusiasmo las acciones de la comunidad en cuestión. La amorosa recepción a cualquiera, el auxilio generalizado y de forma desinteresada, los tratamientos a los enfermos, el alimento a los hambrientos, las oraciones que permean todas las actividades...

Les habla Asclépio y sus llagas... En un ensayo de gran alcance pintó la imagen de la aldea y sus habitantes; sin mencionar, por supuesto, los principios filosóficos de Plinio, que probablemente les causaría más problemas y revueltas. Tocar los principios mosaicos, comparándolos con los principios del Carpintero de Nazaret, sería demasiado para su padre.

Deborah escucha encantada y comprende la admiración del hijo. Al concluir su narración, Ben Azir escucha a Jairo comentar con pesar:

- Hijo mío, ¡los riesgos que estás tomando actualmente son inconmensurables! ¡Juntándote, por momentos, a esta comunidad, estás desafiando los poderes incuestionables de aquellos que siguen, ciegamente, al Águila Dorada! ¡Con su pico curvado, ésta persigue y destruye, implacable, a los oponentes! ¡Nosotros mismos solo somos tolerados y no a menudo huimos de su crueldad!

- ¡Contra este estado de cosas, padre, ya sabes, lucho todos los días! - el sonido de su voz aun resuena en el aire, cuando recordó las palabras de Plinio, advirtiéndole...

Al regresar de su alienación, escucha a su padre que dice:

- ¡La Roma sangrienta aplasta a los cristianos de forma ejemplar para desanimar a sus seguidores!

- ¡Inútil! ¡Por cada grupo de cristianos que son sacrificados, en el rastro de su sangre brotan otros, como granos de arena del desierto!

Indignado, Jairo grita consternado:

- ¡¿Tú, como ellos, anhelas la corona del martirio para mi total vergüenza...?!

Haciendo un gesto negativo con las manos, Ben Azir declara:

- ¡No, tranquilízate! ¡Soy un guerrero, no tengo inclinación por el martirio!

Y, una vez más, Ben Azir se reporta, mentalmente, a las alertas de Plinio. Un frío le recorre la columna vertebral, advirtiéndole que algo inexorable pesa más que nunca sobre su cabeza. Toma una respiración profunda y continua:

- Si no prima por el judaísmo, como te gustaría, padre, ¡no lo haré igualmente por cualquier otra creencia! ¡A pesar de todo lo que les dije, soy el mismo de antes! ¡Los amo, verdaderamente, y adoro a Dios!

Mirando a su hijo con lástima, Jairo agrega:

- Hijo, en cuanto a Sibila, ¡tendrás rivales de todos los quilates!

- Sin embargo, ¡es a mí a quien ella ama!

- ¡Y esto te servirá como una condena!

- ¡Que así sea! ¡Lucharé por este amor hasta la muerte, si es necesario! ¡No la dejaré, ni a mis ideales!

- ¡No lo dudamos, hijo! - Concluye Deborah, cariñosa y comprensiva, a pesar de su terrible presentimiento: perderá a Ben Azir, dentro de poco... ¡Su único hijo...!

Ben Azir le alcanza las reflexiones y se dirige hacia ella. Presionándola al encuentro de su corazón, pide cariñoso y preocupado:

- Perdóname, pero debo seguir mis inclinaciones y realizarme como hombre y como ser humano... Perdóname en aquello que viene a hacerte daño... En caso estuviese a mi alcance... Me gustaría, siempre, hacerte muy feliz, mi amada madre... - las lágrimas brillan en sus ojos. Momento doloroso este; no puede ni debe engañarlos... Nunca lo hizo y nunca lo hará... Los ama y ahora otro amor, tan fuerte como ese, echó raíces en su corazón.

Deborah lo besa en la mejilla y lo aprieta al encuentro de su pecho mientras le responde, valiente y orgullosa:

- Al hacerlo, hijo mío, siempre dignificarás lo que representas en nuestras vidas. Sé feliz y nosotros también lo seremos. ¡Cuente con nosotros, sobre todas las circunstancias! ¡Te amamos!

Abrazados, están profundamente emocionados.

Jairo se siente tocado con el cuadro que tiene a su frente. Los ama y hará todo por ellos. Con los ojos llenos de lágrimas, se acerca y se envuelve en el mismo abrazo. Respira hondo, y desiste de continuar debatiendo con el hijo conceptos incuestionables, del foro íntimo...

Ben Azir, al borde de las lágrimas, apenas consigue articular las palabras, las abraza y confiesa con reverencia:

- ¡Los amo, más de lo que pueden imaginar! ¡Que Dios los bendiga!

Los tres permanecen así, presintiendo que todos se separarán... Cuándo, o cómo, ni se imaginan...

✳ ✳ ✳

EN CASA, Lidia y Sibila conversan:

- Demetrio me acusará duramente en caso algo suceda contigo, Sibila! ¡Tú eres su mayor afecto!

- Tengo suficiente sentido común para hacer lo que quiero, mi querida amiga, y tú puedes decir que ignoraste mis acciones.

- Para ser connivente y negar mi culpa?

- ¡En la hora del peligro, deberás hacerlo para sobrevivir y salvar tu noble casa!

- "¡Oh señor, esta querida prevé algo! ¡Ayúdanos a todos...!" - piensa Lidia.

Frente a su silencio, Sibila sugiere la hipótesis:

- Si lo deseas, mi querida Lidia, me iré de aquí. ¡Veo que mi presencia les trae contratiempos de todo tipo! – Para sí misma, concluye con pesar -. "¿A dónde iría …?" En sus ojos azules, la inseguridad y la incertidumbre.

Lidia se acerca, la abraza y responde:

- ¡No, hija, de ninguna manera! ¡Ni siquiera lo pienses! ¡Lo que está hecho, hecho está! ¡Confiemos en Dios!

- Siento traerte problemas, Lidia...

- Ahora, mi querida, ellos existen de todas maneras: ya sea por ti, ya sea por nosotros mismos. ¡Mira a mis hermanos, simpatizantes del cristianismo, que se considera "ilegal y execrado", por el poder que representan en sus atribuciones junto al César! Quirinius a la cabeza de la comunidad cristiana, apoyando al venerable Plinio; ¡Licurgo protegiéndolos, y Severus Apolonius connivente! Como se puede ver, estamos todos desafiando los poderes de Roma. En el momento de nuestro testimonio, no tendremos cómo negarlo, ni cómo huir, hija...

- ¡Qué difícil es vivir! - Sibila se lamenta -. Si actuamos de acuerdo con nuestra conciencia y no perjudicamos a nadie, ¿de qué nos acusan? ¡Aquellos que viven en el mal se unen en una complicidad abominable! ¿Cuándo seremos libres?

- Cuando el hombre sobre la Tierra aprenda a amar y a respetar a su prójimo!

- ¡Pido a los cielos que ese tiempo no se retrase demasiado!

- ¡Él no será para nosotras, hija!

- Pero, ¡podemos construir este nuevo tiempo, con amor y coraje, a partir de ahora!

- ¡Sí, y es lo que hacemos para la gloria de Dios!

- En cuanto a Demetrio, Lidia, cuando sepa de mis actividades en la comunidad cristiana, espero que me comprenda y, por encima de todo, que me perdone...

- ¡Demetrio tiene un corazón de oro!

- Sé de eso más que nadie. ¡Que Dios lo recompense!

Abrazadas, ellas se retiran al interior de la casa.

Sertória busca a Lidia para algo relacionado con la preparación de la cena. Sibila va a sus habitaciones y allí reflexiona sobre su vida.

Al día siguiente, habla con su madre:

- Madre, tengo algo que pedirte.

- ¿Qué es, Sibila?

- Es tu permiso para planificar un reencuentro, entre tú y mi protector.

Cynara se estremece y pregunta:

- ¿Estás hablando de Demetrio?

- Sí.

- ¿Cuál es tu intención, hija?

- ¡Hacer que resucites de entre los muertos! - responde ella sonriendo, divertida.

- ¿Para qué?

- ¡Para animarlos! Recuerdo cómo eran amigos. Tú madre, a pesar de tus múltiples ocupaciones, está muy sola. Nuestro querido Demetrio, por su parte, es muy solitario. ¿Por qué es no revivir esa amistad tan valiosa?

Mirándola profundamente a los ojos, Cynara pide:

- Sibila, me gustaría que a mi vida siga el camino que Dios un día trazó. Traigo mucho dolor en mi alma, en el recuerdo de un pasado que trato de olvidar, y Demetrio es una parte importante de él.

Sibila abraza cariñosamente a su madre por los hombros y comenta:

- Imagino, madre mía, los dolores que debieron haber vivido en esa casa, por culpa de Minerva. Ella me odia con la misma intensidad.

- ¡Infeliz mujer!

- Por encima de la crueldad de su esposa, Demetrio siempre me protegió. Si yo pudiera elegir un padre, sin duda sería él.

Cynara se derrumba, sentándose. Sospechosa, Sibila quiere saber:

- ¿Alguna vez Demetrio te hizo sufrir...! ¿Cómo imaginar algo así, si es tan bueno?

- No, querida, Demetrio nunca me hizo sufrir. ¡Es la mejor persona que conozco!

- ¿Entonces por qué rechazas la posibilidad de volver a verlo?

Cynara toma la mano de la hija y le explica:

- ¡Sibila, mi pasado está enterrado! ¡Quiero que él continúe así! ¿Para qué sufrir de nuevo?

- ¿Sufrir qué? ¡No te estoy pidiendo que vuelvas a esa casa, sino que me permitas reaproximarte de Demetrio!

Cynara está profundamente conmovida por las intenciones de su hija.

Sibila él puede percibir cuánto ella teme este reencuentro y decide tranquilizarla:

- Tranquila, madre mía, no haré nada que no sea de tu voluntad.

Con un suspiro de alivio, Cynara exclama, sonriendo levemente:

- ¡Gracias, hija! Dejemos las cosas como están, ¿si?

- Hum... ¡Por ahora! ¡Hablaremos más después!

Cynara se calla. Llega a la conclusión, con prudencia, que, si Demetrio sabe de su vida, descubrirá sus actividades cristianas. Él, como romano, jamás aceptará su nueva creencia, además de odiarla por haber implicado a Sibila en los mismos contextos, notoriamente arriesgados. No, su vida debe seguir como está, frente a las circunstancias que la envolvieran y que él ignora.

Dirigiéndose a sus habituales tareas, Sibila piensa en las reacciones inesperadas de su madre... Hablará también a Demetrio para sentir hasta qué punto a él le gustaría volver a verla. No renunciará a la intención de alegrarles el corazón... Cuando regresa a casa, se alimenta y busca el descanso. Sufre la ausencia de Ben Azir que, desde la distancia, piensa en ella con la misma devoción.

Él espera una oportunidad favorable para volver a hablar seriamente con Plinio:

- "Hay tantos puntos a debatir... A aclarar y a ampliar... Sus afirmaciones son sensatas, claras como el agua cristalina. Él tiene como base, la sabiduría ancestral, que mantiene lo preestablecido como verdadero, y acepta la Buena Nueva, como presente y futuro, en la construcción del reino de Dios en la Tierra... Su mente, poderosa, irradia amor y paz. ¡Fiel seguidor de Sócrates, ¡fidelísimo seguidor de Jesús Cristo...!"

Poco a poco, Ben Azir cierra los ojos y se queda dormido, pensando en Sibila, en Plinio, en sus padres, en el amor, en la vida y la muerte... Todavía ruega, lleno de fe: "¡Dios! ¡Bendícenos a todos...!"

✷ ✷ ✷

UN AMOR RECIÉN DESCUBIERTO hace parte, ahora, del nuevo universo de Adriano. En este momento, elegante, cargado algunos regalos se dirige a la casa de Lidia para ver a Sibila.

La buena anfitriona, aun desinformada respecto a su notable transformación, le da la bienvenida con frialdad. Espera que Sibila lo despida rápidamente. No le agrada. Conoce su vida disipada, tolerado por Demetrio de una manera, para ella, incomprensible.

Se interna en la casa, advierte a la joven de la visita que la espera, y es sorprendida con la mirada de aprobación de su querida huésped. Nada pregunta, y se dispone a seguir haciendo lo que antes hacía antes de atenderlo. Avisada por una sirvienta de la visita del chico, ella misma había querido darle la bienvenida, curiosa y muy disgustada.

Sibila llega y lo saluda:

- ¡Salve, Adriano!

Él se levanta, de corazón latiendo fuerte, encantado por los colores maravillosos que sorprende en la cara de Sibila, y el brillo sin igual de sus ojos.

- Salve, noble Sibila, ¿cómo estás? ¡Me encuentro muy bien y añorándote!

Ella se sienta a su lado sin hacer comentarios.

- ¡Mira, Sibila, te traje regalos!

- Gracias, Adriano. Después los veré.

Él se resiente con su desinterés. Compró para ella mimos preciosos, elegidos con mucho cariño. Resignado, decide aprovechar su presencia.

- Dime, Adriano, ¿cómo está Demetrio?

- Muy bien. ¡Te envía abrazos!

- Y tú, ¿cómo estás?

Sonríe y declara, orgulloso de sí mismo:

- ¡Esta vez la respuesta será diferente, Sibila! Estoy sorprendiéndome, en cada momento, con un nuevo Adriano y que incluso dudo, imagina, que un día pude haber sido tan diferente. ¡Gusto más de mí hoy...!

- ¡Me alegro por ti! ¡Así serás feliz, amigo mío!

- Para eso, dependo de mucho más, Sibila. Esta transformación es solo una parte de mi vida. La otra depende del cumplimiento de los deseos de mi alma apasionada...

- Cuéntame, que me quema la curiosidad, ¿qué es lo que has hecho? - Pregunta ella interrumpiéndolo.

Entendido, respira hondo e informa:

- Actualmente, me intereso en cosas que antes parecían listas, sin historia y sin origen, teniendo apenas la función de alegrar nuestros ojos como estetas que somos.

- ¡Estoy más y más curiosa!

Adriano sonríe mostrando unos bonitos dientes. En su conjunto, él es un bellísimo hombre, con el poder para conquistar a cualquier mujer.

Sibila piensa en eso y sonríe, amiga y cariñosa.

- Escucha, te gustará saber: Ahora que dispongo de más recursos financieros y tener una vida más relajada...

Sibila suelta una risa irreverente y cristalina. Adriano se aclara la garganta y agrega, algo avergonzado:

- De acuerdo, siempre he vivido una vida holgazana, ¿no es así?

Asintiendo afirmativamente, astutamente, no necesitaba responder.

- ¡Pero esta vez, Sibila, tengo mis propios medios! Después de todo, también aprecio el lujo y la comodidad que ofrece el dinero. Qué puedo hacer, ¿no?

Ella sigue luciendo sonriente, divertida, y él continúa:

- Además, los nuevos recursos me permiten, también, apreciar las diversas culturas y las artes de manera general, ¡sin economías!

- ¡Vamos! ¡Realmente me sorprendes! Antes, ¡te valdrías de todos los medios posibles e imaginables para cometer tus locuras!

- ¡Ni siquiera me lo recuerdes, Sibila!

- Está bien, ¡pero cuéntame más! ¡Te felicito, desde ya, por los nuevos propósitos!

Adriano parece un niño feliz, ojos brillantes, sonrisa en los labios, profundamente agradecido por la sincera aprobación de Sibila.

- ¡Gracias! He adquirido obras famosas para mi deleite. A medida que me informo mejor, sobre este mundo de belleza y armonía, invierto recursos en el arte de los toréutas y los pintores que, teniendo talento, están carentes de dinero. Entonces los veo crecer y hacerse realidad.

Sibila se pone de pie de un salto. Aplaude. Entusiasta, camina por la habitación, visiblemente impresionada y comenta:

- ¡Hay que notar tu nueva expresión y tus colores faciales, amigo!

El "mi amigo" dolió profundamente a Adriano.

- ¡Que los dioses te bendigan! - continúa ella.

Adriano guarda silencio. No cree en poderes tan lejanos.

- Sibila, ¿puedo hacerte una pregunta?

- Sí. En caso que no pueda o no quiera responder, luego lo sabrás.

- "Franca y directa, como siempre" – Piensa él.

- Entonces, voy directo al grano: ¿volviste a ver a aquel judío que estuvo en la Quinta de Demetrio?

Sibila cierra los labios y los aprieta. Con los dedos, se los muestra sellados a Adriano, sonriendo. El corazón de Adriano se hunde. Es un silencio afirmativo. Sientes rebelión y celos. Disfrazando su gran decepción, le pregunta cómo está viviendo allí. Ella responde y pasan horas agradables, entre risas y chistes, relajados, como siempre lo hicieran. Por encima de todo, a Sibila le agrada mucho él.

Al despedirse, Adriano concluye que el "judío" debe estar cerca, amenazando sus intenciones de conquistarla para su vida, ahora diferente y digna. Antes de salir, la toma de las manos y se sumerge en su mirada en la de ella, la cual se parece más a una brillante constelación, mientras que pide:

- ¡No te olvides de mis sentimientos con respecto a tu persona, y menos aun de la promesa que te hice, de la prueba que te daré!

- Y, ¿si yo te pidiese algo a venga a contrarrestar tus nuevos principios de vida? - Ella lanza el desafío en el aire, sonriendo y desafiante.

- ¡Imposible! ¡Mis nuevos principios son idénticos a los tuyos! ¡Tú, noble Sibila, nunca me pedirías nada malo! ¡Te doy mi cabeza como premio!

Ella estalla en risa cristalina, divertida y satisfecha con la respuesta de Adriano.

Se va, prometiendo volver pronto.

Sibila recuerda que Lidia le pidió que la buscase, tan pronto Adriano se marchase. Va a encontrarla emitiendo órdenes, en la nueva decoración de una habitación de la casa, en la que se intercambiaron algunos muebles.

- Aquí estoy, ¿qué quieres de mí?

- Saber, Sibila – ella toma la mano de Sibila, y se aleja de los demás - si no sería de buen tono evitar las visitas de este joven de mala reputación. ¿Hasta dónde llegará esta amistad?

- Adriano siempre ha sido mi amigo, Lidia, incluso en sus tiempos de locura. Siempre convivimos respetuosamente en la casa de Demetrio. ¡Desarrollamos una verdadera amistad que considero sagrada!

- Vayamos por partes, hija. ¿Este muchacho se modificó? ¡Las noticias que tenemos sobre él son aterradoras!

- Gracias a Dios, que cambió!

- ¿Y cómo sucedió esto?

- Nosotros no conocemos la realidad, pero que parece que fue a causa de la muerte de su madre, la noble Berenice.

- Muy bien, pero mientras tú hablas de amistad, creo que él habla de amor.

- Sí, lo sé.

- ¿Cómo lo manejas?

- Como siempre lo hice: con mucho cariño, sinceridad y respeto.

- ¿Y él acepta tu manera de proceder?

- Él no tiene ninguna otra alternativa. Hubo un tiempo en el que llegaba a asustarme, lo confieso. Pero, aun así, yo sabía cómo a lidiar con sus intenciones, torpes, en ese tiempo. Por encima de todo, Lidia, ¡nos queremos muy bien! No, me preguntes por qué, no sabría cómo responder. Parece que Adriano está conectado a mi destino y que de alguna forma así debería ser.

- ¿Qué paquetes fueron los que le trajo?

- Regalos. No los he visto todavía.

- ¿Los aceptarás?

- Sí, como si vinieran de un hermano muy querido, ¡en caso lo tuviese!

- Eso es correcto. Confío en tu prudencia, hija.

Sibila le da un beso sonoro en la mejilla y se dirige a sus habitaciones. Lidia imaginar cuánta falta le estará haciendo a su amigo Demetrio...

* * *

HATERIO RECIBE EL resultado de la indagación sobre los pasos de Ben Azir, confirmando que él y Sibila se encuentran periódicamente. Poseído, decide actuar. Lo sacará del camino de la chica.

A menudo ha visitado la casa de Lidia para ver a Sibila.

Lidia teme un enfrentamiento entre los dos. Aconseja a Sibila que le pida a Ben Azir que se ausente, para evitar complicaciones, quizás insuperables. Deben encontrarse, únicamente, en la comunidad.

Cuando recibe a Haterio en su casa, Lidia se siente muy constreñida.

Haterio es un joven arrogante, autoritario y profundamente desagradable. Siempre está de mal humor. Es naturalmente agresivo. Sus acciones son rápidas e irrespetuosas, llegando a empujar, groseramente, a la gente. Maltrata con facilidad y ni siquiera escucha cuando se le quiere hablar. Es un tribuno odiado por muchos y un dolor constante en el corazón de su padre. Él y su madre son, en todo, muy parecidos y cómplices. A Lidia se le eriza la piel, imaginando lo que deben hacer de común acuerdo y en silencio...

Cuando llega a la casa de Lidia, Haterio le pregunta invasivo sobre la vida de Sibila. Arbitrario y obstinado, vigila a la joven. Así, él amenaza la seguridad de todos.

Sibila lo recibe y trata también, como siempre lo hacía, retribuyéndole el cariño y la preocupación de hermano. A veces, siguiendo sus pasos, la sorprende, como ahora:

- ¿Qué haces aquí, Sibila? - su voz de trueno y áspera, que demuestra su inseguridad y los celos.

Sorprendida, ella le responde, con sinceridad, pero mostrando molestia:

- Analizo algunos objetos que quiero adquirir. Aquí hay hermosas obras de arte y raros libros. Y tú, ¿qué haces aquí? ¿Coincidencia? - Ella le pregunta irónicamente.

- ¡No! ¡Me alegro de verte, pero la verdad, es que te seguí!

- ¡Pues hiciste muy mal, Haterio! ¡No me siento bien con quien quiera que sea pisándome los talones!

Se acerca y responde, incisivamente:

- Vete acostumbrando. ¡Decidí cuidar de aquello que yo más quiero!

Agredida por una revelación tan audaz como peligrosa, Sibila siente un repentino mareo.

- ¿Qué fue eso, Sibila? – Él se acerca.

Controlándose, ella piensa en Ben Azir. Haterio decidió iniciar una guerra y no se detendrá, frente a nada, ni nadie.

- ¡Nada de más, debe ser demasiada exposición al sol!

- ¡Cuídate! ¡Tu seguridad es vital para mí!

Cargando algunos paquetes, intenta dejarlo, pero él interviene. La toma del brazo y ordena:

- ¡Ven!

- ¿A dónde, Haterio?

- A mi coche. Te llevaré a casa.

Deslizándose de su poderosa mano, ella se niega a seguirlo:

- Gracias, pero declino tu invitación. Volveré en la litera de Lidia que me espera allí, ¡mira!

- ¡No entendiste, mi querida! ¡Esto no es una invitación, es una orden!

- ¿Y desde cuándo me das órdenes, Haterio? - Sibila está enojada. Sus ojos brillan y sus mejillas se sonrojan más.

- Vendrás conmigo, lo quieras o no, Sibila. ¡Decidí cuidar de ti y lo haré, incluso en contra de tu voluntad! – Él despide la litera con un gesto y se voltea hacia Sibila. Ésta, paralizada, no sabe qué hacer, frente a tanta arrogancia. Rudo, sujetándola nuevamente por el brazo, la arrastrar a su lujosa biga romana.

Sibila se da cuenta que será inútil reaccionar.

Antes de subir al vehículo, pregunta, herida:

- ¿Por qué actúas así, Haterio? ¿Ha perdido el sentido de la realidad? ¿Te olvidas lo que soy y lo que represento en tu vida?

Dejando escapar una carcajada, responde, ojo a ojo:

- ¡Jamás olvidaría lo que tú representas en mi vida, Sibila! - Mientras habla, la carga por la cintura y la coloca de pie, al frente del vehículo, bien protegida.

Indignada y silenciosa, Sibila llora. Las lágrimas caen sobre su bella túnica.

En adoración, Haterio le observa el semblante expresivo y lavado en lágrimas. Lamenta lastimarla. Sin embargo, con ella no tiene alternativa. Ella se obstina en considerarlo su hermano, y se exime al amor que él le ofrece. Se cansó de esperar. Ella se someterá a él, de una forma u otra, y debe ser consciente de ello...

Los que pasan, miran intrigados. Haterio es una persona pública, ampliamente conocida y respetada, y Sibila muestra, sin tapujos, su disgusto. Él ve el escándalo que provoca, pero se regocija. Quiere ser visto con ella, cada vez más. Esto silenciará muchas bocas y advertirá a los demás que pueden tener intenciones iguales a las suyas…

Sibila rezar al cielo la fuerza de la que necesita para no luchar. Pronto estará en casa…

Él pone su mano sobre la de ella. Su piel, ardiente, quema. Sibila se siente muy mal. Soltándola e indicándole que debe sujetarse bien, toma las riendas y se pone en marcha a toda velocidad, instando a la pareja de briosos caballos. Pasa rápido por otros vehículos, personas, vendedores, mujeres con sus cestas de compras, niños… Todos huyen, antes de ser pisoteados.

Sibila, profundamente humillada, llora más. Es un escudo humano, en la peligrosa e imprudente acción de Haterio. Teme una tragedia inminente.

Cuando llegan, respira aliviada.

Él sujeta las riendas y detiene los animales. Baja y la toma en sus brazos, para hacerla bajar.

Los ojos de Sibila lo fulminan con la mirada. Antes de ponerla en el suelo, le advierte:

- ¡Yo estaré siempre cerca! - En el tono de sus palabras, la amenaza.

Ella se suelta, bruscamente, y corre para las escaleras. Sube por ellas y sin mirar hacia atrás, y entra en la lujosa residencia de Lidia.

Frente a la casa, mirada inflamado, Haterio la miró hasta que ella desapareció. Mientras vuelve a subir al vehículo, murmura, imponente:

- ¡Conocerás la fuerza de mi amor, Sibila! ¡Nunca serás de otro! ¡Ni al propio César te cedería! ¡Por ti puedo matar o morir! - Luego sale tan rápido como llegó y desaparece en las esquinas adyacentes, asustando y creando pánico a su paso. Esta es su diversión...

Al ver llegar a Sibila, Lidia va a su encuentro y se sorprende por sus lágrimas y su nerviosa falta de control. Afligida, pregunta:

- ¿Qué fue eso, hija? ¡Te ves tan molesto!

- ¡Y lo estoy!

- ¿Podrías decirme lo que pasó?

Abrazándola, Sibila lucha por hablar entre sollozos:

- Haterio... ¡me trató muy mal! Me obligó a acompañarlo en el trayecto hasta aquí, en su biga... ¡Parece que se ha vuelto loco de una vez por todas...!

- ¿Dónde lo encontraste?

- En el centro comercial, donde hacía algunas compras.

Luego relata en detalle el comportamiento impositivo de Haterio y todo lo que le había dicho.

Mientras escucha, Lidia recuerda días atrás:

- "Haterio había venido de sorpresa a buscar a Sibila. Al no encontrar a la joven, habló de manera muy extraña, y en sus palabras, la intención de intimidarla:

- ¿Por qué Sibila sale tan a menudo?

- ¡Ella tiene muchos intereses!

- ¿Tú los conoces y los apruebas?

- ¡Sin duda alguna! Sibila es muy honesta en todo lo que hace.

- Dime, ¿cómo está Severus Apolonius? ¿Satisfecho con su jurisdicción?

Lidia se estremeció. Haterio nunca había hecho una pregunta semejante. Nunca se interesó, más de cerca, por el papel de su marido en su sector laboral...

- ¡Él está muy bien! – Respondiera rápidamente, muy perturbada.

Con una mirada perspicaz, directa e inquisidora, añadió, advirtiendo:

- Bueno, ¡avísale que estuve aquí y que pronto le pediré que dé cuenta de sus atribuciones! ¡Dile que estoy atento a todo lo que hace y... a todo lo que "deja de hacer"!

- Sí, Haterio, eso le diré... - respondió, atinando, por desgracia, con sus intenciones coercitivas.

Dicho esto, Haterio se fue, sombrío y sin despedirse."

Este joven, tan violento, está olfateando aquello que tan bien persigue: ¡a sus víctimas...! - Lidia concluye aterrorizaba.

Cuidadosa, advierte a Sibila:

- Mi querida niña, ¡sé paciente y ten cuidado de este tribuno!

- Lo haré, Lidia, lo haré, pero no sé si funcionará...

- Tienes razón. ¿Y en cuanto a Ben Azir? Debemos protegerlo. ¡Haterio parece bien informado respecto a nuestras vidas!

Sibila se lleva la mano a la boca y lanza un grito ahogado:

- ¡Estamos perdidos!

- Quiera Dios que no, hija. ¡Confiemos!

- Sí, ¡es lo que nos queda! - limpiando sus lágrimas, se internan en la casa, en dirección a sus habitaciones. Necesita pensar...

Lidia ya advirtió a su esposo sobre la amenaza velada de Haterio.

Estacionando el carro frente a la casa, Haterio salta y la entrega a su sirviente. Éste, pareciendo adivina su llegada, ya lo esperaba, al lado de la entrada. Conoce la furia de Haterio, cuando se ve frustrado. Como un animal domesticado, teme el látigo de su amo.

Haterio sube las escaleras, haciéndolas saltar de dos en dos y de tres en tres. Se dirige al interior de la casa, con alguna intención.

En el salón, se encuentra con su padre y Adriano. Se detiene frente a los dos y advierte:

- Adriano, quiero hablar contigo! - enseguida, se dirige a su oficina. Allí se sienta y espera.

Intercambia miradas significativas con Demetrio, Adriano decide atenderlo. Después de despedirse, se dirige a la oficina de Haterio.

Presiente aquello que va a escuchar. De las miradas de odio y amenaza, este tribuno pasará a la coacción, sin lugar a dudas. Se detiene en la entrada.

Con un movimiento de su mano, Haterio le ordena que entre, mientras le indica un asiento cercano.

En silencio, Adriano se sienta esperando su pronunciamiento.

Mirándolo con algún desprecio, demostrando impaciencia y molestia, Haterio comienza:

- Fui a la casa de Lidia y supe que estuviste allí. Voy a preguntar, pero ya sé la respuesta: ¿Qué fuiste a hacer allí?

- Si ya lo sabes, ¿por qué me molestas con este inútil sermón, Haterio?

- ¡Solo por formalidad!

- ¡Ah, la fuerza de la costumbre! ¡Es parte de tu condicionamiento de tribuno! - Adriano ensaya una risa de burla, dejando a Haterio muy alterado.

Tratando de controlarse, ordena:

- ¡Pues no deberías ir más a la casa de Lidia!

- ¿Por qué? - pregunta Adriano sin mucho interés.

- Si bien no te debo satisfacciones, te lo voy a decir: ¿Por qué no quiero que te acerques a Sibila!

- Repito la pregunta: ¿Por qué?

Molesto por la insistencia de Adriano, responde con autoridad:

- Porque si mi padre no la cuida bien, hasta el punto de dejarla ir a una casa extraña, ¡yo la cuidaré!

- ¿Y dónde entro yo en esta declarada y patente dedicación filial?

Haterio aborrece la forma en que Adriano lo enfrenta. Siempre fue así. Él, más que nadie, se juzga con derechos mayores que los demás agregados. Culpa al padre en este sentido. Respira fuerte y responde:

- ¡No me gusta el interés que demuestras por Sibila!

Adriano suelta una estruendosa carcajada, que lo enfurece aun más. Luego, mirándolo de manera significativa, reacciona:

- ¿Sibila te invistió en la calidad de su defensor oficial, o la vida particular de nuestra amiga se inserta en tus atribuciones, junto al César? – En la voz de Adriano, una ironía plagada de burla.

Con una mirada llena de odio, Haterio responde:

- ¡Yo mismo decidí tomarla bajo mi protección! Como sabes, ¡no dependo de la voluntad de nadie!

- ¡Ah! ¡El poderoso tribuno Haterio! ¡Tiene razón, casi me olvidaba, que lanzas tus tentáculos en más variadas direcciones! Dime, ¿sabe ella de tu decisión y la aprueba?

- ¿Digamos que ella ha "entendido" mi intención? Sensata, como ella es, ¡sabe que no puede no ni debe reaccionar!

- ¡Todos saben, Haterio, como eres "convincente"! ¡Pero a pesar de todo lo que estás diciendo, o lo que te propones, voy a seguir viéndola, cuántas veces yo quiera! ¡Renuncia a presionarme, "tribuno"!

Haterio se levanta violentamente y explota:

- ¡No, mientras vivas en mi casa! ¡¿Olvidas el poder que represento, aquí y afuera...?!

- ¡Pues bien! ¡Saldré de tu casa! Nunca reconocí tu autoridad y no será ahora que empezaré a hacerlo, ¡será apropiado! - Adriano se pone de pie, desafiante.

Ambos están bastante exaltados.

- ¿Te enfrentarás imprudentemente a mi incuestionable poder como tribuno romano, Adriano?

- ¡Sí! ¡Puedes contar con ello! ¡No te tengo miedo ni nunca he temido tu arrogancia!

- ¿Has medido los riesgos que corren aquellos que me desautorizan? ¡Incluso si te vas de aquí, seguirás sometido a mi poder!

Adriano, una vez más, sonríe irónicamente:

- ¡Vas más allá de los límites de lo inverosímil, Haterio! ¡Creo que incluso eso hace mucho tiempo que superaste la tenue frontera entre la cordura y la locura!

- ¡Siempre me ofendes y me desprecias! ¡Sin embargo, mi forma de ser hace de mí lo que soy, y de ti lo que "nunca fuiste"!

- ¡Depende de tu ángulo de visión! Haz lo que quieras, yo sé que Sibila huye de ti, aunque te considera su hermano. ¡Sin embargo, a mí ella me premia con un afecto sincero y valioso!

- Bueno, ¡debes alejarte de ella! ¡Usa los recursos que recibiste recientemente de tu padre, hombre de honor de y lealtad dudosa, que finalmente, como tú siempre quiso, pero no puede ya controlar sus acciones derrochadoras, y sal de una vez de mi casa!

- ¡Nunca he estado en su casa, y sí en la casa de Demetrio, Haterio! Ojalá entendieses el honor y la lealtad de mi padre, a la verdadera realidad de la vida, ¡en aquello que ella tiene de mejor! No puedo esperar que tú lo respetes, ya que yo mismo fui irrespetuoso y desagradecido, hasta perderlo. ¡Hoy, comprendiéndole las razones y los verdaderos objetivos, honraré su memoria para siempre...!

Furioso e impaciente, Haterio quiere terminar la conversación que le disgusta sobremanera.

- ¡Haz lo que quieras, pero sal de aquí hoy y alójate bien lejos de mi vista! Escuche con atención: estaré atento. Te aconsejo que no me enfrentes, Adriano. Será inútil e imprudente. Personas como tú son mal vistas por Roma. ¡Ni siquiera un soldado conseguiste ser, a pesar de la mayordomía que has disfrutado durante tantos años, la patente de protección de mi padre, que siempre se ha hecho de la vista gorda, en cuanto a tu poco o ningún valor! - Haterio golpea fuertemente en la mesa que tiene en su frente, llena de papeles. Su sello de correos salta con el golpe brusco y cae a los pies de Adriano.

Antes de irse, Adriano todavía responde, terminando un diálogo tan inútil como peligroso:

- No tengo nada más que decirte, Haterio. ¡Sería hablar con una puerta o con un animal irracional! ¡Como un toro, de ojos cerrados, embistes contra todo y contra todos, sin ninguna sensibilidad y respeto! ¡Nos conocemos desde hace mucho tiempo y nunca nos entendimos! ¡Por lo tanto, así continuará siendo, en aquello que dependa de mí! - Enrojecido, hasta la raíz de su cabello, por su enfado, Adriano se levanta y sale de la habitación.

Se dirige a sus aposentos y allí, intempestivamente, se dispone a salir de la casa de Demetrio.

Éste llega y se sorprende:

- Adriano, ¿qué haces? ¿Qué es lo que Haterio quiere de ti?

Adriano se detiene, respira hondo, mira a Demetrio, se compadece de él y responde:

- ¡Perdona, mi gran amigo, pero estoy saliendo de tu casa!

- ¡Reconsidera, Adriano! ¿Por qué actuar así?

- ¡Haterio quiere prohibirme de ver Sibila y me expulsó de aquí!

Demetrio se estremece. El hijo está dando rienda suelta a sus instintos y decidió invertir en su pasión por Sibila. Él quiere deshacerse de la presencia de Adriano, al cual Sibila dedica una hermosa amistad.

- ¡Dioses...! - Él exclama, vacilante sobre los propios pies.

- ¿Qué tienes, Demetrio? - Adriano se adelanta para abrazarlo y sentarlo en un banco cercano.

Controlándose, se disculpa:

- ¡Perdóname! ¡Ya estoy mejor! ¿Por qué Haterio actúa así? ¿De dónde le viene tanta maldad?

Adriano guarda silencio. Haterio se parece en todo a su madre, la cruel Minerva.

- ¿Qué pretendes hacer con Sibila, Adriano?

- ¡Continuar viéndola, por supuesto!

- ¡Cuidado, hijo mío! ¡Hazlo de tal manera que Haterio no se entere!

- Eso es prácticamente imposible, amigo. ¡Él se dice protector de Sibila, y, como tal, tiene la intención de llevarla a su gusto!

- Lo siento mucho... Tanto por ella, como por ti... Tengo un hijo muy querido en ti, Adriano. Especialmente ahora, en ausencia de Sibila...

- Yo también lamento mucho, pero frente a todo lo que escuché, no puedo permanecer más aquí.

- ¿A dónde vas?

- Buscaré otro lugar... no tan bueno como este, que me vio crecer y madurar, bajo el sol de tu protección y la luz de tus ejemplos, pero será siempre un lugar al cual podré dignificar con mi nuevo comportamiento, además de dejarlo a tu disposición, mi queridísimo amigo.

- Gracias, hijo. Cuando tengas la nueva dirección me avisas, ¿sí?

- Ciertamente...

Se abrazan, conmovidos y en silencio.

Demetrio se va a pasos lentos. No hablará con Haterio. Por el momento, no está en condiciones. En sus aposentos, decide:

"¡Debo, urgentemente, hacer aquello que mi conciencia ordena...!"

Al día siguiente, despierta enfermo. Pasa varios días entre la vida y la muerte. Su corazón cansado ser resiente a tantos golpes.

Informada, Sibila se hace presente y vela a su cabecera durante largos días, amorosa.

Antes de eso, dejó con Semiramis una tarea difícil y urgente: advertir a Ben Azir que ella no se encuentra en la casa de Lidia, que Demetrio está enfermo, y que un peligro, mortal, ronda a todos.

Semiramis, con gran esfuerzo, a escondidas y durante la noche, alcanza a un informante de Ben Azir y le da el mensaje.

El mensajero se pone en marcha a toda velocidad para cumplir con su obligación.

Ben Azir se pone taciturno al recibir el mensaje, pero presta atención al imperativo del momento; esperará.

Haterio intensifica sus investigaciones respecto el marido y los hermanos de Lidia. Los resultados no lo sorprenden. Ahora los tiene en sus manos. Sospechoso de salidas Sibila, él descubre, paso a paso, sus actividades y su nueva creencia; decide que la transformará, poco a poco, como el barro en manos del alfarero, o como el mármol bajo los golpes del cincel del escultor. Ella será suya, lo quiera o no.

Mientras tanto, recibe órdenes y parte, de inmediato, hacia el Este, otra vez. Una vez allí, confirma el poder romano, modifica aquello que no está de acuerdo y, a golpes de la ley, consagra la voluntad del César.

Revive, ardientemente, las pasiones que dejó atrás y se embriaga en los placeres fáciles, con las mujeres que se le entregan, felices de poder tenerlo en sus brazos; después de todo, ¡es una figura prominente en la poderosa y tiránica Roma!

Cuando regrese, decidirá el destino de Ben Azir.

Durante este período, Demetrio se restablece y Sibila regresa a la casa de Lidia.

Algunos días más tarde, Demetrio va a buscarla y no la encuentra. Lidia lamenta su abatimiento físico y promete:

- Querido amigo, en cuanto llegue le diré que deseas hablar con ella.

Abatido, Demetrio se va. Lidia presiente sus tormentos íntimos.

✳ ✳ ✳

EN LA COMUNIDAD CRISTIANA, Sibila advierte a su madre:

- ¡Demetrio estaba muy enfermo y casi se muere!

Cynara se estremece. Disimulando aquello que siente, pregunta:

- ¿Cómo pasó eso, hija?

Sibila observó su ansiedad.

- ¡El corazón de este querido amigo, mamá, ya no soporta tantos embates más! He estado a su lado por semanas seguidas, velando por él. ¡Afortunadamente se ha recuperado!

- ¡Gracias a Dios!

- Escucha, madre mía; más que nunca, me gustaría crearles una situación favorable a un reencuentro.

- ¿Por qué se insistes en eso, hija? – En la voz de Cynara, una vez más, la inseguridad.

- No lo sé ciertamente, mamá... Algo mucho más grande, me mueve... "Mi tiempo" parece acortarse cada día... - Sibila, ojos abiertos, parece lejos...

Cynara se estremece.

Tomando una respiración profunda, ella informa:

- ¡Haremos esto en la casa de Lidia! ¡Con suerte, este día, Haterio no aparecerá por allí!

Cynara decide no incomodarla más, y consiente, a pesar de la enorme incomodidad que este reencuentro le traerá:

- ¡Está bien, Sibila! ¡Haré la que deseas y confiaré, por encima de todo, en Dios!

Sibila la abraza fuertemente y se alegra:

- ¡Excelente! ¡En poco tiempo, siento, que este encuentro se realizará!

- ¡Que los cielos nos ayuden! - Exclama Cynara.

Sibila entiende sus escrúpulos. Después de tanto tiempo sin dar noticias, ¡aparecerá viva! Demetrio, en cierta manera, quedará ofendido.

De regreso a casa, Sibila le cuenta a Lidia sobre la posibilidad de reunir a su madre y a Demetrio.

Sibila va hasta Semiramis y le pregunta:

- Entonces, ¿hablaste con el informante de Ben Azir?

- Sí. Por cierto, espera nuevas instrucciones.

- Cuando pueda haré eso...

Admirando los pájaros, en sus jaulas doradas, con hermoso plumaje, que aletean y se expresan en sus cantos o ruidos característicos, Sibila susurra:

- Queridos, ¡somos tan parecidos! Así como ustedes, soy una prisionera de voluntades arbitrarias y poderosas... ¡Ansío la libertad! ¡Quiero ser yo misma, hacer lo que desee, a cualquier hora...!

Ella se pone más cerca, alimenta a las aves, juega con ellas y, desanimada, concluye:

- Solo la muerte nos libertará, criaturitas de Dios, lo sé...

Siente nostalgia insoportable de Ben Azir y teme el salvajismo de Haterio... Una vez en su habitación, coge los libros, rarísimos, que adquirió recientemente, y se arroja la lectura, ansiosa e interesada. Las horas pasan, y ella se prepara para acompañar a Semiramis, a las catacumbas de la Via Nomentana.

Una vez allí, entre cánticos y velas encendidas, escucha, deslumbrada, la sabiduría de quienes preservan y difunden el mensaje de Jesús de Nazaret. Lágrimas de emoción le bañan el bellísimo rostro.

Sabe comparar las enseñanzas que recibió a través de la mitología grecorromana y aquellas que aprendió recientemente de su madre y de Plinio. La diferencia de los principios y los valores éticos es marcada.

Regresa con Semiramis, feliz y fortalecida en su nueva fe.

Caminando por la oscuridad de las calles, se dirigen a casa, agradecida los cielos, por la dicha esas reuniones secretas. Sin embargo, no se ven dos pares de ojos, siniestros, observándolas, durante todo el recorrido...

Adormecida, embelesada aun por las palabras de los predicadores cristianos, Sibila decide volver a ver a Ben Azir.

Al día siguiente, Semiramis va hasta una posada romana y allí habla con el informante del muchacho, encargado de la conexión entre él y Sibila.

23.- SACRIFICIOS

EN LA COMUNIDAD CRISTIANA, Sibila le informa a Ben Azir sobre la imposición de Haterio y su presencia, arbitraria y amenazante en casa de Lidia.

Celoso y enfurecido, muestra intención de reaccionar, pero Sibila advierte:

- ¡Cuidado, Ben Azir! ¡Haterio es una autoridad indiscutible en la casa de Demetrio, y el poder legal junto al César!

- ¡No le temo, Sibila! ¡Difícil contenerme cuando anhelo enfrentarlo! ¡Siento ganas de eso!

Tocándole los labios con los dedos, delicadamente, insiste:

- ¡No sabes lo que dices y no conoces a Haterio! ¡Él te va a sacar del camino sin tener que mover un dedo!

Impaciente, Ben Azir exclama:

- ¿Quién esperas que haga? ¡¿Que renuncie a ti...?!

- ¡Por supuesto que no! ¡Sin embargo, no te lances de pecho abierto, porque contra Haterio no existen defensas!

Ben Azir guarda silencio. Sibila tiene razón. Ella, más que cualquier otro, corre serios peligros.

Dejan de hablar de ello y abrazados se suman a las diversas actividades, más importantes que cualquier otro problema en particular.

Ben Azir solicita y consigue otra entrevista con Plinio. Horas más tarde, el anciano lo ve entrar.

- Salve, noble Plinio, ¿puedo hablar con usted? – Lo saluda Ben Azir, respetuoso y amable.

- ¡Ciertamente, mi joven amigo! Después de todo, todavía no hemos agotado el tema en cuestión.

- ¡Tengo la intención de retomarlo, si me lo permite!

- ¡Naturalmente!

Ben Azir se sienta, una vez más, en el mismo banco.

- ¡Muy bien! ¡Hablemos, entonces, de leyes, justicia, luchas, derechos y deberes! ¿Quién empieza, tú o yo?

- ¿Puedo hacerlo? - Pregunta Ben Azir con ansiedad.

- ¡Ponte cómodo!

- Yo dije que sigo las leyes de Moisés, mucho anteriores a las de su Cristo Jesús, que defiende tan bien.

- Él no necesita de defensa, Ben Azir.

- ¡Así sea! Usted ha dicho que a su sublime mensaje habla por sí misma.

- Sí. Moisés hizo a su parte y Jesús vino después, para completar y corregir lo que no vino de Dios, lo cual fue elaborado por el propio Moisés, en su sublime intención de regenerar a su pueblo.

Súbitamente, el corazón de Ben Azir se aprieta. Él mira a Plinio, tomado de emoción, se levanta. Va hacia la ventana y allí se inclina. Admira la policromía de las flores y los arbustos de hoja perenne. Respirar profundamente, beneficiándose del aire enrarecido y fragante.

Sincero y espontáneo, se acercó de nuevo a Plinio y le explica:

- Venerable Plinio, ¡sentí una punzada en mi corazón! ¡Presiento que no nos veremos más...!

Respetándole la poderosa intuición, Plinio balancea afirmativamente la cabeza.

Muy intrigado, Ben Azir sospecha:

- "¿Plinio se estará despidiendo...?"

Compadeciéndose, respira hondo y toma la palabra:

- Usted, Plinio criticó mi manera de vivir, ¿recuerda?

- ¡Sí!

- ¡Eso me molestó mucho! Si todo aquello que yo hago tiene metas más grandes, que benefician a aquellos que, por sí mismos, jamás se defenderían, ¿dónde está mis errores? Me dijo, también, que a mi vida no valía nada. ¡En cuanto a eso, estoy de acuerdo! ¡Temerariamente, desafío a la muerte todos los días...! ¡Créame, Plinio no es fácil vivir así...! Esta vida agresiva e insegura nunca me molestó tanto como ahora. Los mis padres, quienes siempre me han apoyado, están fragilizados. Sueñan, tienen presentimientos...

- Plinio comprende y sufre, de antemano, por ellos... - En mi última reunión, el grupo de rebeldes, en medio de los planes, ideas e ideales, no conseguí, por más que me esforzase, corresponder a las expectativas de mis compañeros de lucha.

Después de la nuestra última entrevista, querido Plinio, sería un ciego que no quiere ver, si negase los cambios que están llegando y cobrándome pensamientos diferentes y actitudes más moderadas, más pacíficas... ¿Cómo puede ser eso? ¡No soy influenciable, nunca lo he sido...! - Ben Azir guarda silencio... Frente a él, une encrucijada...

Bajo la mirada y la influencia poderosa de esta venerable personalidad, su alma queda expuesta, todo, sin tapujos.

Ben Azir se pone de pie y camina al azar, algo distante. En ese momento, siente un gran dolor y un gran alivio... Compasivo, Plinio observa su inquietud y le dice:

- Tu vida, Ben Azir, está tomando otra dirección. ¡El "hombre viejo" muere y nace el "hombre nuevo"! ¡Esto, querido, es un verdadero progreso! ¡La evolución se hace, de forma gradual e inevitable! Nuestras imperfecciones son transitorias, porque nuestra alma milenaria, poco a poco, está siendo pulida, como un diamante en bruto.

Tú, Ben Azir, eres un espíritu comprometido con las verdades del cielo. ¡Hace mucho que recorres los caminos de la sabiduría y del amor!

¡El Cristo de Dios, que comienzas a conocer, es el presente y el futuro de la humanidad!

Ben Azir está sin palabras. Compara su vida y con la de los cristianos... No hay como negarlo, ellos viven bien con el mundo, con ellos mismos, y con Dios... respira hondo y pregunta:

- Dime, Plinio: ¿qué debo hacer frente a tanto mal en el mundo? ¿Qué hacer ante la injusticia protegida y la corrupción que hace morada incluso en los templos de Dios?

Comprensivo, Plinio aclara:

- ¡Ser mejores, a cada día, para mejorar el mundo! ¡Huir de aquellos que, mientras predican el Bien, ejercen el Mal!

- ¿Cómo sería el mundo si todos pensaran y actuaran como esta comunidad?

- Progresaría más rápido y, tendríamos, en definitiva, ¡un mundo mejor para todos!

- ¡Plinio, Plinio! - Ben Azir, exaltado, se levanta, de nuevo - ¡Usted es un soñador! ¡En poco tiempo aquellos que tienen bondad en sus corazones y buenas intenciones serían destruidos y solo quedarían lobos en el mundo! Ustedes mismos, aquí, ¿ya pensaron hasta cuándo sobrevivirán?

Los que sufren encuentran aquí el bálsamo, la protección, curación, hermandad, en fin, todo lo que necesitan. ¡Esta comunidad sigue los ejemplos de aquel que murió deshonrado en una cruz ignominiosa, entre ladrones, perdonando, cuando debiera dar el ejemplo de lucha en defensa de sí mismo y de sus ideales! ¿Que Dios es éste, que, diciendo que no aprecia los holocaustos, ofrece a su propio hijo para ser sacrificado como un cordero? ¿Cómo aceptar una filosofía de vida que enseña la sumisión y el perdón, frente al enemigo? ¿Él, no debería, por encima de todo, librar a su hijo de la flagelación y la muerte?

El anciano observa, con reverencia, la lucha íntima de Ben Azir. Sumergido en el mar de la vida, se debate, grita y se desespera, porque duda...

Para, Plinio, Ben Azir se parece a Saulo de Tarso, intrépido, radical, honesto y valiente en sus valores existenciales...

Emocionalmente exhausto, Ben Azir vuelve a sentarse. Su mirada; sin embargo, busca allá afuera en dirección al jardín, la calma que necesita...

A la espera de mejores condiciones, Plinio guarda silencio. Finalmente, le responde:

- ¡Jesús, espíritu puro, libre para ser y hacer lo que quiera, decidió que así fuese! Esa fue su propuesta. Para esto vino. ¡Nuestro Creador nos concede la libertad, porque todo aquello que hicimos se añadirá a nuestros méritos o deméritos! ¡Somos el resultado de nosotros mismos! Jesús tendría poder, y nadie lo duda, si quisiese, para librarse de la amarga copa que bebió hasta la última gota; pero ¡él vino a ejemplificar cómo deben vivir los hijos de Dios, todos hermanos en la humanidad! Donándose, como lo hizo, ¡se quedó con nosotros para siempre! ¡Nunca antes, ni desde entonces, la Tierra ha visto, y nunca verá, nada parecido, mi querido amigo! - Plinio, cansado, se toma un descanso y Ben Azir lo respeta.

No fuese por una extraña prisa que siente, dejaría al anciano descansar y esperaría otra oportunidad para continuar el diálogo más importante de su vida... Sale a caminar el jardín, ensimismado. El aire puro y el aroma de las flores le va muy bien... Presiente que nunca más verá estos sitios... Tu corazón se aprieta, adolorido...

Después de unos minutos, mira por la ventana y sorprende a Plinio que lo espera paciente. Regresa al mismo lugar y espera sus valiosas consideraciones.

Rasgos iluminados, Plinio reanuda:

- ¡Momentos grandiosos e incomparables Ben Azir, aquellos en los cuales vivió entre nosotros! ¡El aire de la Tierra se volvió más puro, el sol más brillante, las estrellas más luminosas, la naturaleza más hermosa, más exuberante! ¡Todas las formas de vida sintieron su presencia!

¡Los corazones de los hombres comenzaron a latir a un nuevo ritmo, de esperanza y emoción! ¡Él cumplió una promesa hecha a nosotros, hace mucho, mucho tiempo; olvidada o camuflada en lo íntimo de nuestras almas, todavía endurecidas y despreocupadas!

Amándonos, por encima de todo, en una dedicación sin límites, antes que lo sacrificásemos, Él ya sabía que sería así; sin embargo, ¡se sometió y recorrió los caminos dolorosos que lo llevaron al Gólgota, sin quejas, ni remordimientos, sin acusaciones!

¡Puro, caminó por los caminos difíciles de la Tierra, sin ningún lugar donde recostar la cabeza! Estaba en su casa y no pertenecía a él; ¡Estaba entre los suyos y no fue amado! ¡Solo él pudo haber hecho lo que hizo...!

Plinio respira hondo. Su emoción, al hablar de Jesús, es visible.

Sus ojos brillan intensamente, y parece envuelto en una extraña luz.

Reverente a tanto amor y sabiduría, Ben Azir lo escucha admirado. Plinio se abstrae. Cierra los ojos y se interioriza.

Cuando vuelve a hablar, declara:

- ¡Cuando suene nuestra hora, cuando tenemos que regar esta viña de Dios, con nuestra sangre, lo haremos, entre cánticos alabanza y agradecidos por la oportunidad del testimonio!

- ¡Serán más útiles vivos! - Exclama Ben Azir.

- ¡No haremos falta, Ben Azir! ¡Otros vendrán detrás nuestro!

- Oh, Plinio, ¿cómo pueden? ¿Ustedes se dan cuenta, verdaderamente, de los suplicios a los cuales serán llevados, en nombre de Jesús?

- ¡Sí! Yo soy un sobreviviente de ellos, ¿recuerdas? Nosotros nos entregamos, de pecho abierto, Ben Azir. ¡Como Él lo hizo!

Ben Azir está consternado:

- Oh, mi amigo... Ya viviste tanto, ya hiciste tanto bien... ¡Sigue haciéndolo, a los que se cruzan en su camino! Es camino seguro para aquellos que se le acercan, ¿para qué el sacrificio? ¡¿Vanidad cristiana...?!

Sonriendo levemente, Plinio termina:

- No, amigo mío, no es la vanidad lo que nos mueve, sino una nueva comprensión, una nueva propuesta de vida: la de la no violencia, de la fidelidad al bien y al amor. Este comportamiento, que a la mayoría, le parece debilidad, es, de hecho, el ejemplo que nos cabe dar al mundo que parece estar dirigiéndose hacia un abismo insondable... Un día, Ben Azir, seremos comprendidos... Puedo ver, a partir de ahora, ese tiempo... Mi corazón late fuerte y lo anhela...

Las sienes de Ben Azir palpitan. Plinio es imbatible en sus tesis. De sus labios fluyen verdades incontestables y claridad sin límites...

Se acerca a la ventana. Piensa en la armonía y la belleza que allí existen y que un día serán destruidas... ¿Cómo conformarse? ¿Cómo Plinio puede esperar eso de él...?

Vislumbra a Sibila que sigue al lado de las compañeras hasta el pabellón de los enfermos y no puede evitar una terrible conclusión:

"¡Un día, amor mío, también serás sacrificada...!

Siente el corazón herido, sufriendo por anticipado... Deplora el cuadro que les ofrece el futuro... Lo sufrirán los dos, sin defensas...

Plinio, atento y perspicaz, declara:

- ¡Amigo mío, te estás debatiendo como un pez fuera del agua!

A pesar de sus defensas y alegaciones, ¡las ideas redentoras de Jesús Cristo encuentran eco en su corazón! ¡No luches contra ellos!

Ben Azir ya se dio cuenta que debatir con Plinio, este heraldo de Dios, es humanamente imposible...

En Ben Azir todo vibra, intenso. Le parece que, incluso, sus poros espirituales se están abriendo más y absorbiendo la sabiduría y la emoción de este venerable anciano.

- ¡Ben Azir, aquella que reencontraste y amas, será una digna representante del Divino Cordero!

Temblando, Ben Azir responde, muy molesto:

- ¡Aquello que alaba y justifica, Plinio, para mí representa una desgracia! ¿Cómo conformarme con eso? ¿Separarme de ella...?!

- Si en esta vida sus caminos toman rumbos diferentes, el futuro los volverá a juntar.

- ¿Estás hablando de la filosofía de las múltiples existencias?

- ¡Sí! Este es un punto importante en las tesis de Sócrates.

Mirando a Plinio, con mucho respeto, admiración y cariño, Ben Azir concluye:

- Haya lo que haya, venerable amigo, yo estaré alimentando en mi corazón esta amistad valiosa que descubrí aquí, y que, reflexionando, cada vez más, sobre sus justas como elevadas enseñanzas.

En nombre de tu Divino Crucificado, te aseguro que siempre haré lo mejor, en fidelidad a mis deseos y a mi verdad.

Amigo mío y maestro, este será, sin duda, un definitivo adiós.

Los ojos de Plinio se llenan de lágrimas y Ben Azir continúa:

- Últimamente, a mi alrededor, todo parece haber cambiado... Desde que conocí a Sibila, no más soy el mismo... Sumado a esto, la preciosa oportunidad de conocerlo también, y beneficiarme de su sabiduría; aprendiendo o recordando, como dijo.

¡Agradecido por todo! ¡Que Dios te guarde y te ilumine siempre!

- Jesús nos dijo, amigo mío: "¡Conocerás la verdad y ella te hará libre...!"

- ¡La verdad de Jesús Cristo que, para nosotros es solamente un profeta de Dios, al igual que muchos otros, no puede ser mía, Plinio!

- ¡La Verdad de Jesús, Ben Azir, es la Verdad de Dios! ¡Somos de Dios y somos dioses! ¡En un futuro lejano haremos todo lo que Jesús hizo y mucho más! ¡El poder espiritual es nuestra gran herencia, y en esta, nuestra certeza de un futuro glorioso!

Plinio está extasiado. Ben Azir le sorprende un aura luminosa alrededor del cuerpo, más fuerte alrededor de su cabeza.

Lleno de gratitud, se acerca, doblando una rodilla, tomando las venerables manos y besándolas:

- ¡Encontré en ti, querido amigo, un cariño que atravesará el tiempo, porque se instaló, definitivamente, en mi alma! Pide a tu Jesús por mí, por Sibila...

Sosteniéndolo amorosamente, Plinio apenas puede disimular su intensa emoción:

- ¡Desde ya lo hago, hijo mío, todos los días! ¡Sé feliz, donde quiera que estés! ¡Que Dios bendiga y proteja este amor que tan bien dignifica! ¡Vete en paz! ¡Un día nos veremos! ¡No de la forma en que imaginas, sino de la forma que Dios lo permita...!

Profundamente emocionado, fijando en la retina la imagen del anciano, Ben Azir se dirige, solemne y lentamente, hacia la salida.

Afuera, respira hondo, mira al cielo y admira, una vez más, el pequeño jardín de flores. Siente su agradable fragancia y va en busca de Sibila.

En el camino, se encuentra con Asclépio. Éste ya volvió a caminar y persigue a algunas ovejas, tratando de alcanzarlas, mientras suelta risas cristalinas. Ben Azir le admira el rostro sonrojado y la agilidad. Sus heridas, cicatrizadas, ahora son casi invisibles.

En el aire los variados olores: las flores, los animales, los talleres, el jabón casero de las lavanderas, que lavan la ropa en el río, cantando... Con el corazón apretado, pregunta a los cielos: "¿Hasta cuándo...?"

Divisa a Sibila. Va hacia ella y juntos suben la colina.

- Sibila, ya hablé con mis padres respecto a ti. Me gustaría que nos casáramos lo antes posible. Piense en ello. Ante las extremas dificultades que enfrentamos, incluso para vernos, necesitamos realizar nuestro amor, antes que algo nos lo impida.

- Pero... ¡Todavía ni has pedido en matrimonio! - Se declara, divertida. En el fondo de su alma; sin embargo, la impresión de que jamás realizarán esa voluntad...

- ¡Es verdad! ¡Qué torpe soy! - Le dice, mientras cae de rodillas, medio teatral, medio en broma, y al mismo tiempo hablando en serio:

- Noble Sibila, ¿quieres unir tu destino al mío, para siempre, casándote conmigo?

- ¡Sí, lo quiero! ¡Lo que más anhelo en la vida es ser feliz a tu lado!

Como si un fuerte imán los atrajese, ellos se abrazan y besan, ardientes, apasionados.

El tiempo se detuvo. Solo ellos existen. Nada, nada más... En este abrazo ellos son un solo ser, dividido en dos, y que hace mucho tiempo se buscaban para complementarse ... El mundo comienza y termina allí mismo, en una plenitud de emociones, sensaciones y bienestar.

- Tus brazos, Ben Azir, son mi mundo, mi elemento, mi vida, mi realización como mujer y criatura de Dios. ¡Abrazada a ti me siento plena, bendecida! ¡Te amo!¡Nunca amé y nunca amaré a alguien así!

- ¡Te amo de la misma manera, Sibila, como nunca antes amé! ¡Lejos de ti me siento incompleto! ¡Tú profundizas mi cielo, cómo las estrellas, el sol y las estrellas! ¡Eres la única fuente de agua que calmará la sed de mi alma, la única realización verdadera y eterna para mi cuerpo, como hombre y como a ser! ¡Te amo más que a mí mismo! ¡Siento que ya te conocía y ya te amaba, incluso antes de encontrarte en esta vida! Plinio me habló de un futuro reencuentro para nosotros.

- ¡Estoy de acuerdo! Un amor como el nuestro no puede haber comenzado ahora, ni durar solo una vida. ¡Quiero, necesito, que esto sea verdad! ¡Cualquier existencia sin ti será vacía e incolora; sin la paz deseada y sin la plenitud que representas para mí!

En estas otras confesiones, y declaraciones del mismo contenido, ellos observan pasar las horas pasaron y que el tiempo se agota. Necesitan volver... Se besan ardientes y se desprenden, uno del otro, con dificultad.

En patente adoración, Ben Azir mira fijamente a Sibila. Sumerge la mirada en sus ojos azules y totalmente sometido a sus encantos y valores incuestionables, ruega al cielo que hasta que, por encima de todo, los mantenga unidos... La abraza, una vez más, la aprieta mucho al encuentro de su pecho y siente una voluntad enorme de llorar aquello que presiente para los dos, pero no debe debilitarla... Sin embargo, dos lágrimas rebeldes, asoman a sus ojos. Disimula, sonríe y tomándola de la mano, demuestra que deben irse. Necesita aceptar lo inevitable... Tomando sus manos, se aleja para verla mejor y susurra:

- ¡Te amo! ¡Nunca lo olvides, por favor...! ¡En cualquier momento o lugar, este amor estará dentro de mi alma, como un faro bendito!

- ¿Cómo podría olvidar, si te amo de la misma manera y con la misma intensidad? ¡Eres la brújula de mi destino y la luz de mi alma!

Se besan de nuevo y con ardor, casi desesperados.

Se sueltan lentamente, los corazones desfasados, los sentimientos y las emociones explotan...

Bajan y se mezclan con los otros. Éstos, ansiosos, les esperaban el regreso. Ya se hace tarde y los caminos a recorrer son peligrosos.

Informados de la propuesta de matrimonio de Ben Azir, están encantados con el evento. Abrazan a los novios, efusivos, y planean una fiesta que pretenden ser memorable.

Cynara, muy feliz, los besa, asegurándoles un buen augurio para ellos.

En fin, despidiéndose de Sibila, Ben Azir regresa, tratando de exorcizar los miedos, en cuanto a un futuro que no parece existir, y sigue viajando soñando con Sibila, expandiendo, también, las emociones de unas horas antes en sus brazos...

Unos kilómetros antes de tu casa, es abordado por un grupo de hombres, con los rostros cubiertos, como los tuaregs. Hacen un círculo a su alrededor, y gritan:

- ¡Si intentas algo, morirás aquí mismo!

Ben Azir analiza la ubicación, midiendo la posibilidad de escapar, pero concluye que el grupo eligió bien el terreno.

Muy cerca y bien armados, hacen mucho ruido en la arena con los cascos de los caballos. Algunos hablan el idioma de Ben Azir con dificultad.

¿Qué vendrá? No los conoce, ni se puede imaginar lo que quieren. Parecen salteadores de caminos... Nervios sobreexcitados, Ben Azir espera. Se defenderá, valiente, como siempre lo ha hecho.

- ¡Traemos una misiva para ti, "judío"!

En la expresión agresiva y sesgada, la revelación innegable, el origen de éste, que le habla...

- ¿Y desde cuándo se intercepta el camino ajeno de esta manera para entregar cartas?

- Dado que el remitente es poderoso, lo suficiente para eso!

- ¿De quién estás hablando?

Ante el silencio del portador, Ben Azir quiere saber:

- Además de ser "poderoso", ¿él también es anónimo?

Ignorando su pregunta, el mensajero le empuja la misiva, mientras comenta:

- ¡Toma, lee y piensa! ¡Ten cuidado con lo que vayas a decir o hacer, ya que no solo tu vida corre peligro!

Ben Azir se estremece. Abre con cuidado y lee:

"¡Tu audacia es asombrosa y, por ella, muchos pagarán! ¡Sé todo sobre ti, perro inútil! ¡Soy el que su juez, implacable, y seré tu verdugo! ¡Sal del camino de aquella que nunca te pertenecerá, porque su destino, "judío", está ya sellado y ella ya tiene dueño!

¡Métete con la chusma miserable, que se junta contigo, y con los de tu bando! ¡Maldita pandilla, eso ya está bajo la mira poderosa de César!

¡En corto tiempo que será ajusticiada!"

Ben Azir, aterrorizado, hace una pausa.

Las menciones hechas a su relación con Sibila y sus actividades libertarias son directas…

Observa mejor aquellos rostros cubiertos, en un intento por identificarlos, cuando escucha:

- ¡Date por vencido! ¡No nos conoces y no diremos quién te amenaza! Sin embargo, por la importancia de la carta, ¡se puede ver que enfrenta un peligro extremo!

- ¡Identifíquense a sí mismos y enfréntenme a pecho abierto, ¡so cobardes! - Ben Azir explota.

Riendo, burlón, mientras cabalga a su alrededor, su opositor lo incita:

- ¡Sigue leyendo! ¡Tal vez descubra quiénes somos y quién envía que esta "amable" correspondencia! – Él lanza una sonora carcajada.

Volviendo al papel que tienen entre manos, Ben Azir prosigue donde se detuvo:

"¡En tu pequeñez, no tiene las medidas, ni los medios deseables para evaluar la fuerza y el tamaño del poder que estás desafiando! De todos modos, no importa quién soy, pero tengo la vida de muchos en mis manos, incluso la tuya y la de los tuyos, ¡despreciable "judío"!

¡Mantente alejado de quien nunca debiste haberte acercado, o te aplastaré, como se hace con un ser abyecto y dañino! ¡Anhelo mucho, en realidad, por el momento en que mi mano caiga sobre tu cabeza!

Quien desafía los poderes y las leyes de Roma es un suicida, ¡y tú eres, ante todo, un gran estúpido...!

¡Espera! ¡Cuando llegue tu hora, no tendrás donde ocultarte, te lo garantizo!"

Ben Azir se estremece y exclama aterrorizado:

- ¡Haterio...!

Llevando la mano al arma que trae en la cintura, enojado, exclama desafiante:

- ¿Por qué no vino él mismo? ¡Sabría enfrentarlo y responderle de la misma manera!

- ¡Porque él está muy por encima tuyo o de cualquier otro! Él nunca se rebajaría a luchar con usted, ¡estúpido! ¡Él puede hacer cualquier cosa! - responde el otro.

Golpeando los cascos del caballo con fuerza y bien cerca de Ben Azir, pregunta, medio burlón, medio agresivo:

- Y entonces, ¿qué pretendes hacer? ¿Vas a enfrentarlo?

- ¿A quién? - Pregunta Ben Azir, con la esperanza de escuchar la confirmación de lo que ya concluyó.

- ¡A aquel a quien le debes obediencia!

- ¡¿Obediencia...?!

- ¡Sí! ¡Tú y tu pueblo viven sometidos a las leyes que él representa y tan bien ejercita! - Le responde, entre dientes, lleno de odio y de desprecio, completando la frase con un escupitajo en el suelo.

Ahora Ben Azir está seguro. Estos hombres que se hacen pasar por árabes del desierto son romanos. Tu corazón late locamente. ¡Sibila también está en peligro! ¡Él ya debe saber que ella se convirtió...! A su familia, el grupo de rebeldes, todos están bajo la mirada criminal de Haterio...

Poco a poco, el grupo comienza a alejarse y se dispara, desapareciendo en el polvo que se levanta.

Ben Azir mira el papel que tiene en las manos... Haterio es una serpiente venenosa y traicionera armando la trama. Muy por debajo, en un pie de página, aun se lee:

"Aquella para la cual te atreviste a levantar los ojos, debe ser preservada para la vida. ¡Aléjate de ella!"

Los hombres como Haterio solamente está satisfecho cuando entierren a aquellos que los incomodan. ¡Este es el poder del él disfruta en Roma! ¡Él no se detendrá ante nada ni nadie! Extraño amor este que amenaza y la felicidad de la persona amada... Salvaje, como es, si no tiene para él mismo aquello que desea, lo destruye, para que nadie más lo tenga...

Ben Azir cierra los puños, deseando, ardientemente, enfrentarlo, cara a cara. Sin embargo, es un deseo inútil. Haterio solo se enfrenta a aquellos que considera dignos de su raza y de su condición privilegiada.

Él dobla, cuidadosamente, los pliegues de la misiva, la guarda en su equipaje, y reinicia su camino a casa.

✵ ✵ ✵

JADHU, EN ROMA, se anuncia a sí mismo y pide a hablar con Haterio. Incómodo, éste ordena que entre, y explota:

- ¡Dile rápido a lo que viniste y sal de aquí! ¡No puedo perder el tiempo con alguien como tú! ¡Ya me diste la información que pedí y te pagué por eso! ¿Por qué estás aquí?

- Honorable tribuno de Roma, ¡vine a confirmar mi buena disposición de llevar a cabo lo que pretende!

- ¡¿Ejecutar qué...?!

A pesar del estremecimiento que lo invade ante la agresividad de Haterio, Jadhu declara, frotándose las manos una contra la otra, mientras mira a su alrededor, astuto y disimulado:

- ¡Con todo respeto, glorioso tribuno, vine a confirmar, como ya se dijo, la posibilidad de aniquilamiento de "cierto judío" que lo incomoda demasiado!

¡En fin, yo puedo, si está de acuerdo con mi oferta, enviar al infierno a este enemigo en común a ambos!

- ¿Y desde cuando tenemos cosas en común, bastardo?

Inclinándose casi hasta el suelo, sumiso, Jadhu expresa mejor de sus viles intenciones:

- ¡Noble tribuno, yo soy un hombre sin educación, del pueblo, y por esto, a veces me confundo con las palabras, perdóneme! ¡Lo que quiero decir es que tengo un odio tan grande la persona en cuestión, que haré, feliz, aquello que quiere, si con esto me puedo deshacer del veneno de ese muchacho lleno de presunción, y más vanidoso que un pavo real! ¡Lo destruiré con mis propias manos, en caso me autorice!

Riendo a carcajadas, Haterio responde con desprecio:

- ¡Lo dudo, so idiota! ¡La persona en cuestión es más valiente que cualquiera que hayamos conocido antes! ¡Ambos lo sabemos! ¡Y tú eres cobarde y traicionero! Sé que lo harás, así como sé que ya hiciste mucho mal y ya has cobrado muchas vidas. ¡Pero sé también que lo haces de forma tan esquiva, escondida, usando para eso, casi siempre, otras manos y otros brazos!

- ¡Sea como fuere, yo lo hago y lo hago bien! No importa los medios utilizados, ¡sino la victoria de la misión!

- ¿Eres misionero? ¡Del infierno, tal vez!

Haterio vierte su humor negro sobre Jadhu. Este último; sin embargo, incansable, espera convencerlo.

Al darse cuenta de su tenacidad, Haterio piensa para bien sacudirse de él:

- Perdiste tu tiempo viniendo hasta aquí. ¡Tengo a mi servicio a muchos hombres con las mismas "habilidades" que tú!

- Sin embargo, ¡ninguno de ellos conoce a la "presa" tan bien como yo! ¡Ese maldito tiene más aliento que un gato! Muchos de los que intentaron enviarlo al infierno fueron los primeros en ir allí. ¡Hoy, deben estar disfrutando del sol en sus brasas ardiendo! ¡Ah, ah, ah...!

Molesto por el comportamiento de Jadhu, Haterio ordena:

- ¡Cállate so idiota y déjate de escándalos, que no estás en tu casa, que debe ser inmunda como tú!

Caminando en el mismo lugar, confundido, Jadhu pide, con la cabeza baja, humillándose intencionalmente:

- En nombre de los dioses, ¡perdóneme, por favor! ¡Realmente soy muy estúpido! ¡Pero cuando hablo del peligro que Ben Azir representa, sé lo que estoy diciendo!

Haterio, mirando a su alrededor, le reprocha su descuido:

- ¡Cuidado, idiota! ¡No cites nombres! Y, además, ¡aquel del que hablas no es inmortal!

- ¡Pero parece! ¡Sería un placer para mí demostrar lo contrario! ¡Lucha como un león salvaje y, al moverse, se parece a un felino! ¡Es temido y respetado incluso por sus enemigos!

Jadhu se acerca y advierte:

- ¡Si él sobrevive al intento, su vida, noble tribuno, no valdrá nada!

- ¡No corro ese riesgo! ¡Roma protege a sus más ilustres representantes! - Haterio responde orgulloso de su condición. Íntimamente, reflexiona sobre si está escuchando a tal figura, sin alejarlo... La presencia de Jadhu es profundamente desagradable y repugnante, pero tal vez pueda, él mismo, tomar cuenta del mensaje...

Exhibiendo una notable sumisión, Jadhu suplica:

- Digno representante de César, no me quite la oportunidad de ganar algo más, mientras saco del mundo de los vivos aquel que desafía, día y noche, el poder de Roma y aquellos que se esfuerzan en adorar, cada vez más, las alas del ¡Águila poderosa...!

Haterio suelta sobre la mesa los papeles con la cuales se ocupa y afecta su mirada en Jadhu, preguntándole, directamente:

- ¿Quién me garantiza que tú no estás de acuerdo con él, y que no me traicionarás?

Jadhu se ríe horriblemente y comenta burlonamente:

- ¿Yo? ¿De acuerdo con él? ¡Sepa que yo lo odio! ¡Será un placer deshacerme de él y de su arrogancia para siempre! Imagínese que el idiota me enfrenta, temerario, ¡casi todos los días!

Haterio piensa y decide:

- ¡Ve allí, que así sea! ¡Comprobaré tu acción, no lo dudes! ¡Pondré testigos del hecho en su funeral! ¡Si te traicionas, ni siquiera en el infierno va a ser capaz de ocultarte de mi furia! ¿Cuánto más quieres, para completar tu trabajo?

- ¡El doble de lo que recibí por la información, en sestercios de oro!

Haterio casi se rinde ante la prueba que Jadhu sabe negociar. Consciente que Jadhu odia tanto el Ben Azir como a él mismo, Haterio llega a la conclusión que él va a hacer muy bien el trabajo.

Finalmente, da su consentimiento:

- ¡Pues bien! ¡Después del trabajo los recibirás!

- ¡Así se habla, así se habla, gran tribuno! - Jadhu se frota las manos, ojos brillantes, siniestro, mientras se ríe, se burla, anticipando el placer de concretar sus intenciones criminales y de deshacerse de Ben Azir, de una vez por todas, a peso de oro.

Con un gesto de desprecio, Haterio lo despide.

Mientras sale, ojos codiciosos, midiendo el lujo que cerca a Haterio, Jadhu piensa, siniestro: "¡A ti también te llegará tu hora, tribuno arrogante! ¡Más temprano que tarde también caerá de este pedestal! ¿Quién sabe nos encontremos, en un ángulo cualquiera de un camino, en el cual estés sin tus compañeros? ¡Oh, cómo tendría el placer de cortarte la garganta y robar todo lo que tienes! ¡Solo el broche que prende tu manto, en la ostentación de tu "importancia", haría mi alegría, tribuno Haterio...!"

Zigzagueando, hecho un reptil, a escondidas por la calle oscura, temiendo encontrar en ellas alguien con las mismas "habilidades" que las suyas, él se va, anticipando el disfrute de la ganancia y de la venganza.

Haterio, a su vez, sin mucha certeza la actitud adoptada, y odiando todo lo que descubrió a respecto de Sibila, culpa a Demetrio:

- "¿Cómo se atrevió a permitir, sin al menos consultarme, que ella saliese de la casa? ¡Lidia es no el mejor ejemplo de una buena patricia romana…!

Joven e inexperta, Sibila dio rienda suelta a los anhelos de su buen corazón, y se enredó en estos fanatismos, que hoy fascinan a tantos. Pronto rescataré a Sibila de estas trampas. ¡Tan rápido como corte como la mala hierba de su camino, aquel que se atrevió a cortejarla!"

En estas y otras reflexiones similares, golpeó con el puño en la mesa donde están los documentos que lo esperan.

Calmándose y modificando el semblante; sin embargo, la sonrisa abierta, sueña con los ojos abiertos: "¡Después de todo, serenando tu corazón, querida, me amarás! ¡Con los dioses o sin ellos! ¡Moveré cielo y tierra por ti y ay de aquellos que se cruzan en mi camino!"

Volviendo al suelo que pisa, planifica las próximas acciones que deben resultar en la propia felicidad al lado de Sibila - Seguidor del César, actúa como él, promueve todo lo que quiere, sin barreras de ninguna especie -. Analizando la competencia, con la que arma sus propias estrategias, estalla en una risa estentórea. Quienes pueden oírlo tiemblan, asustados y supersticiosos.

✳ ✳ ✳

DEMETRIO VA A BUSCAR A Sibila, y una vez más ella no está allí:

- ¿Mi ruiseñor salió?

- Así es, Demetrio. ¡Sibila tiene sed de vida y de conocimiento! Los sus pies vuelan, como si tuvieran las alas de Mercurio, en la búsqueda incansable, lo que vive y aprecia. ¡Es una diosa, esta nuestra querida!

- ¡Estoy de acuerdo...! - Demetrio presiente que Lidia dice menos de lo que debería... Entre ella y Sibila siempre ha existido una notable complicidad...

Alcanzándole los pensamientos, Lidia desvía la conversación hacia asuntos menos peligrosos...

Entre una conversación y otra, Demetrio decide:

- Vendré a verte mañana a la misma hora, Lidia.

- Sí, haz esto. Ahora vamos al comedor, dentro de unos pocos momentos tomaremos la cena. ¡Hazme compañía, por favor!

- ¡Seré feliz con eso, mi querida amiga! Dime, ¿cómo está Severus Apolonius, mi noble y querido amigo?

- Él está bien, Demetrio... - ella contesta, insegura.

¿Cómo decirte que Haterio lo ha perseguido y perjudicado por todos los flancos? Demetrio sufriría y podría enfermarse de nuevo.

El cabello del noble amigo comienza a ponerse blanco...

Juntos caminan hacia el espacio referido. Allí se sientan y siguen hablando de muchos temas, mientras Sertória proporciona la cena.

Después de la comida, Demetrio se despide amable. Se embarca en su vehículo y vuelve a casa. Interiorizado, mientras que la litera se sacude, arruga la frente amplia y noble, pensando en la urgencia de resolver, de una vez por todas, aquello que le pesa en el alma hace tanto tiempo y ahora, por fuerza de las circunstancias, debe enfrentar. Lo que está en juego es sumamente grave para ser pospuesto... Hablará directa y frontalmente, a Haterio - ruega a los dioses que tenga tiempo -, aun cuando no sobreviva a esta acción.

Al llegar a casa, constata que Adriano, perseguido por Haterio, ya se marchara. Su soledad aumentó, mucho...

Unos días después, avisado de la nueva dirección del amigo, se dirigió hacia allí. Bien recibido, se regocija con las nuevas actividades de Adriano.

Hoy, Adriano no es solo un admirador de las diversas formas de arte. Además de ser un mecenas, se aventuró, con optimismo, en el campo de la escultura. En su estudio, Demetrio se sorprendió con los bocetos en mármol de bellísima obra. Ésta ya despliega, en sus contornos, formas femeninas, puras y clásicas.

Demetrio pregunta por su modelo y él responde soñadoramente:

- La modelo es mi musa inspiradora...

Demetrio lo entendió. Adriano está inmortalizando en mármol la imagen de su amada. Admirando su nuevo talento, juzga sorprender en la piedra bruta los rasgos armoniosos de Sibila y sonríe. Íntimamente, agradece a los dioses por su transformación. Después de unas horas, se abrazan y se despiden. Antes de irse, escuche:

- Estimado amigo, en los próximos días estaré visitando Sibila.

- ¡Haces bien, Adriano, a ella le gustará mucho volverte a ver!

Adriano no se desanima, pero Demetrio sabe que Haterio lo alejará de ella, de una manera o de otra.

- "Pobre Adriano..." - se lamenta, mientras llega a las calles colindantes, en las que tiene negocios que resolver, antes de regresar a casa.

En continuación, irá el mercado. El mismo mercado en el que adquirió a Cynara. "Hace tanto tiempo... ¿Ella estará viva o muerta? Dentro de mí, vives y eres amada, Cynara..." -Demetrio suspira, nostálgico, y va recordando, punto por punto, todo lo que vivieron.

Llega exactamente al lugar donde el comerciante la exhibió y la ofreció...

Allí parece volver a ver todo, como si estuviera pasando en ese momento: "La situación vejatoria de Cynara, su tristeza, su belleza clásica... Sus ojos maravillosa que, al encontrarse con los suyos, decidieron el destino de ambos..." A pasos lentos, que se dirige a sus quehaceres, y en luego regresa a casa.

En los pensamientos, una mezcla de aflicciones: por Sibila, Cynara, Lidia, Adriano, Haterio... Difícil, cargar tantos tormentos...

✷ ✷ ✷

BEN AZIR ENVÍA un mensaje a Sibila, haciendo una cita que no se llevará a cabo en la comunidad cristiana. Un lugar agradable, en medio del exuberante paisaje, algo apartado de Roma, ellos se encuentran.

Introspectivo, Ben Azir mira a la joven y, atrayéndola hacia sí, la besa muchas veces.

Sometida a su amor, Sibila responde con la misma intensidad. Apretándola al encuentro de su corazón, Ben Azir pide fuerzas a Dios.

Ella percibe sus conflictos insuperables. Sus almas se conocen, se adivinan.

Decidido, él comienza:

[417]

- Mi querida, a pesar del entusiasmo y la felicidad de este momento, concluyo, casi decepcionado, que nuestro amor nació bajo el signo de la desesperanza... Perdóname, querida, pero debo informarte de algo muy serio. ¡Y cuánto me gustaría evitártelo

¡Aquello que me mueve; sin embargo, justifica mi actitud! ¡Un enemigo feroz, el cual tiene los ojos muy abiertos y las garras muy afiladas, ronda nuestras vidas y nos pone en peligro, no solamente a nosotros dos, sino a muchos otros!

Temblando, Sibila pregunta:

- ¿De dónde viene ese peligro, y quién, además de nosotros, está amenazado, Ben Azir?

- Mis conclusiones me llevan a pensar en Haterio. Aparte de nosotros, Sibila, se enumeran: la comunidad cristiana como un todo, mi familia y el grupo de rebeldes. Este tribuno cruel nos tiene, a todos en sus manos.

- ¡Dios mío! ¿Qué hacer? ¿Nos someteremos?

- Creo que no, pero ¿qué hacer cuando tantas vidas están en juego? Puede posponer nuestra felicidad... Nos alejaremos, por algún tiempo... Quiero preservarte y aquellos que están en la mira de Haterio.

Ella se acurruca más, enclavándose en sus brazos y se desahoga:

- ¿Tenemos alguna oportunidad, Ben Azir?

Sibila comienza a llorar. Ben Azir lamenta su angustia y se controla, estoico por no llorar, también. Dudo que tengan alguna oportunidad. En una forma o de otra, Haterio hará lo que quiere.

Los sus corazones, unidos, laten en unísono. En medio de las lágrimas, Sibila reflexiona:

- ¿Cuántos afectos iguales al nuestro han sido perseguidos? ¿Cuántos amores fallidos tenemos noticias? Sin embargo, ¿hay mayor felicidad que amar y ser amado? ¡Amo y soy amada! ¡Esto nadie me lo puede quitar!

Apretándolo con fuerza contra su pecho, Ben Azir escucha:

- ¡En un futuro próximo, Ben Azir, yo te reencontraré y te amaré de nuevo!

- ¡Alaba al cielo! ¡Aun no me rendiré! ¡Quiero ser feliz contigo en esta vida! Quizás, ese sea solo un momento desafortunado.

- ¡Si Dios lo quiere! ¿Dime, por favor, como Haterio nos ha amenazado?

Ben Azir te cuenta la extraña experiencia que vivieron cerca de su casa.

Sibila se sorprende con la audacia y la arbitrariedad de la misma. Ahora, entender mejor los trucos utilizados por él para imponerse.

Amarga, reanuda el llanto. Sufre por ella misma, por Demetrio, por la comunidad y, sobre todo, por Ben Azir...

- ¡Cálmate, Sibila! ¡Esto puede simplemente ser una situación pasajera! ¡Dios tiene caminos insondables! ¡Antes Él el poder de aquellos que sean fenece! - le enjuga los ojos y dice, con el corazón en la voz:

- Por encima de todo, la vida y la muerte, la voluntad de quien quiera que sea, de las circunstancias que nos pueden envolver y tirarnos para lados opuestos, ¡nosotros nos amamos! - La besa, casi con desesperación, humedeciendo sus labios en sus lágrimas.

A pesar de todo lo que dijo un dolor opresivo le advierte: ¡Se están despidiendo...! La aprieta, más fuerte, casi quitándole el aliento. Libera las compuertas del alma y llora. Así permanecen, abrazados, corazones a los saltos, al mismo ritmo de ansiedad, del sentimiento de pérdida, de enorme tristeza, por verse tan perseguidos...

Exasperado, Ben Azir declara:

- ¡Me temo que no nos volveremos a ver más, Sibila! Por mi parte, haré todo lo posible para contrarrestar este terrible pronóstico, ¡pero la vida, traicionera, puede sorprendernos!

En silencio, Sibila mira con adoración el rostro de Ben Azir. De repente, se endereza, mira a lo lejos y, enfáticamente, responde:

- ¡Aun nos veremos una vez más! ¡En esa oportunidad, aquello que nos alcanza y agrede hoy habrá dejado de existir! Pero, aun ahí, la Gran Ley, que a todos gobierna, en una selección natural y espontánea, nos va a separar, por tiempo indefinido, ¡y solo nuestras almas permanecen conectadas...! ¡La ley se cumple, en todos los cuadrantes del universo! ¡Alabado sea el Creador, justo como es perfecto...!

- "¿Qué es lo que está diciendo? ¿Cómo puede afirmar eso?" - Piensa Ben Azir.

Soltando el cuerpo, en otro estado, Sibila toma una profunda respiración, mira a Ben Azir y se justifica:

- ¡Perdóname, Ben Azir! ¡A veces, una fuerza mayor me domina y hablo cosas del pasado, presente y futuro! A veces, soy consciente de lo que dijo, en otras, ¡no!

- Explícate mejor, te lo pido...

- Pues bien, paso por extrañas experiencias, desde mi nacimiento. Sucede inesperadamente, y ya me ha costado muchos problemas, con persecuciones y agresiones verbales, por parte de algunas personas, sobre todo de Minerva, porque, eventualmente, ¡vislumbro el futuro y revelo cosas que quieren esconder!

- ¿Demetrio sabe esto?

- ¡Sí! ¡Él me comprende y me protege! ¡Dice que hago justicia a mi nombre, que soy amada de los dioses, y que ellos hablan a través de mi boca!

- ¿Como las pitonisas griegas y los oráculos?

- ¡Sí, exactamente! Dime, mi amor, ¿qué haremos?

- Esperaremos algún tiempo antes de la volvernos a ver. Nosotros podemos desafiar demasiado a aquellos que nos persiguen.

Sin embargo, lo que más me aflige es tu enorme debilidad frente a Haterio... Él es un enemigo poderoso y arbitrario. ¡No respetará tu voluntad ni ninguna otra, que no la suya!

- ¡Demetrio me defenderá!

- ¡Tú ya no vives a su lado y Haterio no lo respeta!

- Entonces... ¡¿Qué hacer...?!

- Huir, tal vez... Pero ¿a dónde? En caso te lleve a mi casa, él lo descubrirá rápido y violentamente... Puedo, aun, organizar una estrategia de viajes y llevarte conmigo. Una vez lejos, ¡viviremos nuestra vida, libres! ¡El mundo es grande!

- ¡Y el poder de Haterio también es muy grande! ¡Los tentáculos de Roma lo conduce a lugares más insólitos y los ojos del Águila Romana alcanzan distancias inimaginables!

Ben Azir guarda silencio, recordó, con un doloroso estremecimiento, las amenazas a otras personas que son parte de sus vidas...

Una vez más, Sibila parece atravesarle el alma con facilidad, completa:

- En una furia incontrolable, Haterio descargará su odio hacia la infeliz comunidad, en tus compañeros de ideal, en la familia de Lidia y en la tuya...

Ben Azir concluye, muy sabiamente, que debe notificar a su grupo de los grandes riesgos que corren. Tendrán que entrar en un receso y modificar todos sus proyectos... De la misma forma que hicieron cuando se produjo la detención de Galba. Volteándose hacia Sibila, concluyó, devastado:

- ¡Y si no escapamos, Haterio te someterá a su pasión demente! ¡Con este pensamiento me vuelvo loco, Sibila!

Ben Azir tiembla de rebelión. Sus ojos brillan de forma intensa y tus músculos se vuelven a tensar, como si estuvieras frente al enemigo.

Decide buscar a Haterio y desafiarlo. Mejor matarlo o morir que saberla en sus brazos... Tiene la experiencia y la fuerza física que lo caracterizan, olvidado, por el momento, que Haterio no se enfrentará con él; más bien, mandará a alguien que lo mate por la espalda.

- "¡Necesito arrancar a Sibila de tus garras, ave de rapiña...!" - Sibila siente su intención:

- Ben Azir, ¡nada puede contra la fuerza y el salvajismo de Haterio! ¡Él ni siquiera te enfrentará! En su concepto, ¡tú no estás a su altura! ¡En caso lo intentes, no sobrevivirás! ¡Haterio nunca está solo! ¡Él se jactaba de tener defensores sobre sus talones, donde quiera que vaya!

Mirando a Sibila y admirando su notable perspicacia, Ben Azir pregunta:

- ¿Consigues también leer los pensamientos, noble Sibila?

Ella responde, sinceramente:

- ¡No, pero conozco bien el alma del que amo más que la propia vida!

Ben Azir la besa, ardiendo de amor y desesperación. Nunca pensó enfrentar un dilema como este... Y, peor de todo, sentirse incapaz de resolverlo... En un transporte de felicidad, ella sabe que sin él nunca será feliz. Estrechamente entrelazados, intercambian caricias que conocen la ambrosía de los dioses... Volviendo a la tierra que pisan; sin embargo, tienen que decidir:

- ¿Qué haremos, Ben Azir?

Tomando algunos mechones de su cabello entre sus dedos y acariciándolos, él responde:

- Seremos prudentes, querida... Vamos a dar algún tiempo a la vida. A la primera oportunidad favorable, organizaremos una nueva reunión.

- ¡Está bien! ¡Y que Dios nos ayude en este terrible callejón sin salida! ¡Te amo!

- ¡Yo también te amo! ¡Que los cielos nos bendigan y protejan!

- ¡Que así sea...!

En un último beso, ellos se apartan y se van, por diferentes caminos. Sus corazones, oprimidos, hablan de un futuro muy incierto.

En casa, Lidia reza por ellos. Sabe que están juntos buscando una salida.

Delante de sus Manes, ella ruega por la querida pareja. Presiente que los dos no serán felices. El mundo no se lo permitirá...

* * *

COMO YA SE HA DICHO, queridos lectores, enfrentamos solos nuestros testimonios. Cuando este sagrado momento se instala, exigiendo una atención plena y solitaria, nos topamos con nosotros mismos, con el peso del que debemos aligerar, a duras penas.

Al acercarse, esta tormenta se hace notar, en aquello que está a nuestro alrededor desencadenando, acciones y reacciones, acordes con la urgencia del momento.

Es necesario que el ser en evolución se haya forrado de fe y coraje, con la esperanza de sobreponerse al dolor y la desesperación, analizando la propia situación para elegir lo mejor.

Como estudiantes perseverantes y esforzados, de esta gran escuela, por la misericordia de Dios, nos llegan las pruebas de la esperanza divina, para nuestro buen aprovechamiento. Pruebas... Expiaciones... Pruebas que saben a expiaciones... Expiaciones que purifican...

En el paso del tiempo, mucho hicimos sin cuidado y sin amor.

Cuando la redención se nos acerca, debemos recibirla bien, a pesar del dolor y las consecuencias, que surgen naturalmente.

* * *

AL DÍA SIGUIENTE, DEMETRIO aparece en la casa de Lidia, como lo había prometido.

Entreteniéndolo, feliz, Sibila lo abraza y recibe dos besos, uno a cada lado. Se sientan y él le hace preguntas, formales, que ella responde, delicada y relajada.

Demetrio siente su intención.

- Sibila, ¿tienes algo que decirme?

- ¡Sí, quiero hacer que un pedido!

- ¡Sea lo que sea, ya está concedido!

Ambos ríen, divertidos. Lidia los admira en la armonía que los caracteriza. Entra en la casa y los deja solos.

Tomándole las manos, Sibila piensa en aquello que pretende y en cómo hacerlo. Mirándolo amorosamente, ella declara:

- Yo sé, mi querido Demetrio, cuánto sufres por la falta de afecto.

- Me dejaste...

- No, yo no te dejé. Mira, estamos juntos y aquí tengo más tranquilidad, déjame decirlo.

- Lo sé, hija. Ésta es una de las razones de mi consentimiento.

- ¡Bueno, lo que pretendo pedir tiene que ver con tu vida!

Demetrio se estremece. Sibila se agita inquieta y le pregunta:

- Demetrio, ¿la amistad que sentías por mi madre fue muy valiosa para ti?

Él palidece y se queda sin habla.

- Dime, por favor, ¿te gustaría a tener noticias de ella?

- ¡¿De... Cynara...?! – Él pronunció el nombre, con cierta dificultad.

- Sí, de Cynara, mi madre.

- ¿Por qué, Sibila? ¿Qué es lo que tienes en mente?

Sibila nota que la reacción de Demetrio es similar a la de su madre.

- Alegrarte este corazón que tanto ha sufrido. ¡Solo eso!

- ¿Hablándome de tu madre?

- Sí, te hablo de mi madre y de tu amistad con ella. Si está de acuerdo, ¡puedo juntarlos!

En suspenso, Demetrio evalúa las verdaderas intenciones de Sibila. ¿Hasta dónde ella estará informada de su "amistad" con Cynara...?

Sin enfriar el ánimo, Sibila quiere saber:

- ¿Este tema te incomoda, querido Demetrio?

- ¡Sí!

- ¿Qué me aconsejas, entonces? ¿Debería callarme y renunciar a la alegría de reunirlos de nuevo?

Ignorando su pregunta, Demetrio le pregunta:

- ¿Qué se sabes acerca de Cynara?

- ¡Actualmente sé todo sobre ella! ¿Quieres escucharme?

Tomando una profunda respiración, que asiente con la cabeza:

- ¡Sí, habla!

Sibila lentamente y observando sus reacciones, le dice cómo reencontró a su madre y como se reanudaron los lazos filiales, omitiendo, naturalmente, los detalles sobre a su nueva casa y su nueva creencia religiosa.

- ¿Lo sabe Lidia, Sibila?

- ¡No, aun no le he contado! – Ella miente para proteger a su amiga.

- ¿Por qué no me lo contaste antes?

Los ojos de Demetrio están empañados en lágrimas. Trató de disimularlo, pero no pudo.

- Perdóname... pensé en la seguridad... de ella...

Amenizando la narrativa, ocultó el acto criminal de Minerva y le dijo, solamente, que después de un serio desacuerdo entre ellas, Cynara huyó a un lugar ignorado, porque se hiciera imposible, a partir de entonces, la convivencia.

Demetrio se levanta y se mueve al azar. Sus pensamientos están confundidos... Conoce a Sibila muy bien... Ella esconde algo... Pero ¡¿qué y por qué...?! ¡Cuántos recuerdos, cuánta nostalgia! ¡Como deseaba volver a ver a Cynara, hablar con ella, escuchar su voz maravillosa y mirar aquellos ojos que, al encontrarse con los suyos, brillaban de pasión! ¡Cuántas noches de insomnio, sin saber si ella estaba viva o muerta! ¡El mundo parecía habérsela tragado...!

Sibila no esperaba una reacción tan fuerte y recuerda la emoción de su madre, tan parecida...

Demetrio se controla y regresa a su asiento, esforzándose para disimular cuánto esta expectativa socava sus nervios y llena su corazón de dulces esperanzas...

- ¿Qué pretendes hacer, hija?

- Reunirlos, aquí. Pediré el consentimiento de Lidia.

- ¿Por qué no me llevas con ella?

- Ella no quiere eso. No pretende modificar su vida.

- ¿Ella consintió en verme?

- El principio no. ¡Tuve que insistir mucho!

- ¿Por qué? - la pregunta, llena de dolor, quedó suspendida en el aire...

- Porque, según ella, hay que enterrar el pasado. Ella sufrió mucho, mi querido Demetrio. Hoy se defiende... Tiene miedo de exponerse...

Demetrio no se da cuenta. Sus pensamientos vuelan en dirección a la mujer querida… ¿Dónde estará? ¿Por qué estuvo tanto tiempo separada? ¡¿Por qué lo dejó en la incertidumbre…?!

Angustiada, Sibila analiza la situación:

- "Qué estoy haciendo? ¿Tengo el derecho a hurgar en el pasado? ¡Por qué é se quedó tan abatido…! ¡Oh, que hay, de hecho, detrás de todo esto…!"

Dando el tema por terminado, por fin, Demetrio se somete a la voluntad de Sibila. Llamando a Lidia, los tres planean el reencuentro y pasan algunas horas, muy agradable, antes que Demetrio se vaya.

A pesar de su aparente despreocupación, Demetrio no puede disimular la enorme expectativa de reencontrarse con Cynara.

Despidiéndose, se va, inmerso en sus propios pensamientos.

✳ ✳ ✳

NORMALMENTE AGRESIVO y perseguidor Jadhu parece no ver a Ben Azir. Ignorándolo, por completo, lleva a la extrañeza a quienes lo conocen, sobre todo al propio Ben Azir, que ve en este nuevo comportamiento de su archienemigo un peligro mucho mayor.

Jadhu parece una serpiente, en silencio, armando una trampa… Ben Azir redobla su atención.

El grupo de revoltosos cambió, radicalmente, los sitios de las reuniones y los habituales horarios, siguiendo sus consejos. Ben Azir sugirió precaución adicional, frente a algo que, supuestamente, había oído hablar a dos extraños en el mercado:

- ¡En su momento, pensé que ellos hablaban de nosotros y de nuestras luchas y parecían muy bien informados...!

Respetado y digno de crédito, su advertencia funcionó como una mecha de pólvora, advirtiéndoles del peligro.

Para Ben Azir, lo que cuenta es la intención y su acción positiva en el grupo. Ellos no necesitan saber los pormenores de su vida.

Recuerda, frecuentemente, la sabiduría de Plinio y teme, honestamente, que su nueva forma de pensar venga a debilitarlo y cambiar el rumbo de sus ideales patrióticos...

Los sus compañeros se han dado cuenta que él no exhibe más la ligereza y el ímpetu de antes. Su manera relajada y aparentemente displicente parece no haber existido nunca.

Un nuevo Ben Azir parece haberse instalado, subjetivo y definitivamente, en el núcleo de su alma...

Ignora que Almara y Agar conocen a Jadhu, de larga data, y que han siempre vivido de cerca; excepción hecha en los últimos diez años, cuando Jadhu dejó la casa de su padre, se rebeló y cayó al mundo.

El grupo aun no sabe que a raíz de este siniestro hombre, se conocen y se habla de algunos crímenes. Él mata a tus enemigos con refinamientos de crueldad, y "trabaja" también por encargo. Quien le pague más es mejor servido - ! -.

En este momento, madre e hija están hablando:

- ¡Agar, he pensado mucho en todo lo que vivimos por causa de tu ex novio y su familia! ¡Yo no consigo, mira bien, no puedo y no quiero dejar tal afrenta sin respuesta! ¡Si ellos creen que estamos a merced de sus crueldades, se equivocan! ¡Tengo que darles lo que se merecen!

- ¿Cómo pretendes hacer eso, madre?

- ¡Quiero recompensarlos con un dolor tan grande, que no vuelvan a ser felices!

- ¡Tengo la piel de gallina, madre mía! ¡Hablas con tanto odio! ¡Parece imposible que un día hayas sido tan amiga de Ben Azir!

- ¡Otros tiempos, Agar, otros sentimientos! ¡Mi corazón, insuflado, al verte sufrir, clama por venganza! ¡Me duele ver cómo este chico, insensible y mezquino, te ha dado la espalda, despreciándote como un trapo viejo e inútil!

Agar mira a su madre y concuerda:

- ¡Sí, es increíble que tanto amor, como él dijo que sentía por mí, haya terminado, sin dejar huella!

- ¡Eso es lo que te digo! ¡Necesitamos planear un castigo para él, que también llegue a su familia! ¡Los odio a todos! ¿Y la vergüenza por la que pasamos? Después de todo arreglado, ¡él rompe el compromiso! ¡Lo que deben decir, por ahí, de nosotras! ¡Solo Dios sabe cuántas calumnias deben haber sido difundidas en todos los rincones! ¡Este pueblo se alegra con la desgracia ajena, y siempre añade un detalle para manchar, aun más, nuestra reputación! ¡Principalmente, los que tienen a sus hijas en casa, esperando un buen partido!

Agar se muele de odio a cada nueva palabra que sale de la boca de la madre. Almara continúa, incansablemente:

- ¡Sí, tenemos el derecho a perseguir este hombre sin carácter para mostrarle, y a los suyos, quienes somos!

Agar sugiere:

- Madre mía, ¿no sería mejor esperar un poco más? ¿Quién sabe Ben Azir vuelva a mí?

Almara explosiones en una abundante risa, de modo estridente que pueden ser escuchadas en la distancia. Echa la cabeza hacia atrás y balancea el cuerpo, convulsivo y espectacularmente:

- ¡Oh, Agar! ¡Qué tonta eres! ¿Realmente crees eso?

Ella se acerca más a hija, hablando más bajo, detestable:

- ¡No te das cuenta que el desgraciado te traicionó, y que ya debe estar en los brazos de otra...!

Con los ojos muy abiertos, pregunta con un escalofrío:

- ¿Segura?

- ¡Solo una tonta, como tú puede pensar de otra manera, Agar! Pero lo que creas ahora no es lo más importante, y ¡sí saber qué hacer, cuándo, y cómo!

- ¡Destrúyelo para siempre! ¡No puedo imaginarlo en los brazos de otra!

- ¡Muy bien, así se habla!

Caminando por la habitación, en la elaboración de algunos planes y a ellos renunciando, de repente se golpea la frente;

- ¡Exacto! ¿Cómo podría olvidarlo? ¡Sí! ¡La vida de ese traidor era demasiado arriesgada! ¿Recuerdas cuando él te dijo que ya había abandonado sus acciones libertarias?

- ¡Nosotras dos sabemos que él mintió! ¡Ben Azir no abandonaría sus ideales!

- Así siendo, ¡es allí donde encontraremos la manera de perderlo...!

Almara se agita, yendo y viniendo, habla sola, y eleva los brazos a los cielos...

Agar mordisqueando la punta de la hermosa túnica que viste, y que favorece, aun más, a su notable belleza. En sus ojos; sin embargo, los tormentos del infierno oscurecen cualquier destello.

En el desgarro que sus dientes perfectos hicieron, en la rica tela, encuentra la posibilidad de rebelarse y desgarra, a partir de ahí, su túnica bordada, convirtiéndola en pedazos, entre lágrimas amargas y palabras nada elegantes.

Su cabello sedoso, negro y rizado, le cae como cascadas por la espalda. El rostro de líneas perfectas, rojo de rabia, no puede tapar la belleza que adorna a esta mujer. En sus ojos, chispas de odio...

- ¡Para de destruir tu vestido, so inútil! ¡Ahora no tenemos más los ricos regalos de tu exnovio!

Acariciando los trapos en los que se transformaron sus ropas, Agar recuerda el día en el que Ben Azir vino con ese hermoso vestido, feliz y declarando que lo trajo desde una tierra muy lejana, pensando en cómo quedaría su cuerpo perfecto...

- "¡Oh Dios! ¡Cuánto me amaba, me respetaba y era sincero! ¿Qué pasó para que cambiara...?! ¿Podré saberlo infeliz? Y ¿si él muere? ¡Mis esperanzas, que en realidad nunca me faltaron, serán llevadas por el viento! ¡Por otra parte, ¿cómo no vengarme? El dolor me hace vengativa... ¡A él no le gustaría verme así...!"

Recuerda, entristecida, el día que él la amonestó, cuando sorprendió su genio irascible...

Su madre consigue, mirándola, adivinarle los pensamientos de amor y esperanza, y rápida, le grita en la cara:

- ¡Estúpida! Mientras él se deleita en otros brazos, más deseados que los tuyos, ¡aun sueñas con él! ¡No hay vuelta atrás, Agar, despierta!

Ella siente, al escuchar a su madre, las propias entrañas en convulsión, y tiembla como un palo verde al viento. "¡Sí, mi madre tiene razón...! ¿Sabiéndolo con alguien más? ¡Prefiero verlo enterrado...! ¡Si no es mío, no será de nadie más...!" Furiosa, decide:

- ¡Haz lo que quieras, madre mía!

- ¡Déjalo conmigo! ¡Tengo algunas ideas aquí, algunas buenas alternativas y, de ninguna de ellas, va a salir indemne!

Temblando y casi corriendo, Agar se dirige a sus habitaciones.

Allí, frente al retrato de su padre, ella gime y se lamenta, mientras se tira violentamente de su propio cabello:

- ¡Padre mío, el corazón me estalla de tanto dolor! ¡Cuánta desolación en mi vida, una vez tan feliz! ¿Por qué, padre, por qué no realicé mi sueño de amor? - reverentemente, se acaricia los contornos del retrato, hecho por hábil pintor, hace muchos años. Las lágrimas le lavan la cara. Allí mismo ella se queda, y allí se durmió.

Sueña, luego con el padre, aconsejándole que sea más sensata y más justa. Abrazada a él, ella escucha sus reproches y sus consejos... Más reconfortada, despierta y busca a su madre para contarle el sueño, pero ella no está. Ciertamente, fuera a hacer aquello que prometió... Impaciente, espera tu regreso.

Por la noche, Almara regresa. Con ojos brillantes, misteriosa y evasiva, ella responde:

- ¿A dónde fui? ¡A pasear por allí!

- ¿Renunciaste, entonces, a tu venganza?

- Querrías decir nuestra venganza, ¿no es así? ¿Yo rendirme? ¡Nunca! ¡Ni el mismo Dios me impide hacer lo que deseo!

- ¡No blasfemes, madre mía!

- Bueno, bueno, ¡blasfemar no es la peor cosa que he hecho hoy!

- ¿Y qué hiciste?

- ¡Lo que pensé que era correcto!

Agar se queda en silencio.

- ¡Ah! ¡Y al hablar de eso, quiero ese collar de esmeraldas que te regaló Ben Azir!

- ¿Mi collar? ¿Para qué?

- ¡Para "comprar" nuestra venganza!

- ¡Soñé con mi padre! ¡Él me aconsejó a cambiar la dirección de mis pensamientos y perdonar a Ben Azir! ¡Añadió que yo aun seré feliz con otro hombre, si yo quiero, porque soy muy hermosa!

- Él fue siempre mejor que yo... – Dice Almara, melancólica.

- Entonces, ¿vamos a hacerle caso?

- ¡Imposible! ¡Ahora ya es muy tarde! ¡La flecha ya ha sido disparada por manos muy competentes!

- ¡Dios mío! ¿Qué has hecho, madre?

- ¡Lo hicimos! ¡Ben Azir, nunca más engañará a otra mujer!

Agar guarda silencio. El amor, el odio y los celos atormentan su alma.

Almara ordena:

- ¡Tráeme el collar!

- ¡Yo no quiero desprenderme de él, madre...! ¡Es hermoso, muy valioso!

- ¡Ahora, aquello que sobre de lo que Ben Azir te dio sería para hacer la alegría de cualquier otro! No seas mezquina y ve a buscarlo. ¡Lo quiero, aquí, en mis manos!

Agar se va y regresa con un estuche precioso. Lo abre lentamente y mira, por largo tiempo, un collar de esmeraldas. Impaciente, Almara se lo arrebata de las manos:

- ¡Olvídate de él! ¡Ah, Jadhu te envía sus saludos!

- ¿Dónde lo viste?

- ¡Nos encontramos por casualidad!

Agar se da cuenta que su madre está mintiendo. Ella debe haber salido a buscarlo... Jadhu es por mucho la representación del mal...

Entra en la casa, inmersa en terribles presentimientos.

No hay cómo retroceder. Ella es la cómplice de su madre y, probablemente, de Jadhu...

Antes de cualquier acción, Haterio se encarga de proteger a Sibila, sacándola de lo que considera un "error inocente." Va en su búsqueda en la casa de Lidia:

- ¡Salve, hermosa!

- ¡Salve, noble tribuno! - formal, ella corresponde.

- ¿Cómo estás?

- Bien, ¿y tú?

- ¡Muy bien! ¡Ahora mejor que antes! El anhelo me trajo hasta aquí.

- Gracias, mi querido hermano...

Ofendido, con la referencia filial, Haterio replica:

- ¡No soy ni quiero ser tu hermano! ¡Ya es hora de parar con esto, Sibila!

Delicada pero incisiva, se reafirma:

- ¡Es lo que siempre serás para mí!

- ¡Yo te demostraré lo contrario, dentro de un muy poco tiempo, mi querida! Pero dejemos eso para después. ¡Como ya dije, el anhelo condujo mis pies hasta aquí!

- Ya lo escuché y te lo agradecí, Haterio.

- ¡No es solamente eso lo que espero de ti!

- ¿Oh, si? ¿Y que más esperas de mí? - La pregunta es atrevida.

Dejando el campo de la buena educación, Sibila reacciona.

Sonríe sarcásticamente. En silencio, Sibila espera.

- ¡Voy directo al grano! ¡Te ordeno que vuelvas a casa! Si todavía estás aquí es porque hice muchos viajes, y estos me impidieron de tomar cuenta de la situación. Cada vez que regresaba, tenía la intención de decirte esto, pero recibía órdenes del César, quien me señaló otros viajes. ¡Roma es primero, ya sabes!

Cara a cara, desafiante, Sibila responde:

- No haré lo que me pides.

- ¡Esto no es un pedido, es una orden! - Explota Haterio.

- No haré lo que me pides - repite - ¡porque yo no quiero! ¡Aquí estoy con el permiso de tu padre, y aquí tengo la intención de quedarme!

- ¡Mi padre es un débil! ¡Hace todo lo que quieres!

- ¿Y por qué no lo haría? ¡Nunca le pedí lo imposible!

- ¡Ni siquiera fui consultado!

- ¡Nunca necesité tu opinión, ni reconozco tu "famosa" autoridad Haterio! - sonrojada y exaltada, Sibila se ve aun más hermosa, desafiándole los sentimientos de un hombre enamorado.

- ¡Cuidado, Sibila! ¡Sabes que tengo recursos inimaginables para someterte a mi voluntad!

- ¡Descansa, Haterio! ¡Todos saben que eres invencible! - En su voz, la ironía abierta.

- A pesar de su "alabanza" irrespetuosa, ¡es así que soy! ¡Puedo hacer cualquier cosa, Sibila! ¡Como tu pariente y como tribuno del César!

- ¿Como pariente? ¿De dónde sacaste eso?

- ¿No nos tratamos, siempre, como hermanos?

- Ahora, ¿soy tu hermana?

- ¡Cuando yo necesito esta alternativa, sí, pero nunca serás mi hermana, de hecho y de derecho!

- Los hermanos no se amenazan entre sí, Haterio, ¡o al menos no deberían hacerlo! De todos modos, ¡dejas caer la máscara y tratas de imponerte!

Ignorando su censura, declara autoritario:

- Quiero asumir, de una vez, mis intenciones en cuanto a ti.

- Ah... ¿Y cuáles son esas intenciones? – Ella pregunta, lista para rechazarlas.

Adivinando sus pensamientos, respira fondo, apesadumbrado, y responde:

- ¿Cuándo sea el momento, te lo diré?

Antes que Sibila, indignada, replique, ordena:

- ¡Prepárate! ¡Dentro de dos días, mandaré a buscarte!

- ¡Yo no iré!

- ¡Claro que irás! ¡No tendrás alternativas!

- ¿Demetrio sabe esto?

- ¿Desde cuando hace falta la opinión de mi padre? ¡Él es un debilucho!

Sibila mira a Haterio, disgustada, enrojecida hasta la raíz de su cabello y declara:

- ¡Pues en ti, Haterio, sorprendo debilidades, deplorables! ¡Y en Demetrio, una fuerza y un coraje que tú nunca las tendrás! Desafortunadamente, "hermano mío", ¡no has heredado sus virtudes! - Sibila quiere hacerle daño, lo que más aprecia: su vanidad personal, pero lo que dice en este momento de indignación es cierto.

Haterio avanza hacia ella y la toma, violentamente, de la muñeca, apretándola hasta lastimarla, mientras le advierte:

- ¡Para de enfrentarme o te arrepentirás! ¡Y no me menosprecies, que nunca te di tanta libertad!

Soportando el dolor, Sibila le responde, sin humillar su ánimo:

- ¿Por qué voy yo a arrepentir, Haterio? ¿Pretendes torturarme, como haces con tus enemigos? ¡No ofendas a tu padre! ¡No se merece los insultos que le haces! ¡Y suéltame! ¡Nunca te di ni te daré tal libertad para amenazarme y herirme, como estás haciendo ahora! Sabes que como a un hermano, yo aun puedo quererte bien, pero ¡como enemigo Haterio, te despreciaré de una forma que ni siquiera podrás imaginar! ¡Tengo pena por Demetrio, que puso al mundo una serpiente tan traicionera como tú! ¡Suéltame! - Ella grita, finalmente librándose de él. Los dedos de Haterio se imprimieron en su piel clara y fina.

Haterio concluye que está poniendo todo a perder. Sibila jamás se someterá a la voluntad de quien quiera que sea, incluso si se llega a morir... Por todo lo que ella es y representa para su corazón, por su incomparable belleza e inteligencia, e incluso, por su valor, es que la ama, enloquecedoramente.

Se controla, respira hondo y pide:

- ¡No, no me desafíes tanto, Sibila! ¡Conoces mi mal genio! ¡No pretendía lastimarte, créeme! ¡El afecto que te dedico me hace perder el equilibrio!

- ¿Equilibrio...?! ¿Cómo perder lo que nunca tuviste? ¡Por último, te muestras tal cual realmente eres, Haterio!

- No me consideres un bruto, Sibila... - su mirada parece la de un niño... Por unos momentos, Sibila recuerda la infancia de dos... Él, para cumplir todos sus deseos, en el culto perenne... Hoy, Haterio es un tirano.

- ¡Un bruto es lo que eres! – Ella acusa, con vehemencia, ojos llameantes, voz alterada y cuerpo tembloroso.

- Cálmate y siéntate aquí, por favor, Sibila... ¡No dejes que nuestros exabruptos arruine todo!

- ¡¿Exabruptos de qué...?! ¡¿Arruinar qué...?! - Ella le pregunta, mirándolo a los ojos, sin sentarse como él pidió. Intenta salir de allí y dejarlo solo, cuando escucha:

- ¡No te vayas! ¡Tengo algo que decir que te hará cambiar de idea! ¡Escúchame o te arrepentirás!

En el movimiento que había hecho para irse, Sibila se enfrentó a Lidia. Ésta, afligida, le ruega con la mirada, cuidado, prudencia...

Volteándose hacia Haterio, Sibila está lista para escucharlo.

- ¡Siéntate, Sibila, lo que tengo que decir va a cambiar nuestras vidas y las vidas de tus anfitriones! - En su voz la amenaza, velada.

Curiosa, se sienta.

- Escucha, muy bien, todo lo que te voy a decir. ¡Muchas cosas dependerán de eso, querida! - Enderezándose, y eligiendo las palabras, comienza:

- ¡Tengo en la mano investigaciones exhaustivas y comprobadas de tus salidas, a dónde vas y lo que haces!

Sibila intenta interrumpirlo, pero él se lo impide:

- ¡Aun no he terminado! ¡Me informan, también, de la implicación de Lidia y de su familia, que no solo te tapan, sino que forman parte de un mismo contexto execrable!

Pálida como la muerte, Sibila se imagina a sí misma en una terrible pesadilla. Observándole las reacciones, él prosigue:

- ¡Lo que sé respecto a todos ustedes es altamente comprometedor!

Llevándose las manos al pecho y apretándolo, con visible angustia, Sibila pregunta:

- ¡Haterio! ¿Nos estás amenazando?

- ¡Sí! ¡Si esta es la única manera de tenerte para mí!

Sibila se siente desfallecer. Finalmente, él expone, sin vergüenza, sus viles intenciones. Muy pálida, siente la cabeza girar y por poco no pierde los sentidos. Se tambalea y Haterio la ampara, mientras llama a los sirvientes.

Lidia se apresura y lo acusa con la mirada, recibiendo, por otro lado, otra mirada peor... Tiembla y comprende, de una vez, los porqués de su tenaz persecución a su casa y a los suyos... Sería imprudente también enfrentarlo:

- ¡Noble tribuno, permítame llevar a Sibila a sus habitaciones!

- ¡Que ella vuelva, lo más rápido que pueda!

- Así será... -. Lidia apoya cariñosamente a la joven. Comprensivas, ellas se entienden con la mirada y siguen al interior de la casa, mientras que Haterio da órdenes a los criados, exigiendo aquello que desea para su comodidad.

Colocando a Sibila en la cama, Lidia le dice:

- ¡Ánimo, hija! ¡Finalmente, Haterio se reveló a sí mismo! ¡Ten cuidado!

- Él lo sabe, Lidia, de todo, incluso sobre Ben Azir...

- Sin duda... Para esto el que su celo desesperado, Sibila.

Ella se esfuerza para levantarse y mantenerse de pie, se tambalea, pero decide:

- Voy de regreso a la sala de estar. Necesito saber más...

- ¡Espera, hija! ¡Tómate unos minutos para recuperarte!

- ¡De acuerdo! - Ella contesta, mientras ella se acuesta de nuevo y le pide:

- ¡Perdóname...!

- Ya te dije, hija, más temprano o más tarde, Haterio lo descubriría. Por encima de todo, ¡confiemos en Dios!

Sibila se quedó en silencio y se recuesta en las almohadillas. Cierra sus ojos y piensa en Ben Azir, Cynara, Plinio, Semiramis, la comunidad, el Hermano José... Ella no puede contenerse por más tiempo, llora, desconsoladamente...

Después de unos minutos, regresa al salón.

Haterio se refresca, animado, con frutas y refrescos. Ella se sienta y espera en silencio.

Haterio se limpia la boca, observa su abatimiento, y reinicia su discurso amenazante:

- Bueno, ¡vayamos al grano! ¡En caso no obedezcas mis órdenes, volviendo a la casa, desataré al Hades esta casa entera, en la que te abrigas y encuentras apoyo para las cosas más absurdas!

- ¿Serás capaz de hacer eso, Haterio?

- Sí, lo seré, ¡no lo dudes! ¡Lo que está en juego es muy importante para mí!

- Y en mí, ¿no piensas?

- ¡Solo pienso en ti! ¡Si supieses el poder que posees, Sibila...! Sin embargo, ¡pretendes ignorar mis deseos!

Él se precipita, con la intención de sujetarle las manos, pero rápidamente, ella se aleja, abortando su intención.

Profundamente desanimada, pregunta:

- ¿Qué es lo que pretendes, Haterio? - En su voz, un gran dolor.

Conmovido, completamente envuelto por su belleza y fragilidad, responde sinceramente:

- ¡Tenerte para mí! ¡No te hagas la rogada! ¡Acéptame y hazme feliz!

Indignada, Sibila pregunta intencionalmente:

- ¿Me estás pidiendo que me case contigo? – Sabes que no...

Atrapado de sorpresa, tiembla, se aclara la garganta, y se mueve, incómodo. Nunca pensó en eso, pero necesita ocultar sus verdaderas intenciones. Endulzando la mirada y su voz, plantea la hipótesis:

- Si esa es la única forma de tenerte...

- Yo no estoy la altura de tu clase social, ¿no es verdad?

- ¡Sabes que sí, pero por tu amor, yo arreglaré todo! ¡Como ves, estoy dispuesto a dejar de lado mis principios! ¿Qué más podrías pedir, Sibila?

En choque, ella ni siquiera puede responder. Se acerca a ella y habla bajo, conciliador:

- ¡Querida mía, yo te haré feliz! ¡Elevaré tu nivel social, y te cubriré de lujo y riqueza!

Con una risa nerviosa, pregunta:

- ¿Y quién dijo que yo quiero eso?

- ¡Al experimentar las ventajas que la riqueza permite entenderás, Sibila!

Mirándolo, condolida, ella observa:

- ¡Dices que me harás feliz y ni siquiera me conoces…!

- ¡Ciertamente, no puedo actuar ni ser como tú! ¡Somos muy diferentes!

- ¿Y cómo pretendes hacerme feliz? ¡Tú mismo reconoces la distancia que existe entre nosotros! ¿Acaso te has vuelto loco?

- ¡Sí! ¡Por ti!

- ¡No por mí, sino por el cuerpo que deseas, pensando que soy solo eso!

- ¡No seas ingrata! ¡Tú me fascinas más que cualquier otra! ¡Las cualidades sobresalientes que adornan tu personalidad saltan a los ojos de cualquiera!

En extrema fatiga, Sibila responde, devastada:

- ¡No se dejes engañar, Haterio…! ¡Nada de lo que puedas decir o hacer me hará aceptar un pedido tan absurdo! Veo en ti solo un hermano. ¡Nada, nada va a cambiar eso…! ¡Confórmate con el lugar que te di en mi corazón, y no desees aquello que jamás tendrás…!

Ofendido y celoso, Haterio finalmente revela el meollo del asunto:

- ¡No creas que soy un tonto, Sibila! ¡Sé a qué te refieres, tú y ese repugnante judío! ¡Por eso me rechazas!

Sibila se dio cuenta: "¡Finalmente, él no logró contenerse! ¡Lo sabía...! "

Se levanta, agitada, da unos pasos y regresa. Se sienta de nuevo y se calla. Haterio debe estar hecho de roca. Nada lo conmueve...

- ¿Y entonces, querida? ¿Fui demasiado directo? - Haterio le pregunta, mirándola a los ojos, que se burla de su reacción, que confirma todo los que dijo.

Sibila no puede responder. Un peligro inminente ronda la vida de Ben Azir... Debe guardar silencio...

A la espera que la respuesta no llega, Haterio sonríe, triste al darse cuenta que ella protege a Ben Azir y al mismo tiempo feliz con la certeza de la victoria. Sonriendo, todavía irónicamente, él declara, impositivo como siempre:

- ¡Bueno, espero que tu silencio indique que lo vas a pensar! ¡Ya me demoré aquí más de lo que debería! ¡Organízate! ¡Dentro de dos días, si yo mismo no puedo venir, enviaré a alguien a buscarte! ¡No huyas, ni reacciones! ¡Estaré, como siempre, atento! ¡Cualquier paso en falso, y usaré el poder que represento para advertirte y llamarte a la razón!

Él se inclina, la besa en el hombro que se muestra en la hermosa túnica griega, lo que hace que ella retroceda, indignada.

Mostrando su satisfacción, se despide:

- ¡Hasta la vista! ¡A partir de este día, considérate comprometida conmigo!

- ¿No temes que yo me mate, Haterio?

- ¡Sé que no harás eso! ¡Eres demasiado inteligente! Además de todo... Eres, cómo diría... ¡muy fiel a los poderes divinos!

Sibila está cada vez más asustada, con tanta frialdad y crueldad.

Él se va a pasos largos, y ella permanece en el mismo lugar, incapaz de pensar normalmente o de moverse.

Entonces, temblando y enojada, escucha la voz de Lidia:

- ¡Hija, ven conmigo! ¡Voy a prepararte algún té calmante!

- Gracias, Lidia... ¡Perdóname! ¡Nunca me imaginé que viniendo a tu casa te traería situaciones como éstas!

Sosteniéndola por los hombros y abrazándola, afirma, también basada en las terribles predicciones que pesan sobre la cabeza de todos:

- ¡Así es la vida, Sibila! ¡Sobre todo en los días que corren, donde el poder arbitrario y la crueldad desenfrenada libre, sin azotes! ¡No pidas perdón! Ya te lo he dicho, de una forma o de otra, que vivimos desafiando los poderes del César...

Sibila decide advertir a Ben Azir y le escribe:

"Amado mío: a través de esta, ¡quiero advertirte del gran peligro que nos amenaza!

¡Haterio fue muy sincero y agresivo!

Me amenazó y citó la nuestra relación, confirmando, por medio de amenazas directas, la intención de penalizarnos a todos. Por ahora, no nos podremos ver. ¡Espera y ten mucho cuidado, te lo ruego! No tomes actitudes precipitadas, de las cuales nos podamos arrepentir, ya que estamos todos bajo la vigilancia del "competente" de Haterio. ¡Confiemos en Dios, Ben Azir! ¡Él nos ayudará de la mejor manera! Avisa a la comunidad, por favor, porque ellos también están en la mira de esta tribuna.

Lidia está conmigo y estaré bien.

¡Te beso, extrañándote y amándote, más y más!

Tuya para siempre, Sibila."

Después de enviar la carta a través de Semiramis, Sibila analiza con cuidado la propia situación. No puede hablar con Demetrio. Su noble protector no lo soportará. Su salud es muy mala.

Decide actuar de la misma manera que aconsejó a Ben Azir.

Esperará, confiada que de los cielos llegue la ayuda de la que necesitan. Por un tiempo, se distanciará de Cynara y de la comunidad.

Los espías de Haterio están por todas partes.

Lidia, por su parte, sabe que Haterio, en una forma o de otra, perseguirá a su familia. Él nunca apreció de la amistad de Demetrio y de Sibila por ellos. Esto basta para un hombre como él. Los motivos que alega sirven solamente para él mismo. "Sin saberlo, él ama a Sibila, más de lo que imagina... ¡Infeliz criatura, la cual debe imponer su amor! A pesar del poder que representa, para la mujer que ama, ¡él no es nada...!"

Sacudiendo la hermosa cabeza de cabello castaño y sedoso, ella se dirige a sus quehaceres, hasta que el marido y los hermanos lleguen para advertirles que Haterio los premió, a todos, con la mítica espada de Damocles...

✲ ✲ ✲

CYNARA, CORAZÓN LATIENDO A los saltos, aparece en casa de Lidia, y había acordado con la hija de volver a ver a Demetrio. Allí se enfrenta con una tristeza que parece vivir en cada esquina y encuentra a Sibila muy abatida... Se abrazan, amorosas.

Lamentando profundamente todo lo que iba a decirle, Sibila explicó:

- Querida madre, ¡estamos inmersos en un mar de inseguridades! ¡Haterio vino a verme y nos amena a todos!

- ¿Por qué?

- ¡Declaró, con autoridad, que sabe todo sobre nosotros y sobre nuestras vidas!

Cynara se sorprende:

- ¡Dios mío! ¡Los riesgos son enormes! ¿Qué mueve a Haterio a actuar de esa manera?

- La intención de impresionarme... Quiere que yo sea su esposa...

Cynara se agarra el corazón con ambas manos y parece sofocarse. Extremadamente pálida y temblorosa, pide ayuda. No se puede sustentar sobre las piernas y necesita ser amparada por Sibila que clama por ayuda.

Lidia y Sertória acuden, con todo que es necesario para ayudarla. Mejor, pero muy conmocionada, Cynara intenta ocultarlo:

- ¡Perdónenme! ¡Debo estar sintiendo los efectos de la exposición prolongada al sol! ¡El viaje fue muy agotador!

- Relájate Cynara, y tratar de recuperarte - Lidia sugiere, amablemente, pero muy intrigada.

- ¿Y en cuanto a la amenaza que están sufriendo?

- ¡Dios nos ayudará! ¡Actuaremos de la mejor manera posible! Lamentable sentir los ecos de las amenazas de Haterio en esta casa antes tan tranquila... Sé que más temprano o más tarde, él haría lo que está haciendo. ¡Era solo cuestión de tiempo! ¡Él y su madre nunca apreciaron la amistad de Demetrio por nosotros!

Sibila, en silencio, analiza las reacciones de tu madre... No cree en sus excusas... Se decide por la sinceridad, el momento lo exige:

- ¿Madre sabes algo que nosotras ignoramos?

- ¿Respecto a qué?

- ¡A Haterio, por supuesto!

Cynara duda y se compromete:

- ¡Haterio es así! ¡Él no se detiene ante nada, ni nadie!

- ¡El corazón de este tribuno, Cynara, está hecho de piedra! ¡Ignora el respeto, la amistad y la misericordia! - agrega Lidia.

Sibila mira a Lidia, significativamente, y explica:

- Mi madre ama Haterio como si él fuera su hijo.

- ¡Pobre Haterio...! ¡Hace a todos infelices y, en consecuencia, será infeliz también! - Cynara se lamenta.

A pesar de la advertencia de Sibila, Lidia no se contienen:

- ¡Este, Cynara, es el menor precio que se puede pagar por todo el mal que esparce! Disculpe, pero mis palabras son el resultado de una observación de muchos años. ¡El carácter de este joven es muy malo! ¡Tú eres muy complaciente cuando se trata de sus acciones criminales!

Cynara se siente atrapada en falta...

Desconcertada, confiesa:

- Desde el primer momento en que lo vi, mi corazón, maternal, se entregó a ese niño bonito, sano, autoritario y de difícil conducción. ¡Velé por él, como un perro a la guardia, y siempre le fui fiel! Tuve la oportunidad de salvarle la vida, varias veces. Parecía destinado a morir, prematuramente, pero, por otro lado, ¡yo parecía tener el poder de mantenerlo vivo en mis manos! Perdónenme, si pueden, pero a pesar de todo, lo salvaría, ¡cuántas veces fueran necesarias! ¿Cómo explicar tal cariño? ¡No lo sé! ¡Lo amo tanto como a Sibila!

Frente a esa valiente declaración de su madre, Sibila piensa por sí misma y en Adriano: Desde que él llegó a la casa de Demetrio, aun adolescente, le dedicó, de forma espontánea, una verdadera e inmutable amistad...

Los pensamientos de Lidia; sin embargo, no son tan comprensivos.

Arrugas en la frente, claramente indignada, ella se controla valientemente para no censurar duramente a Cynara, por "simplificar", de manera tan irresponsable, las actitudes crueles de Haterio...

Consciente de esto, Cynara le pide:

- ¡Perdóname, noble Lidia, los arrebatos de amor ciego e incomprensible como este!

La sinceridad de Cynara desarma a Lidia:

- Bueno, bueno, no te preocupes, ¡no estás aquí para eso! ¿Qué sería de nosotras si no tuviéramos el amor de nuestras madres? Solo el amor maternal se sobrepone a todo; así como el amor de Dios. ¡No te sientas culpable! Quién sabe un día que este tipo se modifica, ¿no?

- ¡Alabado sea el cielo! ¡Sería una felicidad de mi corazón! Quiero aprovechar esta oportunidad para agradecerle por tanta preocupación y amor por mi hija.

- ¡Siempre amé a Sibila, como a una hija! Entre nosotros hay un cariño notable y sólido.

Mientras Lidia habla, Cynara piensa en las intenciones de Haterio...

En medio de estos pensamientos, oye una voz conocida que encuentra eco en su alma... Demetrio, en el atrio, se da a conocer.

Minutos después, entra al pasillo y se hace anunciar.

Bajo el impacto emocional, que intenta disimular, se inclina, reverente, saludándolas.

Lidia y Sibila, retribuyen el saludo y salen en silencio... Frente a frente, los dos se miden, electrizados.

Excitado y tembloroso, él se dirige a Cynara:

- ¡Mi querida Cynara! ¿Mis ojos me engañan o eres realmente tú misma?

- ¡Sí, Demetrio, soy yo! Como prometió Sibila, aquí estoy.

Él se acerca, la toma las manos y la atrae hacia sí, envolviéndola, amoroso, con el corazón latiendo salvajemente.

Ella estaba se acurruca feliz, sometida a su gran y único amor.

Mientras se dirige a otros intereses, Lidia concluye, desconcertada:

- "Extraño... Cynara no está ni siquiera molesta! ¿Si ama tanto a Haterio, por qué demuestra tanto temor a imaginárselo casado con Sibila...? ¿Qué tipo de afecto habrá existido entre ella y Demetrio...! Tal vez allí esté la explicación... "

En medio de estas divagaciones, entra en la casa.

Demetrio y Cynara se desprenden, controlándose, en parte, y se sientan uno al lado del otro.

Ella se siente flotando, en el cielo... ¡Todo lo demás dejó de existir...! ¡Glorioso momento! Su cuerpo vibra en el amor más profundo, y la pasión más ardiente, el hombre amado, ¡nunca olvidado!

Tan conmovido como Demetrio rompe el silencio:

- ¿Cómo pude vivir lejos de estos ojos amados? ¿Cómo pude vivir lejos de ti?

- ¡La vida nos forzó, Demetrio!

- ¿Por qué nunca me buscaste? Si estabas viva, gracias a los dioses, ¿por qué nunca me diste noticias?

- ¡Para dejarte en paz!

- ¿Cómo podría tener paz lejos de ti? ¡Mi vida se arrastra, monótona, día tras día! ¡Solo Sibila me trae paz y alegría!

- Perdóname Demetrio, pero invertimos en un cariño que, equivocado y perseguido desde el principio, solo nos trajo dolor y dificultades. Nos enfrentamos a una tormenta y fuimos tragados por ella. Nuestro barco zozobró, ¡tan desafortunados que fuimos! Yo no pude más enfrentar un destino tan vil. ¡Hice lo que debería haber hecho, protección tu vida y la mía!

Demetrio casi adivina, pero pregunta:

- ¿Por qué desapareciste y nunca nos diste noticias?

Cynara le habla de la "enfermedad" que la golpeó, de sus desesperaciones existenciales y de la decisión de acabar con todo huyendo. Omitió la participación criminal de Minerva y la advertencia de Haterio, protegiéndola... Éste, aunque adolescente, ya era muy "articulado", en las situaciones más dispares.

- Estuve enferma durante mucho tiempo... Aquellos que me auxiliaron me rescataron para la vida. Curada, me quedé con ellos por gratitud y por amor.

- ¿Por amor a quién? - Demetrio se estremece. ¡¿Ella tendrá otro?!

- ¡Amor a mi prójimo!

- Estás hablando en acertijos, querida. ¡Explícate mejor, te lo ruego!

Cynara percibe la agudeza de los pensamientos y el alcance de la comprensión de este hombre.

- Vivo en una comunidad muy buena, en la que todos hacen el bien por el bien.

Demetrio la mira asombrado. Ya escuchó eso antes... Cuando abre la boca para preguntar más, ella pone sus dedos en sus labios y ruega:

- No me preguntes más, te lo ruego...

Para Demetrio, la frase fue la respuesta afirmativa a sus miedos.

- Muy bien, Cynara, no te encontré para atormentarte, ¡tranquilízate! Sin embargo, déjame darte un consejo: ¡Cuidado con los que diciendo hacer el bien, pueden llevarte a una tortura, física y moral, inimaginable!

- ¡Gracias por la advertencia, Demetrio! Yo puedo decir; sin embargo, que nunca más abandonaré la paz que ahora baña mi corazón; ¡Ni siquiera tengo la intención de cambiar mi vida!

- ¡Reconozco que, con el fin de sobrevivir y preservar este afecto, viviste inconcebibles tormentos, mi querida! ¿Qué te puedo ofrecer? La resignación, el miedo, los sentimientos de culpa...

- ¡Nunca me arrepentí de nuestro amor, Demetrio! Cuando te vi en ese mercado, ese día memorable, a pesar del gran dolor y la humillación, ¡te amé para siempre!

Extasiado, no quiere perderla de nuevo:

- Por favor, ¿dónde vives actualmente?

- Perdóname, pero no te lo puedo decir. Esto tendría consecuencias nefastas y no solo para mí.

- Está bien, Cynara. ¡Sé feliz como puedas, pero sé feliz!

- Descansa, Demetrio, de la misma manera que hoy nos volvemos a encontrar, encontraré otras oportunidades para volverte a ver, ¡lo prometo!

Ella le observa su extremo abatimiento:

- ¿Qué tienes? En pesar de no haberte visto hace mucho tiempo, percibo que no estás bien.

- Sí, actualmente cargo tormentos que pesan, en exceso, para mi alma ya tan cansada...

- ¿Puedes decirme las razones de tanto desánimo?

- Principalmente a ti, yo puedo y debo. Nuestro reencuentro, hoy, fue providencial. Haterio, este hijo que me trae tantos problemas y dificultades, decidió imagínate, ¡casarse con Sibila! ¡Estoy desesperado y aun sin saber si seré capaz de impedírselo a tiempo!

Cynara baja la cabeza. Toma una profunda respiración y guarda silencio. ¿Qué puede decir?

- ¡No parece sorprendida!

- Y no lo estoy. Cuando llegué aquí hoy, me enteré del terrible pronóstico. Me encuentro tan angustiada como tú. ¡Ambos sabemos la imposibilidad de este proyecto de Haterio!

- Planeo llamarlo para una conversación franca.

- Debo hacerlo. Como padre, tienes esa responsabilidad.

- Dime, ¿por qué Sibila nunca me habló de ti?

- Debido a que le pedí que no lo hiciese. ¡Estaba decidida a salir de su vida!

Demetrio no se contuvo y vuelve al asunto que en el momento lo incomoda, casi tanto como las intenciones de Haterio:

- En nombre de nuestro amor, Cynara, y en memoria de todo lo que vivimos, dime, ¿Sibila acompaña tu "nueva vida"?

Él teme la respuesta que ya adivina. Mira a Cynara casi acusándola.

- ¡Sí, Demetrio! Y por su propia decisión, créeme. ¡Sabes, mejor que nadie, como ella es decidida!

Demetrio se levanta de un salto y exclama en voz baja:

- ¡No! ¡Dioses...! - El terror estampado en su rostro habla de su pavor.

Cynara lo alcanza y lo toca en el brazo, apoyándose y sujetándolo, en el impase que vive:

- Perdóname... nunca tuve la intención de hacerte daño...

- ¿Por casualidad, estás loca? ¿Cuánto tiempo va a tomar para que ella sea perseguida y muerta, entre humillaciones y crueldades, inimaginables? ¿Es eso lo que quieres para tu hija?

Cara a cara, ella responde, amable pero enérgica:

- ¡Amado mío, antes sufrir que causar sufrimiento; ser torturado que torturar; morir perdonando a los nuestros verdugos a matar! ¡Ser fiel a la verdad y al amor, verdadero, ha costado mucha sangre, ha cosechado muchas vidas, lo sabemos, pero jamás será una vergüenza morir por la verdad, a fin de que el bien se implante en este mundo!

- Cynara, Cynara, ¡despierta! ¡Tú eres griega y debes obediencia a los dioses y César! ¡Estás en un mundo donde la verdad y el amor del que hablas, tan excitada, no encuentran eco! ¡Vemos, todos los días, a los así llamados "cristianos" morir en horribles espectáculos! ¡Te convertiste en una visionaria y me arrebataste a la hija amada! ¡Ella, así como tú, ya deben estar bajo la mira de Haterio y de sus compañeros! Cuando hablo de Haterio, ¡sabemos la proximidad que tenemos del propio César!

¡Haterio no vacilará entre ustedes y el poder de Roma! - Demetrio está fuera de control.

Cynara, comprensiva, responde:

- Más temprano o más tarde, Demetrio, ¡nuestros testimonios se darán! Cuando el nuestro llegue, nos conducirán indefensos porque no reaccionaremos, ¡en nombre de algo mucho más grande que nuestra propia vida! ¡En este día y esta hora, debemos demostrar nuestra fe!

- ¡Deja bien claro tus decisiones, Cynara! – Demetrio desafía. En su voz, acusación y decepción, ante sus ideas, que considera peligrosas, no solo para ella, sino principalmente para Sibila.

- Por favor entiéndeme...

- ¿Cómo se arrastra a Sibila en este desastre?

- ¡Estás siendo injusto, Demetrio! ¡Ya te dije y que tu sabes que ella solo hace aquello que quiere!

Demetrio pone los dedos entre su cabello y da algunos pasos, afligido por salón. Eche un vistazo al hermoso piso de mármol pulido y cromático... Respire hondo. Se sienta de nuevo e invita, en un gesto para que Cynara haga lo mismo.

- Nunca imaginé, Cynara, que volvería a verte, así... Tan diferente y tan alejada de la realidad. ¡Casi me arrepiento de haber venido!

- No digas eso, Demetrio. ¡Hoy te amo mucho más que antes!

- ¡Y tu nueva vida nos separa! ¡Hoy y aquí, nos desencontramos, por desgracia!

- Lo siento mucho...

- Si lo sientes, cambia esta situación, depende solo de ti.

- Tú, liberal y comprensivo como eres, ¿quiere impedirme actuar libremente?

- Si me amas, como dices, repiensa todo lo que me has dicho, y búscame de nuevo, Cynara.

- ¡Para mí, Demetrio, no hay vuelta atrás!

- ¡Lo lamento...! ¡Sin embargo, quiero que sepas, que yo te amaré por encima de todo y para siempre!

- Esta certeza sostendrá para afrontar lo que venga.

- ¿Quieres ser mártir, Cynara? – En la voz de Demetrio, censura e ironía.

- ¡No tengo esa pretensión! Quiero vivir mucho tiempo para seguir haciendo todo lo que hago.

- ¡Te has convertido en una fanática, una visionaria, como muchos otros! ¡Y yo te amo tanto...! – Demetrio la atrae hacia sí y la besa, ardiente y desesperado, apretándola al encuentro de su corazón amante.

Retribuyendo con la misma fuerza amorosa, Cynara permanece en los brazos del hombre amado por un tiempo indefinido. Alrededor, una privacidad, protegida e intencionada.

Tras el cariño y la efusión de emociones y sensaciones, Demetrio declara:

- ¡Escucha, a pesar de todo, te amo que más que a la propia vida y no renunciaré a este amor! Me voy, pero no me conformaré con la distancia, ni con aquello que actualmente piensas. ¡Voy a encontrar alguna manera de cambiar esta situación! ¡Despídeme de Lidia y Sibila, por mí! Necesito hablar con urgencia para Haterio.

A pesar de tus locas decisiones, Cynara, ¡quiero volver a verte!

Besándola, una vez más, en un beso en el cual ambos entregan sus almas, él se va.

Ella se queda allí, admirándolo, mientras él se aleja...

En la calle, se dirige a su litera. Se sube y, mientras se recuesta, balbucea:

- ¡Yo te amo, Cynara! ¡Hoy, como en el primer momento en el que te vi! ¡En caso sobreviva a los numerosos embates, no renunciaré a tu amor!

Se instala mejor y se va a casa.

Pensó en ir al Foro, hablar con Haterio, pero cambia de opinión.

El hijo no lo atenderá. Se quedaría allí esperando, indefinidamente, y luego se rendiría, como siempre pasa.

Al llegar a casa, Demetrio se recoge en sus habitaciones, ordenando que le avisen cuando llegue Haterio.

24.-
LA MUERTE DEL GUERRERO

SIBILA, RETENIDA EN la casa por prudencia, se siente sofocada...

Desde la conversación de su madre con Demetrio, no los ha vuelto a ver.

Les notó el extraño comportamiento, la salida intempestiva de él, y las lágrimas de ella. Pretendía alegrarles los corazones... ¡Se habría engañado...!

Al despedirse de ella, Cynara le dijo:

- ¡Sibila cuídate de no quedarte a solas con Haterio! Si es necesario, regresa a la casa de Demetrio.

- ¡Esto sucederá, en breve, por imposición del propio Haterio! ¿Temes algo que yo ignoro, madre?

A pesar de su maldad, Haterio nunca lastimó a Sibila. Con cuidado, Cynara le pregunta:

- Hija, no me preguntes nada más, ¿sí? Haz solamente lo que te pedí -. Besándola, Cynara se fue.

Aquella noche Sibila no irá a la Via Nomentana. Llega Lidia y le aconseja:

- ¡Sibila, toma cuidado con Haterio! ¡No te quedes a solas con él!

- ¡Curioso! ¡Mi mamá me dijo lo mismo!

- ¡Nosotras estamos preocupados con tu seguridad!

- Les agradezco y prometo atenderlas.

- ¡Chica sabia! ¿Cenamos? ¡Sertória hizo algunas delicias dignas de los dioses!

- En caso ellos existan, ¿verdad?

- ¡Sí! - Lidia asiente y ambas se ríen, tratando de relajarse.

Horas más tarde, Sibila se arrodilla en su cuarto y ruega protección a los cielos. Piense en Ben Azir. ¡Lo extraña tanto...! ¿Dónde y cómo estará? Antes de dormir te viene a la mente la escena en la que ella y Adriano están juntos y en una situación muy trágica... ¿Qué es lo que vendrá...?

✳ ✳ ✳

HOY EN EL GRUPO de rebeldes, Jadhu estuvo ausente.

Ben Azir refleja muy desconcertado: "¿Por dónde caminará aquel buitre?"

La reunión se desarrolló muy agitada.

Hay que empeñarse mucho más, en reacción a los ataques, frente a la reacción de los enemigos. Estos han encarcelado a miembros del grupo, torturado y asesinado. Sus cuerpos son arrojados a lo largo del camino, para servir de escarmiento.

Al día siguiente, reaparece Jadhu. Siniestro, como siempre, y con una sonrisa burlona. Emplazado por su ausencia, se justifica:

- ¡Salí de cacería!

- ¿Cazas, Jadhu? - Preguntó alguien.

- ¡A veces! ¡Cuando la caza es muy buena!

- ¿De qué estás hablando, Jadhu? Si es algo que nos interesa, adelante. ¡De lo contrario, cállate y deja tu jactancia para tus iguales! – Ordena Hamad, molesto con su habitual veneno.

Retribuyendo lo que escuchó, con una mirada amenazadora, Jadhu guarda silencio.

Ben Azir decide dejarlo entregado a sus tonterías, y se integra a las conversaciones. Al final de la reunión, lleva en la alforja un pedido urgente para investigar un determinado lugar donde los enemigos se reúnen.

Lo acompañará Gamaliel, joven fuerte y valiente como él.

Al día siguiente, al amanecer, se encuentra con Gamaliel en un recodo del camino y juntos se dirigen al Valle del Jordán.

Ben Azir recuerda la tristeza de su madre cuando la abrazó...

Deborah se quedó, en silencio, para admirarlo, en patente adoración... Curioso, le preguntó:

- ¿Qué pasa, madre?

- ¡Nada hijo mío, lo de siempre, cuidados de madre! ¡Te amo tanto, mi querido Ben Azir!

- ¡También te amo, mucho! Confiemos en Dios, como siempre lo hacemos, ¿si? ¡Debemos ser fuertes!

- ¡Ciertamente, querido hijo...!

Se abrazaron tanto y con tanta fuerza que parecían estar despidiéndose...

A Ben Azir no le gusta más vivir así... Sin embargo, él se comprometió con la causa y se hizo indispensable en el grupo.

Creó lazos difíciles de desatar. Necesita de algún tiempo para eso. Pero quiere hacerlo a la mayor brevedad posible. Ya no tiene la certeza de aquello que siempre ha hecho. Decidió replantearse su propia vida después que conoció a Sibila, la comunidad cristiana y, sobre todo, al venerable Plinio. Esta emergencia; sin embargo, que alcanzó al grupo, con tantas bajas, lo llevó a aceptar la tarea de una atrevida incursión en el baluarte enemigo. ¿Sobrevivirán él y Gamaliel...?

Recuerda que su padre, al despedirse, seguía abrazándolo, sorprendentemente emocionado y le decía:

- ¡Cuídate, hijo mío! ¡Tu madre tuvo malos presentimiento nuevamente! Ben Azir también tuvo pesadillas la noche anterior:

Sombras amenazadoras se movían a su alrededor, articulando sonidos inarmónicos y una presencia extraña, enmascarada y envuelta en telas negros, se reía y lo embestía, feroz, para matarlo...

Sacudiendo la cabeza para disipar los pensamientos oscuros, le había respondido a su padre:

- ¡Que Dios nos guarde y nos bendiga, siempre! Al regreso, padre, ¡necesito hablar con ustedes!

- Hablaremos, hijo, cuando vuelvas... - le había respondido Jairo. En sus ojos amorosos, el miedo a perderlo...

Ben Azir le dio un beso, en ambos los lados de la cara, y dio otro abrazo, seguido de un rotundo beso de su madre.

Los miró, reverente y cariñoso, intrigado por sus propios sentimientos. En el corazón, un enorme deseo de no alejarse de ellos; de permanecer, al menos ese día en casa...

Recibiendo el caballo de manos del sirviente, saltó sobre él y los miró una vez más. Se despidió de ellos y se fue, extrañamente conmovido e interiorizado: "Sibila estará bien?

¡Oh, Dios, protégenos de acuerdo con nuestras necesidades...!" Instando al alazán a dispararse en la dirección deseada, en unos pocos minutos se distanció.

La voz de Gamaliel lo hace temblar:

- ¿Algo te incomoda, en particular, Ben Azir?
- No nada. ¡Vamos!
- ¿Está todo bien?
- ¡Sí, todo está bien!

Se apresuran. El viaje será largo.

Después de horas agotadoras, en las que se detuvieron un par de veces para comer con moderación y saciar su sed, se acercaron al lugar.

Escurridizos, desmontan y avanzan a pie, tirando de las riendas por un rato a los caballos, sin hacer ruido.

A una distancia razonable, bien escondidos, registran la presencia de muchos hombres acampados, aquí y allá, armados hasta los dientes. Los reconoce rápidamente, son mercenarios. Ben Azir los aborrece, los considera despreciables chacales.

Después de una observación minuciosa, que dará como resultado un informe para el grupo, deciden regresar. Lo que vieron requerirá del grupo planes muy bien trazados y muchos más hombres.

De repente, escuchan un traqueteo de caballos que viene en dirección a ellos.

Antes que sean capaces de ocultarse, están rodeados por hombres bien armados que demostrar la clara intención de atacarlos.

Se miran el uno al otro y toman sus armas, dispuestos a vender muy caro sus vidas.

Los extraños corren hacia adelante y caen sobre ellos. Gamaliel es el primero en ser atacado. Ben Azir se acerca más al compañero y lo defiende con la propia vida. Recibe golpes y más golpes, defendiéndose como un tigre, mientras Gamaliel hace lo mismo.

Ben Azir se da cuenta que la meta primaria se sacar, antes, a Gamaliel del camino y redobla ferozmente, su defensa y la defensa de su amigo. Sin embargo, son muchos. Luchan, con valentía, pero después de un tiempo, Gamaliel cae gravemente herido. La sangre roja brota de su pecho, chorreando en abundancia.

Con los ojos muy abiertos, Gamaliel se hace a entender por el amigo... está muriendo... En la mirada un gran dolor físico y moral... Un momento insoportable para una joven que parte y deja todo lo que ama detrás...

Ben Azir apenas puede acercarse, porque los enemigos fingen cargar contra él y luego alejarse, en evidente burla.

Su hombro está magullado y sangrando; sus fuerzas están entrando en colapso; pero a pesar de todo, ni siquiera mueve un músculo de la cara que pueda denunciar su temor.

Quienes han logrado herirlo y matar a Gamaliel demuestran claramente una segunda intención, que Ben Azir no consigue definir.

Piernas abiertas, las armas en las manos, postura de desafío y de defensa, él espera. Son minutos de horror, de incertidumbre, de gran inseguridad... En la acústica de su alma, resuenan las palabras de Plinio:

- "¡Tu vida es inútil, jovencito...! ¡Estás en una encrucijada...!"

Respira profundamente, mantiene la posición y la vigilancia, y la mirada de todos los lados, a la espera de lo que vendrá. Los hombres lo rodean, sonriendo y maldiciendo sin; sin embargo, atacarlo más.

A Ben Azir, le parece que aquello que pretendían ya lo han hecho. Respira profundamente y con dificultad. Mira el cuerpo de Gamaliel y lo lamentó. ¿Cómo terminará todo esto? No sabe, pero concluye que su suerte ya está, en cierta manera, sellada. ¿Por qué o por quién? Intenta comprender lo que está viviendo en ese momento, cuando, de repente, escucha un galope entre la vegetación. Se voltea en esa dirección y se enfrenta a una figura sombría, con el rostro envuelto en las puntas de su turbante y encapuchado. Solo sus ojos son visibles.

Con un gesto de la mano, el recién llegado demuestra a los demás que a partir de ahí le toca a él. Oculto y llevando una túnica negra, que se sacude en el viento, cabalga alrededor de Ben Azir, disfrutando de la satisfacción de sorprenderlo en una desventaja.

Con la vista deteriorada, por el sudor que corre profusamente, Ben Azir intenta identificarlo. Él se aproxima se nuevo; primero lentamente para luego, incitar repentinamente al caballo a atropellarlo, deteniéndose en el último momento.

Ben Azir salta como un felino, huyendo a la colisión, pero se da cuenta que su oponente quiere desgastarlo y divertirse.

Después de hacerlo así, repetidamente, retrocede un poco, levanta un látigo y comienza a lanzar golpes y más golpes sobre Ben Azir.

Este se defiende, volteándose hacia todos los lados, pero recibe los azotes como hierro en carbón, por todo el cuerpo.

Ben Azir, desesperado, intenta protegerse la cabeza y el rostro.

En esto pasan varios minutos en los cuales el caballero se aleja, vuelve en un rápido galope y hiere nuevamente a Ben Azir, silencioso y cruel, disfrutando de sus dolores y de sus intentos para defenderse.

El valeroso muchacho ya está gravemente herido.

¡En un momento determinado, aquel que lo ataca, suelta una carcajada bien conocida de Ben Azir! Enseguida, vanidoso de sus propias acciones y situación privilegiada, muy lentamente, se revela la cara y se quita la capucha. Mira a Ben Azir, los ojos brillando, victorioso.

Estupefacto, Ben Azir explota:

- ¡Jadhu! ¡Chacal desgraciado!

Pero es tal para su debilidad física que las palabras salen con dificultad y sus rodillas ensayan doblarse. En sus pensamientos, el horror de la certeza:

- "¡Jadhu es un traidor! ¿A cuántos habrá llevado a la muerte? ¿Y qué lo motiva? ¡Beneficios, por supuesto!" Sus pensamientos se mezclan... Sabe que no tiene ninguna defensa contra la trampa que Jadhu le preparó.

El sicario se lanza hacia él una vez más, riendo.

En una desagradable y ronca voz, para la emoción del momento, declara, de manera extemporánea:

- ¡Finalmente, solo nosotros dos, Ben Azir, y de la forma que yo siempre quise! ¡Te lo advertí tantas veces! ¿Por qué no me escuchaste?

Temblando por el cansancio extremo, las piernas temblorosas, las rodillas débiles, las cuales se doblan, varias veces, en un intento de mantenerse de pie, Ben Azir réplica:

- ¿Cuándo dudé que eras este monstruo que ahora te revelas? ¡Nunca! ¡Tu alma negra se exterioriza de tal manera que se hace visible para los ojos de cualquiera, Jadhu! ¡Eres un cuervo maldito, en forma de humano!

Apuntando a la boca de Ben Azir, Jadhu hace estallar el látigo y golpea en su cara que viene a sangrar.

El dolor es insoportable; sin embargo, busca la fuerza para disimularlo:

- ¡Sé que me matarás, Jadhu! ¡Este, es un viejo deseo, nunca lo disimulaste! ¡Ni siquiera piensas en el ideal del grupo y de la lucha, por la que incluso ofrendamos nuestras vidas! Pero que digo ¡No conoces ni el honor ni la fidelidad! ¡Eres digno de lástima, de lástima! ¡Eres un ser abyecto que nunca debió haber nacido!

En un esfuerzo sobrehumano, Ben Azir va diciendo lo que piensa y siente, sin saber dónde encuentra la fuerza:

- ¡Tu vida es deplorable, Jadhu! ¡Estoy muriendo con dignidad y honor! ¡Tú serás destruido, días más, días menos, como un gusano! ¡Y morirás solo, sin cariño y sin esperanza! ¡Eres un hombre insignificante, mezquino y traidor...!

Jadhu parece inmovilizado, escuchando sus arrebatos. Odia a Ben Azir, exactamente porque es así. ¡En verdad, lo envidia visceralmente!

- ¡El honor de tu ejecución será mío, Ben Azir! - grita, finalmente, en una voz cavernosa... Un sudor viscoso y extraño, que él no sabe explicar, se derrama, abundante, por su cuerpo. Guarda el látigo y toma la cimitarra que le cuelga de la cintura. Embiste contra Ben Azir y te da un golpe con la espada, derribándolo.

- "¡Al fin!" - disfruta - "¡Ben Azir está en el suelo!"

Levantándose, sobre sus rodillas, lo que más puede, Ben Azir todavía declara desafiante:

- ¡Haz lo que quieras, jamás te tendré miedo, so *Dibuk* del infierno!

Ben Azir concluye, sabiamente, que Jadhu es cómplice de la banda que él y Gamaliel encontraron.

- ¡Pues, deberías! ¡Siempre fuiste muy imprudente al desafiarme! ¡Mi fama tiene razón de ser, Ben Azir! ¡Tú, ahora, eres menos que un insecto, el cual aplastaré bajo mis pies!

En medio del sufrimiento, tanto físico como moral, Ben Azir todavía se atreve:

- ¡Bájate de allí y enfréntame! ¡Ven a pelear conmigo como un hombre! No, nunca lo haces, porque sabes que yo te destruiría, ¿no?

Jadhu insta al caballo en su dirección y le aplica un nuevo golpe.

Apretando los dientes, Ben Azir impide el grito que se haría necesario para aliviar el dolor. Se cae y se pone de rodillas, varias veces, pero insiste:

- ¡Ten valor, mira cómo estoy herido, Jadhu! ¡Enfréntate a mí!

La voz de Ben Azir ya ha perdido su fuerza tonal y, a veces, flaquea o pierde el paso.

Jadhu se aleja de nuevo, y disfrutar de su trabajo. Lo mira de arriba a abajo y dice:

- ¡Yo, solo yo, puedo decidir tu suerte, Ben Azir! ¡Pide misericordia, humíllate! ¡Ruega por tu vida!

- ¡Nunca...! - Responde Ben Azir en un rictus de dolor - ¿Pedir misericordia, a ti? ¿Acaso te has vuelto loco?

- ¡Pide! ¡Aquí y ahora tu vida me pertenece!

- ¡Estás equivocado, Jadhu! ¡Mi vida solo le pertenece a Dios! ¡Así como la tuya pertenencia al diablo!

- ¡Tu suerte está en mis manos! - él dice, sonriendo y cabalgando, lentamente, alrededor de Ben Azir, como un gato que juega con a su presa. Él levanta su brazo y Ben Azir se estremece. Se retira su brazo y Ben Azir respira. Esto le divierte. ¡Mucho...!

- ¿Sabes, Ben Azir? ¡Ahora viene lo mejor de todo! ¡Decirte "quién" está detrás de todo esto! ¡Quién, de hecho, te traicionó, vergonzosa y deliberadamente, pagando generosamente, que se diga de paso, por tu muerte!

- ¡No esperes sorprenderme, sé quién te pagó, criminal asalariado!

- Bueno, de uno yo sé que sospechas, pero del otro... ¡Lo dudo!

- ¿De quién estás hablando...?

- ¡De los verdaderos buitres, Ben Azir! Aunque disfruto del enorme placer que obtengo al destruirlo, merezco alguna ganancia, ¿no crees?

El cerebro de Ben Azir a veces parece envuelto en una niebla. Esfuércese por seguir comprendiendo lo que dice Jadhu. Entendió que además de Haterio, alguien más lo había contratado. Tus pensamientos vuelan hacia Almara...

- ¡Tú estás pagando por tu audacia y traición!

- ¿...?

- ¡Te atreviste a levantar los ojos a una hermosa griega, amada por un tribuno, el cual te está desapareciendo del mundo! Además de este error, completo y peligroso, ¡engañaste y despreciaste a la perla más hermosa del Oriente!

- ¡Haterio, Almara, Agar! ¡Infeliz...! - Ben Azir balbucea, entre sudores abundantes y una debilidad muy grande debido a la pérdida de sangre.

- ¡Doscientos sestercios en oro, pagó la encomienda romana, y un hermoso y rico collar de esmeraldas, pagó un segundo!

- ¡Tú... te alimentas... de... carroña... ... infame traidor! - Ben Azir aun logra articularse, con mucho esfuerzo. Ya se le nublan los ojos, le cuesta ver la figura de Jadhu...

Jadhu se baja de su caballo y camina a su alrededor.

Ben Azir sabe que anticipa el placer de matarlo, finalmente...

Está completamente impotente... Se rinde para reaccionar ante la réplica, y se interioriza, poderosamente, enviando sus pensamientos a Sibila, en una trágica despedida:

- "¡Adiós, amor de mi alma! ¡Que Dios te guarde en sus caminos! ¡Te llevaré en mi corazón donde quiera que vaya! Por encima del mundo y la voluntad de los hombres, ¡te amo!"

Piensa en sus padres y lo mucho que van a sufrir. Su madre tenía razón... Ore al cielo que los proteja y los bendiga, perdonándolo...

Mientras se interioriza, más, distingue la figura diáfana de Plinio que se acerca y le habla:

- ¡Hijo, el que mata por la espada, perece por la espada! ¡Tú decidiste tu destino! ¡Que el Señor del Universo te bendiga y sea misericordioso con tus errores! ¡Cuenta siempre con mi amor, en cualquier tiempo y lugar...!

Mientras escucha a Plinio siente un dolor agudo en el pecho, Jadhu completó a su trabajo. El dolor; sin embargo, se hace soportable, porque Plinio pone la mano sobre su pecho, abierto, en una flor sangrienta.

Jadhu, riendo, siniestro y enloquecido, enterró su cuchillo en el pecho de Ben Azir y lo hizo rodar, varias veces, en una risa que a la mayoría parece un rictus de dolor. Salvaje, se siente reivindicado por los "insultos" de Ben Azir.

Unos pocos momentos más, la apreciación morbosa de su trabajo, monta su caballo, dando órdenes a los que estuvieron allí todo el tiempo, sobre el lugar donde tirar los cuerpos, y se dispara por el camino, levantando el polvo alrededor de su figura tenebrosa...

Alrededor de Ben Azir, todo gira y desaparece. Cae en un gran abismo sin fondo... Sabe que dejó de existir para el mundo... Pierde la noción de todo y se sumerge en lo desconocido...

No vio cuando Plinio lo tomó en sus brazos, como un niño, y lo llevó consigo, como si se tratara de un hijo muy querido...

¡Están muertos! ¡El valiente Ben Azir y el no menos valiente compañero Gamaliel...!

En la noche, bajo la mirada enrojecida del sol poniente, sus cuerpos fueron encontrados en Cafarnaúm, cerca de la casa de Ben Azir. Sus padres fueron avisados, así como a los padres de Gamaliel.

Enloquecidos por el dolor, Jairo y Deborah fueron a rescatar su cuerpo.

Ben Azir fue enterrado y llorado por sus padres, familiares y amigos... Amado y admirado por muchos, fue lamentado durante muchos días...

El silencio, hoy, parece vivir en cada rincón de su casa.

El grupo de rebeldes, al saber de lo ocurrido, se dispersa, una vez más. Es difícil seguir adelante sin ese joven indomable, que representó, sobre todo, el gran ideal de la causa.

Galba muerto, Ben Azir muerto, Gamaliel muerto, así como muchos otros... Ya estaban sucediendo otras bajas y las pasiones patrióticas se enfriaron considerablemente... Jadhu nunca más apareció.

Él decidió reaproximarse de Agar, por quien siempre tuvo una pasión. Ésta, una de las razones por las que odiaba a Ben Azir. ¿Cómo competir con su belleza, inteligencia, riqueza y coraje...?

Haciéndose presente en su casa, la censura, por haber amado y preferido a Ben Azir, traidor, que la despreció por otra.

Agar feliz con los regalos que él le lleva, acepta su corte, deleitando a la madre que se ve en Jadhu un gran partido para su hija.

✳ ✳ ✳

Y MIENTRAS QUE BEN AZIR enfrentaba el momento más decisivo de su vida, en Roma, Sibila había estado en un estado de perenne aflicción. En sus pensamientos la imagen, persistente, de él, y una gran opresión en su corazón.

Afligida, sin comprender, se volvió hacia Dios, pidiendo ayuda y protección. Unos días después, preguntó a Semiramis que buscaran a Cícero como informante de Ben Azir, y le pidió novedades.

Llorando, abrazando a Lidia, ella se desahoga:

- Amiga, ¿qué es lo que mi corazón adivina? Por eso tengo miedo de incluso para saber. ¡¿Cómo estará mi Ben Azir...?!

- ¡Cálmate Sibila, confía en Dios!

- ¡Siento, Lidia, que Ben Azir está en peligro!

- ¡La noticia va a llegar, hija, espera!

Cuando Semiramis vuelve y se enfrenta con la mirada inquisitiva de Sibila, no puede responder y empieza a llorar...

Sibila sabe... Ben Azir se ha ido...

Pierde los sentidos y pasa varios días en la cama, entre la vida y la muerte, preocupando a todos, incluyendo a Demetrio. Esto no poder acertar con las razones que la hicieron enfermarse, tan de repente...

Haterio; sin embargo, realizó en sus intentos, sospecha que de alguna manera ella fue notificada de la muerte de Ben Azir.

Necesita ser más comedido y esperar a que ella esté bien de salud para mudarla a su casa.

Sibila finalmente está curada, pero perdió toda la alegría. Se interioriza cada día más, alejándose de todo y de todos...

Velándola, providencial y amorosa, Lidia imagina cuando ellos también sufrirán del mismo "mal" que victimara a Ben Azir...

Poco a poco, Sibila se restablece, pero está muy modificada. Haterio, juzga con prudencia, por su bien, darle más tiempo.

Indiferente, como un cuerpo sin alma, Sibila no se importa más con aquello que la rodea, ni con los riesgos que corre.

Una vez más, Adriano la va a visitar.

Muerto Ben Azir, queda Haterio que no es un rival que se puede despreciar. Sin el novio, ¿Sibila aceptará la corte de Haterio? ¿Quién puede saberlo? En estas meditaciones, que surge a partir de un legítimo afecto, la observa, apoyándola en todo. Esperará algún tiempo antes de hablarle de nuevo.

Recibiendo la visita de Haterio, Lidia le habla, con la esperanza de modificar sus arrebatos:

- Haterio, te conozco desde la infancia, y te pediría frenar un poco tus impulsos con Sibila, que está muy golpeada.

- ¡Qué atrevida, Lidia! ¿Desde cuándo yo te di libertad para tanto? ¡El hecho que nos conozcamos nunca fue importante para mí, ni para mi madre! ¡Tú insistes en inmiscuirte en mi familia y para eso te vales de Sibila!

Haciendo caso omiso de sus depreciaciones, Lidia insiste:

- Perdóname, pero quiero muy bien a Sibila. ¡Por eso te pido que tengas más paciencia con ella! Ella está muy frágil y sensible, Haterio.

- ¡De Sibila, cuido yo! ¡Considero nociva tu influencia sobre ella!

- Fue ella quien decidió venir a mi casa, con el consentimiento de tu padre.

- No hables de mi padre. Él no cuenta. Aquí, Sibila goza de mucha libertad. ¡Esto me molesta mucho!

Desanimada, Lidia ventila:

- Lo siento por Sibila y por tu padre, Haterio...

- ¿Te has convertido en un pájaro de mal agüero, Lidia? Mi familia es atribución mía y tú no tienes ningún derecho sobre ella; ¡Por esto, deja de interferir! ¡Quiero advertirte que tú y tu familia, traidores que son del poder romano, está bajo a mi severa vigilancia!

Lidia palidece, mortalmente. Entendió muy bien el mensaje.

Soltando una sonora carcajada, declara:

- ¡Roma, solo Roma importa! ¡Todo lo demás será pisoteado bajo sus pies! ¡Ay de aquellos que no se adecuen al vuelo del Águila Dorada, que fluctúa sobre el poder y la gloria!

Lidia enmudece... Está sin palabras...

Haterio le está avisando de la pérdida de su casa y de los suyos... Haciendo una ligera inclinación, ella se aparta. No quiere que él la vea llorar.

Poco después de la partida de Haterio, llegó Adriano. Afortunadamente, no se cruzaron.

Advertida de su presencia, Sibila lo recibe. Abatida y reticente, demuestra, como siempre; aun, la alegría que siente en presencia de su amigo.

- Noble Sibila, ¿qué pasa en ese corazoncito?

- Mucho dolor, amigo... ¡Casi dejo de querer vivir!

- Pena no haber sido yo quien murió... ¡No estarías tan triste...! - él es sincero, no está usando sus trucos para conquistarla.

Inmediatamente, ella responde:

- ¡Basta, Adriano! ¡Cada uno con su suerte!

- ¿Y cuál será la mía? ¡Si muriendo te hiciese feliz, moriría con una sonrisa en los labios, Sibila! Antes, yo simplemente quería tu cuerpo. ¡Hoy, deseo, fervientemente, tu alma!

Con firmeza, ella responde:

- ¡Ni tú, ni nadie, nunca la tendrán, Adriano!

- Es demasiado pronto para hablar así, Sibila. ¡El tiempo lo cura todo! Todo pasa y tus sentimientos se modificarán.

- Estás equivocado, Adriano. ¡Viviré con este amor y para este amor!

Adriano guarda silencio. Duda de lo que escucha, pero no duda de la fuerza moral de Sibila.

- ¿Recuerdas Adriano, de "nuestro gran desafío"?

- ¡Sí!

- ¡Estás advertido!

Adriano calla y ella pregunta:

- ¿Quieres saber cómo será o prefieres ignorarlo?

- ¡Quiero saberlo, por supuesto!

- Pues bien: "Veo" a nosotros dos, en un lugar abierto, rodeados de una multitud. Esta aplaude y al mismo tiempo vocifera, para disfrutar de un extraño espectáculo... Los gritos y ensordecedores, haciendo eco a través de todos los espacios... Estamos perplejos y en patente aflicción, como tantos otros que están allí... Nuestra situación es trágica e irreversible... Allí el destino nos marca con algo muy serio, ¡que dependerá siempre de nuestra voluntad...!

- Y ¿qué es lo que haremos? - Pregunta Adriano, nada impresionado.

Lo que escucha le parece la descripción del sacrificio de los cristianos en el circo... ¿Cómo y por qué estarán allí? Ni siquiera puede imaginarlo. Esta vez, piensa, Sibila está delirando. ¡No, él nunca estará en esa situación...! ¡Imposible...! ¡No existe punto de referencia entre lo que oído y su vida...!

- Aun no lo hemos decidido, Adriano. Yo ya dije que dependerá siempre de nuestra voluntad, ¿recuerdas? Y aun no hemos sido sorprendidos en esa situación.

Adriano observa la veracidad de las consideraciones. ¿Cuántas personas son sorprendidas, a diario, por situaciones inusuales? ¡Incontables! Estará en guardia... Admirando a Sibila, en patente adoración, agrega sinceramente:

- ¡A tu lado estaré bien, feliz y sabré protegerte!

- ¡No estarás ni bien, ni feliz, y ni siquiera podrás protegerme, Adriano, ya que no dependerá de tu voluntad y sí de la mía!

- ¿Entregarías el cuello al verdugo sin defenderte, Sibila?

- ¿Cómo lo sabes, Adriano? ¡Me faltan los necesarios puntos de referencia! Sin embargo, puedo decirte que lo que vivas te traerá beneficios.

- ¿En qué sentido? ¿Para conquistarte?

- El hecho, sin duda, nos unirá aun más, fraternalmente. Hablo con respeto a tu persona en particular.

- ¿Puedes ser más específica?

- No, todavía no. Solo tengo algunas piezas de este mosaico…

Luchando por sonreír ya que el problema está pesando sobre el ambiente, y en especial en su alma, Adriano bromea, sincero.

- ¡Solo desapruebo el "fraternalmente"!

- ¡Perdóname, pero así es y será siempre, Adriano!

Tomando una respiración profunda, Adriano se desahoga:

- ¡Ve allí! ¡Sea lo que sea, dímelo! Después de todo, ¡siempre tendré esperanza!

Tomándola de las manos, Sibila ve bien en el interior de sus ojos y aconseja, sombría:

- Pobre amigo… ¡Aléjate de mí…! ¡Solo traigo desgracias a los que me aman!

Apretándole las manitas que percibe frías y perdidas, entre las suyas, Adriano, replica, defensor:

- ¡Esto no es cierto! ¡No eres culpable por la maldad de los otros! Escuchar, Sibila, y nunca lo olvides: ¡La felicidad de amarte valdrá cualquier precio! - el incomparable brillo de sus ojos y su cuerpo temblando de pasión dan fe de su sinceridad.

En un profundo suspiro, Sibila muestra un gran cansancio y ningún interés en su éxtasis.

Resignado, se despide:

- Hasta pronto, mi diosa, no vayas ir a Olimpo sin mi compañía, ¿si? ¡Si voy a tener una participación, a tu lado, en un momento serio y decisivo de tu vida, tal como el que prevé, declaro ante los dioses la atribución de acompañarte!

Ella sonríe, ligeramente, ante la broma y también responde con sinceridad:

- Gracias por tanta dedicación. ¡Que los dioses te guarden y hagan feliz!

- ¡Por encima de ellos, eres tú quien decide!

Ella sonríe de nuevo mientras él se dirige hacia la salida.

Al entrar en la casa, Sibila se encuentra con Lidia. Esto advierte:

- ¡Sibila, lo siento muchos, pero es necesario tener cuidado con Haterio!

- ¿Por qué dices eso?

- ¡Por la presencia constante aquí de Adriano, hija! ¡Haterio descargará su ira sobre él y sobre todos nosotros!

Sibila está de acuerdo, pero nada responde. Le revuelve, hasta las fibras más íntimas, la audacia de Haterio... Sigue camino, cuando se detiene, en éxtasis, ojos muy abierto, erguida e impositiva, y lanza al aire una inusual advertencia:

- ¡Infeliz mortal, que cree que tiene en sus manos el destino ajeno! ¡Así como, la arena fina corre en el reloj de arena, se escurren de sus manos, sus propósitos, bajo el poder y la voluntad de Él, que a todos comanda! ¡Pobre y desgraciado ser, que sufrirá mucho, incluso por su propia invigilancia y crueldad! ¡Aquella que él desea, salvajemente, se le escapará de las manos para la intranquilidad de su corazón y del cambio, completo, de su desorientada y cruel existencia! ¡La mano de Dios caerá, implacable, sobre su orgullosa cabeza, antes que materialice los malos designios de su negro corazón...!

Sibila se calla, baja el brazo que señalaba en alguna dirección y se tambalea.

Lidia corre a tiempo y la ampara, mientras llama a los criados y a Sertória. Ya ha visto en otras oportunidades este comportamiento de Sibila. Generalmente, todo lo que ella dice, en ese extraño estado, se cumple, fielmente.

Momentos después, Sibila respira hondo, mira a su alrededor y pregunta:

- ¿Qué pasó, Lidia?

- Lo de siempre, hija, no te desesperes. ¡El don de profecía es parte de tu vida!

- Esta vez qué fue, ¿puedes decirme?

Entendiendo que la profecía predice, sobre sí misma, y sobre Haterio, le parece más correcto, omitirse al contenido de las premoniciones...

- Nada que yo pudiera entender, Sibila. No te preocupes.

- ¡De acuerdo! Pronto volveré a la casa de Demetrio, y ustedes estarán a salvo de la ira de Haterio. Qué pena, yo lo amaba como a un hermano... Ahora le siento verdadero horror...

- Ámalo como a un hermano... Esta, es la gran derrota de este tribuno, Sibila.

- En el corazón, nadie manda, Lidia…

- Lo sé, lo sé…

- ¡Lidia sospecho que él mandó a matar a Ben Azir! – Ella habla suavemente, en la oreja de su amiga.

Lidia pone su mano a su boca, y retiene un grito. Sibila tiene razón. ¡Debe haber sido Haterio! Mira a Sibila, respira hondo y le dice:

- ¡Hija, cuando te vayas, no te olvides del afecto que nos te dedicamos!

Acariciándole el cabello, Sibila responde:

- ¡Mi amor y mi gratitud, siempre, a todos ustedes! ¡Amo esta noble casa! – Ella mira a su alrededor, triste, muy triste. Se acerca y abraza, tiernamente, a su amiga en silencio.

Lidia retribuye, fraternalmente, ese abrazo que parece una despedida definitiva… Su corazón le dice que ella perderá a Sibila…

Decide preguntar:

- Sibila, ¿no tiene planes? O más bien, ¿pretendes actuar o reaccionar ante la tiranía de Haterio?

Sonrojándose, levemente, en la demostración de su indignación, Sibila responde categóricamente:

- No me someteré, nunca, ¡pase lo que pase! ¡Haré, siempre, aquello que quiero!

- ¡Cuidado, Sibila, mucho cuidado! ¡Difícil, si no imposible, luchar contra él!

- ¡Siempre correrá, Lidia, ante el poder de Dios! ¡Nuestra existencia siempre estará en manos de Aquel que nos creó!

- Estoy de acuerdo, pero toma cuidado, ¿de acuerdo?

- Voy a hacer eso. ¡Que Dios te bendiga por todo, querida amiga!

Unos días después, Sibila se presenta en la comunidad de cristianos para visitar a Plinio, abrazarlos a todos y advertirles de los riesgos que corren. En medio de copiosas lágrimas, finalmente se despide.

Sorprendió a Plinio enfermo y ajeno a lo que está pasando a su alrededor. El hermano José, muy abatido, le cuenta de él:

- Solo su cuerpo permanece aquí; su alma ya debe estar camino a los cielos... En breve, los lazos que lo sujetan a la materia, se disolverán, definitivamente... Lo que me consuelo; es la certeza que, donde quiera que él vaya, permanecerá con nosotros, por amor... ¡Venerable padre de esta comunidad! ¿Cuánta falta nos hará, Sibila! – llora el hermano José.

Sibila se arrodilla y besa las manos del anciano. Agradecida por tanto amor y sabiduría, ruega a aquella alma que ya debe estar vislumbrando las bellezas celestiales, ayuda y protección.

- Sibila, tengo algo que contarte. Mejor dicho, tengo un mensaje de él para ti.

- ¡Te escucho, Quirinius, habla!

- Un día, en el que había estado muy triste, sin decirnos la razón, dijo entre lágrimas:

"¡Hijo mío, dile a Sibila que he recibido en mis brazos el alma más amada de su corazón! Dueño de una valentía, indiscutible y ampliamente conocida, luchó por sobrevivir, con todas sus fuerzas, pero esa fue a su última batalla... ¡Como un guerrero vivió, como un guerrero murió! Sus últimos pensamientos fueron para ella, ¡en una despedida sagrada! Dile que, prontamente, se reunirán... ¡El gran

amor que los une, siempre les pertenece, porque es verdadero y eterno...! ¡Mi bendición para dos...!"

Luego Sibila, Plinio se quedó en silencio y se durmió.

Sibila se estremece de júbilo. Su amado había sido ayudado en sus últimos momentos... No había estado solo... Plinio, por la misericordia de la Divina Providencia, lo cobijó en sus brazos paternales... Reflexionando sobre todo lo que escuchó, concluyó: "¡Yo también moriré, pronto! ¡Ben Azir simplemente me precedió en el gran viaje!"

Profundamente agradecida, se inclina y le susurra al oído del casi moribundo:

- ¡Gracias, Plinio...! ¡Deja que los cielos abran sus portales, de par en par, felices de recibirte, por fin, de regreso a tu verdadero hogar! ¡Paz y luz para ti, querido sabio de Dios!

Se despide de los dos y va a buscar a su madre.

Abrázala, emotiva y cariñosa, siendo igualmente abrazada, cariñosamente, por Cynara.

Después de unos momentos, toma aire y pregunta:

- Madre, ¿necesito saber, de una vez por todas lo que, de hecho, existe o existió entre tú y Demetrio?

Así desafiada y ante los últimos acontecimientos, Cynara capitula y decide abrir su corazón:

- Hija, perdóname, por nunca haber revelado lo que siempre quisiste saber.

- ¿Sobre mi padre? ¿Es lo que esto tiene que ver con mi pregunta?

- Tiene todo que ver. Escúchame...

Antes que la madre comience a hablar, mirándola profundamente a los ojos, Sibila pregunta, emocionada y ansiosa:

- Él es mi padre, ¿verdad?

- Él ¿quién, querida? - pregunta Cynara, ya comenzando a llorar.

Abrazándola, Sibila le responde con el corazón en su voz:

- ¡Demetrio!

Acurrucándose junto a su hija, Cynara deja escapar un sollozo prolongado mientras confirma:

- ¡Sí, Demetrio es tu padre!

De repente, Sibila comprende tantas cosas: su protección, su amor incondicional, la persecución de Minerva, la fuga Cynara en medio de la noche... Los tormentos de Demetrio actuales que lo aquejan... ¡Así Haterio es su legítimo hermano! Las extrañas advertencias de su madre y de Lidia... La buena amiga ya debería haber completado la verdad... ¡Cómo puede Demetrio vivir con el miedo de verla hundirse, sin defensas, en una relación incestuosa...! ¡Pobre Demetrio!

Mira a su madre y que le dice, herida:

- ¡Entiendo tu silencio y tus miedos, pero mira, madre mía, ¡qué situación tan extraña y abominable podríamos haber enfrentado con la insana imposición de Haterio...!

- ¡Perdóname, Sibila! ¡Y perdona también a Demetrio!

- No hay que perdonar, madre... No puedo ni debo juzgarlos.

Demetrio es un buen hombre. Estoy orgullosa de saber que él es mi padre. Mi cariño por él siempre fue el de una hija. ¡Haterio necesita saberlo! ¡Esto me salvará de su persecución!

- Cálmate, Sibila, Demetrio va a hablar con él. Aunque no lo hizo porque huye, ¡sistemáticamente! Demetrio trató de abordar el tema varias veces, pero él se negó a escucharlo. Parece adivinar la gravedad del asunto.

¡Pobre Demetrio! ¡Este es el mayor tormento de su vida!

Muy triste, Sibila exclama:

- Ojalá Demetrio consiga hablar con él cuanto antes...!

- Regresé de la casa de Lidia, hija, con el corazón muy afligido. Haterio siempre ha mostrado interés en ti, ¡pero nunca así!

- ¿Cómo Haterio reaccionará cuando se entere de la verdad?

- ¡De la peor manera posible! ¡Incluso temo por la seguridad de Demetrio!

- ¡Cielos! ¿Haterio sería capaz de parricidio?

- Desafortunadamente, nadie en su sano juicio puede dudar de eso, Sibila. ¡Ambas conocemos su genio violento! ¡Y yo le tengo amor! ¡Ruego al cielo que lo proteja, de él mismo!

- Madre, cuando regrese a la casa de Demetrio, ¿como haré para verte? ¡Minerva no sabe que estás viva!

- ¡Como ya lo hice antes, encontraré una manera, lo prometo!

- Yo también, haré lo que pueda para volver a verte.

- Frente a esa nueva realidad tendré más recursos para defenderme Haterio. Si se es necesario, ¡yo misma se lo diré! ¡Confío en Dios!

Despidiéndose, las dos se abrazan entre lágrimas. ¿Cuándo se verán de nuevo? Difícil de saber...

De camino a la casa de Lidia, Sibila recuerda las palabras de Quirinius que ayudaron y consolaron su corazón. Agradecida, a los cielos, por la protección otorgada a Ben Azir en sus últimos momentos de vida, ella llega a casa. Abraza a la amiga y se dirige a su habitación. Necesita pensar... Decide apresurar el viaje a las catacumbas, en la Via Nomentana, antes del regreso a la casa de Demetrio. Necesidad de fuerza y de paz... Ansiosa, busca actuar con naturalidad.

Un día antes de estas intenciones de Sibila, Haterio escribió un documento

Lo selló y envió que fuese entregado a su padre. En sus ojos, un brillo extraño.

El mensajero llegó a la casa de Demetrio y le entregó el mensaje a Minerva. Ella se comprometió a transmitirlo a su marido, tan pronto como él llegase.

Sin embargo, en su habitación, ella rompe el sello y la abre. "¡Al final, es de mi hijo!" - Piensa.

Desdobla el papel y lee:

"Padre mío, ve a la casa de Lidia y muda, rápido, a Sibila.

Una vez en nuestra casa, prevén, vehementemente cualquier salida suya donde usted quiere que sea. Presta atención: ¡Esta es una orden y de las más severas que ya te di, en toda la mi vida! No admitiré réplicas ni excusas de ningún tipo. Quiero a Sibila en casa y protegida. ¡Que nada, ni ninguna razón, pueda sacarla de allí!

Voy a viajar, en unas pocas horas, a un lugar lejano y desconocido conocido solo al César. Así que no puedo ir a por ella, como yo pretendía. ¡Obedece, porque las razones que me impulsan son demasiado importantes, incluso para que yo las decline en esta carta! Solo puedo decirte que la vida de Sibila depende de esta medida. ¡Si tienes amor por ella, mantenla, a tu lado! ¡A mi regreso, voy a cobrar la responsabilidad!

Haterio"

Diabólica, Minerva sonríe:

- "¡Ahora, ahora, por los dioses! ¿Está la serpiente en peligro? ¡Que maravillosa oportunidad para librarme de ella! ¡Y nada, nada, tendré que hacer! Demetrio nunca recibirá seste mensaje, ya que debe haberse perdido a lo largo del camino! ¡Ah, la incompetencia de estos sirvientes...! ¡Alguien va a pagar caro, lo sé, y cómo lo sé...! ¡Es así que las cosas son...!"

Riendo, agrega, con los dientes apretados:

- ¡Y así es como quiero que sea...!

Ojos brillando, dobla el mensaje, lo rasga en pedazos y los quema hasta las cenizas...

Mientras esto, Demetrio llega a la casa de Lidia para ver a Sibila. Ella lo recibe sonriendo y los abrazos muy emocionados.

Retribuyendo en la misma medida, él le observa cierta intención.

- ¡Estoy tan feliz de verte, "querido padre"!

Algunas veces, ella le habla así, pero esta vez parece diferente. Su corazón late con fuerza. Se acomoda en el asiento y pregunta:

- ¿Estás lista para volver a tu viejo nido, mi ruiseñor? ¡Vine a buscarte! Anhelo tenerte bajo mi techo, ¡de nuevo! Perdóname el egoísmo, pero tu ausencia es un tormento para mí. ¡Sin ti y sin Adriano vivo en un desierto! Prometo acomodar mejor las cosas para darte más libertad. ¡Confía en mí! ¡Moveré cielo y tierra para verte bien!

Sin embargo, garantizando la oportunidad de ir a las catacumbas, pregunta:

- ¿Me puedes dar dos días más por favor? Solo dos más...

Algo decepcionado pero comprensivo, está de acuerdo:

- ¡Está bien, querida! ¡Contaré, ansiosamente, estos dos días! Gracias a los dioses, ¡volveremos a convivir!

- ¡"Gracias" a la imposición de Haterio!

- ¡Así es! ¡Una que otra vez, hace alguna cosa útil! - Ambos se ríen de las tonterías. Juntos se armonizan, y de alguna manera son felices, a pesar de la adversidad.

Intrigado, Demetrio decide preguntar:

- Estás un poco diferente, Sibila, ¿qué pasa?

Ella toma las manos de Demetrio entre las suyas y dice, los ojos brillantes:

- ¡Ya sé todo!

- ¿De todo qué, hija?

- Mi madre me dijo lo que la verdadera relación que existe entre ustedes, y confirmó que lo que el corazón me susurró: ¡que yo soy tu hija!

Demetrio palidece y respira hondo.

- ¡Tranquilo! Nunca cobraré el pasado o el presente. Entiendo cuánto les costó mantener este secreto.

Demetrio siente su corazón dispararse... Muchas veces quiso revelarlo todo, pero temía la reacción de Minerva... Se precipita a la hija y la abraza, en silencio. Un gran nudo la garganta. Lágrimas abundantes comienzan a fluir de sus ojos. Así abrazados, se quedan, ambos llorando. Es un momento glorioso.

Al alejarse, finalmente quiere saber:

- Dime, ¿cuándo te lo dijo?

- Esta mañana.

- ¿Dónde fue eso?

- Perdóname, pero yo puedo no decírtelo.

Demetrio, aprensivo, respira:

- Sibila, presiento que ambas corren peligro. ¡Aquello que me ocultan puede llevarlas a la muerte!

Ella se calla. Cualquier desliz y no podrá ir a las catacumbas.

- Ahora, ya sabes sobre Haterio...

- Sí.

- ¿Y qué piensas al respecto?

- Que él necesita saberlo, cuanto antes.

- Esta es mi intención, que él aborta, a cada nuevo intento mío. No cabe duda que tiene miedo de lo que puede oír.

- Extraño...

- En él, hija mía, todo es extraño. Lamento esta triste constatación...
¡Ni siquiera parece a mi hijo!

- Es necesario informarle lo más rápido posible.

- Sí, lo haré, de una manera o de otra. Espero que esta vez no sea trágico para nosotros dos... ¡Haterio se da el derecho a transgredir todas las leyes, humanas o divinas!

- Él es un tirano! A pesar de todo, siempre tuve para él un gran afecto filial, que casi echa a perder. ¡Mi madre también lo ama mucho!

- Si la madre de Haterio fuese Cynara, seguramente sería mejor. ¡Minerva y él se complementan, en todas las estupideces que hacen!

Sibila sabe que él ignora el intento de Minerva de envenenar a su madre. Demetrio recomienda a Sibila tolerancia y una gran prudencia. Minerva estará muy disgustada con su regreso. La abraza, fuerte y amorosamente, besándole ambas mejillas, mientras declara:

- ¡Podría decirte que no solo te amo como padre, sino que soy, de hecho y de derecho, tu padre, mi recompensa por todas las penurias que he vivido, mi amada hija!

Devolviendo sus afectos, Sibila lo mira, cara a cara, y confiesa:

- ¡Siempre quise, desde lo más profundo de mi alma, que tú, mi Demetrio, fueses mi padre! ¡Me siento muy honrada de ser tu hija!

Una vez en la casa, Demetrio sufre los ataques habituales de Minerva y su constante ironía. Cuando, cansada, ella se considera satisfecha y lo deja a solas, él puede reflexionar sobre los últimos eventos:

- "Hoy, hablaré con Haterio... Haré eso tan pronto llegue... Por otro lado, necesito saber dónde Cynara vive y qué es lo que hace... ¡Ni ella ni Sibila imaginan el enorme peligro que corren...! "

Esa noche, en las primeras horas, Sibila sale, encapuchada, llevando un sencillo traje. Caminando por calles desiertas y muy oscuras, finalmente llega a la Via Nomentana. Entra y toma rutas extrañas, siguiendo los expedientes utilizados para disfrazar las entradas. Llegando al espacio de los sermones y las oraciones, se arrodilla y entra.

Semiramis no pudo acompañarla. Plinio empeoró. Ella se quedó a su lado, muy angustiada y llorosa. Solo regresará después del funeral de su amado padre.

Mirando a su alrededor, Sibila piensa, entre escalofríos, en esos cuerpos enterrados allí... Sus muertes fueron ejemplares... Se imagina en la misma situación, y trata de adivinar su propia reacción, frente a un momento tan grave como solemne...

Escucha la admirable conferencia de quienes allí preservan la esencia del mensaje de Jesucristo. Encantada, pasa esos minutos bebiendo ávidamente, el conocimiento formalmente elaborado por personas valientes, que siguen, fieles, a aquel que dijo: "Yo soy el camino, la verdad y la vida..." Lágrimas abundantes lavan su bello rostro. Tantas razones para llorar, desahogarse, rezar por ayuda celestial... ¿Y qué mejor lugar podría encontrar...? Entrega a Ben Azir en las amorosas manos de Jesús... Terminada la predicación, todos salen, poco a poco y en silencio. En medio de su propia interiorización, ella permanece, aun, por algunos minutos más.

De repente, escucha un ruido extraño proveniente del exterior. En medio de maldiciones, los soldados romanos empujan a aquellos que intentaron irse. A costa de golpes y empujones, se aglomeran.

Perpleja, Sibila se levanta, el corazón late con fuerza, el cuerpo tiembla.

Las huestes romanas reparten golpes por todos los lados, en medio de ofensas y palabras irrespetuosas. Algunos son abofeteados cuando suplican piedad o tratan de explicarse.

En medio de ese alboroto, Sibila no sabe qué hacer.

Entre las palabras de orden y las exclamaciones de horror de los detenidos, escucha:

- ¡Qué belleza de mujer! ¡Dioses! ¡Ni siquiera pareces una mujer del pueblo!

Sensual y burlón, se le acerca un soldado y le dice:

- ¡En frente a tu altar viviría, pequeña belleza, para siempre! - Mientras le aprieta el brazo, provocando que ella lo mire directamente, estudiándole los rasgos, fascinada.

Aterrorizada, Sibila pide ayuda al cielo.

Otro soldado, de más alta graduación, se adelanta y lo conmina allí mismo. A los gritos lo hacen salir y esperar del lado de afuera mientras empuja a Sibila, brutalmente, y ordena:

- ¡Únete a los demás!

Analizando la masa de cristianos, hace una rápida valoración:

- ¡Qué hermosa pesquería! De todos modos, obtendrán lo que se merecen y desean: ¡el martirio! ¡Sus anhelos serán plenamente satisfechos, en la Tierra y en el cielo! - Burlonamente, se ríe a carcajadas.

Cansado de sus propios arrebatos, calla, frunce el ceño y los empuja a todos, con gran violencia.

Mirada atenta, fiscalizando todo, distingue en una esquina de la cueva, la venerable figura, de uno que había estado predicando unos momentos atrás.

En el primer intento de defenderse y rogar por los que están allí, el anciano recibe una sonora bofetada en la boca y cae herido.

Ordenándole, con un grito ronco, que se levante, el soldado espera...

Resintiéndose del choque con el suelo, él intenta, pero no consigue. Algunos de sus seguidores intentan apoyarlo. Son golpeados, sin piedad, y devueltos al grupo.

Un fuerte empujón, sin el mínimo de sensibilidad, pone al viejo de pie y lo empuja con los otros, que lo acogen con cariño y preocupación.

Sin descubrir nada más, salen, agresivos e irrespetuosos, empujando a los cristianos.

A caballo, los soldados tiran de las personas que fueron atadas con cuerdas. Éstas hacen lo posibles para acompañarlos, cayendo aquí y allá e hiriéndose, entre sus dichos burlones.

"La ignorancia y la brutalidad de estos hombres es su estado natural..." - Sibila piensa - "He aquí el gran testimonio del que siempre oí hablar... ¡Hoy soy parte...! Esto Demetrio trató de avisarme, pero ¿cómo escapar a una actitud, asumida y consagrada, día por día, en la indiscutible confirmación de nuestros valores y principios? ¿Si llegó mi hora, que yo sea digna! ¡Que Dios me de fuerzas y una muerte piadosa...!"

Pero a pesar del esfuerzo que hace por conformarse y comprender, Sibila está muy asustada. Tiembla mucho, y puede imaginarse lo que vendrá... Estas prisiones son ampliamente conocidas; son parte de la vida en Roma... Ayuda, con gran esfuerzo, a los enfermos, los ancianos y los niños, que se tambalean ante cada nueva dificultad. Los lamenta más que a sí misma, en esa situación desastrosa, de humillación, miedo e inseguridad. A veces, también cae ante la barbarie de aquellos hombres que actúan como seres primitivos.

Muy a propósito, recuerda las palabras de Plinio: "¡Dentro de poco, ustedes se reencontrarán...!" Sí, Ben Azir debe estar esperando por ella en el mundo de los muertos. Se fortalece, orando. Sus pensamientos llegan a Lidia, Demetrio, su madre... Junto a los demás, ella sigue, cayendo aquí y allá. Su cuerpo duele y tienes los pies cansados...

✷ ✷ ✷

DESPUÉS DE UNA NOCHE mal dormida, Demetrio se despertó con los gritos de los sirvientes. La casa se encuentra en un alboroto.

Interrogados, todos hablan al mismo tiempo:

- ¡La señora se está muriendo! ¡Sus ojos ya están vidriosos! ¡Nadie vio ni escuchó nada! ¡Hoy ella no se levantó...! ¡Ella va a morir! Oh dioses, ¿qué pasó? ¿Qué sombra cruel cayó sobre su cabeza? ¡Eso fue...! - ellos corren por todos los lados, atropellándose, rasgándose las ropas y tirándose del cabello.

Demetrio comprendió que Minerva se está muriendo.

Se precipita hacia sus habitaciones, empujando a aquellos que están adelante, entra, y se topa con Minerva balbuceando palabras ininteligibles en a través de los espasmos violentos, que la hacen pasar del violeta al blanco mármol.

En voz alta, ordena:

- ¡Llame al médico, rápido!

El que tiene la tarea de guiar a los sirvientes envía a un joven, con las bridas a fondo, obedeciendo la orden de Demetrio.

Demetrio puede notar la ansiedad de Minerva para hablarle. Acercándole el oído, pero por más esfuerzo que él haga, los sonidos salen entrecortados, roncos, incomprensibles.

- Cálmate, espera, ¡el médico llegará pronto!

Es notorio que Minerva había sido envenenada. Algún veneno, letal, a corroer por dentro. Él lamenta el alma tan oscura, que va a enfrentar el tribunal de los dioses, con muchas faltas.

Minerva convulsiona, cada vez más, como un pájaro herido de muerte. Con los ojos desorbitados, mira a Demetrio, con la intención que él dijera algo.

Se agita, lucha, hace espuma en la boca, respira ruidosamente y finalmente se pone rígida.

Consciente que nada más se puede hacer, Demetrio pregunta a los criados:

- ¿Dónde están mis hijos? ¡Necesito avisarle de la muerte de su madre! - Sabe que nadie tiene las respuestas. Habló por hablar. En general, sus hijos se desbandan. Nunca están en casa.

Haterio debe estar viajando. Cuando llegue, tendrá la desesperanzadora sorpresa de saber que su madre no hace más parte del mundo de los vivos...

Mientras espera la presencia del médico, que a este punto solo tendrá que certificar la muerte, sale a caminar por la casa, confundido, profundamente sacudido.

Al pasar por uno de los ambientes, descubre a una sierva llorando convulsivamente. Queda intrigado. Nunca ningún sirviente tuvo ningún sentimiento respecto a Minerva. Su esposa siempre había sido odiada. Ella lo sabía y apreciaba esto. Se consideraba una autoridad indiscutible con ellos. Pobre infeliz...

Se acerca a ella, le pregunta:

- ¿Qué tienes, Flávia?

Mirándolo con un cierto miedo, algo inusual frente a él, le toma las manos, las besa, de rodillas, en lágrimas, y ruega:

- ¡Perdóneme, mi señor! ¡Perdóneme...!

- ¿Qué estás diciendo? ¿Por qué debería perdonarte?

- ¡Por lo que hice, mi señor, en un momento de locura, ciega de odio!

- ¿Y qué fue lo que hiciste? - Pregunta Demetrio, temiendo la respuesta que ya adivina.

- Fui yo... Quien mató a la señora...

- ¡¿Qué estás diciendo...?! ¿Por qué infeliz?

- Tenía mis razones, mi señor...

- No lo dudo; sin embargo, ¡nada justifica lo que hiciste!

- Sí, lo sé, pero escúchame, ¡en nombre de los dioses! ¡Necesito aliviar la culpa mía, contándole las razones de mi locura!

Con gran lasitud, Demetrio ordena:

- ¡Bien, entonces habla!

Sentada en el suelo, con el pelo suelto, comienza:

- Hace algún tiempo, mi hermosa hija, ¡Artemisa, se rebeló, desesperada, y defendió a su hijito de dos años de edad, de la señora Minerva, que lo azotaba, implacable, porque él tropezó en una mesita, que tenía algunos frascos de perfume! ¡Poseída, se lanzó contra mi hija y le rompió todos los dientes, con un objeto que estaba a su alcance! ¡La sangre brotaba, mi señor, y ella estaba sosteniendo mi hija por el cabello para completar su trabajo! ¡Artemis se desmayó y ordenó que la despertasen con agua fría, y en entonces ordenó que la lanzaran a la calle! ¡Lo que fue hecho!

En la vía pública, sangrando, mi hija esperó, hasta que una de las siervas le entregó, por orden de Minerva, a su hijo, azotado, y sin sentido... Nadie supo decirme si él estaba vivo o muerto... Abrazando a su pequeño hijo, ambos heridos, ¡mi Artemisa se fue, pálida como un cadáver y llena de dolor!

¡Impotente, lo volví todo, contenida por los sirvientes para no defenderlos!

En entonces fui encerrada en un cubículo, ¡en el que pasé tres días!

Cuando salí, ¡oh, dioses, ¿dónde estaban mi hija y mi nietecito...?! ¡Habían desaparecido! ¡Mantuve la ira en mi corazón y fingí una resignación que nunca sentí!

Como sabe, trabajo en los aposentos de la señora Minerva, y yo siempre estoy a su lado. Yo sabía el lugar donde guardaba las hierbas, las cuales manipulaba tan bien.

¿Mi Señor ya sabe, lo que ella hizo con Cynara? ¡No, por supuesto que no!

- ¿Qué le hizo a Cynara? - Pregunta Demetrio aterrorizado.

- ¡Ella envenenó a Cynara! ¡La pobre huyó y nunca más supimos de ella! ¡Debe haber muerto, como un maldito perro, en las calles!

Demetrio está estupefacto. Por esto Cynara nunca regresó y gentil, ella le ocultó este acto criminal de Minerva...

Flávia continúa sollozando:

- Con unas malditas y bien elegidas hierbas, hice una infusión y me escondí. ¡Ayer, por fin, pude vengarme! Durante la madrugada ella me pidió un té y me mostró las hierbas que tranquilizan y rehacen. Las cogí y las manipulé bajo su mirada vigilante. Cuando fui a conseguir el agua, en la que yo iba a preparar las hierbas, me traje a la ya lista, bebida mortal. Ella ni siquiera sospechó.

Estaba muy feliz, por algo que no podía saber. Sin embargo, pude escuchar algunas palabras:

"¡Nunca leerás esa carta, Demetrio! ¿Haterio cree que la pequeña víbora corre peligro? ¡Incluso él a su favor, todos, o casi todos! ¡Oh, qué gran desgracia para mí, el día en que nació esta hija de Cynara! Ahora, todo volverá a su lugar, ¡como debería haber sido siempre! ¡En fin...! ¡Necesito agradecer a los dioses...!"

Pasando sus manos por su cabello, Demetrio exclama:

- ¡Dioses! ¿Haterio teme por la seguridad de Sibila? ¡¿Por qué...?!

Desesperada, Flávia sigue narrando:

- Al pedirme el té, ella me dio la oportunidad que esperaba. Le entregué la taza. Riendo diabólicamente, ella preguntó:

- No está envenenado, ¿verdad, Flavia?

- ¡No! ¡Que los dioses me condenen al infierno, más temible, si algún día yo levanto la mano contra mi señora! - Respondí, tratando de ser convincente.

Con malicia, quería saber:

- ¿Por dónde andará tu hija inservible? ¿Has tenido noticias de ella?

- No lo sé, mi señora. ¡Ella es joven, debe estar trabajando y criando a su hijo!

- ¿Qué hijo? ¡Él ya estaba muerto, so idiota! ¡Y ella, también, debe haber muerto ya!

Se divertía atormentándome, señor, una y otra vez.

De repente, luciendo muy extraña, declaró:

- ¡Debería hacerte beber este té, completo, hasta la última gota!

Fanfarroneé, aterrorizado:

- Yo lo haría con mucho gusto, señora. Y disfrutaría de los beneficios, lo que no es concedido a los siervos, ¡después de todo, estas hierbas han venido de lejos y son muy valiosas!

Mirándome con sospecha, vaciló entre hacer lo que pretendía o no.

Se decidió por la segunda opción y sonrió, ya en otro estado de ánimo. Se apartó de mi presencia y bebió hasta la última gota, chasqueando la lengua.

Mi corazón se sentía como si quisiera salir de mi boca. Me quedé allí en estado de shock, mirándola. Minutos después, la hierba maldita empezó a hacer efecto.

Ella me miró de una manera que nunca olvidaré mientras viva, y se llevó las manos a su garganta. Sus ojos se abrieron inconmensurablemente. Se estaba asfixiando... Trató de alcanzarme, pero sus piernas se debilitaron. Además de los efectos dañinos, que sin duda sintió, el impacto de saber que estaba muriendo debería haberla dejado loca.

Me acusó con vehemencia. Trató de gritar en voz alta pidiendo ayuda, pero no pudo. Me pidió ayuda. Manos suplicantes, olvidó, en su desesperación, que ese veneno no tiene antídoto...

Le tiré, en plena cara, todo mi odio y mi dolor, engordados día tras día... Ella se tambaleaba por la habitación, derribando todo lo que encontraba a su paso, y yo se le escapaba, ágil, distanciándome.

Midió la distancia desde la puerta, pero yo había pensado en todo; que estaba bien trancada. Su voz salió ronca. En zigzags, como una serpiente en la arena del desierto, ella comenzó a arrastrarse, mientras apretaba el vientre. Me dio a entender, con gestos, que, si la ayudaba, ella me recompensaría. Yo sé muy bien qué tipo de recompensa recibiría... Su cara era horrible de ver. Chispas salían de sus ojos. Más no vi, porque, satisfecha, salí y cerré la puerta.

Encontré a Cirilo. Este me preguntó por ella. Le respondí que ella dormía el sueño de los inocentes... Confiado, él se fue, tranquilo a sus habitaciones. El resto usted ya sabe...

Horrorizado, Demetrio entendió todo; cada palabra, especialmente, la misiva que debe haber salido de Haterio, advirtiéndole de la amenaza a Sibila... Minerva debe haber destruido la carta... Ahora, ella está muerta.

¿Qué a hacer? ¿Denunciar a la sierva? ¿Castigarla con la ley que conoce tan bien, y que la destruirá, sin duda?

Sin saber qué hacer, le da la espalda a la sierva que sigue llorando; sin embargo, se arrepiente de dejarla así, sin una palabra y regresa sobre sus propios pies:

- Infeliz Flávia, ¡cometiste un delito contra los dioses y contra las leyes de los hombres! Vete a tus aposentos y quédate allí. ¡No se lo digas a nadie más lo que me dijiste! ¡Después hablaré contigo, espera! ¡Cállate sobre lo que realmente pasó aquí esta noche!

- ¿Me perdonarás, mi señor?

- ¡Pídele eso a los dioses, Flavia! ¡No tengo poder para ello, y por el momento ni siquiera soy capaz de razonar correctamente!

Sigue, rápidamente a la casa de Lidia, en busca de Sibila. Presiente algo terrible...

Lidia, tan preocupada como él, le informa que no ha visto Sibila desde temprano. Que ignora si salió y se olvidó de avisar.

- ¡Dioses! - exclama Demetrio, perdido en una maraña de situaciones extrañas e impredecibles. Cayendo en una silla, informa:

- Minerva está muerta. ¡Fue envenenad!

- ¡No creerás que Sibila está involucrada en esto, ¿verdad...?!

- ¡Ciertamente eso no, Lidia! ¡Esto nunca pasaría por mi cabeza! ¡Pero la muerte de mi esposa me mostró algo que tiene que ver con la seguridad de Sibila!

- ¡Oh...! Dime, Demetrio, ¿quién mató a Minerva? ¿Usted ya sabe?

- Sí, fue una sierva, llena de odio. ¡Esperó una oportunidad para vengarse y lo hizo! ¡Entre otras cosas que me dijo, fuera de sí, ella me dijo que Minerva estaba feliz porque había destruido una carta, en la cual yo concluyo que Haterio me advierte de algún peligro que Sibila está corriendo!

- ¿Por qué crees que ella hablaba de Sibila?

- ¡Por los epítetos que solía usar para menospreciar a Sibila!

- ¡Dioses! ¡Ojalá Sibila estuviera aquí! Dime, amigo mío, ¿has denunciada a la criminal?

- ¿Tú harías eso?

- No... Minerva cosechó lo que sembró.

- Lo que no justifica el crimen.

- Estoy de acuerdo, pero en estos actos insanos, lo que menos se ve es el ejercicio de la razón.

- De hecho, pero por el momento, ¡lo más importante es saber dónde está Sibila! Necesito volver a casa y organizar los funerales de Minerva. Estate atenta y me avisas, tan pronto Sibila vuelva, ¡por favor!

- Haré eso. Discúlpame, pero no me haré presente en el funeral de aquella que nunca nos quiso bien. Además, necesito permanecer aquí para cuando Sibila regrese. Lo que me tranquiliza, en parte, es saber que salió por libre voluntad. ¿Haterio y los hermanos ya lo saben?

- Todavía no. Haterio debe estar viajando y sus hermanos, ¿quién sabe dónde estarán? ¡Solo aparecen cuando quieren! ¡Gracias por todo y cuento contigo! ¡Dame novedades!

- ¡Lo haré!

- Y respecto a la sierva criminal, Demetrio, ¿qué harás?

- ¡Dejar que los dioses la juzguen! ¡La infeliz estaba loca!

- ¿La mantendrás en la casa?
- ¡Sí! ¡Era solo a Minerva que odiaba! ¡Es una excelente sirvienta, dedicada, dispuesta y amigable!
- Ya veo… Y si a despidieses, estarías revelándole los actos criminales que ahora la pobre lamenta, ciertamente.
- Así es exactamente, Lidia.

Se abrazan y que se despiden, consternados. Ya a solas, Lidia se lamenta:

- Pobre amigo, ni puedo decirle que siento la pérdida de Minerva… Estaría siendo hipócrita…

En pensamiento, ella desea, aunque consciente que no debería hacerlo: "¡Que tu alma maldita, Minerva, se enfrente al tribunal de los dioses y sea condenada mil veces por ellos!"

Consciente que su esposa nunca se ganó la amistad de cualquiera, Demetrio regresa. En casa, se enfrenta a los hijos. Con su ayuda, se encarga de todo. Haterio ni siquiera puede ser informado. Su dirección, en tránsito, les es desconocida.

Adriano llega a visitarlo y se informa del deceso de Minerva. Solícito y agradecido, retribuye, con galantería, la inestimable solicitud, recibida de él, en una situación similar. Lamenta a este amigo, su vida y a su difícil familia, pero sinceramente no se arrepiente de su viudez, que será, sin duda, muy bienvenida, ante los tormentos que le traía Minerva.

"Será como la cura de una enfermedad, en fin…" - concluye.

Indaga sobre Sibila, y él le dice que, por el momento, no sabe donde ella está.

- ¿Y Lidia?
- Yo he estado allí y ella también lo ignora.
- ¿Tienes alguna idea de dónde ella pueda estar, amigo?

- ¡Sí! Probablemente con su madre.

- ¿Usted sabe dónde es?

- No, ella no me lo dijeron. Guardan este secreto bajo siete llaves... Mientras me ocupo con los funerales, ¡pierdo la condición de actuar en ese sentido!

En una angustia patente, se desahoga:

- Adriano, siento algo muy pesado en el aire, el cual va más allá de la muerte de la Minerva...

- Ya veo... Te preocupas por Sibila, ¿no?

- ¡Sí!

- Está bien, iré a la casa de Lidia. Si ella ya está allí, vendré a decírtelo.

- ¡Haz esto, hijo mío, en nombre de los dioses!

- Descansa, haré todo lo que esté a mi alcance para encontrarla.

Abrazando, cariñoso, a Demetrio, Adriano declara honesto:

- ¡Vamos a encontrar a aquella que es nuestra razón de vivir!

En la casa de Lidia, la sorprende muy abatida:

- ¡Noble Lidia, Demetrio quiere saber si Sibila ya se encuentra en casa!

- No, lamentablemente, no... Ella no ha aparecido todavía. ¡Me siento realmente angustiada! ¡Sibila no se comporta así! ¡Me informa siempre dónde y con quién está!

- Demetrio asume que ella está con la madre.

- No. Haterio amenazó a todos. Por eso, ella estuvo ahí para despedirse, hace algún tiempo. Conoce los riesgos que corren los que se oponen a las órdenes de Haterio, y no a los expondría, sin duda. Siento que Sibila corre peligro, pero ¿de qué tipo? ¡Si yo supiese la defendería! ¿Dónde estará esta hija querida?

Lidia empieza a llorar. Apenado, Adriano le dice palabras de consuelo, se despide y vuelve, sin novedades.

Demetrio decide utilizar otro recurso:

- Adriano, un favor, vuelve a la casa de Lidia y ve la posibilidad de hablar con Semiramis. Ella y Sibila están muy unidas, desde la infancia.

Adriano atiende a su petición y se informa que Semiramis viajó a dar asistencia al padre que está al borde de la muerte.

Demetrio se pasa las manos por su cabello en exasperación. Entonces, Sibila, donde esté, está sola y Semiramis sabe tanto como ellos sobre su paradero…

Adriano sospecha su aflicción:

- Demetrio, ¿por qué el miedo? ¿Me estás ocultando algo?

Haciendo un gesto de silencio, le indica el camino a su oficina. Una vez allí, cierra la puerta con llave y lo hace sentarse. Con voz lenta y seria, comienza:

- ¡Escucha, Adriano, lo que te voy a decir es sumamente confidencial!

- ¡Habla, por favor!

- ¡Me temo que Sibila, su madre, Semiramis, y hasta incluso Lidia son cristianos!

- ¡¿…?!

- Quizás, por eso, Sibila quería vivir con Lidia. Junto con Cynara, en algún lugar muy distante y escondido, ¡deben ejercer las repugnantes creencias y prácticas cristianas!

- ¡Me parece que Lidia casi siempre está en casa, Demetrio!

- Tienes razón... ¡Oh, dioses! ¡Espero que mi querida hija haya salido solamente a dar un paseo!

- ¡Dijiste "mi querida hija" de una manera!

Demetrio estuvo de acuerdo con un movimiento de cabeza y explicó:

- Contigo me abro de corazón, Adriano, como lo hago con un hijo muy querido. ¡Sibila es mi hija legítima!

Adriano no puede contenerse y se levanta de un salto:

- ¡Bien, bien, Demetrio! ¡Ahora entiendo muchas cosas e incluso tus tormentos! ¡Qué gran secreto has guardado durante tantos años! Me vuelven a la mente, también, tus palabras, respecto a la juventud sin juicio... Tu amplia tolerancia con mis locuras... ¿Y Haterio...? ¡Oh, mi amigo...!

- ¡Sí, Haterio es hermano de Sibila!

- ¿Ya lo sabe?

- ¡No! ¡Esto me atormenta demasiado!

- ¿Y por qué aun no se lo dijiste? ¡Especialmente ahora que ha decidido cortejar a Sibila!

- ¡Lo sé, lo sé! ¡Pero, oh, dioses, cuando me decidí a hacerlo, pasó a evitarme, abiertamente, al igual que un leproso!

- Sin duda, él lo presiente... no quiere saber... Sus instintos le advierten...

- ¡Así es, Adriano! ¡Esta, es mi tragedia particular, que acabará por llevarme a la tumba!

- ¿Sibila ya fue informada?

- ¡Sí, Cynara se lo dijo!

- ¡Al menos eso! – En sus pensamientos de él, la expansión de sus posibilidades con Sibila.

- Adriano, por favor, además de volver a la casa de Lidia, busca a Sibila, te pido... en las prisiones... - se lleva la mano al pecho y estalla en sollozos.

Adriano da un paso adelante y lo ampara.

- Por el momento debo quedarme aquí. Tengo la casa llena de gente y autoridades, compañeros de Haterio. Mi ausencia nos pondría en peligro a todos nosotros. ¡Aquí están, representantes del propio César!

- Entiendo, ¡y haré lo que me pides, descansa y confía!

- Confío en la fidelidad de tu cariño por Sibila. Usa mi casa, mi nombre y el nombre de Haterio que se van a abrir puertas. ¡Que los dioses permitan que ella todavía esté viva y que podamos rescatarla! ¡Mi corazón me advierte, Adriano, que una gran tragedia, mayor que esta, que en el momento enluto mi casa, se abatirá sobre mi cabeza! ¡Por más esperanza que quiera tener, todo parece negro!

- Tómatelo con calma, mi buen amigo, ¡esto es parte de lo que vives en el momento! ¡Voy a ir de inmediato y te daré noticias, te lo prometo!

Abrazándolo con gratitud, Demetrio sale de la oficina y entra en la casa, investido en sus responsabilidades como patricio romano y señor del lugar.

Adriano va de regreso a la casa de Lidia y pregunta lo que se conoce de la relación de Sibila y de Cynara.

Ella le dice, vacilante, que no sabe dónde y cómo Cynara recibe a su hija. Teme, en la desesperación, por los suyos y su propia casa.

Se informó por Adriano de las sospechas de Demetrio. Su corazón se oprime por estar siendo desleal. Sin embargo, aquello que está en juego es mayor que su propia vida. Sabe que Demetrio tiene razón y anhela el regreso de Semiramis. ¿Quién sabe, las dos estarán juntas?

Adriano sale al campo en busca de sus conocidos. A uno de ellos, un soldado romano, le narra la desaparición de una amiga, sin entrar en detalles.

El soldado, perceptivo, le pregunta directamente:

- ¿No era ella una simpatizante cristiana? ¡Los cristianos son muy discretos! ¡Por lo general, llevan vidas paralelas, y así como las ratas, están en todas partes!

A pesar de estar muy incómodo con sus comentarios, groseros, Adriano quiere tener la oportunidad que él mismo le está dando. Siente escalofríos... ¿La mujer querida está sufriendo los horrores que Roma inflige a los cristianos? Su corazón se aprieta como en un torniquete...

- ¿Por qué dices eso?

- ¡Porque ayer por la noche un enjambre de cristianos quedó atrapado en las catacumbas de la Via Nomentana! ¡Hace dos días que ya sabíamos que allí se harían los arrestos!

Adriano siente que su corazón se hunde. El amigo sigue hablando:

- La orden vino directamente del tribuno Haterio. Tú sabes lo mucho que odia a esa gente. Él declara que ellos son excelentes para los espectáculos del circo. Allí, en medio de la multitud delirante, ¡César se fortalece y es glorificado! Nosotros sabemos que la persecución de los cristianos es aprobada por el pueblo, que, insaciable, disfrutan de los sangrientos espectáculos. Los cristianos, por su parte, "santificados" e indefensos, ¡se deja a matar entre cánticos! Los que asisten, en medio de los histéricos hurras, maldiciendo y gritando, ¡rayan con el delirio! Mientras tanto, ¡olvidan sus propias desgracias! Verlos, enloquecidos, en ondas de colores fuertes y apenas cubiertos de harapos, ¡es un espectáculo en sí mismo!

¡Salve, Roma! ¡Dios te salve, César! Me parece escucharlos, en un clamor ahogado que nos da energía, con fuerza, instándonos a defender a Roma y al César, ¡hasta la muerte! ¡Deberías irte, Adriano! ¿O ya has ido…?

Adriano está disgustado. Nunca estuvo interesado en estos programas. Nunca fue despiadado, su madre y su padre le enseñaron a tener sentimientos más amenos, menos violentos… No importa lo insensible que fuera, nunca tuvo impulsos criminales.

Triste, pero disimulando lo que hay en su alma, acepta:

- ¡Pues bien! ¡Puede que tengas razón! ¿Dónde se quedan los cristianos cuando son detenidos?

- ¡En varios lugares! ¡Prepárate para hacer una auténtica peregrinación!

- ¡Gracias por la buena voluntad!

Intrigado, el amigo no dice nada más y se dispone a salir con él. Se van, luego, por las calles de Roma, en dirección a las cárceles. En ruta, visite varios lugares de *"triage."*

Hacinados como ganado, sin dolor ni piedad, sometidos a todo lo más humillante, violento e irrespetuoso que se pueda imaginar, quedan a disposición de los más diversos deseos y de ahí entregados, sin defensas, a las acciones criminales, aquí o allá, de estos o aquellos…

En la oscuridad de la noche, muchos son tomados como esclavos y desaparecen. El más fuerte o los más vistosos, son elegidos para ser objeto expuesto en muchas luchas, como gladiadores.

Las mujeres, señaladas como objetos de deseo, son "adquiridas" de gracia en subastas, o al peso en oro. Todo dependerá de la "administración" de cada "vivero."

Los niños son arrancados de los brazos de sus padres para ser esclavos de señores que irán a disponer de sus existencias, de la forma en que les plazca, sin leyes y sin problemas de conciencia.

Negocios excusos se realizan durante las altas horas de la noche, o utilizando todo tipo de artificios, en ocasiones prescindibles, por la fácil connivencia... Por algunas monedas, a cambio de favores o pago de deudas, se llevan estas o aquellas a lugares ignorados, y los pobres infelices desaparecen, como por arte de magia.

En el "espectáculo", los cristianos, por centenares, alimentan a las bestias hambrientas y sedientas. Estos, por supuesto salvajes, se hacen más salvajes por el instinto de sobrevivencia.

- ¡Ahí está, Adriano, sírvete! - declara el amigo, con cada nueva guarida degradante y cruel, llena de gente demacrada y ojos asustados. Algunos, llenos de fe, arrodillados, balbuceando oraciones.

- Agradecido, ¡que los dioses te cubran de victorias! - Adriano responde mal impresionado. Espera no encontrar a Sibila en estos lugares.

Una y otra vez, su guía le informa:

- Mientras vagas por allí, lo que no me apetece ni un poco, me voy a ligar con los compañeros, bebiendo y jugando. ¡Al salir nos encontramos! ¡No tengas prisa porque yo no la tengo!

Al final del día, Adriano le agradece. Al día siguiente, continuarán.

Adriano va a la casa de Demetrio y le dice que la búsqueda había sido infructuosa.

A partir de ahí, más una vez, se dirige a la casa de Lidia. Allí, tampoco, Sibila no apareció. Los ojos de Lidia están rojos de tanto llorar.

Adriano vuelve a casa, se alimenta e intenta descansar unas horas. Al amanecer del día, busca al amigo y reanuda la búsqueda.

Esta vez lo presiente; algo va a pasar...

Ingresa a los pasillos de una prisión más, se identifica como agregado en la casa de Demetrio, cita el nombre de Haterio, y en unos momentos tiene acceso a los prisioneros.

Se identifica con un soldado que tiene la tarea de vigilarlos y lo sigue, en la revista que éste hará.

¡Después de horas de caminar y de observación, a la espera de su buena voluntad, que se demora aquí y allí, casi a darse por vencido, él divisa a Sibila...! Ella está sentada en el suelo, en medio de muchos otros. Vestida con mucha sencillez, muestra un cansancio extremo y mucha debilidad.

Pegado al suelo, Adriano duda de sus propios ojos...

Como sintiendo su mirada, ella se voltea y se enfrentó con él y duda de lo que ve... ¿Cómo Adriano puede estar allí...? De repente recuerda sus propios presentimientos...

El amigo de Adriano, cansado del juego, llega y lo sorprende en el esfuerzo por alcanzar a Sibila.

Adriano declara:

- ¡Aquí, mi amigo, aquella que estoy buscando! ¡Ciertamente, hubo un lamentable error en su arresto!

Malicioso, el amigo comenta:

- Siempre el mismo, ¿eh, Adriano? ¡Incluso entre los cristianos! ¡Realmente eres un sátiro! ¡Qué hermosa mujer! ¡Una verdadera diosa!

Haciendo caso omiso de la falta de respeto, Adriano se adelanta a Sibila, cuando escuchas:

- ¡No te olvides de los amigos!

Adriano se siente un impulso de avanzar sobre él, pero se contiene.

Se acerca a Sibila, la toma de las manos y la levanta:

- ¿Qué dioses infernales te lanzaron en esta "zanja común", Sibila?

Sorprendida, ella responde con otra pregunta:

- Y tú, amigo mío, ¿qué haces aquí?

- ¡Te estaba buscando!

- ¿Aquí?

- ¡Sí, por sugerencia de Demetrio! ¡Todos estamos preocupados! ¡Él encuentra al borde de la locura! Te marchaste sin avisar, ¡ni siquiera a Lidia!

- ¡Porque tenía la intención de volver pronto!

- ¡Qué imprudente, Sibila! ¿Cómo acabaste hasta aquí?

- Sería mejor preguntar, Adriano, donde estaba...

- Pues dímelo, ¡por favor!

- ¡Fui a las catacumbas en la Via Nomentana!

- Entonces tú...

- Sí, Adriano, ¡yo soy cristiana!

Adriano confirma las sospechas de Demetrio. Debe actuar rápido. La vida o la muerte de Sibila puede estar siendo decidida.

Sorprende la mirada de malicia y la aprobación del amigo que no se mueve de allí. Lo ignora y le dice a Sibila:

- ¡Sibila, no importa lo que seas o no! ¡Tienes que salir de aquí! ¡Ven!

Ella mira a los demás que están allí, al igual que ella, afligidos y asustados... Ella le pregunta, en una fina voz:

- ¿Y ellos?

Tirándola de la mano, Adriano responde:

- ¡No seas loca, Sibila! ¡Apresúrate! ¡Vámonos de aquí!

Al jalarla de la mano, mientras ella vacila, llega un romano, investido con gestos lujosos de su alto rango, pisando ruidosamente, en el tintineo de las armas que porta, anunciando:

- ¡En nombre del César, todos están "invitados" al próximo espectáculo de circo! ¡Allí, tendrán la oportunidad de mostrar sus locuras! ¡Así como los gladiadores, que se enfrentarán a la muerte para alegrar al César y al pueblo, mientras que sirvan de escarmiento para aquellos que vengan después, con las mismas intenciones! ¡Prepárense! Mañana serán llevados al ambiente. ¡De esta manera, se irán acostumbrando al "escenario" y el rugido de las fieras! ¡Éstas, mal pueden esperar comida tan abundante! ¡Ah, ah, ah...! - Se ríe, a pie suelto.

Sorprendiendo a Adriano, que intenta salir de allí con Sibila, indaga, con autoridad:

- ¿Quién es usted y qué cree que está haciendo?

Adriano se pone lívido. Por un momento, habría logrado escapar con ella. Ahora lo duda... Mira a su alrededor, busca al amigo, pero este se eclipsara. Respira hondo y, en una postura digna, responde:

- ¡Soy Adriano, amigo del tribuno Haterio y agregado en la casa de su padre, Demetrio! ¡Esta es Sibila, protegida de Demetrio, que fue traída aquí por equivocación! ¡Ahora mismo, a petición del propio Demetrio, estoy corrigiendo este lamentable error!

Todo esto, declara valiente para resolver la situación que se vuelve cada vez más peligrosa.

Mirándolo, de arriba a abajo, y haciendo un análisis de aquel que tiene delante de sí, reflexiona en cuanto a la verdad o mentira de lo que oye para al fin concluir:

- Hum... Haterio está viajando... ¡En cuanto a Demetrio, no conocemos su autoridad sobre su hijo! Por lo tanto, ¡se vuelve difícil, si no imposible, juzgar lo que declara tan perentoriamente!

Con cuidado, Adriano se dirige a él una vez más:

- ¡Noble tribuno del César, le ruego que ordene la confirmación de todo lo que le digo, en la noble casa de Demetrio y Haterio! ¡Sus dudas, entonces cesarán de existir y podremos, todos, corregir la arbitrariedad de alguien que, desconociéndolos, detuvo a tan noble mujer, agregada al hogar del referido y digno patricio romano, en todo sometido al César y a las leyes de Roma!

Dudando, mucho, de todo lo que escuchan, el tribuno chasquea los dedos y convoca:

- ¡Sávio! Dime, ¿dónde estaba este bebé? – Señalando a Sibila.

Acudiendo, listo, Sávio se apresura a responder:

- ¡En la Via Nomentana, rezando junto con los execrables seguidores del Hijo del Carpintero! ¡En ese momento, ella fue abordada Alicio, malicioso, indisciplinado como es! Le pasé un correctivo, volviendo a ponerlo en su debido lugar. ¡Ella vino arrastrándose como pudo, mientras que ayudó a sus amigos! Vi todo muy bien, ¡y estoy seguro que fue ella!

Con cada palabra que sale de la boca de Sávio, Adriano se estremece. Se imagina la violencia sufrida por Sibila y que se rebela, sombrío.

Abriendo los brazos, en un gesto muy significativo, el tribuno sonríe, burlándose y aconseja:

- Sal de aquí, cuanto antes, sino... Ser cristiano es traicionar a Roma y caminar con ellos...

Mirando a su amiga, resignada a su propia situación, Sibila pregunta:

- Vete, Adriano, te lo ruego... Hazlo mientras puedas, querido amigo. Agradecida por el esfuerzo por salvarme y por tanto cariño... ¡Que los cielos te guarden!

Adriano está confundido... Nunca se imaginó en una situación como esta. No es un cristiano; sin embargo, ¿cómo dejar allí a la mujer que ama? Sibila será acosada, agredida, masacrada... Minutos que parecen siglos, y, al mismo tiempo tan reducidos para una decisión que puede usted decidir su vida o su muerte... Pero... ¿y si Sibila fuera sacrificada...?

Sibila suelta su mano y se aparta, dándole total libertad. Ella le da la espalda, finge ignorarlo y se mezcla con los demás.

Casi perdiéndola de vista, Adriano mira a aquel tribuno que allí es sinónimo de desgracia.

Éste, con una leve sonrisa en los labios, le pregunta:

- Y entonces, ¿qué decide? ¡Apúrese que no tengo todo el día, ni estoy a su disposición!

Enderezándose, decidido, Adriano responde:

- ¡Me quedo!

- ¿Contra César?

- ¡Contra cualquiera, o en contra de cualquier cosa! - Se confirma. Dándose de hombros, el otro predice:

- ¡Que así sea! ¡A partir de ahora, eres un traidor de Roma y como tal será castigado! ¡Mantente cerca de esta pandilla y sírvete! - Escupe al lado y le da la espalda.

Su autoridad, después de Haterio, que está ausente, es incuestionable. Lo envidia, visceralmente. Hará cualquier cosa para destruirlo... Aquello que escuchó de Adriano lo hace pensar que tal vez la suerte lo ayude a ascender temprano en la jerarquía: "¡¿Haterio y agregados cristianos...?! ¡Pura perdición! Haterio es imbatible en todos los flancos; con un temperamento de acero, él destituye, condena y ejecuta, ejemplarmente, a aquellos que lo desafían. "No es un enemigo que se desee, de ninguna manera... "

Vinícius Aurélius pretende actuar con gran prudencia para, a la primera oportunidad, utilizar lo que descubrió y llevar a Haterio a la desgracia. Este último lo perderá todo, ¡quizás su propia vida...!

Hace mucho espera un momento adecuado para acercarse más al César y disfrutar de las glorias que éste ofrece, tan generosamente, a aquellos que se someten a su poder sin límites y sin reglas, así como Haterio y tantos otros...

Observando a Adriano y Sibila, llega a la conclusión que esta es su gran oportunidad. ¿Será que esta bella mujer interesa a Haterio? ¿Será que este elegante patricio es, de hecho, amigo de Haterio? Bueno, bueno, ¡qué gran descubrimiento...!

Antes de partir, le ordena a Sávio:

- ¡Vigila de cerca a esos dos! ¡Te cobraré la responsabilidad!

Ante la curiosidad estampada en los ojos de su subordinado, agrega:

– Tal vez los deje para otra suerte. ¡Es una pareja muy interesante!

Sávio, sorprendido, se queda en silencio. Es suficientemente prudente para no contrariarlo...

Orgulloso de sí mismo y del poder que representa, Vinícius Aurélius se va, sin mirar atrás. Si lo hiciese, sorprendería la expresión, sombría de Sávio y su mirada de odio.

Después de irse, Sávio sonríe siniestramente mientras piensa:

– "Sí, tendrás que dejarlos a otra incursión, Vinícius Aurélius, ¡porque, hoy mismo, te irás al infierno...! ¡Admira el mundo, mientras puedas, en el tiempo que te queda, odioso tribuno...!"

Después de su salida, Sávio dirige una mirada significativa a un grupo de cinco soldados, el cual es parte de su guarnición. Haciendo una pequeña señal afirmativa, los cinco salen apresurados, detrás de Vinícius Aurélius...

✳ ✳ ✳

Y ESTE TRIBUNO ARROGANTE y venal, mis queridos lectores, no sobrevivirá para asistir al próximo espectáculo del gran circo romano, porque caerán en pocas horas, víctima fatal de una trampa de su subordinado, bajo el guante de la acción criminal de quienes le quitaran la vida – llena de sueños de felicidad y de gloria –, por dinero. ¡En la Tierra – aun –, el hombre es el lobo del propio hombre...!

Por lo tanto, Adriano y Sibila seguirán el curso de los acontecimientos, en conformidad con sus deseos, y la aquiescencia del Creador...

* * *

VIENDO AL TRIBUNO ALEJARSE, Adriano concluye que está perdido. Alcanza a Sibila, la toma de la mano y le pregunta:

- Sibila, ¿estás segura de lo que estás haciendo?

- ¡Sí, lo hago! Entre César y Jesús, ¡yo elegí a Jesús!

- ¿Te has vuelto loca?

- ¡Dulce locura, Adriano! ¡Por lo que veo, el que se volvió loco eres tú, que no tienes la misma "culpa", te quedaste a mi lado!

- "¡Estaba escrito en los cielos! - Piensa ella - Adriano tenía la libertad de elegir... Si no fue por Jesús, por amor... "

Profundamente perturbado, ante la trágica situación, Adriano acusa con vehemencia:

- ¡Tú serás responsable por nuestra suerte, Sibila!

Comprensiva, pero muy racional, responde directa y sinceramente:

- ¡No, Adriano, solo seré responsable por mí! ¡Tú eres libre de elegir!

Adriano recuerda, de repente, su promesa de aceptar cualquier desafío, en nombre de su amor... Sin embargo, lo que se pone a prueba puede estar por encima de sus fuerzas... ¡Ama demasiado a la vida! ¡En aquello que ella posee de mejor, de más lujoso, hermosa, inteligente y culta...! ¡Ávido, se ha embriagado con la vida...! Extremadamente pálido se desahoga:

- Cuando yo te dije que haría cualquier cosa para demostrarte mi amor, ¡yo nunca podría imaginar que sería esto! ¿Entonces, este es mi gran reto?

Pregunta desconcertado, gestos amplios, señalando el triste escenario... Como un pez fuera del agua, recuerda que jamás se interesó por ninguna creencia. ¿Qué está haciendo allí? ¡¿Qué le sucederá...?! En medio a sus reflexiones, él oye la voz suave de Sibila:

- Parece que sí, amigo mío...

Luego de una lucha íntima y sin precedentes, Adriano decide cumplir su palabra y confirma su decisión:

- ¡Es justo! ¿Qué es lo que esperaba? ¿Algo más pequeño? ¿Cuando se trata de ti y del sentimiento grandioso que me abruma? ¡Pues bien, seré digno de mi promesa! ¡Estaré contigo en cualquier forma, donde quiera que sea, en la vida o en la muerte! ¡Voy a compartir tu destino! ¡Quién sabe, por fin, tendré tu amor...!

A pesar de su admiración, en cuanto a la acción valerosa, consciente y determinada de Adriano, Sibila le responde con la sinceridad que el momento demanda:

- ¡Admiro tu valor, Adriano, y te doy gracias por tu dedicación, pero siempre amaré a Ben Azir, en cualquier forma, donde quiera que sea, en la vida o en la muerte!

Devastado por lo que acaba de escuchar y mirándola suplicante, Adriano pregunta:

- Sibila, yo estoy aquí, vivo, a su lado, ¿no me puedes amar ni un poquito?

- Yo te amo mucho, Adriano, pero de otra manera, acepta eso...

Suspirando, abatido, Adriano dice:

- ¡Por lo menos, tendré el honor de enfrentar el mismo destino que tú!

- ¡Deberías salir de aquí y vivir!

- ¿Y dejarte aquí, entregada a tu propia suerte? ¡No podría, Sibila! ¡No sería un hombre y sí un gusano! ¿Cómo salir de aquí sin ti? ¡Nunca! ¡Me volvería loco! ¡Te amo y voy a demostrar eso!

Adriano está iluminado, de su boca fluyen las palabras con precisión y sinceridad.

Sibila capta en él la luz que ha estado escondida durante tanto tiempo. Piensa en sus padres y en la dedicación, única, de su madre...

- "¡La noble Berenice debe estar feliz con la transformación de su amado hijo...!" - Piensa, en una sonrisa angelical que encanta a Adriano. A continuación, se abre en una sonrisa y alaba:

- Adriano, ¡eres digno de la corona de laureles! ¡De la verdadera, de aquella que adorna el alma! ¡Tu padre debe estar muy orgulloso de ti!

- ¡Pobre y querido padre...! ¡Siempre fui su mayor reto y su mayor dolor...! Mis padres, Demetrio y tú, me transformaron en una mejor persona. Hoy respeto y soy respetado. Veo la vida bajo un prisma mejor y más justo. Abrí los ojos de mi alma a todo lo que es bello y bueno, como si finalmente se hubiera levantado un velo misterioso, ¡revelándome la Verdad!

Espontánea y muy sincera, Sibila declara:

- ¡Para iluminar tu corazón transformado, Adriano, te confieso que, si yo no amase a Ben Azir, te amaría a ti!

Adriano escuchó su declaración, temblando de amor. Embelesado, la toma de las manos y declara:

- ¡A pesar de las funestas predicciones, esta revelación me llena de esperanza! Con el tiempo, quién sabe, ¿no?

Penalizada, Sibila exclama:

- Adriano, despierta, ¡estamos condenados!

Apretando sus manos entre las suyas, declara optimista:

- ¡No, todavía no...! Haterio puede regresar a tiempo y librarnos de este cruel destino! ¡Confiaré, hasta el último momento! ¡Lo que escuché de ti y que me embriagó los sentidos y el alma, en la confirmación de esta posibilidad, me renueva y me mantiene la esperanza! ¡Esperemos, confiados, Sibila!

Adriano recuperó la sangre fría.

Sibila; sin embargo, lo sabe: "Pobre amigo... ¡Ha llegado nuestra hora! ¡Nuestro destino se cumplirá...! "

Mirando a su alrededor, sorprende diálogos y silencios, miedo y fe, desconcierto y resignación... El dolor en medio a la esperanza...

Llevándose la mano al pecho, la aprieta angustiada mientras reflexiona sobre todo y sobre todos:

- "Más temprano o más tarde, todos moriremos... ¡Que sea ahora para servir de ejemplo, en la siembra de ideas nuevas y transformadoras...!"

Volviéndose hacia Adriano, rompe el silencio:

- Adriano, después de sacrificios y abnegaciones como estos, ¡el mundo será mejor!

- ¿De qué mundo estás hablando, Sibila? – Pregunta escéptico. Mirando a lo alto, interiorizada, ella responde:

- ¡De un mundo sin el poder romano o cualquier otro similar...! ¡Sin Césares, sin crueldad, guerras, injusticias, miseria, frío, hambre, abandono...!

- ¿Qué? ¡El mundo nunca será así! ¡Eso es ilusión, pura fantasía!

- ¡No, Adriano, no lo es! ¡A partir de ahora puedo verlo, deslumbrada y agradecida al cielo! ¡En este horrible y glorioso momento, consigo divisar eventos que me asombran! ¡Antes de la gran redención de este mundo, veremos dolor, angustia, muerte y desesperación, como nunca se podría imaginar, porque el hombre de la Tierra, casi siempre, solo aprende a través de las propias lágrimas y de sus propios sufrimientos...!

¡Mientras que él domina y perjudica a su prójimo, parece no sentir nada, en una insensibilidad aterradora, pero cuando, a su vez, sufre, he aquí, él cambia, llora, suplica, se humilla, se desespera, y pide ayuda...! ¡Se convierte como un niño triste y perdido, en busca de ayuda, apoyo y cuidado...!

¡Un día, Adriano, el hombre de la Tierra respetará a su prójimo y, más que eso, lo amará de tal manera que pensará primero en él, antes de pensar en sí mismo...! Las leyes, más justas, alcanzarán, sin distinción, a todos. No más pobreza, ni hambre, ni frío, pues el amor legítimo rescata, comparte, dona, abraza...

El propio clima será más equilibrado, por las vibraciones del nuevo hombre más armonizado con la Naturaleza, a la cual respetará, consciente que depende de ella para sobrevivir y tener paz...

¡En cuanto a la ciencia, más sabia, el hombre tendrá la cura para las enfermedades, los enfermos serán tratados de manera más placenteros, menos dolorosa, por métodos más sutiles, en el uso de descubrimientos científicos que hoy parecen imposibles...!

¡Dominando la ciencia, el hombre tendrá soluciones a los problemas que han desafiado a las mentes más grandes que ya pasaron por aquí!

¡Todo el conocimiento obtenido será dirigido al bien y al amor! ¡La Verdad, gradual y segura, porque se basa en la razón, en las fuerzas de la naturaleza y en el amor, sujeta a las leyes inmutables de Dios, barrerá las cuatro esquinas de la Tierra, instalando el verdadero progreso! ¡Entonces veremos grandes civilizaciones! ¡Las alabanzas al Creador serán parte de las prácticas, más cotidianas, en el día a día, en esta nueva era!

¡El cielo, entonces bajará a la Tierra, mientras el hombre se levantará cada vez más hacia él!

Seremos, en este tiempo, que fue ampliamente anunciado y esperado por los profetas, filósofos, santos y mártires, misioneros y hombres de bien; ¡un solo rebaño y un solo Pastor!

Por ello, vidas como las nuestras, son invitadas a dar testimonio de la propia redención, ¡una oportunidad única! ¡Y así, implantaremos, gradualmente, este nuevo reino de amor y de sabiduría en este mundo!

- ¿Y de que nos sirve, Sibila, el sacrificio, si tan solo las generaciones futuras disfrutarán de los frutos de esta siembra sangrienta?

- ¡No, amigo mío! ¡En realidad, el soplo que nos anima se perpetuará y estará presente en otras oportunidades de vida, mejorando, para nuevas experiencias que, por su parte, darán lugar a muchas otras, hasta que podemos sentirnos bendecidos y empatados con la verdadera justicia, aquella que, de hecho, desde el cielo, nos gobierna!

Con la boca abierta, Adriano escucha a Sibila predecir el futuro.

La admira hasta la adoración y bebe cada palabra que sale de sus amados labios.

Extasiada y distante, ella tiene el rostro bañado en lágrimas, su semblante iluminado. Luego de un silencio conmovedor, en el que las lágrimas corren brillantes por su hermoso rostro, mira a Adriano y le agradece:

- ¡Gracias, mi querido, para la compañía, protección y afecto! ¡Que Dios te guarde e ilumine, en la Tierra y los cielos!

Erizándose, Adriano comprendió. El día pasa, y el próximo amanecer puede ser de horror...

Curioso, dice:

- Sibila, acabo de escuchar cosas que están más allá de mi comprensión. ¿Me gustaría entender esta fe que guía tu vida y, también, por qué, cuando hablas de generaciones futuras, pareces hablar de ti misma y de todo general?

- La fe que cargo, Adriano, me viene sosteniendo a lo largo de mi vida. En cuanto a las futuras generaciones, y a sus evoluciones, he buscado sin descanso en las obras antiguas y actuales. Con nuestro venerable Plinio, sobreviviente de las persecuciones, como la que estamos sufriendo, confirmé este aprendizaje. ¡Sócrates creía seriamente que vivimos muchas veces!

- Yo siempre puse estas filosofías en el campo de las ilusiones que el hombre crea para consolar sus innumerables frustraciones, frente a lo que no es ni puede tener. Si, en el futuro puedo "tener y ser" aquello que hoy "no tengo ni soy", me conformaré más fácilmente... ¡Dudo, Sibila, de un futuro diferente y mejor! ¡La infelicidad parece ser inevitable en este mundo, donde el mal impera y domina! ¡Así, desafortunadamente, el hombre terminará por aniquilarse y al propio mundo!

- No, Adriano, no pienses así... Un pequeño punto de luz puede iluminar mucho. Cuando dices que el mal prevalece en este mundo, señalas sus imperfecciones. A pesar del mal que existe, fuimos creados para el bien. ¡Lamentable! El hombre vislumbra el cielo, ¡pero se lanza al infierno!

Cuando nuestra alma, una milenaria peregrina, actúa e interactúa en diferentes tiempos, hace uso de su propia voluntad y elige la ruta que le parece mejor para ella. En este, aprendemos, cómo estamos aprendiendo, ahora, a través de los desafíos y las experiencias, mientras rescatas, a través del sufrimiento, los errores del pasado, creciendo, material y moralmente, rumbo a la perfección.

Somos, hoy, la suma de experiencias pasadas y, de esta, que ahora vivimos. En cada uno de nosotros, sin distinción, el potencial divino que nos distingue como individuos, únicos e intransferibles. ¡Hemos evolucionado incesantemente en este o en otros mundos!

Asimilando, esta sabiduría, de todos los tiempos, conscientes que, si Dios es perfecto, la vida también lo es, serenemos nuestro corazón y confiemos, plenamente, en futuros cada vez mejores.

¡Esto, Adriano, no es solo fe, sino también conocimiento!

Cansada, Sibila guarda silencio.

- ¡Sibila! ¡Me espantas! ¿Cómo puedes saber tanto…! ¡Discurres así, tan bien, sobre cosas tan absurdamente elevadas y difíciles para la gente común, como cualquiera de los sabios de la antigüedad o contemporáneos! ¡Incluso sabiendo, de larga data, tu sabiduría y erudición, estoy perplejo!

- ¡Nunca conseguimos dialogar así, porque a ti te faltaba la reflexión y el interés!

- Dime, si puedes: ¿Por qué, siendo tan buena como eres, sin culpa que se conozca, con un comportamiento ético perfecto, y un afecto en el corazón por todos los que te circundan, te son encontramos en esta situación tan trágica? ¿Dónde la justicia perfecta? En cuanto a mí, ni siquiera pregunto, porque no me incluyo en la lista de los agraviados…

- Nadie es tan bueno, Adriano. En esta vida, aprendemos más, por la propia voluntad o por la fuerza de las circunstancias, mientras rescatamos los errores del pasado. Por lo tanto, el presente debe ser bien aprovechado, con miras al futuro, que siempre será mejor, ¡debido a la propia ley evolutiva!

- Si nos recordamos las culpas de las que hablas, ¿para qué el sufrimiento, si antes no lo sabíamos?

- La propia naturaleza salvaje que todavía actúa por instinto ya carga, en sí misma, la pasión y la condición de escoger. Nuestra conciencia tiene, por su naturaleza, las nociones del bien y del mal.

- Escucho la veracidad de las aclaraciones, pero creerlos...

- ¡Tenemos la eternidad para aprender, Adriano! No hay ningún afloramiento antes de tiempo. ¡Dios nos espera, amoroso, de acuerdo con nuestras necesidades!

- Esto me parece más justo.

Sibila está muy pálida.

Adriano mira alrededor y se estremece: cada uno de los que están allí exhiben la misma palidez, que debe ser el resultado de la falta de alimento y de reposo, del mal trato recibido y el miedo, humanos que son.

- "¡Sibila está decidida a sacrificarse...! Yo, que siempre me escabullí a las batallas, ¡aquí estoy, sin armas y sin defensas! ¡Si todo sale mal, yo también seré sacrificado sin apelación...! "

Afligido, le habla:

- Sibila, si Haterio no llega a tiempo, ¡moriremos!

- ¡Y lo haremos sin remordimientos y sin rebeldía, seguros de que el Señor de la Vida nos salvará, o aceptará nuestro sacrificio, dentro de nuestra libertad de elección!

- ¡Mi querida visionaria! - Él dice, sujetándola por los hombros y tratando de infundirle las fuerzas físicas que parecen estarse agotando…

Decidido, le pide:

- ¡Acéptame en las filas de este extraño ejército que ni mata ni persigue, pero se deja matar, en medio de cantos de alabanza, en nombre de una creencia que estoy muy lejos de poseer, pero que acepto por ti, en una indiscutible prueba de mi amor!

Mirándolo con infinita ternura, ella acepta su abrazo fraterno y sus palabras de cariño:

- ¡Que Dios te bendiga! ¡Después de una notable transformación del carácter, vas a coronar tu alma con la palma del martirio! ¡Vamos a servir de ejemplo!

Paseando los ojos por la vecindad, Adriano se encuentra con el amigo que lo busca. Consciente que de él nada puede esperar, se mezcla a los otros, y se distancia.

Apoyando a Sibila, la acomoda, de la mejor manera, en el suelo, y hace lo mismo. Toma sus manos y le dice:

- Tu estatua está casi terminada. En caso que no vuelva, espero que alguien más la termine…

- ¿Mi estatua, Adriano?

- ¡Sí! En mis incursiones en el arte, me convertí en un toréuta. ¡Imagina!

- ¡Sorprendente! ¡Felicidades! ¿Estás haciendo una estatua para mí?

- ¡No! ¡Te estoy eternizando, en mármol! Era un regalo, ahora…

- Gracias Adriano…

- Hoy, Sibila, mi amor por ti está hecho de belleza y de verdad. Cuando recuerdo mis antiguas intenciones, llego a sentir vergüenza...

- ¡No te preocupes! Aun así, nunca me ofendiste de hecho y jamás me perjudicaste, en lo que quiera que sea. Siempre te tuve una gran amistad, y siempre supuse que, en cierta manera, nuestras vidas estaban conectadas...

Y mientras pueden, los dos ayudan a los más ancianos, los enfermos y los niños.

Adriano comenta:

- Demetrio está angustiado por tu desaparición, pero algo mucho más grave sucedió en su casa, deteniéndolo, frente a las ceremonias habituales que un entierro requiere...

- ¿Dijiste entierro? ¿De quién?

- ¡De Minerva! ¡Una sirvienta la envenenó, en venganza!

- ¡Pobre infeliz! ¡Por fin dejó este mundo, en el que practicó tantas perversidades!

- ¿Cómo se pondrá Demetrio en caso nos suceda lo peor?

- ¡Dios lo protegerá, Adriano! ¡El padre cuida de todos sus hijos! ¿Tú ya sabes que él es mi verdadero padre?

- Sí, él me lo dijo...

Adriano piensa: "Pobre Sibila, ignora que Haterio es el responsable de nuestra suerte..."

Allí, en medio de muchos otros y en una situación trágica, los dos cumplen, sin saberlo, aquellos que les está determinado, como causa y efecto, de otras vidas, a lo largo de los milenios...

Al día siguiente, Haterio regresa a casa. Ni siquiera él sabía que su madre había muerto. En camino pasa por la casa de Lidia.

La terca, Sibila, aun puede estar allí. Advertida de su presencia, Lidia se estremece.

Lo recibe, cortésmente, pero amedrentada. Cada vez que está presente en tu casa, asume la pérdida total de todos.

- ¡Salve, noble tribuno!

- ¡Voy directo al grano! ¡Sibila está todavía aquí o ya obedeció mis órdenes y fue a casa?

Lidia concluye que ignora los últimos acontecimientos...

- ¡Noble Haterio, ella no se encuentra aquí, e, ignoramos, por desgracia, dónde pueda estar! – Ella dijo todo, de una vez. Las palabras resonaron, inarmónicas y extrañas, en sus propios oídos.

Haterio le observa, entonces, las ojeras profundas y su abatimiento enfermizo. Sus ojos muestran que ha estado llorando mucho.

Está perplejo. ¡¿Entonces Sibila no está ahí, o en su casa...?!

Sospecha y amenaza:

- ¡En caso tú o mi padre estén ocultando a Sibila, lo van a lamentar amargamente! ¡Soy despiadado con aquellos que se atreven a desafiarme!

- ¡Ni yo, ni tu padre sabemos dónde ella está! ¡Lo juro por los dioses!

- ¿Lo juras por los dioses? ¿Y por eso no te veo a ti ni a tu sacrificio en los templos?

Lidia guarda silencio, él lo sabe... Solo pospone, mientras llega el momento de destruirlos...

- Bueno, ¡voy a ver a mi padre! ¡Ponte a mi disposición, porque volveré! ¡Tenemos algunos asuntos pendientes!

Apresurado, se va.

Semiramis que ya se encuentra en la casa, llega y corre para sostener a Lidia, quien se desequilibra y amenaza con perder los sentidos.

- ¡Señora, confíe! ¡Dios ha de ampararlos!

Lidia estalla en lágrimas sentidas.

- ¡Dios mío! ¿Dónde está Sibila? ¿Qué será de todos nosotros?

- ¡Lo que la providencia divina determine! ¡Que Él nos proteja y a nuestra querida Sibila!

Bajando la voz, informa:

- Noble Lidia, supe de algunos arrestos esa noche. Sibila pudo haber ido a la Via Nomentana...

- ¡Dios! ¿Cómo decirle a Demetrio o a cualquier otro, Semiramis? ¡Sería a nuestra perdición, incluyendo a ella!

- En última instancia, conviene hablar con Demetrio. Quizás eso salve a Sibila, incluso si está entre los cristianos. Pobre amiga, pobre hermana... ¡Qué suerte adversa puede estar a su espera...! ¡Sin embargo, gloriosa...! - Semiramis mira hacia lo alto y se inspira, absorta. Se dirige, mentalmente, a su querido padre, que hace unos días entregó su alma a Dios, le ruega por Sibila, por Lidia, por su casa y pide por sí misma y por Quirinius. Tiene la intención de casarse pronto. Su padre, antes de morir, los bendijo.

Velando por Lidia, espera la recuperación y la calma de su ama, resultado de las gotas calmantes que Sertória le dio.

Cuando ella finalmente se pone mejor, respira aliviada. Le arregla las mantas, cuidadosa. Minutos más tarde, sale despacio. Lidia duerme profundamente.

Semiramis creció en la casa de Lidia y, en breve, será su cuñada. En la comunidad, ella y el hermano José dirigen y gestionan todo. Son los herederos espirituales del venerable y difunto Plinio.

✳ ✳ ✳

DESCENDIENDO ÁGIL, DE SU LUJOSA biga romana Haterio irrumpe casa adentro, como un torbellino;

- ¡Preséntense todos! ¡Llamen a mi padre!

Con el alarido, Demetrio aparece a darle la bienvenida. Ignora lo que sabe y lo que no sabe:

- ¿Cómo estás, hijo?

Sin responder, se da cuenta de la presencia de los sirvientes, ojos relucientes. Demetrio se congela, frente a la mirada que él le dirige.

Los pobres fámulos se asemejan a una división militar, alineados y erguidos, esperando las órdenes.

Rápidamente, Haterio nota una ausencia y pregunta:

- ¿Dónde está Flávia? ¡Envíen a buscarla y llamen también a mi madre...!

El silencio que se produce es aterrador. Los sirvientes se miran con miedo.

En suspenso, ante tanta precipitación y arbitrariedad, Demetrio comienza:

- Hijo mío, escúchame...

Sin mirarlo, levanta la mano interrumpiendo:

- ¡Espera! ¡Hablaremos más tarde en mi oficina!

Él ni siquiera se dio cuenta del enorme abatimiento del padre y las miradas significativas de sirvientes.

- Y luego ¿por qué aun no se llama mi madre?

Cirilo se adelanta con la cabeza gacha, casi hasta las lágrimas:

- Mi Señor... Ella se ha ido... No está más entre nosotros...

Haterio cambia de color, varias veces... Se desploma, busca un asiento y cae sobre él. Mira a su regreso con la esperanza de verla emerger. ¡Deben estar bromeando! ¡No es posible! ¡Cuando se fue, su madre estaba muy bien! Traga saliva. Su boca esta seca. Se mueve, incómodo, y estira las piernas... Él mira a sus pies y se impresiona; parecen ver un cadáver, vueltos patas arriba...

Siguiendo su mirada, los sirvientes le admiran los grandes pies, fuertes, y calzados en lujosas sandalias de cuero curtido y muy bien lustradas...

Se endereza, intenta hablar y su voz sale ronca. Se aclara la garganta y se dirige a su padre:

- ¿Puedes decirme cuándo y cómo sucedió? ¡Ella ni siquiera estaba enferma! ¿De quién fue la culpa?

Haterio siempre quiere saber de quién es la culpa. Así podrá descargar su natural violencia sobre alguien.

- ¡Tu madre, Haterio, fue envenenada! ¡Lamento que no hayas llegado a tiempo para el funeral! ¿Cómo avisarte? ¡¿Dónde...?!

Haterio lo sabe: las acciones de su madre encontraron una respuesta su altura...

Mientras que lucha por razonar, tomando pie de la situación, Demetrio reflejaba cómo proteger a Flavia de su furia. Haterio nunca sabrá quién fue...

Cómo a leyendo sus pensamientos, él se levanta, de forma abrupta, y pide a todos:

- ¡¿Quien fue?! ¡Exijo respuestas! ¡Determinen las responsabilidades! ¡Quiero saber! ¡Llamen a Flavia, necesito interrogarla!

Luchando por mantener la calma, Demetrio responde:

- ¡Una cosa a la vez, Haterio! Nadie sabe quién lo hizo. ¡En cuanto a Flavia, ella no hace más parte de esta casa! ¡Con la muerte de Minerva, la cual lloró desconsolada – él miente -, me rogó la libertad que necesitaba para ir en busca de su hija y de su nieto! ¡En vista de sus méritos, mientras que ella sirvió Minerva, la dejé en libertad y no sé donde ella pueda estar! - Demetrio le sugirió que se fuese a vivir con sus parientes por algún tiempo. Exactamente debido Haterio.

- ¿Cómo pudiste, padre mío? ¿Darle libertad sin mi permiso?

- ¡Nunca lo necesité, Haterio! ¡Soy y siempre he sido el dueño de esta casa! ¡Nunca abandonaré esta prerrogativa, mientras viva, aun cuando tú, de manera arbitraria, sea el único en ignorarlo!

Al observar la alegría de los sirvientes, que vibraban con cada palabra de Demetrio, Haterio los ahuyenta:

- ¡Fuera! ¡Vuelvan a sus tareas! ¡Fuera, fuera de aquí...! ¡Un montón de inútiles! ¡Me las pagarán...!

Con la cabeza llena de preocupaciones, Demetrio se dirige a su hijo:

- Haterio, por encima de cualquier cosa, incluso de la vida y de la muerte, necesito hablarte, ¡es urgente!

Haterio fija su mirada de águila en el padre y concluye muy sabiamente, que el asunto debe ser muy grave. Sin embargo, como siempre lo hace, lo ignora:

- Si no has podido, aun, averiguar quién envenenó a mi madre, ¿qué es lo que tiene que decirme? ¿O conoces y encubres al criminal?

- El asunto urgente tiene que ver con Sibila...

- ¿Sabes dónde ella está?

- ¡Por desgracia, no, pero es imprescindible que te hable, mientras todavía hay tiempo! Necesito advertirte...

Impaciente, Haterio lo interrumpe:

- ¿Advertirme de qué? ¿La escondiste de mí? ¿Tuviste el atrevimiento? ¿Imaginas, con eso, impedirme de actuar como deseo?

- ¿Cómo, si ignoro dónde está? Tengo un par de puntos de referencia que tal vez nos ayuden. Uno de ellos dice respeto a ti...

Haterio se estremece. En silencio escucha:

- Flavia escuchó algo que quizás nos ayude a desentrañar la desaparición de Sibila.

- ¿Ella está desaparecida? – Él pregunta, dudando. Sin embargo, ordena:

- ¡Habla pronto, padre, y déjate de rodeos! ¿Qué fue lo que escuchó?

- Ella escuchó a tu madre, entre sonrisas de victoria, presumiendo de interceptar una misiva que me enviaste. Disfrutando, odiosa, ella exteriorizaba el odio que sentía por Cynara y por Sibila...

Atinando, rápido, con el resultado de la acción de Minerva, Haterio se derrumba, de nuevo, en el mismo asiento, y pregunta, con voz cavernosa:

- Así que... ¿Ella no fue impedida des salir...?! ¡Dioses! ¡Ahora entiendo su desaparición!

Poseído, arrastra al padre a su oficina, cierra la puerta, y se desahoga, aterrado:

- ¡Entonces ella debe estar entre los cristianos!

- ¿Qué estás diciendo, Haterio? ¿Entonces sospechabas también que Sibila se había convertido?

- ¡Como siempre, pareces ignora mi poder, padre! ¡No sospecho, lo sé! ¡Hice averiguaciones y descubrí que ella sigue este abominable credo!

- ¡Dioses! Así que crees...

- Casi puedo decir; ¡ella está presa...!

En un tono casi imperceptible, se lamenta, agonizante:

- ¡Y yo tengo la culpa...! Demetrio escuchó y comprendió:

- ¡Oh, desgracia! ¡¿La orden vino de ti, Haterio?! ¡Ten cuidado, hijo, no desafíes demasiado a los dioses! ¡Te estás convirtiendo en un monstruo! ¡¿Cómo pude engendrar a alguien como tú...?!

Demetrio muestra toda la desesperación que lo abruma y Haterio replica, ofendido:

- ¡Padre desnaturalizado! ¿Por qué no me ves como los demás? ¡Soy un poderoso romano! ¡Un vencedor! ¡Puedo hacer cualquier cosa! ¡Tengo miles de hombres a mis pies, pero mi propio padre abomina mi existencia!

- Al final, ¿te acuerdas que soy tu padre? ¿Cómo adorarte, Haterio si tu mismo lo haces? ¿Cómo me armonizo contigo, si casi todos lo que haces tiene olor a sangre y muerte?!

- ¡Cumplo órdenes y voy más allá! ¡Hago mi trabajo y promuevo las glorias de Roma, cada vez más! ¿Por qué crees que César me admira y premia, siempre con su gracia?

- ¡Debido a que no la tienes con nadie, Haterio! En fin, ¿fue o no tu orden de detener a los cristianos?

- ¡Ahora! - Haterio casi grita, en la desesperación de causa - ¡Ésta, como tantas otras! ¿Puedes decir que ignorabas esto? ¡Nunca has estado interesado, antes! ¡Nunca quisiste saberlo!

Demetrio se siente helado... Es verdad. El "caso" de los cristianos es ampliamente conocido y seguido por aquellos que asisten a los crueles acontecimientos y, por aquellos que, como él, rehúyen a tomar partido... ¡Esta vez, Haterio la acusa de hipocresía, y con justicia! Él, como su clase social privilegiada, está en connivencia con los clamorosos errores de Roma.

Haterio, enojado, continúa, mientras organiza las ideas, la intención de salir en busca de Sibila:

- ¡Tu incompetencia expuso a Sibila! En tu ausencia, ¡la carta cayó en manos de mi madre! Dice que eres señor de tu casa, ¡pero no tienes dominio sobre ella! ¡Yo jamás debería confiar lo que sea en tu persona!

- ¡No lances sobre mí, Haterio, tus pecados! ¡Tu comportamiento es despreciable!

Haterio está a punto de irse, cuando escucha a su padre:

- ¡Aun hay algo que necesitas saber! ¡Escúchame, porque lo que tengo que decir cambiará, de una vez por todas, tu comportamiento respecto a Sibila!

Haterio se estremece. Se siente al borde de un abismo infernal... ¡No, no oirá más nada más! ¡Sus límites han sido probados lo suficiente!

Se va, casi corriendo, mientras Demetrio sigue sus pasos y exclama con voz ahogada:

- ¡Sibila es tu hermana, hijo mío!

Al pronunciar la última sílaba, escucha la biga de Haterio salir en disparada. No había escuchado nada.

Íntimamente, pregunta en cuanto a las intenciones de Haterio, en esa intempestiva convocatoria hace unos minutos...

- "Probablemente averiguar dónde se escondió Sibila y el autor de la hazaña..."

Muy angustiado, vuelve a salir a buscar a su hija.

Llama al conductor y va a las cárceles. Le parece muy intrigante la falta de novedades de Adriano...

Sin suerte, antes de volver a casa va a hablar con Lidia:

- Amiga mía, quiero saber dónde vive Cynara. Haterio en cualquier momento estará yendo allá. Tengo esperanzas que Sibila esté allí, con su madre. ¡Lamento que la amistad de esta casa, que tanto aprecio, haya llevado a la querida hija a un peligro inimaginable! ¡Pide a los cielos, Lidia, que no seas la principal culpable de nuestra probable desgracia!

Llevándose la mano a la boca y sofocando un grito, comienza a llorar.

- ¡Perdóname la aparente insensibilidad, Lidia, pero aquello que me mueve, desesperado, no me permite sutilezas! ¡Solo al imaginar lo que Sibila podría estar viviendo, llego a odiar a todo el mundo, lo que él es y representa! ¡Ni siquiera a los dioses mi corazón se dirige más! ¡Siento aquí, dentro de mi pecho, un dolor anticipado a la pérdida, que me oprime el corazón! ¡Perderé a Sibila, lo siento! ¡Ni siquiera tuvimos el tiempo suficiente para amarnos, como padre e hija!

- El amor que los une, Demetrio siempre estuvo por encima que lo sepan o no!

- Pero ahora sería diferente, más fácil, sin miedos, sin secretos...

- ¡Será así, amigo mío, será...!

- ¡Tú, así como yo, no lo crees, Lidia!

- ¡Pero debemos creer, Demetrio! ¡Perdóname por todo! ¡Lo que me exime de la culpa es de saber que, en una forma o de otra, Sibila siempre hace lo que quiere, a pesar de cualquier otra voluntad...! ¡Nunca le incentivé la conversión, a sabiendas de los grandes riesgos! ¡Solo mantuve mi amistad y protección inmutables a pesar de todo! ¡Sabes la voluntad de hierro de nuestra querida! Vivimos un momento trágico que, sin duda, pasará. ¡Volveremos a entendernos de nuevo, Demetrio y estaré a la espera ese tiempo, debido a que te quiero bien! ¡Después de Severus Apolonius, eres la persona a la que más aprecio y admiro!

- Lo sé, lo sé... Perdóname también las duras palabras, fruto de mi desesperación.

Diciendo esto, dirección en mano, se va, casi sin despedirse, mientras Lidia reflexiona sobre la imposibilidad de decirle que Sibila no está con su madre...

Postrada en una silla, ella lo ve salir y desaparecer por la puerta. Devastada, llora mucho.

Después de un llanto convulsivo y agotador, que a pesar de todo le aflojó las compuertas del alma y alivió el corazón, se levanta y se dirige a su altar en casa a rezar por Sibila, su querida protegida, y por Demetrio que sufre tanto...

Haterio llega a la prisión, en la que supone encontrar a Sibila. Entra en ella, en voz alta, empujando a cuantos le obstruyen el paso. Ojos de águila, escanea todo el entorno en el que se apiñan personas de todas las apariencias y en diversos estados emocionales. Los empuja, disgustado, en la búsqueda desesperada de Sibila. Entra en varias divisiones, en las que se encuentra con otras masas de gente, en las mismas condiciones.

Lamenta y se disgusta del ambiente que ya se vuelve fétido, por la falta de higiene. Aborrece estar allí... Ese piso sucio e inmundo de todo lo que es posible imaginar lo detiene algunas veces, en propios escrúpulos, como un tribuno de vida lujosa y sobreprotegido.

Frente a unas mujeres que le parecen Sibila, se acerca apresurado y ansioso por luego decepcionarse.

Su presencia es más un aumento de sufrimiento y de humillación para esos cristianos. Ellos comienzan a cantar, como una forma de defensa y la alienación. En el éxtasis, ellos cantan cada vez más fuerte, y la voz de Haterio se pierde en el vacío.

Bajo las sus órdenes, los soldados que allí trabajan distribuir palos y golpes en todas direcciones.

Algunos cristianos son asesinados allí mismo, sin contemplación. Sin embargo, cuanto más son atacados y muertos, más cantan.

En ese momento, Adriano y Sibila, distantes de allí, escuchan los cánticos y el alboroto, y concluyen que algo más grave debe estar pasando.

Después de haber ordenado, una vez más, para ser oído en su defensa y en defensa de Sibila, y ante su notable apariencia de patricio romano, ateo, declaración hecha varias veces, por él mismo, Adriano habla, afligido y convencido que será atendido:

- ¡Noble centurión, te pido que, en nombre del honor de un patricio que aquí ha caído por desgracia, que me liberes y a esta mujer, pues hacemos parte de la casa del noble tribuno Haterio!

Adriano luego escucha:

- ¿Puedo llamarme tribuno? ¡Tribuno Sávio! ¡Te advierto que nada de lo que me digas o intentes discutir los dejará ir! ¡Yo mismo estuve "allí" y vi a esta mujer orando junto a los cristianos! ¡Fui testigo de su vergonzosa participación, junto a estos fanáticos!

Adriano admite, él estuvo todo el tiempo en lugar de la prisión, con el tribuno Vinícius Aurélius...

Sin más, Sávio se aleja, planeando cómo gozar mejor y tomar ventaja del lugar destacado que "está" tomando. Toma nota, punto por punto, en mente, de lo que hará cuando sea importante y rico, junto al César y frente a Roma.

- "¡Tú, Vinícius Aurélius, ya te has ido de esta vida y de este mundo! ¡Pero yo estoy aquí para tomar tu lugar y reclamo, para mí, todo lo que antes te pertenecía!"

De pie, Adriano y Sibila permanecen, sin otra opción. Adriano apoya a Sibila, que está pálida como la cera.

Después de unos cuartos de hora, casi olvidado de ellos, Sávio hace un gesto a sus comandado para cambiar, a los dos, al mismo lugar de antes. Profundamente frustrado, Adriano es empujado, junto con Sibila, al mismo lugar, dónde están son todos aquellos que fueron detenidos en la Via Nomentana.

Unos momentos más, y Haterio irrumpe en el mismo ambiente, del que acaban de salir los dos, y pregunta por Vinícius Aurélius:

- ¡¿Qué haces aquí, Sávio?! ¿Dónde está tu superior?

Levantándose listo, servil y humillado, Sávio responde:

- ¡Aquí me encuentro por orden, mi señor! ¡Necesitaba tiempo libre para ausentarse en función de sus propios intereses!

- ¡¿Sus propios intereses...?! ¡Que se ocupe de los intereses de Roma, porque esta es su primera obligación! ¡Quiero que busque una mujer hermosa aquí, que se llama Sibila! ¡Ocúpate de saber que ella es protegida de mi padre, Demetrio, y llévala a mi casa, lo más rápido que puedas! ¡Cobraré la responsabilidad! ¡Sigue presto, porque a partir de esta orden, tu vida estará en juego!

La mirada siniestra de Haterio no deja dudas en cuanto a la amenaza que hace.

- ¡Sí señor! - Sávio dice, recordando que hace unos momentos la referida mujer estaba allí. "Los dos casi se encuentran..." - Piensa.

- ¿Está sola, mi señor?

Intrigado, Haterio quiere saber:

- ¿Por qué preguntas eso? ¿Sabes de algo?

- ¡No señor! ¡Pregunté por preguntar! ¡No sé nada, pero me esforzaré, lo prometo, para encontrar a esta mujer que tanto le interesa! ¡Verá lo eficiente que soy en mi trabajo!

- ¡Estoy seguro que sí! ¡No jugarías con la propia suerte! ¡No serías tan estúpido!

- ¡No señor! ¡Quiero decir, sí señor!

Sávio notó que Haterio ignora que Sibila está "muy bien acompañada", por un apuesto patricio... Sonríe, malicioso...

En la salida de Haterio, escupe en el suelo, maldice y habla a sí mismo:

- Protegida de Demetrio, ¿eh? ¡Pues sí! ¡Esta mujer te interesa mucho, Haterio! Que me importa eso, ¿tribuno del infierno? ¡Te odio tanto como odiaba a Vinícius Aurelio! ¡Y te daré el mismo destino, espera! ¡Subiré en la jerarquía romana, apartándolos a ustedes dos, y a cualquier otro que me impida llegar allí!

Enseguida, se acomoda mejor en el asiento, y retoma sus sueños de grandeza, de poder, de gloria...

Ciego de odio y consciente que Sibila no se encuentra allí, Haterio decide acudir a la comunidad cristiana. En la desesperación, su corazón late estruendosamente, haciéndolo sobresaltar ante cualquier ruido que hagan a su espalda. Se siente como si estuviera en una gran pesadilla. Tiene la esperanza que Sibila esté a salvo en la comunidad por un golpe de suerte. Preguntará a todos, amenazará a esta gente despreciable, y rescatará a Sibila para su vida, mudándola a su casa, de donde ella nunca más saldrá...

Cayendo en sí, descubre, en estado de shock, que la ama, más de lo que podría asumir. Sí, ¿cómo negar este amor que lo toma por asalto?

En caso Sibila perezca, ¿continuará viviendo...?! Una terrible certeza se anida y se acurruca en su corazón: ¡Nada, nada tendrá sentido sin ella...! Su pecho se constriñe de dolor, mientras insta a los caballos a volar los caminos que llevan a la comunidad cristiana.

Demetrio, con la misma intención, se dirige, también, a casa de Cynara. Llega y pregunta por ella.

Sorprendido por el lujo de ese patricio, el entrevistado, duda. Demetrio, afligido, explica:

- ¡Soy el protector de Sibila, en Roma, y lo que me trae aquí es muy serio!

El hombre decide llevarlo a la casa de Cynara. Está sin palabras. Cynara decidirá qué hacer. En el camino, piensa: "¡Uno más...!"

- ¡Vamos, señor, es por aquí!

Al llegar allí, Demetrio se enfrenta a una imagen extraña:

Haterio, que parece que acaba de llegar, está frente a un grupo sentado alrededor de una mesa... En ella, la comida aun humeando... Entre ellos, Quirinius y Cynara.

En estado de shock, miran a Haterio, como si se enfrentaran a un espectro...

Como en un sueño, parado en la puerta, Demetrio escucha la voz de su hijo:

- Cynara! ¡¿Estás viva...?!

- ¡Sí, hijo mío, lo estoy! ¡Por fin puedo verte de nuevo, Haterio! - responde ella, demostrando la felicidad que siente. Olvidada por un momento, lo que representa allí, la presencia de este ser que ella ama, pero que destruye, sin piedad, todo aquellos que lo incomoda.

Indiferente a lo que escucha, pregunta imponente:

- ¡¿Qué haces aquí...?!

- Vivo y trabajo aquí, Haterio. En el día en el que hui, siguiendo tu consejo, arrastrándome de dolor por la "enfermedad" que me alcanzaba, fui rescatada por personas que pertenecen a esta comunidad. Curada y recuperada, me quedé aquí a vivir y a trabajar. A pesar de la distancia y los años que pasaron, nunca he dejado de sentir por ti el mismo afecto, como si fuera tu madre.

Desinteresado, pregunta:

- Sibila, ¿dónde está? ¡Ve a llamarla de inmediato!

- Ella no se encuentra aquí, Haterio. Debe ser en la casa de Lidia, o en tu casa.

Pasando las manos por el cabello, corto, demuestra una impaciente muy grande:

- ¡En mi casa no está, y Lidia ignora su paradero!

Cynara se estremece, sus piernas se debilitan y se derrumba en uno de los bancos. Sus ojos están llenos de lágrimas. Teme por la seguridad de su hija. Recuerda su intención de ir a la Via Nomentana. Imaginó que, sin Semiramis, ocupada con la salud y la muerte de Plinio, había abandonado la idea. Su corazón le dice que no...

Como un espectador, Demetrio escucha, como si no fuera parte del cuadro que tiene delante.

Haterio se enfrenta a Quirinius y estalla de rabia:

- ¡Aquí estás, traidor! ¡En tu guarida! ¿Cuántos más, además de ti, son parte de esta banda maldita que reniegan a nuestros dioses e inventan un dios en particular? ¡Todos serán castigados! Por el momento, estoy muy ocupado, ¡pero les llegará su hora! ¡Ni siquiera necesitaré testigos! ¡Que no se engañen también Lidia, Severo Apolonio y Licurgo! ¡Sus suertes están lanzadas! Así como tú, ¡todos están condenados!

Sin embargo, detrás de él, Haterio escucha una voz conocida:

- ¿Irás, tú, Haterio, a pagarles con la muerte, el cariño y la dedicación, incomparable, a Sibila?

Sorprendido, se da vuelta y se enfrenta a su padre:

- ¡Padre...! ¿Qué haces aquí?

- ¡Lo mismo que tú!

- ¿Y cómo llegaste aquí?

- ¡Eso no te interesa, Haterio! ¡Ambos estamos afligidos por Sibila, y eso es lo que nos mueve!

Desconfiado, Haterio quiere saber:

- ¿Sabías sobre estos desgraciados?

- No, yo no conozco este lugar, y ni siquiera sabía de él, si es eso lo que te estás preguntando.

Cada vez más enojado y al mismo tiempo muy angustiado por la desaparición de Sibila, Haterio baja la voz y amenaza con ojos terribles de contemplar:

- Todos los que llevaron a Sibila a convertirse a este Cristo derrotado y execrado serán ajusticiados, ejemplarmente...

- Hijo mío, ¿también te volverías en mi contra? - Pregunta Cynara, herida y afligida.

Indeciso, guarda silencioso. Pero estos son momentos fugaces... Encarando a Cynara, finalmente declara:

- ¡Tú eres tan culpable como este grupo despreciable que te rodea! ¡Convertiste a tu propia hija! ¡De hecho, Cynara! ¡¿Puedes imaginar la tortura que ella puede estar sufriendo, ahora...?!

- Haterio, tú también puedes ser considerado responsable del destino de Sibila... - Cynara se atreve. Su dolor es grande también para temer lo que sea... Su corazón le dice que Haterio se está sintiendo culpable...

Sin responder a su acusación, concluye:

- ¡Los enemigos de Roma son mis enemigos personales!

Empujando a Demetrio, él sale, con la intención de regresar a Roma, a la misma velocidad. Una vez allí, convoca a todos sus compañeros y extiende su consulta a los más variados departamentos.

Un soldado finalmente comenta:

- ¡Esta descripción, coincide con el tipo de mujer que busca mi amigo Adriano!

- ¿Él encontró a esta mujer? - El corazón de Haterio se dispara. ¿Este soldado estará hablando del mismo Adriano?

- ¡Sí! Yo no sé por qué él estaba tan interesado. Sé bien, eso... ¡Qué belleza de mujer! ¡Una diosa...! ¡Después los dos desaparecieron de mi vista!

En la memoria de Haterio, la pregunta de Sávio, si Sibila está sola o no...

Avanza hacia el soldado y le pregunta, con dureza:

- ¿Dónde Adriano fue a visitarla...? ¿Dónde ellos "desaparecieron" de tu vista...?

Sintiéndose importante, antes de responder, el soldado finge:

- Ah... Déjeme ver... ¡Ya sé! ¡Nosotros la encontramos en la prisión, con los cristianos que fueron detenidos en las catacumbas de la Via Nomentana!!

Haterio cree enloquecer... ¡Sus órdenes se han vuelto en su contra de una manera que nunca podría haber imaginado...!

El soldado continúa:

- ¡Desaparecieron de mi vista, allí mismo! ¡Si se quedaron allí, lo cual dudo, pueden estar en el "alojamiento" del circo!

De repente Haterio recuerda que están en la fecha prevista para los grandes eventos de los juegos de gladiadores y la ejecución en masa de cristianos.

Se dispara para allá, pero al exigir demasiado de la pareja, tiene uno de los caballos herido, al que hay sacrificar.

Hecho esto, exige otro animal, a la altura de su necesidad y cambiándolo sin más preámbulos, en patente angustia, dispara al circo. Increíblemente, incita a los caballos a precipitarse por entre la vegetación y por sobre rocas, laderas e inclinas, sin notar que, él mismo, podría morir en una curva del camino, en un accidente.

Finalmente, se acerca... Se puede escuchar los gritos de la turba... ¡Nunca los detestó tanto! Su corazón le advierte que llegará demasiado tarde...

Sufre como nunca antes. Su sensibilidad, sofocada por la ambición y el egoísmo, sumada a su patente orgullo, estalla ahora ante una situación *sui generis* para este hombre materialista y racional.

Demetrio también había venido con la misma intención y, "por suerte", había llegado unos minutos antes.

Presto se dirige a diversas autoridades. Entre estas, se dirige a una que conoce, importante y autoritaria:

- Estimado señor, estoy buscando a mi pupila, Sibila. ¡Permíteme buscarla, te lo ruego! ¡Es posible que haya sido detenida por error con algunos cristianos!

Meciéndose todo frente a Demetrio, burlándose e indiferente a su ansiedad, le responde de manera incisiva:

- ¡De ninguna manera tendrás acceso a los prisioneros, que en este momento se están preparando para el gran momento! Haterio siempre habla de tus diatribas, ¡pero nunca pensé que estuvieras tan senil!

- ¡Hijo mío, por los dioses! ¡Déjame entrar, te lo ruego! ¡Siento que ella está ahí! ¡Escucha mis ruegos, y olvida la falta de respeto de mi hijo, así como su falsa información respecto a mí!

- ¡Desiste, esperaré órdenes directas de Haterio! ¡Solo él tendría la autoridad para hacerlo!

Dicho esto, le da la espalda y se aleja.

Demetrio, en patente desesperación, embiste en dirección de la arena. Alcanza una de las puertas que le permiten una mejor vista.

Escanea el lugar, con la esperanza de guiarse a sí mismo, en cuanto al lugar donde Sibila puede estar. Distingue a un grupo de cristianos apoyándose unos a otros, asustados.

Entrecierra los ojos para ver mejor y encuentra a Sibila entre ellos.

La querida hija, tropezando con sus propias piernas, parece algo mareada. A su lado, Adriano esforzándose por protegerla.

En un impulso irresistible, Demetrio se precipita hacia ellos, con los brazos extendidos, el corazón latiendo con fuerza y las lágrimas nublando su visión.

Sin embargo, antes que pueda superar la distancia que los separa, se lleva una mano al pecho; siente un dolor insoportable, grita con voz ronca y se desploma al suelo.

Algunas personas, que por allí pasan, lo arrastran a un lado, a fin que no perturbe el espectáculo que ya ha comenzado.

Aun gimiendo, Demetrio se despierta, después de un tiempo que no puede precisar. Mire alrededor, perplejo. ¿Cómo fuera a parar allí...? ¿Qué hace caído en el suelo? Se levanta con gran dificultad, la cabeza le da vueltas. Sus ojos tienen dificultades para asentarse cualquier cosa.

De repente se estremece. ¿Qué es lo que ve? ¡Los cristianos! Ellos están allí, en montones, caído, destrozados... ¡El olor de la sangre es insoportable! ¡Otros, aun con vida, miran hacia lo alto y cantan...!

En su mente, cae un rayo:

¡Sibila, querida hija! ¡Adriano...! "

Estabiliza su mirada, esforzándose por verlos en medio de ese caos.

Observa en la dirección de la arena, pero brazos fuertes lo cogen. Son los guardias que impiden el acceso de cualquiera. Ahí están para eso...

Intenta explicar, pedir ayuda, pero su voz se pierde en la garganta. ¡Concluye, frente a la imagen que ve, que es tarde, demasiado tarde...!

Forzando aun más sus ojos, distingue los restos ensangrentados de los dos y grita a todo pulmón:

- ¿Dónde está Haterio... Solo él podría salvarlos...

Dentro de tu alma, una voz suave dice:

- "¿Por qué se salvarían solo aquellos a quienes amas? ¿Dónde, la justicia, la libertad, y la igualdad de derechos? Oh, ¿por qué el hombre es tan insensato, todavía? ¿Cuándo nos amaremos como hermanos? ¿Cuando...?

¡Por encima de todo y de cualquier circunstancia, da gracias al Creador en la fe inquebrantable de un futuro glorioso para esta humanidad! ¡Quédate en paz, porque yo estoy en paz, mi amado padre...!"

¿Escuchó o imaginó la voz de Sibila? Se siente morir...

¡Lamenta, desolado, la pérdida irreparable de aquella que siempre iluminó su existencia, y del querido amigo, que, hasta en la hora de la muerte, fiel y valiente, se mantuvo a su lado...!

Tambaleándose, sale a caminar, sin rumbo... Necesita salir de allí...

Nunca más será el mismo... Su vida terminó... Aun viviendo, será, para siempre, un muerto-vivo, al cual se olvidaron de enterrar.

25.-
EN LA ARENA...

VEAMOS, MIS QUERIDOS LECTORES, como sucedieron las cosas con Sibila y Adriano. Desanimados y convencidos que nada ni nadie los salvará, los dos se resignan. Solo les queda esperar...

Sufriendo múltiples necesidades, miedos y sustos constantes, los dos aun continúan juntos y, en un momento peor que los demás, se enfrentan con lo inevitable: ¡el "gran espectáculo" esperando por ellos!

En montones, son violentamente empujados y tirados en la arena. En un esfuerzo hercúleo, Adriano permanece al lado de Sibila.

Perplejos, ellos se abrazan... No tienen defensas. Sus vidas serán acortadas, violentamente y sin piedad. ¿En qué momento sucederá eso...? Están aterrorizados.

En un trágico mosaico, colorido - ¡y luminoso! -, en la vasta arena, siempre manchada de sangre - ya sea de los gladiadores, de animales o de cualquier "enemigo" de Roma -, los cristianos se aglomeran. Serán inmolados en nombre de la fe cristiana, impertérritos, casi todos.

Abrazando a sus seres queridos, o a los que se han unido por afinidad, los cristianos, extasiados, comienzan sus cánticos.

Sibila, con la mirada nublada, divisa un plano más alto, el público que anticipa las alegrías del inminente espectáculo, un zumbido y el entusiasmo, por lo menos, incomprensible, para su corazón. ¡Familias enteras están ahí para divertirse!

El lujo y la variedad de colores brillantes exponen las poderosas vanidades en sus disfraces y *atrezzo*, pero las prendas baratas, mugrientas y en ocasiones raídas, son del pueblo, y esto también contribuye al color del cuadro.

Además del placer del espectáculo, muchos buscan, como en un inmenso mercado, contratar negocios y hacer ricas apuestas en los gladiadores. Estos luchan, matando o muriendo...

La conclusión del concurrido evento llega al delirio, con el sacrificio de los cristianos.

En la exacerbación de sus crueldades, aquellos que invierten en esta forma de diversión, para que sean cada vez más sofisticado y concurrido, proponen nuevas formas y nuevas atracciones que puedan mantener a los ricos bien servidos, y los pobre distraídos del poder que los aplasta. Las aclamaciones generales hacen eco y llenan todos los espacios.

Los responsables de la buena marcha del gran evento se esfuerzan por cumplir lo prometido y, más que eso, para sorprender, superando todas las expectativas.

Unos minutos antes de entrar, o mejor, de ser empujados, Sibila le aconsejó a Adriano que se alejara de todo lo que pudiera ver u oír, y orar a Cristo.

Adriano le había respondido incrédulo y desanimado:

- Sibila, ¿cómo puedo distanciarme de la realidad? ¿Y cómo rezar si nunca tuve el hábito? ¡No conozco a Jesús, Sibila! ¡Estás delirando, querida...!

- No, Adriano, estoy muy lúcida. Mi intención es compartir contigo mi fe y a mi resignación, consciente, a pesar del inmenso miedo que invade mi alma, humana que soy, amante de la vida, y de todo lo bueno que ella nos pueda ofrecer. Aun viví tan poco, querido Adriano... ¡Cuando mi razón me abandone, frente a una situación que, me imagino, pero desconozco, mi alma ganará más fuerza!

Me entrego a la Justicia Divina. Ésta, ciertamente, me liberaría de esta hora, si lo mereciera. ¡Hoy, demostraré mi fe!

Que el Nuestro Creador sea alabado en Sus criaturas, y que Su Hijo Jesús nos bendiga en la muerte, que puede parecer humillante, pero no lo es. ¡Hay más valor en morir, sin revuelta, que devolver el golpe, defendiendo esta vida, que después de todo, es tan fugaz como la energía que nos oprime y asfixia!

¡Somos almas eternas, inteligentes y responsables, en camino a la verdadera evolución, material y espiritual!

¡Tú, Adriano, estás asumiendo, a mi lado, una situación trágica e irreversible! ¡Si no lo haces por ideal, lo haces por amor! ¡Bendito sea!

¿Qué importa si conoces o no mi fe? ¡A mi lado, fraterno y protector, recibirás, también, los "laureles" derivados de la misericordia de Dios! ¡Tu valiente acción será evaluada y en el futuro te será de amparo, iluminación y paz! ¡Creas o no en Jesús Cristo, Él te ama, como ama a todos tus hermanos en la Tierra!

- ¡Extraña forma de amar, Sibila! ¡Él nos ama y acepta nuestro sacrificio!

- Jesús nos permite la libertad de elegir. Eres libre, Adriano, y sabes eso. ¡Basta sacrifica a los dioses para regresar a tu casa y a tu vida!

- ¿Vendrás conmigo? – Él plantea la hipótesis.

Fijando en él sus maravillosos ojos azules, ella responde íntegra, pero determinada:

- Yo nunca haría eso, Adriano. ¡Estaría negando mi fe! No, me quedo con "ellos" - Sibila señala a los diferentes grupos de cristianos, que se amparan, aquí y allí, tristes y abatidos -. Haz lo que quieras, lo entenderé...

Abrazándola, valiente e incapaz de dejarla sola, Adriano declara enfáticamente:

- Me quedo contigo Sibila. ¡Hasta el final!

- Adriano, ¡tu transformación es notable! ¡Tu madre debe estar encantada!

- ¡Que ella y mi padre, desde donde estén, me amparen! ¡Espero que ellos pueden sentir mi agradecimiento por todos los que me dieron, amorosos y abnegados!

Ahora, allí, escuchan, aterrorizados, el rugido de las fieras.

Estas van surgiendo, como por encanto, y se van extendiendo en todas las direcciones. Lentamente al principio, y luego corriendo hacia la comida, allí expuesta y ofrecida, en abundancia, después de tantos días de ayuno.

Abrazado, ellos analizan su propia situación, bajo el impacto de la expectativa de la inminente muerte. La pesadilla más terrible no sería peor...

Haciéndose eco de los que cantan, Sibila trata de ser fuerte, para enfrentar con valor, su testimonio. Eleva el pensamiento a Dios y a Jesucristo, entregándose enteramente al martirio que se anuncia. En un *crescendo* de excitación y miedo, en un pavor que aumenta cada vez más, observando las muertes que allí suceden, bajo el aplauso y los griteríos de la turba, sus piernas vacilan y cae, de rodillas, en el suelo, ya regado de sangre.

¿Qué vendrá? ¿Podrá soportarlo hasta el fin?

Siguiendo el consejo que diera a Adriano, se aleja de todo y ora, ferviente.

Adriano, por su parte, da cuenta que el momento es único y decisivo. Mira a su alrededor, buscando las salidas. Su instinto de supervivencia habla más fuerte... Piensa en la nueva vida que asumió, en todo lo que hizo y en todo lo que aun puede hacer... ¡Cuántas dichas han hecho fructificar, en su nueva propuesta de vida! ¡¿Por qué dejarlo todo...?! ¡A quién beneficiará su muerte y la de Sibila, así como la de todos los que están allí...!

Siente impulsos de correr, en cualquier dirección... ¡Alguna acción más vigorosa que haría que su sangre circule mejor y aliviar la tensión que se ha vuelto insoportable!

- No raras veces, se toman actitudes que a los demás parecen una locura, pero que la sirven de salida para las emociones insuperables...-

Sin embargo, yace ahí, inmóvil...

Observa a Sibila, apenado. Ella parece que está hecha de cera. Se inclina y acaricia su hermoso cabello rubio. De rodillas en éxtasis, ella continúa cantando.

Con creciente horror, Adriano concluye, en medio de la algarabía, tenebrosa, que los rodea:

"¡El Hades, si existe, no puede ser peor...!"

Una mezcla de sentimientos y de emociones, extremos, él cae igualmente de rodillas, y mira belleza, lirial, de la mujer que ama hasta la adoración. ¡En esta trágica situación, ella está iluminada y nunca ha sido tan hermosa...!

A su alrededor, el caos...

Enloquecido, abraza a Sibila, y se encoge, como un niño en los brazos de la madre, escondiendo la cara en su pecho.

Indiferente a todo, ella canta. Su rostro parece hecho de lino... Los sonidos que salen de su garganta se pierden en el aire, rumbo al infinito...

Como si atendiese a un llamado, Adriano levanta la cabeza y vislumbra, emocionado, en el rostro de Sibila, el rostro de su amada madre, Berenice. No es más Sibila quien está ahí, y sí su madre, que lo acurruca al pecho materno.

Profundamente agradecido, sintiéndose protegido, se abraza, más fuertemente a ella. En ese momento exacto, siente una fuerte sacudida en las piernas. Las bestias disputan su cuerpo. Los dolores son insoportables, como el fuego, quemándole la carne, joven y ardiente.

Su última visión es la de un león avanzando hacia Sibila; salvaje y hambriento, que pone sus patas sobre su espalda y tira de ella con sus garras afiladas, dejándola en tiras sangrientas...

En éxtasis, no parece sentir nada; no emite ningún sonido, no hay llanto, no hay reacción. Se diría que allí está un cuerpo sin alma; ésta debe estar lejos...

Adriano pierde el conocimiento y es llevado en brazos de Berenice.

Sibila se libera, mira sus propios despojos, eleva los ojos y emite una oración de alabanza a los cielos: por sí misma, por Adriano, y por todos los que allí se encuentran, valientes y llenos de fe, en sus testimonios. Sintiéndose bien, mira a su alrededor y busca a Adriano.

Éste, en brazos de la madre, como un niño pequeño, está dormido.

Le envía pensamientos de admiración, cariño y mucha gratitud. Berenice, iluminada, se vuelve hacia Sibila y le habla:

- ¡Estamos muy agradecidos contigo! ¡Desde donde estemos, te protegeremos, en cualquier plano de vida!

Sibila, admira, reverente, su abnegación, maternal.

Vertiginosamente, Berenice se va, con el hijo en brazos.

La cierta distancia, Galba vigila, lleno de amor por el hijo y a su amada Berenice.

De repente, Sibila escuchó un fuerte alboroto, más adelante. ¡Abrumada por la emoción, apenas puede creerlo! Allí, frente a ella, vivo, bello y sano, Ben Azir le extiende los brazos, en una invitación irresistible y con una sonrisa incomparable. ¡Vino a darle la bienvenida...!

Recuerda, de pronto, el aviso de Plinio y al hacerlo, divisa su venerable figura, a sonreírle, junto a Ben Azir, que parece haber llegado en su compañía.

Obediente, sumisa y feliz, ella se acurruca en los brazos de Ben Azir y juntos se disparan al espacio exterior.

Deteniéndose por un momento, ella mira hacia abajo.

El circo se volvió distante, pequeño, mezquino; apenas perceptible. Aquellos que allí se encuentran se asemejan a minúsculas hormigas.

En la acústica de su alma, escucha también los gritos y los aplausos del público ávido de sangre.

Lamenta, profundamente, a todos, y muy especialmente a aquellos que, codiciosos y salvajes, patrocinan y mantienen estas "diversiones", deleitándose con tantos crímenes.

Piensa en Demetrio... Como por arte de magia, lo sorprende llorando, pálido y deshecho. Le habla al corazón y él parece escucharla...

Le besa la cara y la cabeza nevada, y se levanta, de nuevo, abrazada a Ben Azir.

Más algún tiempo de subida, en el cual disfrutan de una inmensa felicidad de estar juntos, él la abraza con más fuerza, serio y entristecido, mientras afirma:

- A partir de aquí, debemos separarnos.

Sorprendida y decepcionada, Sibila no comprende. En sus ojos brillan las lágrimas.

Él la aprieta más, al corazón, y aclara:

- ¡Ahora, sigues junto a aquellos que son espiritualmente más afines contigo, amada de mi alma!

- ¡Podría, yo mi amor, ser más afín con alguien o algo que no seas tú...!

- ¡Por ahora, sí! Pronto, estaremos juntos, nuevamente, confía y espera. Me voy a otro lugar. Nuestros ideales y acciones consiguientes se diferenciaron. Depende de mí compensar parte de la culpa, a pesar de mis buenas intenciones. La ley, justa, se cumple, por encima de todo. A menudo, en el ejercicio de aquello que consideramos justicia, transgredimos las mayores leyes de Dios, que son perfectas e incuestionables. Nada, en ninguna circunstancia, Sibila, justifica matar. Ningún ideal se concretizará, con la destrucción de vidas.

Descansa mi amada, nuestras almas, dondequiera que estén, mantendrán esta sintonía amorosa. Realmente nunca estaremos separados.

Sigue tu camino y, por ahora, ¡adiós...!

Ben Azir le sonríe, tratando de animarla y convencerla de la necesidad dolorosa, pero las lágrimas brillan en sus ojos, también, el dolor de la separación, que, por el momento, él no puede evitar...

En un fuerte abrazo, le indica el camino enfrente, animándola a seguir la procesión que la espera.

Temblando, incapaz de articular palabra, ella observa Ben Azir, que se despide. No sabe cuándo, dónde o cómo se volverán a encontrar...

Finalmente, ella se suelta de sus brazos, poderosamente atraída por una procesión de seres que se dirige a una luz, que a la distancia que es visible. Un canto celestial se instala en la acústica de su alma, y ella hace coro con los que la rodean, alabando al Creador.

Mirando hacia atrás, mientras volita, envía aun a su amado una última rogativa:

- "¡No me olvides, te lo ruego...! ¡Nuestro amor es eterno!"

Demostrando que la distancia siempre será ficticia, siente el abrazo fuerte y cariñoso de Ben Azir, una vez más...

✳ ✳ ✳

DESPUÉS DE LOS ATROPELLOS inesperados y casi increíbles, que contribuyeron a su retraso, Haterio detiene su lujoso vehículo y saltos, desatinado. En los ojos vidriosos el miedo a lo que adivina. Un enrojecimiento facial y por momentos una palidez extrema, hablan de su desarmonía psíquica.

Mientras empuja a los que, aglomerados, le impiden correr libremente, se enfrenta al padre. Éste está saliendo, tambaleante y desfigurado. Devastado por las sangrientas escenas en su memoria, Demetrio no sabe si está todavía vivo o si él ya está muerto. Si está en la Tierra o en el infierno...

Sorprendiendo a su mareado hijo, se cruza en su camino en un intento por salvarlo.

Loco, Haterio embiste en su contra. Joven y musculoso, lo agarra con sus manos tan fuertes como tenazas, tirándolo de su camino.

Demetrio intenta atraparlo y es arrojado violentamente contra la pared.

En el fuerte impacto, pierde el aliento. Se esfuerza por mantenerse de pie, pero no lo consigue. Cae, torpemente, al suelo.

Cegado, Haterio corre hacia la arena.

En un privilegiado ángulo de visión, se levanta para confirmar lo que su alma, rebelde, le susurra a los oídos: ¡Sibila está muerta...!

Sus restos, ensangrentados, esparcidos por el suelo.

Identifica el cabello, dorado y empapado en sangre, en la cabeza de la mujer que ama hasta la locura, divisa, enredada en la cabellera la cadena con el hermoso medallón que le diera en una ocasión festiva.

Petrificado, mira horrorizado la escena de terror y cae, allí mismo, de rodillas. Su cabeza da vueltas y vomita. Parece estar muriendo... ¡Podrá encontrarla en el mundo de los muertos...!

Mientras convulsiona con espasmos, lleva la mano al puñal que lleva y lo aprieta, con la intención de sacrificarse allí mismo, mientras recuerda con horror, que este es el espectáculo favorito de Roma; planeado con riqueza y refinamiento de crueldad... Que él también es responsable, como representante de César... Que fue el autor de éstos, como de otros tantos arrestos...

Odia, con todas las fuerzas, al padre, a quien culpa por no haberla vigilado; a Lidia y sus familiares, cómplices de las locuras de Sibila; y envía pensamientos de odio a aquella que, diciendo amarlo, favoreció su desgracia. ¡Infeliz y siniestro amor materno que los dioses le concedieron en la cruel persona de Minerva...!

Pero... ¿de qué se queja? ¿No fueron ellos siempre cómplice en lo que hay de más perverso? Uno completara, siempre, al otro, ¡en las más tristes actividades delictivas! ¡Todo por el poder, por la riqueza, por el placer, por César, por Roma...!

"¡Salve, tribuno! ¡Glorifícate en la gloria romana...!"

¡En este único momento, Roma está pasando como su coche, triunfante, sobre su cabeza! ¡Implacable, brillante, poderosa, imbatible! ¡Todo fue rigurosamente planeado y ejecutado! ¡Los vítores son estentóreos! ¡La satisfacción es general...! ¡Más una vez y siempre, Roma venció...! ¡Alégrate, Haterio! ¡Digno servidor del Águila Dorada...! "

Haterio se agita y sacude la hermosa cabeza, y; sin embargo, no consigue librarse de tales advertencias que, pareciendo venir de fuera, repercuten, poderosas e insoportables, en su cerebro, en un dolor indescriptible... ¿Quién le está hablando así? ¿De qué manera esto es posible?

Fuera de control, grita a todo pulmón:

- ¡Cállense! ¡Cállense! ¡Déjenme en paz...!

Momentos dramáticos...

Como un rayo que cae desde el cielo y se precipita sobre la Tierra, él confirma los propios sentimientos:

- ¡Sí! ¡Amo a esta mujer que dio su vida en nombre de una fe que yo no puedo, ni quiero, entender...! ¡Usé todos mis recursos para conquistarla, y ahora, cuando pensé que podía realizar este amor, ella huye de mí...! ¡¿A quién cobrarle responsabilidades...?!

Haterio está completamente derrotado, infeliz, interiormente, muerto…

Sin embargo… ¿Cómo negar que los que contribuyeron a esto son sus pares? ¡¿Ordenan, se imponen, encarcelan, explotan, y masacran…?!

¿Dónde se había equivocado? ¡Sus esperanzas están siendo destrozadas sin apelación, sin privilegios…! ¡¿Qué a hacer…?!

Haterio está profundamente dividido…

Cómo borracho y frente al escándalo que causa, se levanta y se dirige a la salida, pero retorna sobre sus propios pies e invade la arena, la cual en este momento solo exhibe los restos de los cristianos, en aquello que las bestias, ya satisfechas, han rechazado.

Se lanza en dirección a la cabeza de Sibila, la toma entre sus manos, admira sus facciones, ahora desfiguradas y ensangrentadas…

Reverente, recuerda la infancia a su lado, su presencia cariñosa, siempre tan querida… De cómo crecieron, unidos y estudiosos de todo lo que habla al pensamiento… Del orgullo que sentía por su poderosa inteligencia, que alcanzaba niveles increíbles…

Y, sobre todo, cuando descubrió el cariño que le tenía. Sibila era, sin duda, la mujer ideal…

Su corazón comprometido esperaba saciar la sed de amor y pasión en sus brazos, pero se hizo respetar como nadie más. Esta, una razón más para adorarla…

Las miradas de crítica y la condena de los padres… Sobre todo de su padre, Demetrio respondió, muy mal, en cuanto a eso.

¡Curiosamente, le negó a su hijo la oportunidad de ser feliz...!

Mira, en adoración, esos ojos enormemente abiertos y les recuerda el brillo y la belleza...

Toca la cara ensangrentada y la acaricia, desesperado...

No, él no puede estar vivo, mientras que ella ha ido...

¿Cómo seguir sin ella? ¡Sin su presencia, su risa cristalina, sus ideas de brillante y su preocupación...!

La pequeña cabeza en sus manos fuertes cae, sangrando todavía, y él se decide por una acción, mórbida, por decir lo más mínimo: suelta el broche precioso que mantiene el rico manto de tribuno y en él la envuelve, guarda la cadena con el medallón y se dirige a la salida, llevando los despojos de su amor. Llega a la conclusión que su padre estaba tratando de evitarle el terror de ver lo que quedaba de Sibila...

Demetrio, a cierta distancia, temía, horrorizado por breves instantes, que el hijo se suicidase. Sintió su intención y se estremeció, dirigiendo oraciones a los dioses.

En un intento para llamarlo a la razón, lo alcanza y le toca el hombro.

Haterio, que se precipita a la salida como un toro bravo, se sorprende de nuevo con su presencia y lo rechaza, violento, como un animal herido. Respirando con dificultad, los ojos vidriosos, en medio a visibles temblores, él mira a su padre.

Éste, extremadamente apenado, intenta abrazarlo.

Perturbado mientras carga, con cuidado, el volumen ensangrentado con una de las manos, cierra el puño con la otra y amenaza el rostro de su padre.

Pálido de muerte, Demetrio observa su locura y espera, sin defenderse.

Haterio se detiene en el tiempo, con el rostro congestionado, en un esfuerzo hercúleo y se congela, como en un extraño cliché.

- En este trágico ángulo del destino, estos dos personajes no son realmente solo padre e hijo, lo sabemos, mis queridos lectores... -

Dientes apretados, voz ronca, apenas audible, acusa:

- ¡Eres el culpable de la muerte de Sibila! ¡Infeliz desgraciado!

Apretando el pecho con ambas las manos, sufriendo las penurias del infierno, Demetrio replica:

- ¡Haterio, Haterio...! ¡Intenté, tanto como tú, salvarla de este trágico destino! ¡En verdad, como siempre, su voluntad prevaleció! ¡Piensa, hijo mío, ella nunca te amó...!

- ¿Qué te importa eso? ¡Yo la conquistaría con el tiempo y mi persistencia!

- ¿Te casaría con una mujer que amara a otro, hijo mío?

- ¡No me llames de hijo! ¡No quiero ser tu hijo! ¡Te reniego en nombre de todos los dioses y por toda la eternidad!

- ¡Haterio! - Demetrio siente que el mundo se le cae sobre la cabeza. Enfrentándolo como lo haría el único enemigo, Haterio continúa:

- ¡Yo mismo me casaría con ella por encima de todo y a pesar de todo!

En este punto, Demetrio, que llora sin vergüenza, le grita en la cara:

- Bueno, ¡ni siquiera deberías intentarlo! ¡Ignoras muchas cosas, Haterio! ¡Tú me impediste advertirte!

- ¿Qué me estás ocultando, padre desalmado?

Demetrio duda. Sus piernas se debilitan y se siente mareado. Se tambalea y busca la fuerza dentro de sí mismo. ¿Cómo expresarse correctamente en una situación como esta?

Tartamudea algunas sílabas ininteligibles mientras Haterio lo mira y espera.

De todos modos, declara:

- Haterio... ¡Ella nunca podría, ante el mundo y ante los dioses, ser tuya!

- ¡Explícate, de una vez por todas! ¿Qué es lo que sabes e intentas decirme, sin valor? ¿Qué impedimentos podría haber?

- ¡El más grande de ellos y el más sagrado!

- ¡¿...?!

- ¡Haterio, escúchame, por los dioses, y trata de comprender! ¡Sibila era tu hermana!

- Mi... ¡¿qué...?!

- ¡Tu hermana!

Con los ojos muy abiertos, Haterio pregunta con voz cavernosa:

- ¡¿De parte de quién...?!

Tímido y asustado, mostrando mucha vergüenza, Demetrio explica:

- Cynara, madre de Sibila, era mi amante...

Haterio, perplejo, escuchó, pero no comprendió o no quiso comprender. Mira el semblante desfigurado del padre y se queda callado. Se imagina soñando.

Al darse cuenta de su estupor, Demetrio decide explicarse. Le resultará muy difícil confesarse con su hijo. Finalmente, levanta la cabeza en un auto desafío, aparentando un coraje que está lejos de poseer, se aclara la garganta, respira hondo y comienza:

- ¡He aquí, que llega para mí, la hora de la verdad! Te lo contaré todo. Desde que la compré en el mercado, ella se convirtió en mi amante.

- Le dijiste a la familia que cuando la compraste, ¡ella ya estaba embarazada!

- Mentí, Haterio, como hacen muchos hombres, para encubrir una transgresión marital.

Haterio siente el peso de la cabeza de Sibila. La sangre, todavía caliente, le humedece la mano a través del manto. Aunque es un guerrero, acostumbrado a la carnicería de las guerras, un extraño temblor comienza a incomodarlo...

Se pasa la mano libre sobre el cabello... Un apretón, doloroso, le aprieta el pecho... Está perdiendo a Sibila, de nuevo, y definitivamente...

Casi en un susurro, con voz hosca, agresiva e irrespetuosa, acusa:

- ¡¿Cómo pudiste...?! Pregonando moral inmaculada, tú, mi padre, nos traicionaste a todos, ¡dentro de nuestra propia casa! ¡Y con una miserable esclava!

- Tú deberías ser el último hombre en el mundo que me digas esto, Haterio. Sibila, a pesar de su condición privilegiada, siempre fue una esclava frente a nuestras leyes. Sin embargo, superando los propios escrúpulos, tú la amaste, ¡locamente!
¡Te lo contaré todo, escúchame! Siéntate aquí, te lo ruego, y concédeme el favor de tu atención.

Torpe, abatido, como si hubiera envejecido en unas pocas horas, Haterio acomoda hasta la mejor manera con su "tesoro", en un banco rústico, al lado del padre, y se dispone a escucharlo.

Entre los transeúntes, muchos son conocidos por ellos.

Sus voces y rasgos, alterados, revelan a todos los que pueden verlos que ha sucedido algo muy grave.

Sin interrumpirlos, todos se alejan.

Con los ojos bajos, muy abatido y avergonzado, Demetrio confiesa:

- Para verla, en ese mercado, bajo los ojos codiciosos de tantos hombres, yo estaba fascinado por su belleza y decidí comprarla. Sus ojos se fijaron en mí. Muda, ella imploraba que hiciera exactamente lo que hice. El comerciante, señalando mi interés eleva el precio, a las alturas, pero yo cubría, siempre, casi en desesperación. Yo no la perdería con nadie. Así que pagué una suma absurdamente grande por ella. Puedo decir que cada gramo, bien distribuido de su hermoso cuerpo, valió su peso en oro.

¿Cuántas veces he estado en ese mercado? ¡Tan común y natural, a todos nosotros, hombres de recursos, de la clase privilegiada, y nunca me comporté de esa manera...!

De todos modos, en ese día y a esa hora, algo misterioso o la inspiración de los dioses me llevaron a adquirirla, librándola de una probable mala suerte, pero modificando el mi futuro, para siempre...

Te confieso, sin vergüenza, que desembolsé una suma considerable ese día para deleite del traficante de esclavos.

Aquella voluntad poderosa, que puedo llamar deseo, se volvió de tal manera importante y decisiva para mí que mis nervios quedaron a flor de piel.

Más tarde, comprobé la importancia de esta mujer, en mi vida y las nuestras; especialmente en la tuya, Haterio; o es necesario decirte el por qué.

Estaba emocionado, feliz, de vencer a la competencia, y grité aplausos entusiastas, escandalizando a muchos y en especial a nuestro criado. ¡Un hombre de mi condición, mostrando pública y descaradamente una insignificante victoria!

Todavía ocupado, en medio de otras compras y otros negocios, me hice seguir de ella, aquí y allí.

¡En unas pocas horas, me encontré a mí mismo envuelto, fascinado, admirando su belleza física y espiritual! Su cultura griega, su postura de nobleza y elegancia, fueron notables. ¡¿Dónde había visto a una mujer así...?!

No, Haterio, no me censures. No estoy menospreciando a tu madre, pero tú sabes: ¡ella y yo nunca nos entendimos! Nuestro matrimonio fue un acuerdo entre las nuestras familias. Yo nunca había amado antes...

Haterio, en silencio, está de acuerdo con su padre. La discordia conyugal de sus padres siempre fue parte de la desagradable rutina de la casa.

Demetrio continúa:

- Mientras yo me sorprendía de mí mismo, ella, en patente adoración, me hizo entender que ella correspondía, plenamente, a mis deseos. ¡Y antes que el día terminase, yo estaba, perdidamente enamorado!

Nuestro fiel sirviente, Nemo, me observaba con curiosidad. Me deshice de su presencia, encargándole unas "obras de Hércules."

Desconfiado, obedeció.

Libre, me regocijé. En ese momento, una serpiente traicionera se deslizaba en mi corazón y en mis pensamientos de hombre… Esa mujer era tan mía que yo podía disponer de ella sin tener problemas de conciencia… ¡¿Nosotros, tendremos conciencia, Haterio?!! ¡¿O simplemente hacemos uso de ella cuando nos interesa?!

- ¿Padre, me estás dictando reglas de conducta? Parece que no es el caso, sobre todo en esta situación que nos agobia, a los dos ¿no crees? ¡Cíñete a lo que quieras y sé más directo!

- ¿Cómo puedo hacerlo sin abrirte mi alma y hacerme entender plenamente?

- ¡No te dejes engañar! ¡Solo quiero saber! En cuanto a comprenderlo o perdonarlo, ¡nunca!

Demetrio se reinicia:

- ¡Pues bien! Cambié el itinerario y la llevé a un lugar reservado.

Pagué regiamente para silenciar a aquellos que viven a costa de la clandestinidad. Finalmente, nos entregamos, locamente, ¡y ella me volvió loco de todas las formas posibles e imaginables!

- ¡Cíñete a los hechos! ¡Concluye aquello que empezaste! ¡Después de todo, nada de lo que digas o hagas facilitará mi dolor…!

- Lo siento mucho, Haterio…

Haterio guarda silencio. Tiente el impulso de huir de allí, pero sigue allí para oírlo…

- Casado y padre, pues ya tenías un año de edad, tuve la oportunidad de albergarla en la casa de un gran amigo y confidente, por algunos meses. Planeaba quedarme con ella, así como mi amante, pero quedó embarazada. Frente a la nueva situación, nos pusimos de acuerdo que se iría a mi casa, en la condición de sierva. Allí, yo acompañaría su embarazo, el parto, el nacimiento y el crecimiento del niño que esa pasión nos concedía.

- ¡Tu comportamiento fue verdaderamente repugnante!

- ¡Estoy de acuerdo y no me eximo de culpa! ¡Pero eres testigos que crie a Sibila como a una hija, permitiéndole todo lo mejor y más culto que una mujer de nuestra estirpe puede desear!

- ¡Su sabiduría, además de su belleza peregrina, me conquistó! ¡Ahora tú me haces estas declaraciones, absurdas, robándome tiempo de mi vida! ¡Ni siquiera tendré un amor póstumo! A pesar de todo lo que dice, ¡Sibila vivió y murió como esclava!

- ¿Cómo podría yo cambiar esto sin despertar sospechas?

Haterio mira a su padre, pero su mirada parece atravesarlo... Respira con dificultad. Pasa las manos por el cabello, mira a su alrededor y pregunta con miedo:

- ¿Ella... lo sabía...?

- ¡No! Así como tú, ella nunca lo supo. Solo recientemente Cynara le contó todo. ¡Tuvimos tiempo para abrazarnos, como padre e hija! Ella me dio las gracias por todo lo que le di, y se emocionó con la revelación.

En el circo, el público, aun insatisfecho, exige:

- ¡Queremos más! ¡Queremos más! ¡Más atracciones! ¡Salve, César...! ¡Salve, César!

Haterio decide salir de allí. Está completamente devastado, frente a todo lo que en pocas horas le cayó sobre la cabeza...

Siente la mano del padre sobre su hombro, conciliador. Empujándolo, violento, le grita en plena cara:

- ¡Tócame de nuevo y yo te mato, aquí mismo!

- ¡Hijo mío...!

- ¿Qué hijo? ¡No soy más tu hijo! En este momento de horror y desesperación, tu hija acaba de ser devorada por los leones; ¡Es tu culpa que no supiste cómo protegerla!

- ¡Yo lo intenté Haterio...! ¡Lo probé...! ¡Lo juro...! - Demetrio siente dificultad para hablar, tal es su conmoción -. ¡A pesar de sospechar de su nuevo credo, solamente tuvo la constatación después de la su desaparición! ¿Cómo y dónde pedirte ayuda, Haterio? ¡Tus viajes son lejanos y secretos...!

Acercándose al rostro del padre, violento, afirma Haterio, entre dientes:

- ¡Olvídame! ¡Te aborrezco, en nombre de todos los dioses! ¡Nunca más quiero verte! ¡Que la luz de mis ojos se apague para siempre si algún día me quedo mirando a tu cara otra vez!

- ¡Haterio, hijo mío...! - los ojos de Demetrio están húmedos de llorar. Su corazón late, rápido, en su pecho. Sus sienes palpitan y se siente mareado. Todo gira a su alrededor. El rostro congestionado del hijo le parece una máscara, extraña y desconocida. Ni siquiera en las guerras se había enfrentado a rasgos tan amenazadores.

Lanzando una mirada de odio a su padre, Haterio agarra el manto envuelto alrededor de la cabeza de Sibila y sale corriendo.

Rápido, salta sobre la biga, acomoda el extraño volumen en una esquina, sus pies, y toma las riendas. Mira el volumen ensangrentado y recuerda: "Tú has estado aquí, hace tan poco tiempo, hermosa y enojada con mi imposición... Junto a mí, tan cerca, que me costó mucho no tomarla en mis brazos, incluso contra tu voluntad... Ahora... en el mismo lugar, lamentablemente, lo que queda de ti... ¡Los dioses deberían precipitarse sobre mí, fulminándome! ¡Y el Averno debería llevarme, de hecho, esposado, a su cortejo diabólico, para siempre...!"

Su cuerpo tiembla y convulsiona. Un llanto extraño lo hace doblarse sobre sí mismo. Sin embargo, reacciona. Alucinado, incita a los gritos, a las bestias que corren veloces. Decide... Nunca más regresará a Roma.

Pasa horas en una loca carrera, en la cual se pierde en los caminos, en medio del polvo que se levanta, el sudor chorreando.

Agotado y viendo el cansancio de los animales, tira de las riendas y detiene a la pareja en una exuberante y solitaria esquina.

Baja, respira profundo, mira a su alrededor, y abre su "tesoro." En adoración, lo enrolla en las manos fuertes y sucias de sangre, y comienza un extraño monólogo:

- ¡Tú, que dominaste mis pensamientos, para toda la vida! ¡Tú, que cumplías todos los requisitos para el amor que brotó en mi corazón! ¡Tú, que sigues adorando, para siempre, pase lo que pase, dime:

¡¿Qué quieres que yo haga...?! Has uso de tu sabiduría y la brillantez de tus ideas y dime, desde donde estés: ¿Qué esperas de mí...?! ¡¿Qué puedo hacer para redimirme...?!

En su adoración, él mira aquel rostro, que, a pesar de todo, conservas rastros de belleza... ¡Esta cabeza albergaba, hasta hace unas pocas horas, un alma luminosa...!

Haterio da rienda suelta a su dolor... Llora convulsivamente. A partir de ahí, no sabe qué más hacer, a dónde ir, cómo continuar viviendo...

No solo lo abrumaba la culpa por la muerte de Sibila, sino que lo destroza, en un tardío arrepentimiento, la comprensión de aquello que es, representa y pesa en el mundo... Si aun pudiese cambiar el triste camino que ha estado pisando... Pero, no, sería la pérdida total de todo y de su casa... No ve futuro. Allí, acaba su vida... Toma el puñal de la cintura, se despide en silencio de su único "tesoro", y se prepara para morir. Ya no como un potentado romano, sino como un desgraciado, el último de los hombres, el más abominable sobre la faz de la Tierra...

De repente, se oye la voz de Sibila, lo que parece resonar en el entorno natural, y libre:

- "¡Haterio! ¡Que Dios te bendiga por tanto amor! ¡Soy tu hermana, no solo por sangre, sino por Dios, que es nuestro Creador y Padre! ¡Te amo, más de lo que puedes imaginar! Y por este amor, yo te respondo, aquí desde el mundo de los muertos: ¡Has aquello que he hecho! Sigue los nuevos preceptos, que no matan, ayudan; ¡no exploran, ellos donan! ¡Busca entender las verdades que nos llevan, en realidad, la legítima gloria...! ¡Modifica tu camino para siempre y usa tu poder, mental, y espiritual, en esta nueva propuesta de vida...!"

Atónito, Haterio escucha y piensa que ha perdido la cabeza...

¡De donde viene esta voz que suena en el aire y, al mismo tiempo, resuena dentro de su cerebro...! Mira alrededor... Todo es tranquilidad, naturaleza exuberante y soledad...

Como para responderle, la voz de Sibila se vuelve a escuchar:

"¡Estoy hablando a tu corazón, Haterio! ¡Escúchame! ¡Resígnate y continua con tu vida! ¡Cambia, Haterio, sé bueno!! ¡Donde quiera que esté, siempre velaré por ti! ¡Adiós...!"

En un acto reflexivo, reajusta lentamente el puñal...

Como soñando, escuchó hasta la última palabra... Por unos minutos se queda callado, ansioso... El silencio; sin embargo, y la onomatopeya de ese lugar lo dominan y se queda dormido, entre el dolor que siente y la perplejidad que ha vivido hace poco...

El despertar, algo confundido, mira la cabeza sobre su rico manto de tribuno y sentir un gran cansancio...

Sentado en la hierba, que se ve en el cielo azul y lleno de nubes muy blancas... Recuerde el consejo, póstumo, de Sibila... es necesario cambiar, intente una nueva realidad... ¿Dónde, cómo, cuándo hacer eso...? Antes, las puertas eran anchas y de oro... Ahora que puede no incluso ver un camino...

Se pone de pie, se guarda la cabeza y anima a los caballos a seguir adelante. Dispara, en cualquier dirección, indiferente... Actúa por instinto.

Después de un largo viaje, se enfrenta con una casa grande, la fachada oscura que se parece una manera triste. El silencio que parece rodearla; sin embargo, lo atrae.

Decide llamar a la puerta y pedir refugio. Está agotado.

Alguien viene traje y se sorprende de su apariencia y de sus ropas. Todo en él delata su origen, su posición y su alto cargo.

El portero se estremece e intenta bloquear su acceso.

Haterio; sin embargo, que explica que está viajando hace muchas horas, y que necesita urgentemente de alimentos y descansar.

El pobre portero se debatió entre dos extremos: si lo recibe, los peligros son inimaginables; si no lo recibe, van ser todos castigados, implacablemente... Se decide por la primera opción, en nombre de la caridad...

Haterio entra y observa el ambiente. Allí siente una calma extraña e inesperada.

Cuando se le preguntó sobre el paquete, respondió que nadie debería estar interesado en lo que llevaba, excepto él mismo.

Resignada y algo amedrentado, el hombre que lleva un traje rústico oscuro, lo atiende en lo que él ordena, con la esperanza de verlo partir, tan rápido como sea posible...

26.- ADORACIÓN PÓSTUMA

DESPUÉS DEL DOLOR que enlutó, definitivamente, su corazón, Demetrio vive en completa soledad y desánimo. Deambula por la casa ahora vacía y pide a los dioses la gracia de morir también.

Después de los primeros días; sin embargo, en que los dolores fueron casi insuperables, decide regresar a la comunidad a ver Cynara, que, al igual que él, debe estar desconsolada.

En el camino, sigue pensando:

- "¡Pobre Lidia, al enterarse de la muerte de Sibila, casi se vuelve loca de dolor! Amaba también el corazón de esa hija... En fin, poco a poco, ella sigue con su vida, resignada, apoyando al esposo y a los hermanos, que de alguna manera se han alineado con la saña de Haterio, ahora desaparecido."

Al llegar, Demetrio se dirige a la casa de Cynara, descubriéndola enferma. Desde el día de la muerte de Sibila, ella se encamó. Casi sucumbiendo al inmenso dolor de perderla, los días se ven ahora sin color y sin brillo. Llora mucho y siempre. Imagina que jamás será consolada. Se considera también un poco culpable por haberla atraído a su fe.

Demetrio llega de sorpresa y ella, muy abatida, hace un esfuerzo por sonreírle. Se abrazan, amorosos y lloran.

Espontánea, Cynara abre su corazón:

- ¡Querido, sentí tanto tu ausencia!

- Perdóname; pero ni siquiera tenía condiciones para mantenerme de pie o razonar. Entré en una completa desesperación con la pérdida de Sibila. ¡Como sabes, ella era la luz de mi vida! Poco a poco; sin embargo, lo voy superando y vine a verte. ¡Perdóname la demora y la patente debilidad!

- ¡Yo también he estado viviendo así! Cómo todavía somos débiles, ¿no es así? ¿Y la nostalgia? ¿Cómo encontrar la fuerza para vivir sin la presencia de mi querida hija? ¿Puedes decirme?

- ¡No, no puedo!

Demetrio se esfuerza, pero no puede contener las lágrimas. Enternecida, Cynara llega hasta él y besa sus manos, emocionándolo. Él toma su mano entre las suyas y también las besa.

- ¿Cómo están los demás en tu casa? - Se atreve, sabiendo de antemano que los "otros" siempre han sido muy distantes e indiferentes con Demetrio.

- Estoy muy solo, Cynara. Además de Sibila, también perdí a mi mejor amigo, Adriano. Mis hijos ni siquiera notan mi soledad y mi enorme desamor. Haterio está desaparecido desde el trágico acontecimiento del circo. Entre los sirvientes, me quedé solo con los más necesitados. Demetrio y Cirilo, felizmente casados, se fueron a vivir lejos. Yo patrociné su matrimonio y les di una rica dote a las novias.

Mi casa, por fin, parece envuelta en sombras.

¡La experiencia que tuve con Haterio en el circo, envueltos ambos en un dolor inmenso, me marcó como el hierro al rojo vivo! No sé cómo sobreviví ese día...

- ¡Anímate, Demetrio! Después de tantos vientos en contra, ¡Dios está ha de concederte algo que valga la pena!

- Aquí estoy, escuchándote hablar de un Dios único, que se escapa de mi realidad, Cynara. ¡Este Dios se llevó a mi hija querida...!

Demetrio demuestra su enfado.

Cynara no se disculpa. Espera que esté mejor para hablarle más a gusto... Pensando en la soledad de él, invita:

- ¡Querido, quédate aquí!

- Quieres decir contigo, ¿no? ¡No tengo nada que ver con este grupo de personas que ejercen un credo que me molesta!

- Lamento la reciente pérdida de Plinio, nuestro guía espiritual. Él sabría llegar a tu corazón y a tu razón, mi noble Demetrio... Él te confortaría y esclarecería, de hecho. Sin embargo, como sabes, tenemos aquí a Quirinius.

- No me gusta recordarlo, Cynara, que él también, junto con Lidia, incentivaron los delirios de Sibila.

- Mi buena Demetrio, con el tiempo este dolor va a cicatrizar y verás el mundo bajo un ángulo diferente. Tu ánimo y tu alegría volverán. Sé que Sibila quiere esto. Donde quiera que esté, ¡nuestra querida hija continuará amándonos!

- Es cierto, ella siempre nos animaba, en una forma u otra... ¡Cuánta nostalgia, Cynara!

- Este anhelo nunca nos abandonará, Demetrio... Piensa en la posibilidad de quedarte aquí. ¡Olvídate de los prejuicios de nacimiento, de clase y de religión! Me atrevo a aconsejarte que reconsidere el culto a los dioses; ¡personalidades tan imperfectas como nosotros! ¿Queremos el bien y el amor? ¡Vamos a buscarlos en aquellos que viven, de hecho, estas virtudes, demostrando que son de Dios!

- ¡Cynara, en breve nombrarás a tu "Cristo"! ¡Esto no lo puedo soportar! Él, indiferente, tanto como nuestros dioses, se llevó a mi Sibila, ¡de manera cruel y para siempre!

- No, Demetrio, ¡ella quería ir! Se permitió porque así debía ser. ¡Todavía somos grandes deudores de la vida y como tales necesitamos redimirnos, querido!

- ¿Qué defectos viste en Sibila? ¡Dime honestamente, Cynara! – Él pregunta, molesto y ofendido.

- ¡Sí, ciertamente ella los tenía, como todos nosotros, Demetrio! ¡Sabes bien cuánto la amaba y admiraba, por toda la vida! ¡No veas en mis palabras ninguna acusación, desde luego que no! ¡Hablo de manera tan general!

- ¡Estoy horrorizado, Cynara! ¿Alguien podría desear una hija mejor?

- No, Demetrio...

- ¿Y entonces?

- Demetrio, ¡nuestra visión es muy limitada! ¡Cuanto más crecemos, mayores son las cobranzas! ¡Es justo que se pida, cada vez más, a aquel que mucho se dio! Este fue el caso de Sibila. No tengo absolutamente nada que reprocharle, nunca lo tuve; todo lo contrario, ¡le estoy enormemente agradecida por tanto amor y tanto cariño!

- ¿Y entonces? ¡Te contradices a cada nuevo momento! ¡Es así, con el credo que ustedes asumieron para desgracia de todos nosotros?

Al ver que él se debate, aun, sin consuelo, en el dolor que carga, Cynara comenta:

- ¡Hablaremos más tarde, querido! ¡Sibila creía en la posibilidad que pudiéramos vivir muchas veces!

- ¡Qué tontería, Cynara! ¡Sócrates defendía esta filosofía, pero yo no lo creo!

- ¡Derecho tuyo, querido! Pero esperemos, ¿sí?

- ¡Ay, cuánta falta me hace Sibila! ¡Dioses...!

Baja la cabeza y hunde los dedos largos y afilados por entre el cabello.

Cynara se compadece. Invitado, una vez más para quedarse, Demetrio decide aceptar la hospitalidad y el agradecimiento. Tiene la intención de mudar a Cynara a su casa. Pensando así, sonríe misteriosamente, dejando a Cynara intrigada.

Él se acerca, la abraza, fuerte y dominante como en el pasado, y la besa, apasionado. Entre las caricias y el fuego de esta pasión, ellos se entregan nuevamente.

En los días siguientes, caminan entrelazados por los verdes valles y suben a la misma colina donde conversaban Sibila y Ben Azir.

En este lugar agradable, dulcemente abrazados, ellos asisten a la puesta del sol.

Amigable y respetuoso, el hermano José, poco a pocos, se reaproxima a ellos y en una ocasión favorable, charla, competente, sobre la vida de Jesús. Demetrio escucha en silencio. No puede negar, y mucho menos menospreciar la sublimidad de todo lo que quedó sabiendo.

Viviendo de cerca con la comunidad, Demetrio saca sus propias conclusiones respecto a las diferencias entre el Mesías, representativo del Dios único, y "sus" dioses.

En un entendimiento mayor, se imagina a Sibila tratando a los pacientes, ejercitando a bondad innata que allí encontró espacio y oportunidad.

Recuerda a Ben Azir: "¡Qué gran chico! ¡Así como Sibila, se perdió la vida tan pronto...! "

Pasan algunos meses. En una dulce y enriquecedora convivencia, un día, Demetrio decide regresar. Lleva a Cynara y se casan, finalmente realizando el antiguo sueño. En la misma casa, en la que fuera esclava, Cynara hoy es la señora.

En un balcón, donde los aromas de las flores invaden las dulces brisas, en una noche hermosa, abrazada a Demetrio, Cynara señala el cielo y que dice:

- ¡Nuestra hija, querido, dejó de ser una estrella en la Tierra para ser una estrella en el cielo!

- ¡Sí, nuestra estrella más brillante!

Entrelazados, almas unidas, se juran amor, como en los viejos tiempos. Su única condición para casarse con Demetrio fue la libertad de seguir trabajando en la comunidad de cristianos.

Poco a poco, como sería de esperar, Demetrio pasó a secundarla en estas tareas. Acostumbrándose e integrándose a esta nueva forma de vida, se encontró en los mismos propósitos de los cristianos, tan incomprendidos y perseguidos hasta la muerte.

Al extender la mano a los que más necesitan, se regocija con sus alegrías y sufrimientos con sus dolores.

"Así es como lo hizo Jesús..." – Aprendió de Cynara.

Cynara le describe, incansablemente, las acciones caritativas y profundamente amables de Sibila, junto a los desafortunados.

- "Sibila murió, como tantos otros, por hacer el bien... Jesucristo también fue juzgado y condenado por ser verdaderamente bueno y fiel a Dios" - Demetrio se sorprende con pensamientos como estos que, poco a poco, como una lluvia fina y benéfica, lo preparan para una comprensión superior. Hoy, ya no sabría vivir como antes, cultivando y sacrificando a los dioses paganos...

La voz de Cynara lo saca de sus cavilaciones:

- Demetrio, ¿no le temes al futuro? ¡Tú, un patricio, estás actuando en contra de "tus dioses" y en contra del César! ¡Ellos serán implacables contigo!

- No, hoy no le temo a nada más, Cynara. ¿Cuántos años más tendré? ¡Que ellos sean bienvenidos, y bien vividos!

- Sibila tenía la intención de contarte sobre su nueva creencia. Solo estaba esperando una buena oportunidad.

Con ella, Ben Azir estuvo aquí y trabajó, algunas veces, en la ayuda a los necesitados. En nombre de la sabiduría, se acercó a Plinio y, juntos, analizaron varios puntos relativos a su religión y a la nuestra.

- ¿Cuál fue el resultado de estos análisis?

- No puedo decirlo, pero Ben Azir parecía muy reflexivo. ¡Plinio sabía enseñar como ningún otro!

- ¡Y Ben Azir fue, sin duda, un polemista admirable! Tuvimos la oportunidad de conversar, y nunca vi tanta nobleza y sabiduría en una persona tan joven. Ya sabes, Cynara, Quirinius me permitió el acceso a los rollos con los escritos, fidedignos, de algunos de los discípulos de Jesús. Emocionado, leí aquellos informes... Pero, dime, por favor, ¿realmente crees que podemos nacer muchas veces?

- ¡Sí, lo creo!

- Este pensamiento, esta filosofía, parece más acorde con la justicia divina. Si amé y todavía amo a Sibila y sufro su ausencia... ¡Si esta tesis de las múltiples existencias, es verdadera, volveremos a vernos y a convivir...! ¡Esta expectativa es un bálsamo para nuestro dolor, consuelo y esperanza!

- ¡Bravo, Demetrio!

- Siguiendo la misma línea de pensamiento, iré más lejos y miro hacia atrás en el encuentro que tuvimos ese día en el mercado. ¡Recuerdo, como si se tratara de hoy, mi desesperación, la urgencia de llevarte conmigo! ¡Para mí, eras la única, indispensable, amada desde antes! Pero... ¿"antes" cuándo, Cynara? ¡Nunca nos habíamos visto antes...! ¡Esto me hace pensar!

- ¡Alabo tu claridad de razonamiento, querido! ¡Es necesario para pensar y sacar, en realidad, conclusiones lógicas y acertadas! ¡Felicidades!

Mirándola con inmensa ternura, en un aire de desafío, casi infantil - y que le recordar las expresiones astutas de Sibila... -, le pide, tomándola de la mano entre las suyas:

- ¿Qué dirías, mujer de mi vida, si supieras que me decidí a asumir, de hecho y de derecho, el título de cristiano?

Con gran entusiasmo, Cynara demuestra su alegría:

- Creo que siempre has sido cristiano, ¡incluso sin saberlo! Su corazón está lleno de amor, de verdad y respeto por tus semejantes

Entristecido, Demetrio responde:

- No, Cynara, no... ¡He vivido como los hombres del mundo, y a pesar de no ser cruel, pues eso nunca hizo parte de mi naturaleza, y aunque nunca hice eco de las acciones perversas de mi hijo, Haterio, he sido orgulloso, egoísta y prevenido contra todo lo que viniese a amenazar mi vida abundante, mi casa y mis posesiones! ¡No te dejes engañar, yo soy y siempre he sido un arrogante patricio romano!

- ¡No importa! ¡Así que lo conocí, amé y amo!

- Agradecido. Yo voy a tratar de adaptarme a mi nueva condición, ¡lo prometo!

Besándola, apasionado y ardiente, él la retiene en sus brazos, aun vigorosos, sometido a este amor que nunca se enfrió, a pesar de los obstáculos.

- ¡Tu amigo, Quirinius, se va a sorprender!

- ¡Quirinius! ¡Qué susto me llevé cuando supe cuando que él era cristiano! ¡Nadie lo sospecharía!

- De eso, querido, dependía su seguridad y de toda su familia. Pronto, que se casará con Semiramis. Ella será una esposa digna para acompañarlo, como legítima hija y heredera, la sabiduría y la bondad de su padre, Plinio.

- Nada de esto; sin embargo, hace que me olvide de mi hijo, Haterio... ¡La tierra parece habérselo tragado! ¡Caminé en su búsqueda, exhaustivamente, sin éxito! Adriano también ocupa mis pensamientos, ¡por mucha nostalgia y gratitud! Su amor por Sibila lo llevó al triste testimonio, para el cual, sin duda, no estaba preparado... Este queridísimo hijo, así considerado por mí, fue la última compañía y amparo para la hija querida. Pude verlos, Cynara, abrazándose cariñosamente justo antes del gran sacrificio...

Demetrio no puede evitar que, en su pecho exploten sollozos y él llora. Esta escena nunca más se borrará de su corazón... ¡nunca más!

Cynara, igualmente conmovida, lo abraza en silencio. Demetrio ya le contó que después de haberlos visto, se desmayó, con un fuerte dolor en el pecho, y cuando despertó ya estaban muertos...

Controlándose, finalmente, continúa:

- ¡Su amor por Sibila, sumándose al amor, incondicional, de sus dignos padres, modificaron a Adriano, haciendo de él un hombre de bien!

Nunca entendí por eso que nunca fue a la guerra... Hoy, de alguna manera, modificado en mis pensamientos, no me gustaría más que fuese convocado a ellas... En otros tiempos, junto a Galba y tantos otros, pensaba que la mayor gloria de un hombre era ser un gran guerrero y vencer en los campos de batalla, ¡llevando a Roma a ser cada vez más gloriosa!

- ¡Nuestra mayor batalla, Demetrio, Plinio nos la enseñó, es nuestra, en la superación de nuestras imperfecciones, en la transformación que sorprendiste en Adriano y que nos servirá siempre de maravilloso ejemplo!

- ¡Estoy de acuerdo!

Mirando a su alrededor, sorprenden a Quirinius y Semiramis, quienes, a esa hora, acurrucados juntos, admiran las estrellas; amigas de los enamorados.

Pensando en el sacrificio de Adriano y Sibila en el circo, Cynara pregunta:

- ¿Cuándo será nuestro turno?

Armonizando con sus miedos, Demetrio responde:

- ¡Le pido al cielo que estemos juntos! ¡Y que tenemos el coraje...! ¡Bueno, vamos a descansar! Mañana regresaremos a nuestra casa en Roma.

Así abrazados que parecen uno solo, se dirigen a la casa que Cynara mantiene en la comunidad.

✶ ✶ ✶

EN LOS ALREDEDORES DEL Palatino, Haterio, hoy en día, es uno de esos hombres que niegan el mundo y viven apartados, en medio de oraciones y promesas íntimas de permanecer fieles a Dios y a sus leyes – ni siempre lo consiguen, en fin... -.

Allí, algo modificado, se esfuerza por ser digno de la valentía y los principios de Sibila. Hoy, reconoce que ella siempre tuvo la razón.

Bloqueó su propia razón en cuanto a su afiliación con ella. Después de todo, ahora eso ya no importa. La sigue reverenciando, en su corazón y en su propia vida, en adoración póstuma.

Intenta seguir los ritos de su nueva creencia, la misma por la que murió Sibila. Éste, su último consejo. Ciertamente, escuchó muy bien todo lo que ella le dijera. ¿De qué manera? Nunca intentó entenderlo. Le sería imposible traducir aquello que vivió en esos momentos decisivos de vida o muerte.

Siente el peso de la culpa que carga, y espera que este nuevo "Dios", al que sigue, sea misericordioso.

Sin embargo, de razonamiento brillante entiende que no será con rituales o simplemente con sus intenciones que alcanzará la piedad que espera. Mucho tendrá que sufrir para purificarse y redimirse. Esperará los próximos desafíos de la vida, a los cuales pretende ser tan fiel como lo fue al Águila Dorada.

Poco a poco se fue haciendo útil y, más que eso, se volvió indispensable. Desde su llegada, pasó a dirigir y a organizar la vida de ese grupo de religiosos. Es una vieja costumbre suya centralizar y comandar todo a su alrededor. Autoritario e impositivo, por encima de él solo aquellos en quienes reconoce el poder moral.

En esta autonomía, Haterio casi nunca es cuestionado.

* * *

QUERIDOS LECTORES, NOSOTROS, que podemos alcanzar sus pensamientos más profundos, y sorprenderlo en las acciones más escondidas, vamos a asistir, ahora, a un extraño ritual... Preparen sus corazones y perdonen a nuestro querido personaje, se los pido...

Facciones sombrías, ojos siniestros, él se encierra en sus habitaciones, que en nada se parecen con los otros, por la comodidad que salta a la vista, y recoge en un pequeño cofre una pequeña llave dorada.

Aparta, reverente y de facciones ansiosas, una pequeña cortina que deja al descubierto un cuadro religioso en una puertita que usa como nicho, el cual abre con entusiasmo. De ahí saca, casi con placer, con una sonrisa abierta, una cabeza momificada. Su cabello lavado, todavía conserva algún resplandor, como si ellos estaban en una cabeza viva.

De su cuello, en equilibrio sobre un diminuto pedestal, cuelga una cadena con un medallón, una rica obra de artesanía, valiosa y hermosa...

Frente al siniestro despojo, él se arrodilla y expresa, con ternura, reverencia y anhelo. Su voz, a pesar de sus intenciones, resuena extrañamente en el ambiente:

- ¡Tú, que me acompañas hace tanto tiempo, incluso en contra de tu voluntad, bendice mi intento de transformación! ¡Alaba y reconoce mi intención de seguirte los pasos! ¡Siempre estuvimos, radicalmente opuestos en lo que habla al corazón y al alma! ¿Será que un día, yo tuve alma? ¡No! ¡Los dioses me la arrancaron, convirtiéndome en un ser sin sentimientos! ¡Solo tú despertaste, siempre, este corazón que parecía hecho de piedra!

¡Sin embargo, ignoraba que, desde el comienzo de mi vida, la suerte me había negado cualquier posibilidad de realización al lado de la mujer amada! ¿Por qué y para qué tenía que ser tu hermano? ¡¿Y por aquel que nos concedió la vida, me impidió continuar amándote, de la forma que yo quería...!

¡Hoy me esfuerzo para seguir tus ejemplos! Ni siempre lo consigo, debo decirlo... Mi ser, embrutecido por la vida y las decisiones que han hecho, pesa mucho y me impide tomar actitudes más elevadas. Sin embargo, ¡valora mi esfuerzo! ¡Sé como siempre fuiste, piadosa e indulgente...!

Ahora que estás en el reino de los muertos, hay muchas cosas que ya no importan más... ¡Mi culto, fiel, a ti, es sagrada y me mantiene vivo! ¡Tus palabras en aquel día fatídico, son mi verdadero credo; a tu imagen, a mi perenne adoración! ¡Con el poder que te caracterizaba, en mente y espíritu, continúame conduciendo y protegiéndome de mí mismo, Sibila...!

Haterio llora las lágrimas de los desilusionados.

Y... Una vez más, escucha su voz. ¿De dónde viene? ¡¿Del techo, de las paredes, del nicho, o dentro de sí mismo...?!

- "¡Haterio, querido hermano! ¡Despierta de esta pesadilla y libérate del pasado! ¡Sé fiel a Dios y deshazte de las adicciones! ¡Vive el presente y busca ser feliz en lo que eres hoy y en lo que haces! ¡Que los cielos alcancen tu corazón y hagan ligeras tus culpas, Haterio! "

Desesperado, Haterio confiesa entre lágrimas:

- ¡Yo te amo, Sibila, hoy y siempre!

- "¡Yo también te amo, Haterio! ¡Como tu hermana! "

Antes de callar, la voz dulce e inconfundible de Sibila pide:

¡Haterio, busca a tu padre, nuestro padre! ¡Calma el anhelo de ese corazón…! "

- ¡Sí, lo haré, Sibila! ¡Siempre haré aquello que quieras!

Nada más escucha. El silencio se hace en el ambiente y todo vuelva a la normalidad. Sudores abundantes empapan su cuerpo.

Cuidadoso, que cierra el cofre y se aleja profundamente abatido. Se encuentra, en el pasillo, con un compañero y lo llama, al lado:

- Temístocles, hoy haré mi testamento. Lo dejaré contigo, pero solamente antes de mi entierro va a ser capaz de leerlo, para ejecutarlo, minuciosamente, hasta mi última voluntad. ¡Cuento contigo!

- ¿Le temes a algo, hermano?

- Sí y no… Algo me avisa que no llegaré muy lejos. Miro el futuro y no me veo en él…

- ¡Quizás la tristeza que llevas en el pecho justifique esta visión tan pesimista!

- No, mi amigo… tengo que organizarme para el largo viaje… Confieso mi temor en cuanto a eso. No tengo muchos créditos… ¡Solo ahora me he dedicado hacia las cosas del alma!

- ¡Y Dios ha de valorar las buenas intenciones y la patente transformación, que sin duda ya has comenzado! Sin embargo, ¡creo que aun vivirás mucho tiempo! ¡Ya nos acostumbramos a tu organización y buen estado de ánimo! ¡Eres un líder nato, hermano Sóstenes!

- ¡Para esto me he preparado toda la vida, Temístocles! ¡Te quedarás admirado, un día, cuando descubras mi verdadera identidad!

- ¡Ahora, ahora, siempre serás admirable, seas quien seas! ¿Vamos al comedor? ¡Alí tomaremos un buen vino y comeremos un sabroso pan que preparó el hermano Anastasio!

- ¡Sí, esto me hará mucho bien! ¡Agradecido por tu amistad y bonhomía!

- ¡La gratitud es mutua!

Abrazándolo, el hermano Sóstenes lo sigue a su lado, hacia el comedor.

Mientras caminan, Haterio analiza su comportamiento actual; él nunca tuvo una amistad como esta con cualquier persona, y como tantos otros que ha conquistado en este lugar.

¿Qué pensaría, su padre, en caso pudiera verlo? Nunca más lo vio. La maldición que lanzó sobre sí misma le hizo mucho mal.

Seguirá el consejo de Sibila. Incluso que no lo busque más, le escribirá; ya será un buen comienzo.

Horas después, se sienta en una mesa llena de libros y papeles, y escribe interiorizado y muy emocionado. No le enviará su actual dirección, ni le dará las coordenadas para encontrarlo. No se siente preparado, aun, para tanto...

Cuando terminó la misiva, se siente en paz, casi feliz.

Al hacer una autoevaluación, calcula los aciertos y los errores, y concluye que, a pesar de todo, dio algunos pasos en la dirección de una transformación, en lo más mínimo, inesperada. En una vida sana, física y espiritualmente, se siente renovado, es otro Haterio, en una nueva identidad.

Su posición orgullosa de tribuno dejó de existir, desde el día en que ingresó por los portales de esta orden religiosa. Se lamenta, de hecho, a las crueldades a las que fue llevado, por ambición y por orgullo. Agotados los años, en definitiva, de una vida que fuera tan desequilibrada, que había creado para sí mismo, al menos, un mejor epílogo.

Unos días más tarde, una extraña epidemia se abatió sobre todos, diezmándolos casi por completo. Entre los muertos, el hermano Sóstenes, ante el famoso tribuno de Roma, Haterio...

Lo siento, Temístocles abre su testamento:

"Dejo toda mi herencia a este grupo religioso, que me acogió en un momento trágico de mi vida; consciente que así, la comunidad hará mucho más por los desafortunados que, como yo, un día contribuyan con esta casa de paz y amor.

Algunos objetos valiosos que adquirí uso propio y un poco de comodidad, los dejo al hermano Temístocles, mi amigo fiel.

Las obras rarísimas, las dejo a la biblioteca de la misma entidad."

Entre los párrafos de esa voluntad, que despertaron en Temístocles mucha curiosidad: revelando el lugar de la llave del nicho, el hermano Sóstenes declara que su "valioso y sagrado contenido" debe ser enterrado con él, envuelto en su viejo manto de tribuno romano – guardado en un viejo baúl -, y rematado con un rico broche que se encuentra adherido a ese manto.

Temístocles se estremece mientras manipula la lujosa tela, todavía manchada de sangre, pero ni siquiera podía imaginar lo que vendría después.

Llave en mano, aparta la cortina, abre la puerta, y se enfrentó con el tétrico despojo. No puede contenerse y deja escapar un grito ahogado.

A pesar de los escrúpulos y el horror, actuará en secreto y seguirá al pie de la letra las instrucciones del hermano

Sóstenes. Teme que el compañero de fe regrese de la tumba para atormentarlo...

Recuerda, con escalofríos, que cuando los hermanos Sóstenes estaban encerrados en sus habitaciones, al salir de allí, lucía un rostro pesado y hosco. Se hacía irascible e inaccesible, como si albergase en el corazón un dolor mayor que a su capacidad de soportarlo...

El hermano Temístocles respiró aliviado cuando finalmente cumplió, punto por punto, los últimos deseos de su gran amigo y compañero...

Los religiosos quedaron sorprendidos con ese volumen al costado del cuerpo, pero agradecidos por las generosas donaciones, y conscientes de algunas de esas tantas otras rarezas desenfrenadas que existen en el mundo, guardaron silencio.

Debido a las atrocidades de la enfermedad, Temístocles aun no había enviado la correspondencia a Demetrio. Anexa a ella, a tiempo, una nota avisándole del fallecimiento de su hijo, el tribuno Haterio - ahora sabe su nombre y origen -.

Algún tiempo después, Demetrio, en casa, leyendo su correspondencia, sorprende entre ellas, un mensaje de Haterio.

Ansioso y muy emocionado, abre y lee:

"Noble Demetrio, padre mío, ¡salve!

Hoy, quien te saluda no es más el tribuno del César, y sí alguien que sigue solo a Dios y en Él cree, a ejemplo de su hija y mi hermana, Sibila, quien entregó su vida ese día de triste recuerdo.

Algo que me sopla en los oídos pronto dejaré el mundo de los vivos...

En estos pensamientos, y siguiendo el consejo de aquella que se transformó, para siempre, en mi más querido ángel, me decidí a escribirte, abriéndote mi corazón de hijo, antes de cruel e irrespetuoso, y ahora profundamente arrepentido...

El propósito es decirte que estoy bien. Viviendo lejos de Roma y de su gloria engañosa.

Hoy, modificado, me siento mejor conmigo mismo, con el mundo y con las personas...

Te ruego de corazón que me perdones y no me veas más, como ese Haterio de antes, sino como soy hoy, que en nada te avergonzaría, te lo puedo decir de pecho abierto.

¡Consciente del pasado y del presente, sé cuánto te debo, padre! ¡Olvida mi pasado, te pido, en nombre de mi futura redención!

No te diré, por el momento, dónde estoy, porque todavía no quiero mirar tu noble semblante, aunque hoy mucho lo he anhelado. Sin embargo, este un castigo que me impongo, entre otros, que poco a poco, va modificando mi corazón, tan endurecido todavía. Traeré siempre grabada en mi retina, tu perplejidad, frente a mis excesos; ¡tu censura paternal y tus incansables intentos de llamarme a la razón!

¡Acepta mi abrazo, añadido a la petición al cielo, que el Señor, tú, padre, seas bendecido y protegido para siempre!

A pesar de todo lo que ya has vivido y de todo lo que has sufrido, ¡sé feliz!

¡Gracias a Cynara, por todo los que ella me concedió, desde siempre! ¡Pídele perdón por mí, y, finalmente, sé feliz a su lado!

Por misericordia de Dios, este genio bueno que la vida puso en mi camino, me libró de la muerte tantas veces, preservándome a fin que, un día, yo pudiese alcanzar este entendimiento, que encontré tan sufridamente, a través de la sabiduría de Sibila, y que he expandido, en una orden religiosa que me ayudó, ¡en el peor día de mi vida...!

¡Salve, noble padre! ¡Aquel que te ama, reconocidamente, te saluda y te abraza, en un amplexo filial y, en fin, muy bienvenido!

Tu hijo, Haterio."

En otro pergamino, Demetrio lee:

"¡Querido patricio, Demetrio, padre del valiente tribuno de Roma, Haterio; hoy, hermano Sóstenes, para nosotros, en esta comunidad religiosa que lo acogió y albergó, desde hace algunos años, para gozo de nuestro corazón!

Lamentamos informarle que su hijo dejó esta vida hace un par de días, víctima de una epidemia que ha causado estragos entre nosotros, llevándose a muchos de nuestro pueblo.

¡Que Dios dé serenidad a su alma y resignación a su corazón de padre! Siga la dirección. Venga a visitarnos y consagrar las últimas disposiciones de su hijo, en el testamento que hizo, respecto a su patrimonio, legado, según su voluntad, a esta institución religiosa. Usted también será capaz de ver donde su hijo vivió en estos últimos años de su transformada vida.

¡Nuestros respetuosos saludos!

Hermano Temístocles."

Apretando las misivas al encuentro de su corazón, Demetrio llora al hijo, que, distante, se despidió de la vida.

Llama a Cynara, le entrega las cartas y sale. Va hasta el jardín, a respirar y llorar libremente.

A través de sus lágrimas, mira al cielo y revive la vida de Haterio, desde su nacimiento… Él lo extraña, a pesar de todo lo que han vivido.

Confirma una vez más, que la criatura humana se puede modificar, para mejor, y que vale la pena invertir en ella.

Sibila se ha ido, Adriano se ha ido, y ahora Haterio…

Volver al interior de la casa, y si se topa con Cynara en lágrimas, mientras exclama, como si Haterio podía oírlo:

- ¡En fin, mi querido hijo! ¡Comenzaste tu propia redención! ¡Estoy tan feliz por ti! ¡Tu amada y nuestra muy querida Sibila, desde donde esté, debe estar orgullosa de ti, Haterio...!

Al escuchar sus exclamaciones y su arrebato maternal, Demetrio la abraza, fuerte y dulcemente, y la consuela, mientras él se consuela igualmente:

- ¡Imagina, Cynara, en este momento de mi vida, este regalo de los cielos! ¡En mi pequeñez, ni siquiera sé cómo agradecer!

- ¡Haciendo a los demás todo lo que se desea para nosotros mismos, querido!

- Tienes razón, demostraremos a Dios a nuestra inmensa gratitud, trabajando para implantar el Bien en este mundo.

A propósito, siguiendo el ejemplo de Haterio, que está donando en su testamento su legado a la comunidad religiosa que le dio la bienvenida, yo haré el mío, muy pronto, y en éste, además de preservar tus derechos, como mi esposa, donaré todos lo demás, a la comunidad cristiana de la que somos parte.

- ¡Muy bien, querido! ¡Aplaudo, de pie, esta maravillosa decisión! ¡Unidos, corazones dedicados al bien y al amor, viviremos los años que nos quedan!

Con los ojos mojados por las lágrimas, Demetrio se lleva una mano al corazón, levanta la otra, en señal de saludo y exclama, sincero:

- ¡Dios te salve, Cristo! Los que pretenden seguirte, ¡te saludan!

Mirando fijamente, en adoración, al hombre que ama y que amará por la eternidad, Cynara confirma:

- ¡Salve! ¡Señor Jesús...!

Unidos, se consuelan y recuerdan a sus seres queridos...

Al día siguiente, partirán para la comunidad cristiana y después de unos días de trabajo intenso, en la colaboración que allá siempre es bienvenida, volverán a casa...

EPÍLOGO

¡ROMA, ROMA, AVE! ¡Roma de los Césares!

¡Desde la loba legendaria que amamantó a Rómulo y Remo, fundadores de esta ciudad, al poder inconmensurable que tanto la comprometió ante el mundo en los siglos por venir!

En medio de errores y aciertos, la gloriosa Roma se convirtió en la ciudad eterna. En mucho, parecida a otras, de historias similares, sin duda, pero ¿dónde y cuándo se vio tanto poder?

¿Dónde se registró muchos hechos históricos que influir en la humanidad para siempre...?

¿Dónde, tanto horror y, al mismo tiempo, tanta belleza?

En una mezcla innegable del bien y del mal, de lo feo y lo bello, de la cultura y la ignorancia, de las virtudes y los vicios, de la luz y la oscuridad, Roma escribió su historia casi siempre manchada de sangre.

Hasta la actualidad, nuestras almas recuerdan de cuando allí estuvieron, sufrieron y vivieron, insertas en un contexto que se imponía a pesar de cualquier otra voluntad.

En este tiempo, los hombres sabios y virtuosos eran minoría; sin embargo, marcaron una gran diferencia.

Algunos de estos, excéntricos, fueron venerados, como si llevaran el sello del Empíreo. Pero, aun así, oh, contradicción humana, ¡muchas veces no eran atendidos sus necesidades más básicas!

Sus cualidades, *sui generis*, servía a aquellos que con ellos se afinaban y también a otros que, una vez en el poder, quería tenerlos a la mano para consultarlos en momentos críticos de guerra o para hacerlos participar, peligrosamente, en sus asuntos privados... Tratándose de los Césares, es difícil establecer límites...

Algunos quedaron grabados en la historia, lo que no impidió que fuesen sofocados, perseguidos y asesinados, cuando contradecían las expectativas de estos o aquellos. Otros vivieron y murieron en el anonimato.

Sócrates, uno de los hombres más grandes de su tiempo, fue calumniado, perseguido y ejecutado, en nombre de la verdad que defendió y enseñó hasta las últimas consecuencias.

En una sociedad de muchos vicios y poquísimas virtudes, los dioses de Olimpo, de manera general, además del ejemplo, de acuerdo a las preferencias y conveniencias, también justificaban las locuras de muchos.

Los Césares, se autodenominaban dioses, en su mayor parte, eran hombres trágicos. Muchos se establecieron con sus defectos en el poder del que eran investidos. Sumergidos y acomodados, día a día, en el orgullo, la ambición, la vanidad y el egoísmo, reaccionaban con fiereza ante cualquier intento de cambio.

Bajo las sus órdenes y consentimiento, las personas fueron ejecutadas con refinamientos de crueldad, perseguidas, robadas y torturadas, para el deleite de muchos - ! -, o para servir de escarmiento.

Cargo, aun hoy, mis queridos lectores, el triste recuerdo del circo de gladiadores romano, en el que guerreros, luchadores - yo entre ellos - y esclavos fueron alentados a la crueldad e "investidos", automática e inevitablemente, de la condición de homicidas.

¡Cuánta sangre derramada! ¡Cuánto estímulo al salvajismo!

¿Cuántas vidas, llenas de esperanza, cayeron sin vida a los pies de otros hombres que, como ellos, también esperaban su hora? Era simplemente una cuestión de tiempo...

- Tenemos aun vestigios de estos "deportes", que no ejecutan al luchador en el momento de la disputa, lo hacen, paulatinamente, marcándolo con el sello morboso de males físicos que irán emergiendo, implacables -.

¿Qué decir, entonces, de los "grandes espectáculos", en los cuales se invertían sumas extraordinarias, a fin de que los poderosos y sus familias fuesen la tela de fondo, la pantalla del lujo y del poder?

En estos eventos, bien planeados y ansiosamente esperados, ¡los cristianos fueron arrojados a las bestias voraces!

- ¡¡¡Esto era una diversión para las familias romanas y ampliamente concurridos...!!! -

El gran incendio de Roma, de triste recuerdo, muestra muy claramente hasta dónde llegaba la locura de estos tétricos Césares, que, en su momento, tenían a sus órdenes hombres tan malos como ellos mismos.

Roma vio el esplendor de las artes, la cultura y la belleza, pero también el apogeo del mal y la debacle.

Así vivió, así se destruyó Roma, la ciudad de las siete colinas, de muchas puertas, de grandes conquistas y de glorias que parecían no tener fin.

Sin embargo, en un tiempo, inimaginable, inolvidable y fatal, las hordas de siniestra que llegaron en sus talones vencieron de una vez, y para siempre.

✳ ✳ ✳

VERGONZOSO RECUERDO QUE también nosotros merecemos esta censura histórica. Cuando señalamos uno o más personajes de nuestra historia, posicionándonos como si fuésemos jueces, debemos reflexionar mejor, suavizando la crítica y la condena. Después de todo, estamos exiliados en este planeta, a donde vinimos a expiar, rescatar y aprender; "casi" todos olvidados de nuestro pasado - por la misericordia de la divina providencia, pues, un recuerdo más completo, ¡haría nuestra carga aun más pesada! -.

Mirando hacia el futuro, en el ejercicio siempre bienvenido de la humildad, una virtud tan difícil de ser conquistada, pero tan importante para el alma, deploro, mis queridos lectores, cuando yo estuve allí y participé de esas tragedias históricas.

Estamos en esta época, gloriosa, personajes que somos mostrando sin vergüenza lo que somos y aquello que ya deberíamos ser.

¡¿Y cuántos de ustedes, leyendo estas páginas, sienten en el alma un estremecimiento recorriendo sus columnas, en un recuerdo atávico, casi imposible de ser traducido y a veces insoportable...?!

Particularmente, ¡cuánto arrepentimiento vive aun mi alma!

¡De cuántas lágrimas son hechas mis horas, cuando me enfrento a las dificultades, materiales y espirituales, de aquellos que ya tuve la tarea de conducir en el Bien, pero que los desprecié, exploré o corrompí...! Hoy, trato de protegerlos, frente a mi conciencia culpable y con el amor que poco a poco, fue generando en el corazón de la dirección de cada uno.

Esta es mi sana y perenne propuesta, en estas amadas obras de mi alma, hijas queridas de mi corazón.

Confiando plenamente en el que vino a nosotros en cumplimiento de la promesa hecha un día, cuando sacrificados y avergonzados, nos preparábamos para el exilio, andaremos al fin, por caminos rectos.

En esta propuesta, jamás dejaremos de crecer y evolucionar, en este inconmensurable universo que nos abriga en su seno, nos alimenta, y nos ofrece los medio para progresar.

✳ ✳ ✳

¡EN ESTA PEREGRINACIÓN MILENARIA, cuántas veces habitamos otras "Tierras", en estos cielos, donde no son tantas las moradas del padre!

De algunas de éstos que ya habían alcanzado un nivel más evolucionado, fuimos purgados y "caímos" aquí, o en mundos similares para reaprender la verdad que hemos distorsionado y el amor que corrompimos.

Algunas veces, nos "quedamos", también en mundos venturosos, a fin de descansar de las fatigas e inspirarnos en sus notables ejemplos. En esos mundos, un día, dejamos amores, y éstos nos inspiran y protegen, por donde quiera que podamos ir.

Frente a la gran ley, agradecidos y reverentes, nos dividimos unos con otros, la cosecha de amor y los conocimientos adquiridos.

"Cuando le haces una de estas cosas a los pequeños, es a mí a quien haces..." - Jesús.

A través de este intercambio de progreso intelectual y espiritual - de arriba hacia abajo, todo se inspira, copia y se hace, con miras al progreso de la Humanidad -, surgieron grandes civilizaciones. En éstas, casi todos estuvimos, cada uno actuando, más o menos, aquí o allá, en el ejercicio del bien, del amor, y muchas veces - ¡oh, dolor...! -, tomando el camino del mal.

Así hemos sido, una mezcla de bien y de mal, aun cuando nuestra alma milenaria se ilumine, de hecho, y para siempre.

Bueno sentir - ¡oh Dios! -, que después de tanto sufrimiento a lo largo de múltiples jornadas, ya amenizamos, en mucho, nuestro personalismo inferior, comprometidos ahora con el Bien, que poco a poco alcanza nuestra alma ancestral y eterna.

Revisando algunos pasados - con la ayuda, indispensable y siempre bienvenida de nuestra queridísima *Fata Morgana* -, se nos sorprendió en el mando de estos o aquellos, en tronos dorados, en las atribuciones de gran poder; nos vemos, en contraste, vestido en harapos, en la esclavitud, en el exilio y en el dolor, situaciones a las cuales hicimos justicia a lo largo del aprendizaje.

Muchas veces, por vanidad, buscamos nuestro pasado en el poder, la gloria y las diversas ciencias de todos los tiempos, olvidados que, casi siempre, allí estaban los grandes crímenes, las grandes transgresiones y las lamentables caídas en trampas tejidas para almas aun incipientes.

"*¡Solo los lobos caen en las trampas para lobos...!* - Jesús."

En las calles, en los camastros, en las riberas de los ríos, en los corrales, en las cárceles, las cocinas, las industrias, los mercados, talleres... Estuvimos innumerables veces, muchas más que aquellas que doran nuestra necia vanidad.

Es casi siempre en la sencillez que encontramos el camino correcto para evolucionar, trabajando de sol a sol, lavando nuestra alma en el sudor derramado por la supervivencia, en la dependencia natural e instalada por las necesidades materiales, que nos humillamos y nos iluminamos.

¡Somos dioses! ¡Aquellos que todo lo pueden!

Pero, para este atributo, es fundamental seguir, fielmente, las leyes de Dios; aprender a discernir y manipular los elementos de los diferentes mundos, a co-crear, junto al Creador. Propuesta atrevida, sin duda, pero accesible para todos. ¡La elección es de cada uno!

Fuimos creamos, un día, en la certeza de crecimiento intelectual y espiritual, que se hace a lo largo de los tiempos sin fin.

Sagradas aspiraciones, intransferibles e incuestionables, viven en nuestras almas, en la ansiedad de reconocer al Creador y comprender a Su creación; ¡de ser poderoso y ser feliz!

Nuestra herencia es gloriosa, sagrada y eterna.

Todos somos llamados, cuando creados; seremos elegidos cuando alcancemos el nivel evolutivo deseable.

Los laureles, que surgen, son diferentes de los que pudimos haber usado en otras épocas, cuando estábamos locos y tontos.

Cada ser y cada inteligencia elige lo que más quiere, en el sagrado ejercicio de su libre albedrío.

Necesitamos las cosas, materiales, que la Tierra nos ofrece; sin embargo, ¡¿por qué dar más importancia a éstas, que aquí se quedan, pudriéndose, en vez de invertir más en aquellas que llevaremos como equipaje sagrado e intransferibles...?! En general, optamos por aquello que se deshace, que vuelve al polvo... ¡Triste elección...!

El cada paso nos enfrentamos a nosotros mismos y con la innegable urgencia de abrir los ojos del alma. ¡Somos ciegos que muchas veces guían ciegos...!

¡Seremos así hasta que lo queramos!

Mientras marquemos el paso, en la acomodación de nuestras imperfecciones, viviremos engañados y engañando, sufriendo y provocando sufrimiento.

Nuestra filiación divina nos saluda desde todos los tiempos.

¡Estamos en camino a una civilización grande y dorada, verdaderamente luminosa, en la cual seremos dioses, en la realización de la aspiración sagrada de alcanzar la jerarquía de ángel! Camino largo y doloroso, pero muy gratificante y fatal para todos.

En un tiempo, mejor y más brillante, la felicidad del otro será nuestra felicidad, porque armonizados en los mismos ideales y los mismos pensamientos. Alabando al Creador, reverentes y agradecidos, nos reconoceremos en una gran y sagrada reunión de hermanos que se aman el uno al otro.

¡Caminata gloriosa! ¡Bendita certeza de un futuro feliz y luminoso!

A todos se les concede la hoja de ruta, los medios, las múltiples existencias, la protección y la ayuda que necesitan.

Alas abiertas, libres al viento, hacia la Espiritualidad Mayor, surcando los cielos, sumergidos en el soplo de Dios; reunidos en rayos de luz, somos parte de los sonidos y luces celestiales, de las obras de las creaciones divinas y de las organizaciones estelares.

Aceleremos el paso en la determinación de hacer lo mejor, obedeciendo al Creador y haciendo SU augusta voluntad para alcanzar etapas espirituales, inimaginables, porque "¡Nosotros somos dioses!"

ROCHESTER

Libros de Vera Kryzhanovskaia y JW Rochester

La Venganza del Judío

La Monja de los Casamientos

La Hija del Hechicero

La Flor del Pantano

La Ira Divina

La Leyenda del Castillo de Montignoso

La Muerte del Planeta

La Noche de San Bartolomé

La Venganza del Judío

Bienaventurados los pobres de espíritu

Cobra Capela

Dolores

Trilogía del Reino de las Sombras

De los Cielos a la Tierra

Episodios de la Vida de Tiberius

Hechizo Infernal

Herculanum

En la Frontera

Naema, la Bruja

En el Castillo de Escocia (Trilogia 2)

Nueva Era

El Elixir de la larga vida

El Faraón Mernephtah

Los Legisladores

Los Magos

El Terrible Fantasma

El Paraíso sin Adan

Romance de una Reina

Libros de Eliana Machado Coelho y Schellida

Corazones sin Destino

El Brillo de la Verdad

El Derecho de Ser Feliz

El Retorno

En el Silencio de las Pasiones

Fuerza para Recomenzar

La Certeza de la Victoria

La Conquista de la Paz

Lecciones que la Vida Ofrece

Más Fuerte que Nunca

Sin Reglas para Amar

Un Diario en el Tiempo

Un Motivo para Vivir

¡Eliana Machado Coelho y Schellida, Romances que cautivan, enseñan, conmueven y pueden cambiar tu vida!

Libros de Elisa Masselli

Siempre existe una razón
Nada queda sin respuesta
La vida está hecha de decisiones
La Misión de cada uno
Es necesario algo más
El Pasado no importa
El Destino en sus manos
Dios estaba con él
Cuando el pasado no pasa
Apenas comenzando

Libros de Vera Lúcia Marinzeck de Carvalho y Patricia

Violetas en la Ventana
Viviendo en el Mundo de los Espíritus
La Casa del Escritor
El Vuelo de la Gaviota

Vera Lúcia Marinzeck de Carvalho y Antônio Carlos

Amad a los Enemigos
Esclavo Bernardino
la Roca de los Amantes
Rosa, la tercera víctima fatal
Cautivos y Libertos

Libros de Mónica de Castro y Leonel

A Pesar de Todo

Con el Amor no se Juega

De Frente con la Verdad

De Todo mi Ser

Deseo

El Precio de Ser Diferente

Gemelas

Giselle, La Amante del Inquisidor

Greta

Hasta que la Vida los Separe

Impulsos del Corazón

Jurema de la Selva

La Actriz

La Fuerza del Destino

Recuerdos que el Viento Trae

Secretos del Alma

Sintiendo en la Propia Piel

Grandes Éxitos de Zibia Gasparetto

Con más de 20 millones de títulos vendidos, la autora ha contribuido para el fortalecimiento de la literatura espiritualista en el mercado editorial y para la popularización de la espiritualidad. Conozca más éxitos de la escritora.

Romances Dictados por el Espíritu Lucius

La Fuerza de la Vida
La Verdad de cada uno
La vida sabe lo que hace
Ella confió en la vida
Entre el Amor y la Guerra
Esmeralda
Espinas del Tiempo
Lazos Eternos
Nada es por Casualidad
Nadie es de Nadie
El Abogado de Dios
El Mañana a Dios pertenece
El Amor Venció
Encuentro Inesperado
Al borde del destino
El Astuto
El Morro de las Ilusiones
¿Dónde está Teresa?
Por las puertas del Corazón
Cuando la Vida escoge

Cuando llega la Hora
Cuando es necesario volver
Abriéndose para la Vida
Sin miedo de vivir
Solo el amor lo consigue
Todos Somos Inocentes
Todo tiene su precio
Todo valió la pena
Un amor de verdad
Venciendo el pasado

World Spiritist Institute
https://iplogger.org/2R3gV6

www.ingramcontent.com/pod-product-compliance
Lightning Source LLC
LaVergne TN
LVHW041615060526
838200LV00040B/1295